Wolf Schneider
Die Gruner + Jahr Story

SERIE PIPER

Zu diesem Buch

Millionen von Menschen lesen Woche für Woche mit großem Interesse Stern, Brigitte, GEO oder eine andere der mehr als zwanzig Zeitschriften aus dem Haus Gruner + Jahr. Doch mindestens ebenso spannend ist, was sich hinter den Kulissen des größten europäischen Zeitschriftenverlags abspielt. Henri Nannen mit seiner legendären Art der Marktbeobachtung (»Lieschen Müller – das bin ich«), die Allianzen und Kämpfe mit Spiegel und Springer um die Vormachtstellung auf dem Zeitschriftenmarkt, die Frage, inwieweit Politik und gesellschaftlicher Umbruch das Geschäft mit den Illustrierten verändert haben – all das gibt Stoff für eine rasante Story. Die Insider-Reportage von Wolf Schneider, selbst jahrelang Verlagsleiter des Stern, ist zugleich eine Einführung in die Pressegeschichte der letzten 35 Jahre und damit in die Geschichte unserer Zeit.

Wolf Schneider, Jahrgang 1925, war Korrespondent der Süddeutschen Zeitung in Washington, Chefredakteur der Welt, Moderator der NDR-Talkshow und über zwanzig Jahre bei Gruner + Jahr: als Chef vom Dienst, dann als Verlagsleiter des Stern und von 1978 bis 1995 als Leiter der renommierten Hamburger Journalistenschule. Seitdem lebt er auf Mallorca als GEO-Reporter, Buchautor und Veranstalter von Sprachseminaren für Presse und Wirtschaft. 1994 erhielt er den Medienpreis für Sprachkultur.

Wolf Schneider

Die Gruner + Jahr Story

Ein Stück deutsche Pressegeschichte

Mit 66 Fotos

Piper München Zürich

Dokumentation: Günther Garde
Recherche: Renate Niemann
Bildredaktion: Herbert Suhr

Von Wolf Schneider liegen in der Serie Piper außerdem vor:
Wörter machen Leute (479)
Deutsch für Kenner (2216)
Die Sieger (2217)
Am Puls des Planeten (3161)

Aktualisierte Taschenbuchausgabe
Oktober 2001

Umschlag: Büro Hamburg
Isabel Bünermann, Meike Teubner
Umschlagabbildung: Neeb, Stern Magazine
Satz: Ziegler + Müller, Kirchentellinsfurt
Druck und Bindung: Clausen & Bosse, Leck
Printed in Germany ISBN 3-492-23447-x

Inhalt

Was von diesem Buch zu halten ist

»Auf diesem Markt ist nicht Kooperation die natürliche Lösung, sondern Mord.« Gerd Bucerius, Verleger von STERN und ZEIT, sagte das 1969 zur Schweizer *Weltwoche,* und er meinte den Kampf, den die großen deutschen Presseverlage gegeneinander führten und führen – spätestens seit 1965, als Gruner + Jahr auf den Plan trat und die Spitzenstellung Axel Springers attackierte. In der Tat, der deutsche Zeitschriftenmarkt ist der am höchsten organisierte und der am härtesten umkämpfte der Welt.

Mord war und ist auf diesem Markt nicht buchstäblich im Spiel – aber an Machtkampf, Raffinement und Hinterlist weit mehr, als Derrick je zu entwirren vermochte, mit Darstellern von einer Farbigkeit, wie sie keinem deutschen Drehbuchautor je eingefallen sind. Diesen Krimi zu erzählen habe ich mir vorgenommen; und wer etwa eine Art Festschrift für Gruner + Jahr erwartet, der wird sich vors Schienbein getreten fühlen.

Vielen der Drahtzieher, der Verdächtigen und der Opfer in diesem Krimi begegnet zu sein gehört zu den Vorzügen eines langen und wechselvollen Journalistenlebens, und etliche der Akteure habe ich gut genug kennengelernt, um mir ein Urteil über sie zu erlauben: Axel Springer und Reinhard Mohn, Richard Gruner, Gerd Bucerius und John Jahr, Manfred Fischer, Gerd Schulte-Hillen und den buntesten Vogel von allen, Henri Nannen, mit dem ich vier Jahre lang einen fröhlichen Krieg führte in seiner größten Zeit.

Das Buch spielt auf vier Bühnen. Die eine ist der STERN. Über ihn hat Walter Scheel, Außenminister unter Willy Brandt und später Bundespräsident, den Satz gesprochen: »Der STERN kann von sich sagen, daß er das moderne Deutschland verändert hat.« Das Lebensgefühl einer ganzen Generation hat er mitgeprägt, den Horizont von Millionen erweitert, die Ostpolitik vehement gefördert, die Emanzipation vorangetrieben. Heute, nach fast dreieinhalb Milliarden verkauften Exemplaren, sieht man den STERN in 93 Ländern der Erde am Kiosk, und Abonnenten betreut er in Botswana und Uganda, in Paraguay und in der Mongolei, auf Zypern, Tahiti, Neuguinea und den Malediven.

Die zweite Bühne gehört Gruner + Jahr über den STERN hinaus: dem größten Zeitschriftenverlag Europas, dem zweitgrößten Frankreichs, dem fünftgrößten der USA, dem größten Frauenzeitschriftenverlag auf Erden und mit 50 Titeln im Ausland dem weltgrößten Exporteur von Zeitschriften-Konzepten. Zu Gruner + Jahr gehören natürlich auch die TANGO-Pleite und das Desaster mit den sogenannten Hitler-Tagebüchern; ich war dabei, als Gerd Schulte-Hillen, Henri Nannen und Johannes Gross geschlachtet werden sollten 1983 im Auditorium Maximum der Hamburger Universität. Bei Gruner + Jahr ist einfach mehr Dampf im Kessel als anderswo.

Auf der dritten Ebene widmet sich das Buch dem Kampf der Großverlage und der Entwicklung der deutschen Presse überhaupt; auf der vierten der Zeitgeschichte, die den Hintergrund zu all dem bildet: An Helmut Kohl hat sich eine ganze Generation von Journalisten gerieben, das Attentat auf Rudi Dutschke im April 1968 hat die Machtverhältnisse zwischen den deutschen Verlagen verändert, der Siegeszug des Computers den Arbeitsstil der Redakteure, der Feminismus die BRIGITTE – und umgekehrt.

Der Ansatz also ist ergiebig. Bleibt das Verhältnis des Autors zu einem Großverlag zu klären, dem er 21 Jahre lang angehört hat. Es läßt sich in der Einschätzung zusammenfassen, die ich in meinen 16 Jahren als Leiter der Henri-Nannen-Schule mehrfach öffentlich vorgenommen habe: »Unter den großen Verlagen ist Gruner + Jahr der angenehmste und unter den angenehmen der größte.« Für das Unangenehme läßt das eine Menge Raum; auch er wird hier ausgeschritten werden. Da wird kein Versagen kaschiert und keine Pleite überpinselt.

Gerd Schulte-Hillen, Vorstandsvorsitzender von 1981 bis 2000, hat mir einerseits alle Türen geöffnet und mir andrerseits alle Freiheiten eingeräumt, ja sich jede Beschönigung der Firmengeschichte verbeten; das liberale Image des Unternehmens könnte dadurch nur beschädigt werden. (Wäre es anders, ich hätte den Auftrag nicht übernommen.)

Der Krimi beginnt – laßt uns nach den Tätern fahnden. Etliche Halbverrückte sind sicher unter ihnen: Nur mit denen, sprach einst Gerd Bucerius, kann man ja Zeitung machen. Daß er die Zeitschriften ausdrücklich ausnehmen wollte, ist unwahrscheinlich.

Wolf Schneider, im Mai 2001

Was 1965 geschah

1965

1965 – war das nicht das Jahr, in dem Mary Quant den Minirock erfand? Und Westdeutschland es auf einen Bestand von 2000 Computern brachte? In dem deutsche Redakteure ihr Büro mit Schlips und Sakko betraten und selbstverständlich ohne Zopf, Ohrring, Turnschuhe und Drei-Tage-Bart? Und noch bremste kein Appell an das ökologische Gewissen die allgegenwärtige Verschwendung, und kein Raucher wurde dreimal wöchentlich auf den Lungenkrebs gestoßen, der ihm drohe.

Winston Churchill starb 1965 und Albert Schweitzer, Theologe, Organist, Tropenarzt und Träger des Friedensnobelpreises; beide waren 90 Jahre alt. Über die Kongreßhalle im Westberliner Tiergarten donnerten im Tiefflug sowjetische Düsenjäger, weil der Bundestag in ihr zu tagen wagte, zum erstenmal nach sechseinhalb Jahren wieder in Berlin.

Das Buch »Die deutsche Bildungskatastrophe« von Georg Picht, im Vorjahr erschienen, machte nun als Taschenbuch Furore, beunruhigte Politiker und Pädagogen und half die Überfüllung unserer Universitäten vorbereiten. Aber noch störte kein revoltierender Student die bürgerliche Ruhe.

Unter all dem, was 1965 sonst noch geschah (oder bis auf weiteres unterblieb), interessiert uns hier besonders ein folgenschweres Ereignis am 30. Juni. Im Garten des reetgedeckten Hauses von John Jahr an der Alsterkrugchaussee in Hamburg feierten am Abend jenes Tages zwei Verleger und ein Druckereibesitzer den Abschluß des Vertrags, mit dem sie ihre drei Unternehmen zusammenführten. Anderthalb Jahre hatten die

Verhandlungen gedauert; nun amüsierten sich die drei mit ihren Familien und den engsten Mitarbeitern unter gewittrigem Himmel bei Erdbeertorte und Champagner.

So wurde Deutschlands zweitgrößter Pressekonzern aus der Taufe gehoben – nach den Worten des Branchendienstes *Aus unseren Kreisen* »eine Hamburger Kumpanei«, von ihren Gegnern später oft auch »Hamburger Mafia« genannt.

Der Druckereibesitzer war der 39jährige Richard Gruner, an der neuen Firma *Gruner + Jahr GmbH & Co. KG* mit 39,5 Prozent beteiligt, zusätzlich mit 25 Prozent am *Spiegel.*

John Jahr, nach Alter und Auftreten der Patriarch, 65 Jahre alt, brachte seine Zeitschriften ein: BRIGITTE, CONSTANZE und PETRA, »die drei fetten Schwestern«, wie der *Spiegel* schrieb; dazu SCHÖNER WOHNEN und CAPITAL. Sein Anteil betrug 32,25 Prozent.

Gerd Bucerius, 59, verlegte Deutschlands schon damals größte Illustrierte, den STERN, sowie die Wochenzeitung DIE ZEIT, deren permanentes Defizit er mit seinen Überschüssen aus dem bombastischen STERN-Geschäft deckte. Er war mit 28,25 Prozent beteiligt.

Den *Henri-Nannen-Verlag* hatte Bucerius eingebracht, von dem auch Richard Gruner 12,5 Prozent besaß, Nannen aber seit 1951 überhaupt nichts mehr – was ihn wurmte sein Leben lang: 1949 hatte er 50 Prozent an Bucerius verkauft für ganze 10000 Mark. Zwei Jahre später schob Nannen auch die andere Hälfte über den Tisch, für immerhin 375000 Mark – zwar ein Vermögen nach den Maßstäben der Zeit, aber weniger als ein Tausendstel dessen, was der STERN später gebracht hätte.

Wie waren sie zusammengekommen, diese drei höchst verschiedenen Menschen – Jahr, der Gußeiserne, »der großherzige Tycoon«, Bucerius, der Sprunghafte, »der idealistische Irrwisch« (beide Kennzeichnungen aus dem *Spiegel*), und der jugendliche Lebemann Richard Gruner, der aus der Druckwerkstatt seines Vaters (sieben Mitarbeiter) eine der leistungsfähigsten Druckereien Europas gemacht hatte?

Unter einigen Mühen waren sie zusammengekommen, aber weniger wegen der Verschiedenartigkeit der Charaktere und nicht, weil es ein Gerangel um die Anteile gegeben hätte; lange gestritten hatten sie indessen über den Katalog derjenigen Beschlüsse, die einstimmig gefaßt werden mußten, und Gruner setzte sich hier mit seinen weitgehenden Forderungen durch – ein Beitrag zu dem Zerwürfnis von 1969.

Die drei kamen trotzdem zusammen, weil Gruner den STERN druckte und mit ihm groß geworden war; von den Jahr-Zeitschriften produzierte er CONSTANZE und SCHÖNER WOHNEN.

Sie kamen überdies zusammen, weil sie auch im Charakter etwas gemeinsam hatten: einen gesunden Geschäftssinn mit dem unbedingten Willen zum Erfolg – in einer Härte, die etlichen Mitarbeitern zuweilen als brutal erschien, mindestens bei Richard Gruner: Der gebärdete sich ja 1969 in einer Nacht- und Nebelaktion als ein vollblütiger Manchester-Kapitalist, womit er die STERN-Redaktion in jene Wut versetzte, aus der Deutschlands erstes Redaktionsstatut hervorging (mehr darüber auf Seite 73).

Und schließlich kamen sie zusammen wegen der handfesten Vorteile einer solchen Fusion: der Steuerersparnis; der Rationalisierung, da ja viele der dreifach vorhandenen Geschäftsbereiche zusammengelegt werden konnten; und der größeren Marktmacht auf dem Anzeigen- und vor allem auf dem Vertriebsgebiet. Der Axel-Springer-Verlag war einfach zu groß geworden: »Es ist schon ein Unterschied«, schrieb *Aus unseren Kreisen,* »ob man Springers Truppenbefehlen an Zeitungsgrossisten als Wettbewerber einzeln gegenübersteht oder mit einer halbwegs vergleichbaren Macht.« Noch immer blieb Springer viel größer: 750 Millionen Umsatz gegen 400 Millionen von Gruner + Jahr.

John Jahr und Axel Springer waren alte Freunde: 1948 hatten sie den Constanze-Verlag gemeinsam gegründet, 1960 war Springer ausgeschieden, mit der freundschaftlichen Absprache: Springer verlegt keine Illustrierten und keine Frauenzeitschriften, Jahr keine Fernsehzeitschriften und keine Tageszeitungen – eine Abrede, die Jahr anläßlich der Fusion noch einmal bekräftigte.

Trotzdem nahm Springer seinem alten Freund die Neugründung übel. Und der wechselseitige Konkurrenzverzicht hielt auch nicht lange: Schon 1966 kratzte Springer den Markt der Frauenzeitschriften mit *Eltern* an, 1968 mit *Jasmin* (natürlich nicht ahnend, daß beide 1969 bei Gruner + Jahr landen würden), und seit 1980 erscheint bei Springer (vierzehntäglich, wie bei den klassischen Frauenzeitschriften üblich) das *Journal für die Frau.* Gruner + Jahr wiederum beteiligte sich 1970 an der Fernsehzeitschrift GONG, kaufte 1986 die HAMBURGER MORGENPOST und warf 1994 TV TODAY auf den Markt.

Für die ZEIT nahm Bucerius sich bei der Fusion von 1965 das Recht heraus, sie nach zwei Jahren aus dem neuen Verlag auszugliedern. Umgekehrt erwogen die Gesellschafter, den *Spiegel,* der zu einem Viertel ohnehin Gruner gehörte, zum Beitritt einzuladen.

Und warum kam *Bucerius* im Namen des neuen Konzerns nicht vor? War er nicht die eigentlich treibende Kraft für den Zusammenschluß gewesen? John Jahr sagte dazu, Bucerius habe keinen Wert darauf gelegt, und ein dreifacher Name hätte auch nicht gut geklungen.

Man darf wohl hinzufügen: Obwohl an Einfluß und Geschäftserfolg unter allen deutschen Presse-Verlegern nur von Axel Springer übertroffen, hat Bucerius es in radikalem Gegensatz zu diesem verstanden, immer eine gute Presse, vorzugsweise aber überhaupt keine Presse zu haben, und vielleicht war der Namensverzicht ja schon ein Schritt auf diesem Wege. Erworbenes Vermögen und Reputation zusammengenommen, wird man nicht Springer, sondern Bucerius den erfolgreichsten deutschen Presseverleger der Nachkriegszeit nennen dürfen.

Was 1965 sonst noch geschah? Ludwig Erhard, »Vater des Wirtschaftswunders« der Adenauer-Jahre, Bundeskanzler seit 1963, wurde am 19. September von 47,6 Prozent der Wählerstimmen im Amt bestätigt. Willy Brandt war zum zweitenmal gescheitert: 39,3 Prozent für die SPD. Der FDP-Vorsitzende

Erich Mende blieb Vizekanzler und Minister für gesamtdeutsche Fragen (stattliche 9,5 Prozent für seine Partei).

Diplomatische Beziehungen zu Israel nahm die Bundesrepublik 1965 auf. In der Weltindustrieproduktion stand sie an dritter Stelle, weit hinter der Sowjetunion, aber noch vor Japan. Und der VW-Käfer wurde zum beliebtesten Import-Auto der USA. Der Dollar stand auf vier Mark.

In Deutschland kostete der Käfer in der Export-Ausführung, mit Chromleisten, 4980 Mark. Für 56500 Mark bekam man einen Mercedes 600, das sogleich weltberühmt gewordene Monstrum, das 24 Liter Benzin fraß und von der amerikanischen Fachzeitschrift *Car and Driver* nach halbjährigem Test als »bestes Auto der Welt« eingestuft wurde, vor einem Cadillac. Auf 100 Bundesbürger kamen 14 Personenkraftwagen, immerhin schon gut ein Viertel des heutigen Bestands.

Ein deutscher Industriearbeiter verdiente 1965 brutto im Durchschnitt 4,54 Mark pro Stunde – bei einer durchschnittlichen Wochenarbeitszeit von 41 Stunden waren das 802 Mark im Monat; Arbeiterinnen brachten es auf 545 Mark. Freilich war ein STERN-Heft für 80 Pfennig zu haben.

Und das Fernsehen war schön! Einschaltquoten, wie sie der dicke Holländer Lou van Burg mit seinem »Goldenen Schuß« erzielte oder Hans-Joachim Kulenkampff mit seiner Quizsendung »Einer wird gewinnen«: Die gibt es heute nur noch bei Fußballwelt- und Europameisterschaften. Und wie Martin Jente als Butler dem Kulenkampff am Ende jeder Sendung in den Mantel half, nicht ohne mit Grabesmiene eine kleine Bosheit loszulassen! Die Dritten Programme, 1964 eingeführt, störten dabei kaum: Sie waren ein reines Regional- und Bildungsfernsehen.

In Frankreich trat Charles de Gaulle 1965 seine zweite Amtszeit als Staatspräsident an, nachdem er sich in der Stichwahl gegen François Mitterrand durchgesetzt hatte. Der amerikanische Präsident Lyndon B. Johnson vollzog die dramatische Verstärkung der amerikanischen Truppen in Vietnam und begann mit dem Bombenkrieg gegen den Norden.

Im Weltraum geschah 1965 so viel wie nie zuvor: Die Amerikaner unternahmen Raumflüge von zweiwöchiger Dauer und komplizierte Ankoppelungsmanöver; der sowjetische Kosmonaut Alexei Leonow schwebte, mit seinem Raumschiff durch eine Fangleine verbunden, als erster Mensch zehn Minuten lang frei im All, 200 Kilometer über der Erde.

Auf ihr aber leistete der Mensch sich Pannen wie eh und je: Im November 1965 fiel in ganz New York der Strom aus für 14 Stunden. 800 000 Menschen wurden in U-Bahnen und Fahrstühlen eingeschlossen, die Zahl der Diebstähle ging drastisch zurück (ganz ohne Licht ist es offenbar selbst Dieben nicht geheuer), und neun Monate später erfuhr die Welt, daß Finsternis und tote Fernsehschirme die Zeugungsfreude steigern.

Das STERN-Horoskop
für die Woche vom 27. 6. – 3. 7. 1965

Gerd Bucerius, Stier, dritte Dekade (19. Mai): Bei einigen erfüllen sich selbst die kühnsten Träume, andere werden unsanft geweckt. In jedem Fall hinterläßt der Abschnitt großen Eindruck. Am 1./2. Juli machen Sie beruflich von sich reden. *(Nicht schlecht)*

John Jahr, Widder, dritte Dekade (20. April): Es ist jetzt sehr die Frage, ob man sich von Ihnen alles gefallen läßt. Das Vergnügen, in einem Wespennest zu stochern, endet vermutlich mit Schmerzen. *(Auch nicht schlecht)*

Richard Gruner und Henri Nannen, Steinböcke, erste Dekade (25. Dezember): Hin und wieder herrscht dicke Luft (*ein Aphorismus von zeitloser Gültigkeit*). Sie sollten sich auf Zehenspitzen bewegen und sich bemühen, nicht aufzufallen. *(Für diese beiden Herren eine Aufforderung von ungewöhnlicher Dämlichkeit)*

Der idealistische Irrwisch

Bucerius

Nun wird es höchste Zeit, sich die beiden Verleger näher anzusehen, Bucerius und Jahr, und die beiden Chefredakteure, die das meiste Geld für sie scheffelten, Henri Nannen und Peter Brasch, sowie ein Faktotum namens Robert Streitberger; Richard Gruner kommt später an die Reihe. Verleger, ach ja! »Pressefreiheit«, hat der große Publizist Paul Sethe geschrieben, »Pressefreiheit ist nichts anderes als die Freiheit von zweihundert reichen Männern, ihre Meinung zu verbreiten.« Das ist wohl überwiegend richtig, aber eben nicht ganz: Frauen mischen sich hinein, und etliche Verleger haben oder hatten gar kein Interesse daran, ihre Meinung unter die Leute zu bringen: John Jahr zum Beispiel oder Reinhard Mohn. Was die Zeitschriften schrieben, das mußte wahr sein, fair sein und Erfolg bringen; alles andere lag im Ermessen der Redaktion.

Alarmierend ist Sethes Wort ohnehin nicht: Denn natürlich sind zweihundert Verleger besser als zwanzig oder zwei – und wie weit wären sie gekommen, die Hitlers und die Stalins, wenn sie mit der Meinungsmacht von zweihundert reichen Männern konfrontiert gewesen wären? Die Bilanz wird noch besser, wenn sich unter den zweihundert ein paar unabhängige, streitbare Köpfe befinden, wie Bucerius einer war, der überdies seiner Redaktion jede Freiheit ließ, andere Meinungen als die seinen zu verbreiten.

So hat Bucerius das Vorurteil mit einer unbestreitbaren Wahrheit gekontert: »Wozu Verleger?« schrieb er. »Weil Funktionäre keine Zeitung machen können.« Man sieht es ja am völligen Zusammenbruch des Zeitungsimperiums, das in den ersten Nachkriegsjahren der SPD gehörte.

Dr. Gerd Bucerius, Jahrgang 1906, war erst Richter, dann Rechtsanwalt, von den Nazis als »wehrunwürdig« eingestuft, weil er in erster Ehe mit einer Jüdin verheiratet war; die konnte er nach England in Sicherheit bringen. Nach dem Krieg berief die britische Militärregierung ihn zum Hamburger Bausenator. Von 1949 bis 1962 war Bucerius Bundestagsabgeordneter der CDU, außerdem fünf Jahre lang Bundesbeauftragter für die Berliner Wirtschaft. 1946 gehörte er zu den vier Gründern der ZEIT, 1957 wurde er ihr alleiniger Eigentümer.

Es dauerte noch fast zwanzig Jahre, bis die ZEIT endlich Gewinn machte. Das hinderte Bucerius auch dann nicht an »seinen in der Regel unbegründeten Untergangsvisionen, mit denen er sich selber, aber auch Redaktion und Verlag zu Höchstleistungen anspornte«, schrieb der ZEIT-Redakteur Karl-Heinz Janßen. Anzeigeneinbrüche, Preisexplosionen und riesige Defizite liebte Bucerius vorauszusagen. Der Redaktion sei dabei stets bewußt gewesen, was sie an einem Verleger hatte, der in seinem Blatt jeden Widerspruch zu seinen Meinungen zugelassen und selbst in kargen Zeiten nie dem Druck von Inserenten nachgegeben habe.

Noch mehr als das: Bucerius verzichtete zwar nicht darauf, auch eigene Texte drucken zu lassen; sie erschienen jedoch auf hinteren Seiten und unter der eher distanzierenden Dachzeile »Gerd Bucerius zu Fragen der Zeit«. Und darunter befanden sich Analysen von so messerscharfer Logik, wie die ZEIT sie auf ihrer Seite 1 selten erreicht hat.

Wer aber lag dem Verleger »manchmal wie eine Brechstange im Magen,« seinen eigenen Worten nach? Es war Henri Nannen. Beide maßlos von Temperament, Bucerius mit der Macht des Geldes, Nannen – seit 1951 nicht mehr Eigentümer seines Blattes – mit dem unvergleichlichen Talent, Bucerius die Taschen damit vollzuschaufeln; und so rieben sie sich aneinander in Haß und Respekt (zur Haß*liebe* reichte es wohl nicht).

So geschah es in den fünfziger Jahren, daß Bucerius dem STERN-Chef die fristlose Kündigung an den Kopf warf, woraufhin er mit einer Gallenkolik zusammenbrach. Von Mitarbeitern auf ein Sofa gebettet und in warme Tücher gehüllt, erholte er sich rasch »und stellte Nannen fristlos wieder ein«, wie Rudolf Augstein erzählte. Daß Nannen 1959 damit begann, den STERN zu politisieren, hielt Bucerius für schieren Wahnsinn.

Dann aber 1962. Da fragte der STERN: »Brennt in der Hölle wirklich ein Feuer?« Der Bundesvorstand der CDU attackierte den Artikel und dazu den Abgeordneten Bucerius wegen »Verletzung christlicher Empfindungen«. Bucerius war der Partei ohnehin ein Dorn im Auge: impulsiv, streitlustig und immer unbequem, hatte er sich 1961 überdies als einziges Mitglied der CDU/CSU-Fraktion gegen eine vierte Kanzlerschaft von Konrad Adenauer ausgesprochen.

Wieder drehte Bucerius den Spieß um, sprach von einem »unbegreiflichen Fall von Intoleranz«, legte sein Mandat nieder und trat aus der CDU aus. Und dies alles, obwohl er mit dem Inhalt des STERN-Artikels durchaus nicht einverstanden war. Ja, mit solchen Verlegern ließ sich leben.

Bis in seine achtziger Jahre blieb Bucerius ein scharfzüngiger Debattierer, unberechenbar und immer unter Dampf. Meist trabte er mehr, als daß er ging. Als ein neuer STERN-Verlagsleiter ihm anbot, ihm einen kurzen Überblick über die Lage des STERNs zu geben – vier Minuten, nicht mehr! –, bestellte Bucerius ihn sofort zu sich, sprang aber nach kaum zwei Minuten auf, durchmaß sein Büro mit Schritten von grotesker Länge und blickte alle zehn Sekunden ruckartig auf die Wanduhr – eine Pantomime des Überdrusses.

Sein Vermögen, erzählte Bucerius mehrfach, verdanke er vor allem zwei Männern: Henri Nannen und Robert Streitberger. Der zweite ist außerhalb der Branche kaum bekannt, aber er war »einer der erfolgreichsten und ideenreichsten Verlagskaufleute der Nachkriegszeit«, wie die ZEIT 1969 zu seinem 65. Geburtstag schrieb.

Streitberger: ein knorriger kleiner Mann mit greller Stimme und ruppigem Wesen, das gelegentlich durch den Schalk in seinen Augen gemildert wurde. Als Vertriebs-, Anzeigen- und Werbeleiter vielfältig bewährt, wurde er 1953 Chef des Henri-Nannen-Verlags und begab sich daran, »dem Haufen von Dilettanten, der zwei ganz gute Blätter machte« (wie Bucerius schrieb), eine seriöse Geschäftspolitik aufzuzwingen.

»Seine Arbeit im ersten Jahr bestand darin, mir dumme Ideen auszureden und wichtige Entscheidungen so zu treffen, daß sie mir nicht auffielen«, erzählte Bucerius. Einmal herrschte Streitberger seinen Verleger an: »Scheren Sie sich nach Bonn zurück und lassen Sie mich meine Arbeit machen!«

Er arbeitete von 9 bis mindestens 20 Uhr, und wer vor ihm das Pressehaus verließ, machte sich unbeliebt. »Auch Büroklammern kosten Geld!« rief er durch die Redaktionszimmer.

Doch die Pfennigfuchserei ging einher mit klarer Strategie und sogar mit kessen Ideen. Als der Wettlauf zwischen STERN und *Quick* um Platz 1 in der deutschen Illustrierten-Landschaft noch nicht entschieden war, lud die *Quick* ihre Geschäftspartner nach Hamburg zu einem Dampferausflug ein. Es regnete prompt – aber war nicht alles bestens organisiert? Auf der Landungsbrücke standen Hostessen und drückten jedem Ankömmling einen Schirm in die Hand. Aufgespannt, zeigten die Schirme auf dem *Quick*-Dampfer alsbald hundertfältig den Stern vom STERN.

Bis 1969 war Streitberger noch Gesamtvertriebschef der neuen Firma Gruner + Jahr. Als er 1973 starb, 69 Jahre alt, rief Bucerius ihm nach: »Sein totales Engagement hat er mit seiner Gesundheit bezahlt. Die Ärzte hatten ihn oft gewarnt, aber er wollte von Ruhepausen nichts wissen ... Er war es, der den Verlag geformt hat. Ohne seine außergewöhnliche Leistung hätte die ZEIT nicht überlebt.«

Bucerius, stets von Katastrophenangst gejagt, hinterließ bei seinem Tod im Jahre 1995 ein Vermögen von 1,6 Milliarden Mark.

Der barsche Patriarch

Jahr

Daß John Jahr 1970, an seinem 70. Geburtstag, jedem Mitarbeiter von G + J ein Stück Torte spendierte, fanden die meisten ganz nett, der Betriebsrat fand es albern. Mehr Aufsehen erregte eine Bemerkung, die der Patriarch zehn Jahre später, an seinem 80. Geburtstag, machte.

Da hatte er die leitenden Angestellten in die Kantine eingeladen, und am Mikrofon plauderte er aus seinem Leben, ohne Manuskript und wie üblich ohne Rücksichten. Manchmal, erzählte er, habe er sich geärgert über den Verlag, ja es sei vorgekommen, daß er erwogen habe, seinen Anteil zu verkaufen. Und nun wörtlich: »Aber da haben meine Kinder gesagt: Papa, was willste denn mit 300 Millionen! Na ja, und da hab' ich halt nicht verkauft.«

Da gab es Unmut und halbunterdrücktes Gelächter in der Kantine. Hellwach und aggressiv wie immer, polterte der 80jährige los: »Was wollen Sie denn! Sie können auch jeder jeden Tag ein Steak essen, und drei Steaks am Tag essen kann ich auch nicht.«

Seine Redakteure waren von ihm gewöhnt, spontan gelobt und pampig getadelt zu werden. Seine erwachsenen Kinder kommandierte er herum auch in Gegenwart von Angestellten. Und den neuen Verlagsgeschäftsführer Rolf Poppe nannte Jahr 1970 vor dem mittleren Management, neben Poppe sitzend, einen »oldenburgischen Holzkopf«.

Dies wiederum war ein Schachzug, sogar ein ziemlich geschickter: Etliche leitende Angestellte ärgerten sich über Poppes rüden Führungsstil, einige hatten bei Jahr Poppes Ablösung gefordert. Denen ließ der Verleger nun einen Auslauf: Poppe wurde von den einen attackiert, von den anderen verteidigt, der Dampf war raus, Jahr schwieg, Poppe blieb.

Er war eben tüchtig sein Leben lang, dieser John Jahr, der anno 1900 in Hamburg als Sohn eines Feuerwehrmanns zur Welt kam. Realschüler, kaufmännischer Lehrling, Sportjournalist, das waren seine ersten Stationen. Mit 24 gründete er eine Sportzeitschrift, mit 26 wurde er Teilhaber eines Adressenverlags, mit 28 Generalvertreter für die Anzeigen zweier Zeitschriften, *Arbeiter-Illustrierte* und *Weg der Frau.* Da beide in einem kommunistischen Verlag erschienen, wurden sie 1933 sofort verboten. Jahr gründete eine Reise- und Versandbuchhandlung, in der er auch Bücher von Ritterkreuzträgern verlegte; 1937 hatte er die Zeitschrift *Die junge Dame* gekauft.

1947 bekam Jahr zusammen mit Axel Springer die Lizenz für die Frauenzeitschrift *Constanze,* die für lange Zeit Deutschlands populärste blieb. 1950 kaufte er sich beim *Spiegel* ein: 50 Prozent der Anteile für sage und schreibe 15 000 Mark. Er holte den *Spiegel* aus Hannover nach Hamburg und trug entscheidend dazu bei, daß das Magazin eine Goldgrube wurde. 1962 verkaufte er seine Anteile für 10 Millionen, mehr als das 600fache – verärgert über den politischen Kurs, den sein Partner Rudolf Augstein eingeschlagen hatte; später nannte er diesen Verkauf den größten Fehler, den er als Unternehmer je begangen habe.

1957 hatte Jahr die BRIGITTE gekauft, eine Zeitschrift, deren Geschichte sich bis 1886 zurückverfolgen läßt: Damals wurde sie unter dem Titel »Dies Blatt gehört der Hausfrau« gegründet – einem Blättchen mit vielen Schnörkeln und wenig Bildern, das jahrelang die Rubriken »Hausschlachtung« und »Hühnerhaltung« enthielt und sich eine Bewirtung im trauten Heim nicht anders vorstellen konnte als mit Klavierspiel und Gedichtvorträgen. Es überstand beide Weltkriege und wurde 1953 im Ullstein-Verlag umgetauft nach dem Werbespruch: »Sei sparsam, Brigitte, nimm Ullstein-Schnitte!«

Als Axel Springer 1956 bei Ullstein eine Sperrminorität

erworben hatte, behielt er den Zeitungs- und Buchverlag und bot seinem alten Freund die BRIGITTE zum Kauf an. Jahr übernahm sie als jüngeres Pendant zur langsam betagten CONSTANZE und nannte sie »Eine Frauenzeitschrift neuen Typs – temperamentvoll, springlebendig, optimistisch«.

Hans Huffzky, der von Einfällen sprühende Chefredakteur der CONSTANZE, gab für die Konkurrenz im eigenen Hause die Parole aus: »Seele findet nicht statt«, variiert durch den Satz: »Weihnachten findet in den Anzeigen statt« – Mode, Kosmetik, Ratgeber, sonst nichts. Als Chefredakteur hatte sich Peter Boenisch ins Gespräch gebracht, Chefredakteur der *Revue,* 30 Jahre alt. Huffzky machte es lieber selber, drei Monate lang – dann stellte er den 37jährigen Peter Brasch an die Spitze, der erst Chef vom Dienst der CONSTANZE und dann Huffzkys Stellvertreter bei der BRIGITTE gewesen war.

Im Mai 1957 erschien das erste Heft im neuen Stil, und schon im September konnte die BRIGITTE melden, mit der Auflage gehe es steil bergauf: »Der Leserin ein einziges großes Lebensrezept zu bieten, die Konzentration auf nützliche Themen, selbst unter Verzicht auf traditionelle Zeitschriften-Elemente« – das sei das Geheimnis ihres Erfolgs. Im selben September eröffnete das Blatt seine zeitlose, oft kopierte Vorher-Nachher-Serie: Wie Kleidung, Frisur und Make-up ein Aschenputtel in eine Prinzessin verwandeln können – »Machen Sie das Beste aus Ihrem Typ!«

Nach einer Leser-Analyse von 1964 war die BRIGITTE unsentimental, ästhetisch klar und »aufgeschlossen für ein schöneres, entrümpeltes und entmufftes Leben«. In der Nummer 13/1965, der letzten vor der Gruner + Jahr-Fusion, fanden sich Beiträge wie »In Paris entworfen – von Ihnen genäht«, »Ihre Haltung verrät Ihren Charakter«, natürlich »Machen Sie das Beste aus Ihrem Typ!« und dazu den »BRIGITTE-Stammtisch: Darf eine Frau eine Vergangenheit haben?« Es waren sechs Männer, die darüber diskutierten.

»Kann sich ein Mann überhaupt richtig in Frauenprobleme hineinversetzen?« wurde Peter Brasch 1978 in einem Interview gefragt. Ja, da gebe es Probleme, antwortete er – am liebsten würde er mal für drei Monate eine Frau sein. Von Kosmetik verstehe er nichts, und als er die BRIGITTE übernahm, habe er »halb scherzhaft, aber mit einem ernsten Beiklang gesagt: Ab morgen verstehe ich etwas von Mode«. Doch es genüge ja, wenn sich in einer Redaktion, die zu 90 Prozent aus Frauen bestehe, »die Frauenmeinung in aller Regel durchsetzt«. So moderierte und inspirierte Peter Brasch 27 Jahre lang eine Frauentruppe, die in der Auflage wie in der Reputation die unangefochtene Spitze unter den deutschen Frauenzeitschriften errang.

Wer da aber meinen sollte, die BRIGITTE wäre für Lieschen Müller gemacht, der hätte etwas verwechselt. Deren Heimat war der STERN. Jedenfalls nach der oft zitierten Anwort Henri Nannens auf die polemische Frage, wie er es denn schaffe, stets den Geschmack von Lieschen Müller zu treffen: »Ich *bin* Lieschen Müller.«

Der Mann, der Lieschen Müller war

Nannen

Wo war er hergekommen, dieser Henri Nannen, dieser oberste Geldschaufler des Hauses, dieser »Wirtschaftswunder-Siegfried«, wie ihn Herbert Wehner nannte, dieser Renaissance-Fürst, fröhliche Leuteschinder und Baum von einem Mann?

1913 in Emden geboren als Sohn eines Kriminalkommissars. Studium der Kunstgeschichte. Einer der Sprecher in Leni Riefenstahls Olympiafilmen. Die letzten Monate des Zweiten Weltkriegs als Leutnant der Luftwaffe in Italien, bei einer Propaganda-Kompanie namens »Südstern«, die den nicht sehr aussichtsreichen Auftrag hatte, durch Flugblätter die Kampfmoral der amerikanischen Soldaten zu untergraben.

Nach einem Zwischenspiel als Herausgeber zweier Tageszeitungen in Hannover übernahm Nannen 1948 die Jugendzeitschrift *Zickzack* und verwandelte sie, unter starker Strapazierung des Lizenzrechts der Besatzungsmächte, zum 1. August 1948 in den STERN. Der blieb jahrelang das, was Nannen selber später als »Illustrierte alter Art« verspottete und zu unterbinden suchte: ein Klatsch- und Unterhaltungsblatt, ohne politischen Anspruch und um Seriosität nicht durchweg bemüht.

Da war die Sache mit Chicago in nächtlichem Lichterglanz, Nannen selbst erzählte sie oft und genüßlich: Zu dem eindrucksvollen Foto wollte er eine anrührende Geschichte haben; die sachlichen Angaben auf der Rückseite gaben sie nicht her. So erteilte er dem Spezialisten für Gemütswerte, Günter Dahl, den Auftrag: »Greifen Sie in die Silberharfe!« Und Dahl erfand eine arme Laborantin, die zu erblinden drohte, und ihr zum

Trost ließ der Bürgermeister von Chicago alle Lichter der Stadt anzünden, als würdigen Abschied aus der Augenwelt.

Aber da war auch frühzeitig die freche Note, das Aufbegehren. »Hoppla, wir leben auf Besatzungskosten!« hieß es 1950, und dazu gehörte damals Mut: 20000 Korsetts und 30000 Büstenhalter hätten die Sieger auf deutsche Kosten angeschafft und für die Frau des französischen Militärgouverneurs weißes Ziegenleder für ihr Bett. Das übernächste Heft wurde zur Strafe verboten; Nannen ließ an alle Kioske ein Plakat – der STERN hinter Gefängnisgittern – hängen und handelte sich damit ein Verbot für eine weitere Woche ein. Überleben konnte der STERN nur, weil die Inserenten auch die nicht erschienenen Anzeigen bezahlten – in dem richtigen Gefühl, daß der STERN dabei war, ein heißer Ofen zu werden.

Weihnachten 1953 wurde die Titelseite zum erstenmal in Farbe gedruckt: Mutter, Kind, Weihnachtspäckchen und die Zeile »Nun ist Licht in allen Augen«. Von den 52 Titelbildern jenes Jahres zeigten: eines die revoltierenden Arbeiter vom 17. Juni unterm Brandenburger Tor, eines ein dreijähriges Flüchtlingskind, 13 eine Frau mit einem Mann und 37 weibliche Schönheit allein – eine schon mal im Bikini, die anderen nur mit Ausschnitt im züchtigen Kleid. Betrachtet man heute das Tableau der 52 Titel von 1953 in der Serie »50 Jahre das Beste vom STERN«, so ähneln sie einander zum Erstaunen.

Den ersten großen Coup landete Nannen 1955: In Adenauers Troß reiste er nach Moskau mit, und als Gastgeber und Gäste im Kreml die große Treppe zum Staatsempfang hinabschritten, mogelte Nannen sich neben Adenauer und zwischen Chruschtschow und Bulganin in die erste Reihe vor – was für ein Foto im STERN! Welches Aufsehen unter Deutschlands Journalisten! Wie hatte er das geschafft? »Mit dem befugten Gesicht«, erzählte er später. »Sie wissen ja: Unbefugten ist der Zutritt verboten.« Damals muß man in der *Quick* begonnen haben, diesen Mann zu fürchten.

1956 war der STERN-Fotograf Rolf Gillhausen der erste Fotoreporter beim ungarischen Volksaufstand, in aller Welt wurden seine Bilder nachgedruckt. 1957 bereiste Nannen als erster westdeutscher Journalist die Sowjetunion – er im offenen Mercedes mit dem Dolmetscher, der ein Aufpasser war; zwei STERN-Reporter im Volkswagen unbeaufsichtigt hinter ihm. 1959 dann die Serie »In Europa gingen die Lichter aus« zum 20. Jahrestag des Kriegsausbruchs. Als Autoren borgte sich Nannen bei Bucerius zwei ZEIT-Redakteure aus, denn die STERN-Mannschaft war auf dergleichen noch nicht eingestellt.

Doch Zug um Zug wurde der STERN seriöser und politischer. 1960 konnten Rolf Gillhausen und der Reporter Joachim Heldt Maos China bereisen; ihr beklemmender Bericht erregte Aufsehen, *Life* druckte die Fotos nach. 1961 entschloß sich Henri Nannen, aus der längst angebahnten Entwicklung die Konsequenz zu ziehen: Der STERN sollte etwas werden, was es noch nie gegeben hatte – eine politische Illustrierte. Sein alter Freund Rudolf Augstein warnte ihn (»hoffentlich reinen Herzens«, erzählte er später); Bucerius war entsetzt.

Aber unbeirrt fing Nannen an, politische Journalisten zu engagieren, namhaft sollten sie auch noch sein, es lockten üppige Arbeitsbedingungen und ein weit höheres Gehalt als in jeder Zeitung. So etwas wie Planstellen gab es nicht im STERN: Wen Nannen haben wollte, dem wurde ein Angebot gemacht, Geld war ja da in Hülle und Fülle, und als Kolumnisten waren zeitweilig Willy Brandt und Franz Josef Strauß zu gewinnen.

Während der STERN sich langsam zum Schlachtschiff rüstete, sollte er um Gotteswillen nicht aufhören, ein Musikdampfer zu sein. 1959 lief die auflagensteigernde Klatsch- und Sexserie »Deutschland, deine Sternchen« an. Und Aufsehen mußte man erregen! Als 1962 Tilman Riemenschneiders »Madonna im Rosenkranz« aus der Wallfahrtskirche von Volkach bei Würzburg geraubt worden war, bot Nannen den Tätern ein Lösegeld von 100 000 Mark an – juristisch vielfältig abgesichert, aber von einem Aufschrei in der Presse begleitet.

Die Ganoven ließen sich auf den Handel ein und legten die Madonna an den verabredeten Platz – und wie zeigte das STERN-Heft 38/1963 die gerettete Madonna? In Farbe! Denn

»aus diesem besonderen Anlaß habe ich Herrn Nannen eine Vierfarbseite im STERN konzediert«, schrieb Bucerius an die Druckerei. Es war die erste im Inneren des Heftes; einen regelmäßigen Farbteil gibt es erst seit 1969. Nannen wurde Ehrenbürger von Volkach, die Diebe wurden 1967 geschnappt.

1963 brachte Nannen sämtliche deutschen Hersteller von Fertighäusern dazu, in Quickborn bei Hamburg eine Modellsiedlung hochzuziehen, damit Fachleute und Baulustige selber prüfen und vergleichen könnten. »STERN baut 40 Häuser in 80 Tagen« hieß die Titelgeschichte dazu, das Presseecho war gewaltig, Hunderttausende kamen, Bundeskanzler Erhard gratulierte.

1965 rief Nannen »Jugend forscht« ins Leben, von der amerikanischen *Science Fair* inspiriert, eine »Olympiade« für Naturwissenschaftler von 16 bis 21 Jahren – ein großartiges Vermächtnis bis heute, der größte Wettbewerb für den naturwissenschaftlichen Nachwuchs in Europa.

Und wie sah ein STERN-Heft aus im Sommer 1965, zur Zeit der Fusion? So zum Beispiel: Als Titelbild Raquel Welch im Bikini. Acht Doppelseiten über die Queen in Deutschland, vom unvergessenen Bundespräsidenten Heinrich Lübke empfangen. »Ihr Anblick zergeht auf der Zunge«, schrieb die STERN-Kolumnistin *Sibylle,* mit bürgerlichem Namen Anneliese Friedmann, Verlegerin der Münchner *Abendzeitung.*

Nannen hatte sie gewonnen als Reporterin für die feine Gesellschaft – denn was die dachte und machte, sollte mit Sibylles Hilfe auch »Tante Emma an der Bahnschranke in Wuppertal« aus dem STERN erfahren. »Weiß und rosa« trat Elisabeth II. auf, schrieb Sibylle, »wie ein Himbeereis mit Sahne, weiße Haut und rosa Robe, überfrostet von Perlengestick und Diamantengeglitzer«, nicht zu vergessen den »weißen Nerzschaum um die Schulter«.

Gleich dahinter aber die nackte Politik: »De Gaulles Bombe – Macht für Frankreich oder Marotte des Generals?« Mit dem ersten Foto der französischen Atombombe, an einer Mirage IV aufgehängt. Und weiter in bunter Folge, Mischung heißt das

Rezept: Die Kessler-Zwillinge – Paul Sethe über die Deutschen und die Briten – Häkelei auf nackter Haut – im Reiseteil: Stars, bei denen man wohnen kann, zum Beispiel im Gästehaus der Lale Andersen, der Lili Marleen von 1941, auf Langeoog, ganzjährig, 35 Mark die Vollpension pro Tag.

Die Soziologin Dr. Luc Jochimsen berichtet begeistert über eine »Lernmaschine«, die Schülern und Lehrern das Leben leichter machen könnte: eng bedruckte Papierrollen in einem abwaschbaren Plastikkasten für 50 Dollar, der Fragen stellt und die schriftlichen Antworten der Schüler korrigiert. Für Fortgeschrittene mit genügend Geld gab es auch »ein Elektronengehirn: Es fragt mit Dias – der Schüler antwortet mit Schaltknöpfen«. Nicht weit davon die Anzeige: »Jetzt Briketts! Der nächste Winter kommt bestimmt.«

Zeitspiegel und Knallbonbon, Klatsch, Politik und Mode, eine Wundertüte, wie Nannen selber sagte, jede Woche aufs neue prall von Überraschungen – so präsentierte sich der STERN auf seinem Weg zur erfolgreichsten und renommiertesten Illustrierten der Welt. Wie Nannen den Riesendampfer steuerte, wie er die Besatzung auf die Masten jagte, wie die Redaktion ihn haßte, fürchtete und liebte: Davon handelt das übernächste Kapitel.

Gelungen war es Henri Nannen jedenfalls schon 1965, einen der bekanntesten deutschen Markenartikel herzustellen, und bei einer Zeitschrift ist das besonders schwer: Sie soll ja über Jahre und Jahrzehnte hin als Marke erkennbar sein, obwohl sie Heft für Heft einen total anderen Inhalt hat, anders als die blaue Dose mit Nivea-Creme.

Der STERN zu Springer?

1966

1966 – da heiratete der Weltstar Brigitte Bardot den deutschen Playboy Gunter Sachs und die holländische Kronprinzessin Beatrix den deutschen Diplomaten Claus von Amsberg. Im Finale der Fußballweltmeisterschaft im Londoner Wembley-Stadion verurteilte ein sowjetischer Linienrichter Deutschland zur Niederlage, weil er den Ball im deutschen Tor gesehen haben wollte – und kein geringerer als Bundespräsident Heinrich Lübke mit ihm, in schreiendem Gegensatz zur Mehrheit der Deutschen.

In China ließ sich Mao Tse-tung, sieben Jahre zuvor entmachtet, mit 72 Jahren als Schwimmer im Jangtsekiang fotografieren, riß in Peking wieder die Macht an sich und dachte sich die mörderische Posse der »Großen Proletarischen Kulturrevolution« aus, die das Oberste zuunterst kehren, »die stinkenden Intellektuellen« entmachten und jenen Apparat zerstückeln sollte, den einst Mao selbst errichtet hatte. Viele westliche Intellektuelle waren begeistert, darunter Sebastian Haffner in seiner STERN-Kolumne. In Indien wurde Indira Gandhi Ministerpräsidentin, in Kalifornien der zweitklassige Schauspieler Ronald Reagan Gouverneur. Und in Bonn nahm die dreijährige Regierungszeit von Bundeskanzler Ludwig Erhard ein klägliches Ende.

Erhard hatte keinen Weg gefunden, den Bundeshaushalt 1967 auszugleichen; über dergleichen stürzt man heute nicht. Aber die CDU hielt ihn ohnehin für zu schwach und liebäugelte mit einer Großen Koalition; die SPD nicht minder – obwohl es für sie rechnerisch auch zu einem Bündnis mit der FDP gereicht hätte, wie es dann drei Jahre später zustande kam.

1966 aber bestand Herbert Wehner, Fraktionsvorsitzender im Bundestag und Vordenker der Partei, darauf, daß die SPD ihre lange angezweifelte Regierungsfähigkeit in einer Koalition mit der Partei von Adenauer und Erhard beweise. Die Salbung mit liberalem Öl genüge nicht, sagte Wehner – die SPD brauche das Weihwasser. Und so einigten sich die beiden großen Parteien auf den baden-württembergischen Ministerpräsidenten Kurt Georg Kiesinger als Bundeskanzler. Außenminister und Vizekanzler wurde Willy Brandt, Wirtschaftsminister Karl Schiller und Finanzminister Franz Josef Strauß – er zur allgemeinen Überraschung, denn vier Jahre zuvor hatte er wegen seiner zwielichtigen Rolle in der *Spiegel*-Affäre das Amt des Verteidigungsministers niederlegen müssen.

In der Bundesrepublik begann sich 1966 die Unruhe abzuzeichnen, die in den folgenden Jahren von ihr Besitz ergriff: Studenten protestierten gegen die amerikanische Präsenz in Vietnam und gegen die bevorstehenden Notstandsgesetze der Großen Koalition. Der deutsch-amerikanische Philosoph Herbert Marcuse entlarvte in seinem Buch »Kritik der reinen Toleranz« die vielgerühmte Duldsamkeit der westlichen Demokratien als besonders perfides Unterdrückungsinstrument (»repressive Toleranz«) und festigte damit seine Position als Gottvater der Neuen Linken. Und die Toleranz deutscher Eltern und Lehrer wurde strapaziert durch die jäh um sich greifende Knabenmode, die Pilzköpfe der Beatles noch zu übertrumpfen und die Haare möglichst so lang wachsen zu lassen, bis sie in die Suppe hingen.

Auf dem westdeutschen Zeitschriftenmarkt war unterdessen heftige Bewegung. Die Münchner Verleger Theodor Martens und Diedrich Kenneweg, die erst im Vorjahr die Illustrierte *Revue* aus dem Kindler-Verlag gekauft hatten, boten nun ihr Renommierobjekt *Quick* zum Kauf an und die *Revue* dazu. Vom STERN in Hamburg und von der *Bunten Illustrierten* in Offenburg eilten Einkäufer nach München, um gute Leute abzuwerben (denn wer wäre nicht beunruhigt, wenn er Gegenstand eines Handels von Verlegern wird?).

Axel Springer galt als Kaufinteressent. Gerd Bucerius schrieb daraufhin seinem »lieben Axel« einen Brief, in dem er ihn davor warnte, sich die *Quick* und die *Revue* einzuverleiben: Schon jetzt beherrsche der Springer-Verlag den Zeitungsmarkt von Hamburg und Berlin, und mit den beiden Illustrierten zusammen würde er mehr als 50 Prozent des deutschen Vertriebsmarkts dominieren.

Axel Springer antwortete dem »lieben Buc«, warum eigentlich diese Bedenken nicht gegolten hätten, als Bucerius zwei Jahre zuvor ihm, Axel Springer, den STERN zum Kauf angeboten habe, mit den Worten: »Ich glaube, daß der STERN in Ihrem Hause am besten aufgehoben wäre.« Das große Geschäft, so Bucerius angeblich weiter, brauche einen großen Hintergrund; der STERN, »der Arm eines Athleten«, gehöre nicht an den Körper eines braven Bürgers, wie er, Bucerius, einer sei.

Die STERN-Redaktion war außer sich über das, was sie da nachträglich im *Spiegel* lesen konnte: Fast wären wir bei Springer gelandet! (Redakteure sind nun einmal ungehalten, wenn sie sich als Manövriermasse in der Schatulle ihres Verlegers fühlen.) Daß Bucerius die *Zitate* dementierte, fand die Redaktion nicht besonders tröstlich; auch nicht, daß nach seiner Darstellung das Angebot von Springer ausgegangen war.

Springers Generalbevollmächtigter Christian Kracht erklärte dazu, er habe Bucerius Fotokopien »seiner umfänglichen Briefe an uns« übersandt, um seinem Gedächtnis nachzuhelfen. »In diesen Briefen bringt Herr Dr. Bucerius seine Initiative zum Ausdruck, 87,5 Prozent Geschäftsanteile an der Henri-Nannen-GmbH« (also alles, was er Nannen einst abgehandelt hatte, der Rest gehörte ja Gruner) »an uns zu verkaufen. Er verband dies mit der freiwilligen Übergabe der Bilanzen und Preisgabe anderer kaufmännischer Details.«

Für die STERN-Redaktion war dies nicht die einzige schlechte Nachricht. Die zweite: Rolf Gillhausen, Henri Nannens optisches Gewissen, Chef der Fotografen und der Grafiker, unterschrieb einen Drei-Jahres-Vertrag als Chefredakteur der *Quick*. Gruner + Jahr erwirkte eine Einstweilige Verfügung, die Gillhausen verbot, bei der *Quick* vor dem 1. Oktober anzutreten. Die erzwungene Bedenkzeit nutzte Gillhausen, es sich anders zu überlegen: »Lieber streite ich mich mit Nannen«, sagte er, »als daß ich mich mit Ihnen vertrage.«

»Mit Ihnen«: Das hieß mit Siegfried Moenig, dem Generalbevollmächtigten des Hamburger Heinrich-Bauer-Verlags – er hatte die *Quick* und die *Revue* erworben. Da demselben Verlag seit 1963 auch die *Neue Illustrierte* gehörte, erschienen bei Bauer nun drei der fünf Illustrierten mit Millionen-Auflage. Als noch 1966 die *Neue Illustrierte* mit der *Revue* zur *Neuen Revue* verschmolzen wurde, verdrängte sie den STERN vom ersten Platz, und ihr Chefredakteur Ewald Struwe schaufelte zusätzlich Auflage mit der Ausbeutung deutscher Sexual-Neugier, von Oswalt Kolle gnadenlos befriedigt.

Gleich nach dem Bauer-Coup investierte Bucerius 1,2 Millionen Mark in den STERN für Werbung und redaktionelle Farbe. Sein Imperium vergrößerte Bucerius durch den Kauf der Zeitschrift *Volkswirt,* aus dem später die *Wirtschaftswoche* wurde.

Axel Springer eröffnete an der Kochstraße in Berlin, inmitten des ehemaligen Zeitungsviertels und direkt an der Mauer, sein neues Verlagshaus, zwanzig Stockwerke hoch, goldbronziert und mit dem höchsten Paternoster der Welt versehen. Bundespräsident Lübke und Willy Brandt, noch Regierender Bürgermeister, zählten zu den Gratulanten.

In Hamburg, an der Binnenalster, kam es unterdessen zu einem letzten Aufbäumen der alten Kleidersitten, kurz vor ihrem völligen Zusammenbruch: Der weltberühmten Sängerin Esther Ofarim wurde der Zutritt zur Bar des Hotels Vier Jahreszeiten verwehrt, weil sie statt des Rocks eine Samthose trug. In München erregte das ungläubiges Gelächter. Nicht nur der STERN – auch die Stadt Hamburg mußte einem Neuankömmling von der *Süddeutschen Zeitung* als Abenteuer erscheinen.

Beim Großen Zámpano Nannen

Der Neue war ich, und in dieses Kapitel mische ich mich unbefangen ein – weil so vielleicht am anschaulichsten wird, wie der STERN tickte und wie dieser Nannen agierte, damals, 1966 bis 1971, in seiner ganz großen Zeit. Da plumpst also ein 41jähriger Journalist mit 18jähriger Erfahrung in vergleichsweise behäbigen Zeitungen in den Hochdruckkessel STERN und lernt nach jenen Chefredakteuren, die sich vor allem in Leitartikeln verwirklichten, den Großen Zámpano der deutschen Presse kennen: mal Sir Henri, mal peitschenschwingender Dompteur der Redaktion, flammender Rhetor, Brüllaffe, Vielfraß und Hypochonder – und ein Berserker des Illustriertenmachens, unbelesen und unintellektuell, aber von niemandem übertroffen an wacher Intelligenz, im rabiaten Zugriff auf das gerade noch Machbare, in der Witterung für die Emotionen der Leser und für die Stimmungen von übermorgen. Denen aber lief Nannen nicht etwa nach – er half sie prägen (davon im übernächsten Kapitel mehr).

Bei der *Süddeutschen* wußte man von all dem kaum die Hälfte – genug indessen, um sich mutig zu fühlen, wenn man zum STERN nach Hamburg ging. »Leute wie Sie kauft der Nannen doch nur ein, damit er Sie am ausgestreckten Arm verhungern lassen kann«, sagte mir ein lieber Kollege. Häufiger aber bekam ich zu hören: »Sie? Zum STERN? Haben Sie das nötig?«

Die Begrüßung in Hamburg fiel origineller aus – freundlicher nicht. »Das ist Herr Schneider«, stellte Nannen mich in der Redaktionskonferenz vor, »er hat noch nie eine Zeitschrift von innen gesehen und soll euch allen endlich Ordnung beibringen.«

Lieber Neuling, hieß das: Indem ich die gesamte Redaktion mal eben gegen dich aufhetze, unterziehe ich dich unserer Äquatortaufe. Wenn du die überstehst, dann paßt du zu uns. Wenn nicht – so what: Schon mancher, der hier als Adler anfing, ist als Suppenhuhn geendet. Das war im STERN eine beliebte Redensart, wie ein netter Kollege mich noch am selben Tag aufklärte, und Suppenhühner hatte die Redaktion nicht ohne Schadenfreude schon im Dutzend davonflattern sehen. Ich habe sogar eine öffentliche Hinrichtung erlebt:

Ein Neuer in der Redaktion (der sich später als Bundestagsabgeordneter einen Namen machte) reagierte ungeschickt und ein bißchen bockig, als Nannen ihm den ersten Auftrag geben wollte; da sagte ein Ressortleiter von der besonders harten Sorte: »Herr Nannen, Sie sehen doch selbst, der X paßt nicht zu uns.« Nannen schwieg – X verschwand auf Nimmerwiedersehen. Ja, die STERN-Redaktion war wirklich jener Haifischteich, als der sie oft bezeichnet wurde.

So schien es mir eine gute Idee, als Suppenhuhn zu beginnen. Mit großer Vorsicht tastete ich mich durch das schöpferische Chaos, das mich umgab: ein unerhörter Überschuß an Ideen; eine uferlose Überproduktion; dramatische Kraftakte in letzter Minute, die sich bei *etwas* mehr Planung hätten vermeiden lassen; ein Chefredakteur, der geradezu auf der Lauer lag, alles über den Haufen zu werfen, was seinen jüngsten Erleuchtungen im Wege stand.

Dazu der »Redaktions-Darwinismus«, wie einige Redakteure das nannten – nicht nur gegen einzelne gewandt wie X und mich, sondern in der wöchentlichen *Strukturkonferenz* institutionalisiert. Da kämpften die Ressortleiter um ihren Raum im nächsten Heft, denn angestammte Plätze oder irgendwelche Anrechte gab es nicht: Ins Blatt kam nur, was Nannen für würdig befand, falls es denn in die Mischung paßte.

Die Mischung! Jedes Heft brauchte männliche und weibliche Themen, Politik und Klatsch, große Optik und süffige Lesestücke, und dies in mutwilligem Wechsel, um den zunächst vielleicht gelangweilten Blätterer durch eine Kette von Überraschungen zu faszinieren und zum Leser zu machen. Nicht zu leicht durfte das Heft sein, auch Schwarzbrot mußte es anbieten, etwas zum Beißen; und nicht zu schwer, kopflastig, blutrünstig – dann rief Nannen nach der »Silberschaukel« oder dem »weißen Telefon«, dem bis in die sechziger Jahre ein Hauch von Hollywood entströmte.

Ein Quantum Überproduktion war bei solchen Grundsätzen unerläßlich (wenn auch erheblich weniger davon, als die Redaktion zwischen Übereifer und Desorganisation hervorbrachte): Denn aus jeder der mindestens sieben Kisten, in die Nannen greifen wollte, mußte er mehrere fertige erstklassige Stücke zaubern können, um seiner Vorstellung von Mischung zu genügen.

Da kam es vor, daß ein Fotograf und ein Reporter abgehetzt und übernächtigt in letzter Stunde ein Erdbeben anboten, großartig in Wort und Bild – und Nannen es vorzog, eine Klatschgeschichte aus einer italienischen Illustrierten nachzudrucken, weil das Heft sonst zu schwer würde. Die beiden waren verzweifelt, ein tröstlicher Zuspruch war nicht Nannens Art.

Oder es geschah, daß aus der Wundertüte zu viel Sand zu rieseln drohte: Eine Farbstrecke über den Versuch, eine Wüste zu begrünen, war schon unwiderruflich gedruckt – da flogen die ersten Fotos von Israels Sechs-Tage-Krieg auf den Tisch, Sand bis zum Horizont. Konnte der STERN den Ehrgeiz haben, die Wüsten-Toleranz seiner Leser zu testen? Weisung an die Grafik also: Auf den Kriegsfotos so wenig Sand wie irgend möglich!

Im Prinzip gelten solche Mischungsregeln bis heute. Die Schlacht aber, in der über die Mischung entschieden wurde, etwas zu rational als »Strukturkonferenz« bezeichnet: Die war Nannens allwöchentliches Freudenfest, seine und Darwins große Stunde.

Die Ressortleiter hatten ihre fertigen oder fast fertigen Geschichten vorzustellen. Sie kämpften mit Feuer, mit List und nicht selten mit den Mitteln eines Fischmarkt-Verkäufers. Hart gearbeitet haben und trotzdem nichts ins Heft kriegen – das gab Wut und Ohnmachtsgefühle; noch schlimmer, wenn ein Ressort von Nannen getadelt wurde, weil es drei Wochen lang nicht im STERN vertreten gewesen war (obwohl doch zu erheblichen Teilen eben Nannen für die Nichtvertretung haftete).

Egon Vacek, langjähriger Ressortleiter Außenpolitik, geriet über seine Niederlage bei einer dieser Schlachten so in Wut, daß er aus dem Konferenzzimmer stapfte und die Tür hinter sich zudonnerte – nicht ohne dem versammelten Gremium zugeschrieen zu haben: »Für mich seid ihr alle Arschlöcher!« Nannen also auch. Der grinste und beschied den Chefgrafiker: »Na ja, tun Sie's rein, er hat gut gekämpft.«

Gut gekämpft! Als hätte Nero im Zirkus dem Kampf zwischen Christen und Löwen zugesehen – wer immer wen fraß, der Kaiser amüsierte sich. Zugunsten Nannens läßt sich immerhin sagen: Er hatte Sportsgeist und war durch nichts zu beleidigen; er witterte, daß ihm da vielleicht doch eine ziemlich gute Geschichte durch die Lappen gehen könnte, wenn einer derart rabiat für sie focht; und in Vaceks Wutausbruch würdigte er im übrigen jenes Engagement, von dem der STERN schließlich lebte.

Mit bloßer Routine läßt sich ja eine Zeitschrift nicht am Leben halten. Sie ist ihrem Wesen nach ein Produkt, auf das die Leser jederzeit verzichten können, wenn es sie langweilt oder ärgert. Einen Primärnutzen wie die lokale Abonnementszeitung mit ihren Wohnungs-, Stellen- und Todesanzeigen, ihren Informationen über Veranstaltungen, Straßensperren, Sonderangeboten und dem Einbruch in der Nachbarschaft: das alles bietet die Zeitschrift nicht.

Hat die Zeitung gar ein lokales Monopol wie in Deutschland die meisten, so ist es fast unmöglich, sie durch Langeweile oder andere Formen journalistischer Mißwirtschaft zu ruinieren. Daraus folgt für die Redaktion die Versuchung, an die Leser wenig zu denken oder sie gar zu verachten, und dieser Versuchung erliegt hier eine Minderheit, dort eine Mehrheit der Redaktion.

Wie im STERN um den Leser gerungen wurde, wie engagiert und mit welchem Raffinement der Mittel: Das war für den Neuling von der *Süddeutschen* die größte Überraschung – und gelegentlich ein Anlaß, den Hochmut, mit dem er aus München verabschiedet worden war, gegen die Hochmütigen zu kehren.

Gerungen zum Beispiel darum, daß Bilder, Überschrift und Vorspann alles tun, um den flüchtigen Blätterer zu animieren, er möge zu lesen beginnen; und daß der erste Satz des Textes vor allem die Einladung ausspricht: Lies auch den zweiten! Und der zweite: Lies auch den dritten! Wer nur blättert und nicht liest, ist in einer Viertelstunde fertig und kauft den STERN nie wieder.

Ein drastisches Lehrstück über dieses Lebenselixier der Zeitschrift führte Nannen in meiner Gegenwart mit einem Redakteur auf, der ihn für die Vorab-Lektüre eines zehnseitigen Manuskripts gewonnen hatte (das erhöhte die Chance, daß der Artikel bald oder wenigstens irgendwann erschien, statt in dem brodelnden Chaos unterzugehen wie so viele). Nannen begann zu lesen, hörte nach einer Minute auf, rief den Redakteur zurück und sagte barsch: »Ihr Manuskript taugt nichts.«

Der Redakteur, entgeistert: »Aber Herr Nannen, Sie können doch die zehn Seiten unmöglich schon gelesen haben!« Nannen: »Nein, ich habe im dritten Absatz aufgehört.« Der Redakteur: »Aber ich mußte doch im dritten Absatz …« Darauf Nannen mit Donnerstimme: »Das erzählen Sie mal unseren zehn Millionen Lesern, was Sie im dritten Absatz mußten! Gehen Sie raus.«

Wer diese Abkanzelung unter Zeugen widerlich fände, dem wäre schwer zu widersprechen. Nur daß die brutale Form dazu diente, dem Autor eine Lehre zu erteilen, die er zum Segen des STERN nie mehr vergessen sollte, so wenig wie ich, der Ohrenzeuge: Für einen dritten Absatz, der den Leser aus dem Text wirft, weil er ihn langweilt oder irritiert, gilt keine Entschuldigung der Welt; der vierte Absatz und alle folgenden, ob drei oder dreißig, wären ja dann umsonst geschrieben.

Man bedenke, daß ein Dreispalter auf Seite 1 einer durchschnittlichen deutschen Tageszeitung im letzten Absatz die Lesequote Null hat – Ergebnis einer seriösen Untersuchung von 1993 mit hundert Versuchspersonen an Geräten, die das Wandern der Pupillen registrieren. Was wird da vergeudet an Arbeit, Druckerschwärze und Papier! Welches Berufsverständnis haben Redakteure, die wissen könnten, daß ihnen Absatz um Absatz immer mehr Leser davonlaufen, bis sie schließlich keinen einzigen mehr haben!

Bei solcher Berufsauffassung verwundert es nicht, in der Zeitung über die Zeitschrift den Spott zu hören, dort habe man ja sechs Tage in der Woche frei. Unter den Redensarten, die mich nach Hamburg begleiteten, war dies die dümmste – zur Hälfte nämlich offensichtlich ernst gemeint.

Natürlich, man hat mehr Zeit in der Zeitschrift. Aber wehe, man nutzt sie nicht, um das Blatt Zeile für Zeile interessant zu machen. Ja, in der Zeitung ist es eine Nervenmühle, sich manchmal binnen vier Minuten eine Überschrift für den Aufmacher einfallen lassen zu müssen – aber kurz danach kann der Redakteur nach Hause gehen. Nach Hause gehen? Zu einer bestimmten Zeit nach Hause gehen oder pünktlich im Theater sein? Das war und ist im STERN nicht üblich.

Da glaubt der Redakteur also gegen 18 Uhr, er habe eine hübsche Überschrift. Aber dem Ressortleiter gefällt sie nicht. 19 Uhr: Nun gefällt sie ihm, aber nicht dem Chef vom Dienst. 20 Uhr: Nun gefällt sie auch dem Chef vom Dienst, aber nicht dem Chefredakteur. So kann es Mitternacht werden. Der verzweifelte Redakteur ist froh, wenn er eine Sektrunde findet, in der die anderen entweder Einfälle beisteuern oder in der er sich von seiner Plage erholen kann. Karl-Heinz Hagen, Chefredakteur der *Quick* von 1962 bis 1966, liebte einen Spruch, der auch von Nannen hätte sein können: »Jeder *Quick*-Redakteur hat Anspruch auf einen 24-Stunden-Tag.«

Der Tag des Redaktionsschlusses endete 1967 ohnehin erst zwischen 3 und 5 Uhr morgens – noch verzögert dadurch, daß sämtliche STERN-Redakteure zunächst bei Fleischsalat und

Bier die englische Fernsehserie »Mit Schirm, Charme und Melone« begafften, mit Patrick McNee und Diana Rigg.

Einmal mußte der neue Chef vom Dienst, als der End-Verantwortliche, bis 7 Uhr früh ausharren, die letzten drei Stunden mit Rolf Gillhausen allein, dem stellvertretenden Chefredakteur für die Optik. Gillhausen bastelte noch an einer Seite, auf der ein kleines Foto und ein großes standen. Er machte das große Foto klein, das kleine groß, dann wieder umgekehrt, dann noch einmal zurück, und nun vielleicht ein bißchen weniger groß, oder noch größer. Nie habe ich herausgefunden, wie sich da Perfektionismus mit Sadismus mischte: Nun lerne mal, wie's bei uns zugeht, du Neuer!

Woran alte Zeitungshasen besonders hart zu knabbern hatten, das ist das Problem der Aktualität. Zur Hälfte knüpft der STERN ja an aktuelle Ereignisse an – und immer kommt er zu spät. Selbst heute, mit den inzwischen drastisch verkürzten Fristen zwischen Redaktionsschluß und Auslieferung, liegt der STERN zwei Tage hinter den Tageszeitungen und drei hinter dem Fernsehen zurück – günstigenfalls, wenn nämlich das Ereignis am Montag stattfindet, dem letzten Tag der Redaktionsarbeit am nächsten Heft. Tritt es dagegen Dienstag ein, so erscheint der STERN acht Tage nach den Zeitungen, die über das Ereignis ebenfalls berichten, und neun Tage nach der Tagesschau mit ihren noch dazu bewegten Bildern.

Also kann der STERN nur bestehen, indem er anders ist und auf irgendeinem Feld auch besser: weil er die einzigen Fotos hat oder die besten, weil ihm die verblüffende Perspektive eingefallen ist, weil er die bohrende Recherche, die brillante Reportage bietet oder das feurige Resümee. (Im übernächsten Kapitel zwei Beispiele dafür.) Einfach zu *reagieren* auf Reden, Verlautbarungen, Debatten, Premieren, Meisterschaften, Katastrophen – wovon die Tageszeitung vollständig leben kann: Das hält eine Zeitschrift niemals über Wasser. Sie lebt von ihren Ideen, ohne diese bliebe sie leer.

Eine so ungewohnte Art zu denken, ein so zähes Ringen um die perfekte Form, ein so fantasievolles Anarbeiten gegen die

Entbehrlichkeit des Produkts: Das hat mancher namhafte Zeitungsjournalist nicht gemocht oder nicht verstanden und ist alsbald wieder davongeflattert.

Bei Nannen mußte man sich zusätzlich im Haifischteich behaupten. Im Grenzfall mußte man es obendrein ertragen, von ihm beschimpft, ja niedergebrüllt zu werden, auch und gerade unter Zeugen; und das betrieb er im Brustton dessen, der Macht und Recht zugleich auf seiner Seite wußte, und selbst bei 100 Phon mit klangvoller Stimme und korrekten Konjunktiven.

Wer den Nerv hatte, zurückzuschreien oder ihm mit einer kalkulierten Bosheit heimzuzahlen – der war ihm willkommen! Auf dieser Basis haben er und ich uns arrangiert. In der Vorstandssitzung, in der er mich 1978 zum Leiter der später nach ihm benannten Journalistenschule vorschlug, soll er gesagt haben: »Der Schneider ist zwar ein Arschloch, aber er ist der einzige, der das kann.« Das ist glaubhaft, denn in solchen Widersprüchen dachte er, und ich konnte damit leben.

Eitel war er, unberechenbar, ungerecht und großartig, dieser Henri Nannen; von der Redaktion beschimpft und bewundert, geliebt, gefürchtet und gehaßt, in jäher Folge oder zur gleichen Zeit; ein Großmeister des Journalistenhandwerks, wie es im deutschen Sprachraum keinen zweiten gegeben hat; ein imposantes Bündel von Gescheitheit, Instinkt, Besessenheit und Fantasie, und vom jedem hatte er mehr als die meisten Menschen.

»Stoppt Springer!«

1967

Da war ja wirklich was los auf der Welt 1967, auch in der deutschen Presse und speziell im STERN. Christiaan Barnard eröffnete in Kapstadt das Zeitalter der Organverpflanzungen, nach Deutschland wurde das erste japanische Auto importiert und auf der Funkausstellung in Berlin das Farbfernsehen für die Bundesrepublik offiziell eröffnet.

Israel eroberte binnen sechs Tagen das Westjordanland, Ostjerusalem, den Gaza-Streifen, die syrischen Golan-Höhen und die gesamte ägyptische Halbinsel Sinai; der israelische Verteidigungsminister Mosche Dajan, der mit der Augenklappe, wurde in Deutschland wie ein deutscher Kriegsheld gefeiert.

In Griechenland putschten die Obristen und errichteten das dritte halbfaschistische Regime in Europa, nach Salazar in Portugal (seit 1932) und Franco in Spanien (seit 1939). In Rhöndorf am Rhein starb 91jährig Konrad Adenauer, in Bolivien kam, 39 Jahre alt, Ché Guevara um.

Dänemark hob als erster Staat das Verbot unzüchtiger Schriften auf und öffnete damit die Schleusen zu dem Zustand, den wir heute haben. Erich Mende legte den FDP-Vorsitz nieder, um der Deutschland-Repräsentant von Bernie Cornfeld zu werden, der jedem, der ihm Geld anvertraute, ungeheure Zinsen versprach; 1970 wurde Cornfeld als Betrüger entlarvt, der 400 000 Deutsche geprellt hatte.

Beim Internationalen Vietnam-Tribunal in Stockholm forderte Jean-Paul Sartre einen neuen »Nürnberger Prozeß«, in dem die USA des Verbrechens gegen die Menschlichkeit angeklagt werden sollten. Dem Boxweltmeister Cassius Clay, der sich später Muhammed Ali nannte, wurde wegen seiner Weigerung, in den Vietnam-Krieg zu ziehen, der Titel aberkannt, und zu fünf Jahren Gefängnis wurde er verurteilt.

Im April 1967 besuchte der amerikanische Vizepräsident Hubert Humphrey Berlin. Zweitausend Demonstranten empfingen ihn mit Transparenten und Sprechchören gegen die Vietnam-Politik der USA und bewarfen seine Wagenkolonne mit Flaschen, Steinen, Eiern und Mehltüten. Am 22. Mai ging in Brüssel ein Kaufhaus in Flammen auf, 251 Menschen kamen um. Zwei Tage später verteilte die Berliner »Kommune I« ein Flugblatt mit der Überschrift: »Wann brennen die Berliner Kaufhäuser?«

»Unsere belgischen Freunde haben endlich den Dreh raus, die Bevölkerung am lustigen Treiben in Vietnam wirklich zu beteiligen«, hieß es darin. »Keiner von uns braucht mehr Tränen über das arme vietnamesische Volk zu vergießen. Ab heute geht er in die Konfektionsabteilung von KaDeWe und zündet sich diskret eine Zigarette in der Ankleidekabine an … Burn, warehouse, burn!« Und wenn in Kürze der Schah nach Berlin komme, könnte er vielleicht erfahren, »wie wohltuend eine Kastration ist«.

War das nun zynischer Spott oder ein Aufruf zu Verstümmelung, Brandstiftung, Mord und Bürgerkrieg? Am 2. Juni 1967 besuchte das persische Kaiserpaar in Westberlin die Deutsche Oper. Von persischen Emigranten über die Tyrannei in ihrem Heimatland aufgeklärt, demonstrierten Studenten, die sich bis dahin nur für Vietnam interessiert hatten, gegen den Schah. Um dem Kaiserpaar einen Weg zu bahnen, schlugen Polizisten auf die Demonstranten ein, und einer erschoß den Studenten Benno Ohnesorg.

Empörung und Erschütterung, der Auftakt zur Revolte. Studenten diskutierten, protestierten, randalierten. Die Außerparlamentarische Opposition, wie sie sich alsbald nannte, die APO, kam in Schwung. Sie war gegen den Schah und gegen Amerika, gegen die »Bullen«, gegen die Professoren in den Talaren, gegen Axel Springer und das ganze verrottete Establishment – für Karl Marx, Ho Chi Minh und Ché Guevara, für sexuelle Befreiung und eine rundum bessere Welt.

Warum speziell gegen Axel Springer? Weil *Bild* kraß Partei ergriffen hatte gegen die demonstrierenden Studenten, und die Allgegenwart gerade der *Bildzeitung* mit ihren 4,3 Millionen Käufern und 11 Millionen Lesern täglich machte sie zum Haßobjekt. »Enteignet Springer!«

Auf der Frankfurter Buchmesse 1967 ertönte dieser Ruf zum erstenmal – ein »einfältiger Kampfruf akademischer und unakademischer Rowdys«, schrieb die *Süddeutsche Zeitung.* Aber »Stoppt Springer!« hatte zwei Monate zuvor schon die ZEIT gefordert, und der Ruf »Enteignet ihn!« ließ sich nicht mehr unterdrücken.

Auf andere Weise als für die Studenten hatte sich Springer auch für alle deutschen Zeitungs- und Zeitschriftenverleger zum Problem entwickelt. Er lieferte ja (nach einem Bericht des Bundesinnenministeriums vom Juni) 31 Prozent der Gesamtauflage aller deutschen Tageszeitungen; den Zeitungsmarkt von Hamburg und Westberlin beherrschte er zu 70 Prozent; der Markt der Sonntagszeitungen gehörte ihm nahezu allein.

Nicht genug damit, verlegte Springer Europas größte Zeitschrift, *Hörzu,* kaufte 1966 den *Kicker* und *Bravo* und 1967 die *Funkuhr,* trieb *Eltern,* »die Zeitschrift für die schönsten Jahre des Lebens«, mit riesigem Werbeaufwand binnen neun Monaten von null auf eine Million Exemplare – und kündigte, ein ungewöhnlicher Schritt, in ganzseitigen Anzeigen für 1968 *Jasmin* an, »die Zeitschrift für das Leben zu zweit«.

Da war es kein Wunder, daß die Regierung Kiesinger im Mai 1967 eine Kommission einsetzte, die »die Ursachen der Gefährdung der wirtschaftlichen Existenz der deutschen Zeitungen und der Folgen von Verlagskonzentrationen« untersuchen sollte. *Konzentrationen* hieß es, aber gemeint war nur die eine.

Die Kommission bestand aus siebzehn Verlegern, Intendanten, Journalisten und Gewerkschaftlern mit dem Präsidenten des Bundeskartellamts, Eberhard Günther, als Vorsitzendem. Kaum lag der Entwurf eines ersten Zwischenberichts vor, da warfen zwei der prominentesten Mitglieder hin: Anton Betz, Verleger der *Rheinischen Post* und Vorsitzender des Bundesverbands deutscher Zeitungsverleger – und Axel Springer.

Der Verlegerverband stellte dazu fest, die Kommission habe es versäumt, sich auf das Wesentliche zu konzentrieren: nämlich ein Soforthilfeprogramm für die Presse. (Mit anderen Worten: Es paßt uns nicht, daß ihr auch die Folgen der Pressekonzentration für die Meinungsfreiheit untersuchen wollt.)

Eben dies tat die Kommission dann in der Tat: Einstimmig empfahl sie der Bundesregierung, kleineren Verlagen Steuervergünstigungen und Investitionshilfen zu gewähren – und zu prüfen: Ist die zunehmende Konzentration vereinbar mit dem Recht der freien Meinungsäußerung nach Artikel 5 des Grundgesetzes? Sollten die Anteile eines Verlags am Pressemarkt begrenzt werden?

Zu einem Ergebnis kam es nie. Springer verbreitete unermüdlich, er besitze nur einen Zipfel der Macht, »und die ist mir von den Lesern meiner Zeitungen verliehen worden«. *Meiner* Zeitungen! unterstrich die ZEIT, die dies zitierte. Rudolf Augstein schrieb: »Seit Hitler hat kein einzelner Mann in Deutschland so viel Macht akkumuliert.«

Nun dachten sich aber die anderen Großverlage – Bauer, Burda, Gruner + Jahr – noch etwas Listiges aus, um Springer in die Defensive zu drängen: Mehr als ein Jahr lang, bis Ende 1968, würden sie sich verpflichten, weder neue Zeitungen oder Zeitschriften zu starten noch bestehende Objekte aufzukaufen – falls sich Springer dieser Verpflichtung anschließe. Das eigentliche Ziel war klar: *Jasmin* verhindern, die vage, aber offenbar riesengroße Bedrohung für alle Frauenzeitschriften und vielleicht auch für den STERN.

Bei Gruner + Jahr blieb es 1967 im übrigen verhältnismäßig still. Die CONSTANZE bekam einen neuen Chefredakteur: Jürgen Isberg, der aus der Werbung herüberwechselte, dem Blatt ein Quantum Feminismus verordnete und alles viel besser machen wollte, Tempo, Tempo! Aber mit Auflage und Anzeigengeschäft ging es weiter bergab – wie immer seit 1961, als John Jahr die Entscheidung getroffen hatte, Deutschlands damals bei weitem populärste Frauenzeitschrift von vierzehntäglichem Erscheinen auf wöchentliches umzustellen. Käufer wie Inserenten hatten mit dem neuen Rhythmus Probleme, und obendrein begab sich die CONSTANZE mutwillig in Konkurrenz zu den großen Illustrierten.

Die einzige Neugründung von Gruner + Jahr anno 1967 hieß ES, »Zeitschrift für Mütter und Väter«. Aber gegen *Eltern* hatte ES keine Chance. Da war es gut, daß der STERN, die große Lokomotive, 1967 unter Volldampf fuhr wie nie zuvor und kaum je danach.

Nannens brisanteste Granaten

1967

Nun funktionierte es perfekt, das Rezept, mit dem Henri Nannen den STERN in den sechziger Jahren zur angesehensten und erfolgreichsten Illustrierten der Welt machte: Musikdampfer und Schlachtschiff zugleich! Der Schlachtkreuzer feuerte aus allen Rohren, und dabei konnten die Leser immer wieder glauben, sich auf einer fröhlichen Kreuzfahrt zu befinden.

Um Gotteswillen nicht nur Politik und schwere Stoffe, predigte Nannen: Die Kirche muß voll sein, damit die Predigt gehört werden kann! Und wie füllt man sie? Mit den »Äpfeln der Venus« zum Beispiel, einem Titelbild, auf dem dieselben hinter gekreuzten Armen keusch verborgen blieben; mit der »nackten Generation – Bericht ohne Feigenblatt« (die Titeldame jedoch wieder in züchtiger Seitenansicht, das Knie am Kinn); oder mit der klassischen Frage: »Ist der deutsche Mann eine Null?« Und natürlich mit Mode und Klatsch, mit der Silberschaukel und dem weißen Telefon.

Dazu die dramatische, mit kühler Brillanz geschriebene Serie »Runter kommen sie immer«, ein Protokoll der großen Flugzeugkatastrophen. Und die Memoiren von Stalins Tochter Swetlana, die nach Amerika geflohen war (»Mein Vater war ein guter Mensch«). Und in acht Folgen »Der Tod des Präsidenten« nach dem Buch von William Manchester über die Ermordung John F. Kennedys.

Mehr als drei Jahre danach? Ja, denn Manchester hatte mit bohrender Gründlichkeit recherchiert und atemverschlagende Details zutage gefördert. Jacqueline Kennedy verlangte vom

STERN, bestimmte Passagen zu streichen; der STERN saß juristisch am längeren Hebel, machte jedoch, nachdem sein Recht etabliert war, der Witwe einen Teil der gewünschten Streichungen zum Geschenk. Grandioser Lesestoff, höchste verkaufte Auflage der STERN-Geschichte (1 931 000 Exemplare im ersten Quartal), Zwist mit den Großen der Welt, Sieg – und dann Gnadenerweis: Da war Nannen in seinem Element, und der Verlag riskierte es, den Preis des Heftes von 80 Pfennig auf eine Mark zu erhöhen.

Die Druckerei in Itzehoe stöhnte unter dem Rekord: Mehr als 2 Millionen STERN-Hefte mußte sie plötzlich drucken binnen 61 Stunden. »Die riesige Auflage bewältigen wir nur durch Hinzunahme von Sonnabend (teuer) und Sonntag (verboten)«, schrieb der Technische Leiter an die STERN-Herstellung. Aber: »Über den großen Erfolg freuen sich selbst die Drucker an den Rotationsmaschinen.«

Und dann gab es noch zwei politische Großtaten in diesem Jahr 1967, zwei Höhepunkte der STERN-Geschichte, zwei Meisterwerke des Wagemuts und des journalistischen Gespürs.

Das eine handelte von dem alten Städtchen Grünberg in Niederschlesien, das nun Zielona Góra hieß. Sehr dramatisch klingt das ja nicht. Aber nichts, das läßt sich behaupten, hat der Ostpolitik der späteren Regierung Brandt/Scheel so nachhaltig den Boden bereiten helfen wie diese Reportage.

Seit langem kämpfte der STERN dafür, daß auf die Aussöhnung mit dem Westen die mit dem Osten folgen müsse. Schon 1964 hatte er einen Essay von Golo Mann zur Titelgeschichte gemacht: »Oder-Neiße-Grenze für immer?« Der STERN war also vor 36 Jahren manchmal politischer als der *Spiegel* in etlichen Titelgeschichten heute. »Der STERN, der in den fünfziger Jahren so sein wollte wie *Life* und es auch schaffte«, schrieb die *FAZ* 1998, »wollte in den sechziger Jahren auch noch so sein wie der *Spiegel,* und zumindest ansatzweise schaffte er auch das.«

Was aber war ausgerechnet an Grünberg alias Zielona Góra so aufregend? Daß die Deutschen, die dort an der Hauptstraße gewohnt hatten, und die Polen, die nun in den alten deutschen

Häusern wohnten, vorgestellt wurden in Wort und Bild, mit ihren Freuden und ihren Sorgen. Und siehe: Alle waren mehr oder weniger zufrieden, auch die alten Grünberger in Bremen, Mönchengladbach oder Rüdesheim, und zurück wollten sie höchstens als Besucher.

Und waren das nicht nette Leute, diese Polen, die meisten einst von Deutschen geschunden und dann von Russen verjagt, und nun lachten sie in die Kamera mit ihren vielen Kindern! Fast die Hälfte aller Bewohner von Zielona Góra war schon hier geboren – und was genoß mindestens diese Hälfte selbstverständlich? Heimatrecht! (Nach der Definition der deutschen Vertriebenenverbände.)

So macht man Politik, predigte Nannen: nicht mit Leitartikeln, sondern mit Menschen und Geschichten; und recht hatte er. Vielleicht ist ein politisches Problem nie auf schlüssigere, anrührendere Weise anschaulich gemacht und einer Lösung nähergebracht worden als durch die Idee des STERN: nicht fordern, nicht reflektieren, das kostet wenig und das bringt fast nichts – sondern hingehen, nachschauen und die Menschen reden lassen.

Der andere Höhepunkt anno 1967 war das Bravourstück des STERN-Fotografen Fred Ihrt. Er verkörperte alle Tugenden seines Blattes: im Smoking ein Herr mit weltläufigen Manieren, im Einsatz ein Bär, von dem die Anekdote ging, er habe schon mal einem *Quick*-Fotografen eine Kamera auf den Schädel geschlagen, aus Versehen natürlich: Denn STERN-Fotografen müssen nicht nur mit den besten Bildern wiederkommen, sie sollten sie auch exklusiv haben.

Dieser Fred Ihrt also startet in Athen mit einer gecharterten viersitzigen Piper Cherokee zu einem privaten Flug nach Brindisi am Absatz des italienischen Stiefels – so die offizielle Fluggenehmigung. Am Steuer sitzt ein Sportflieger, der einst die Me 109 geflogen hat (Görings Trumpf von 1939), und in Brindisi kommen sie auch wirklich an. Aber erst, nachdem sie, statt nach Nordwesten, ein Stück nach Südosten geflogen sind, zur Kykladen-Insel Jaros (oder Gyaros).

Auf der nämlich soll das Gewaltregime der griechischen Obristen ein Konzentrationslager für politische Gegner eingerichtet haben, hat Amnesty International berichtet; aber es fehlt der Beweis. Also im Tiefflug hinab zu der kahlen, wasserlosen Insel und dreimal über sie hinweg, Ihrts Motorkamera surrt.

Und was hält sie fest? Gefängnishöfe, Zeltlager, Stacheldraht, Maschinengewehre und Kanonen. Menschen stürzen auf die Höfe, im zweiten Anflug sieht Ihrt die Zivilisten heftig winken und Soldaten die Geschütze abdecken in rasender Hast.

Griechische Jäger steigen auf – zu spät, der italienische Luftraum ist erreicht. Der STERN bringt Ihrts Bilder, alle Welt druckt sie nach, der Beweis ist geführt, Ihrt wird mit dem World-Press-Fotopreis geehrt.

Jaros und Grünberg – das Husarenstück und die gloriose journalistische Idee! Ja, es war aufregend, beim STERN zu sein, und wie müde wirkte daneben das meiste, was sich deutsche Presse nannte.

Brand-fackeln und Blockaden

1968

1968: Da wurden Robert Kennedy und Martin Luther King ermordet, und Rudi Dutschke bekam eine Kugel in den Kopf. Es war das Jahr, in dem der Prager Frühling aufblühte und von Panzern niedergewalzt wurde, auch solchen aus der DDR; in dem amerikanische Soldaten die Bewohner des südvietnamesischen Dorfes My Lai massakrierten und der Vietcong seine Tet-Offensive bis nach Saigon trug. Richard Nixon gewann die Wahl zum Präsidenten knapp gegen Hubert Humphrey, das amerikanische Raumschiff Apollo 8 umkreiste den Mond zehnmal, und der holländische Knabe Heintje eroberte die deutschen Schlagerparaden.

Und es war das Jahr, in dem revoltierende Studenten Frankreich in eine Staatskrise stürzten, Deutschland durcheinanderwirbelten und Axel Springer in die Enge trieben. Was die APO tat und was auf dem Pressemarkt geschah, war eng verflochten und steigerte sich wechselseitig.

Im Februar veranstaltete der Sozialistische Deutsche Studentenbund (SDS), Ziehvater der APO, einen Vietnam-Kongreß in Berlin. Die *Bildzeitung* erschien mit der Schlagzeile »Stoppt den Terror der Jungroten jetzt!« Sie hatte linke Verbündete: Die Gewerkschaft ÖTV und der Berliner Senat unter Klaus Schütz (SPD) riefen zu einer Anti-APO-Kundgebung auf.

Der STERN lud Rudi Dutschke in seine Redaktionskonferenz, Bucerius ihn in seine Privatwohnung ein; Dutschke dozierte über »den repressiven und manipulativen Charakter« der parlamentarischen Demokratie und erhob bittere Vorwürfe gegen Gräfin Dönhoff, weil sie in der ZEIT die ersten

Steinwürfe gegen die Schaufenster von Springer-Filialen in Berlin als Terror eingestuft und ihren Leitartikel mit der Überschrift »Die gesteinigte Demokratie« versehen hatte. Bucerius seinerseits stiftete eine ansehnliche Summe, um die Verteidigung von APO-Mitgliedern zu finanzieren, die nach den Schah-Krawallen von 1967 angeklagt worden waren.

In den meisten deutschen Redaktionen wurde heftig diskutiert über die nie zuvor erlebte Lage. Im STERN zeigten sich zumal jüngere Redakteure für die APO entflammt, darunter Heiner Bremer, Ressortleiter Deutsche Politik, später einer der STERN-Chefredakteure und noch später Pressesprecher des Axel-Springer-Verlags; dazu Erich Kuby, mit 58 Jahren das älteste Redaktionsmitglied, was ihm halb respektvoll, halb ironisch den Titel »Apo-Opa« eintrug. Nannen, 54, wollte da nicht zurückstehen und verdiente sich den Titel auch.

Am 18. März 1968 erschien, von der Branche mit Spannung erwartet, das erste Heft von *Jasmin – Die Zeitschrift für das Leben zu zweit,* Druckauflage eine Million Exemplare; die Zeitschrift also, von der die Verlage Gruner + Jahr wie Bauer sich bedroht fühlten und die Springers Übermacht noch vergrößerte.

Der Kartellamtspräsident Eberhard Günther, Vorsitzender der 1967 gebildeten Kommission zur Untersuchung übermäßiger Verlagskonzentrationen, soll sich noch kurz vor dem Erscheinen von *Jasmin* mit Springer getroffen und ihm gesagt haben: »Herr Springer, machen Sie es doch sich und uns nicht so schwer – lassen Sie *Jasmin* sein.« Und Springer soll geantwortet haben: »Ach, kommen Sie vom SDS?«

Chefredakteur von *Jasmin* war Günter Prinz, der von 1959 bis 1966 mit Karl-Heinz Hagen die *Quick* geleitet hatte. »The Wedding Brothers« hießen die beiden lange Zeit unzertrennlichen Berliner in der Branche, und bei der Geburt von *Eltern* wie von *Jasmin* hatte Hagen Pate gestanden.

Was wurde dem Leser geboten in der neuen Wundertüte? Auf der Titelseite des ersten Heftes: Wie reiche Männer ihre Frauen verwöhnen – Die geheimen Wünsche der verheirateten

Männer – Bericht einer Ehe: Der Versager mit den zarten Händen (Alain Delon, wie man im Heft erfuhr). »Männer sind gar nicht so primitiv, wie Frauen immer behaupten«, hieß es über einem anderen Text; »sie sind viel primitiver.« Oder: »Natürlich sind Heiratsschwindler Verbrecher. Aber wenn die Männer nur ein paar Kleinigkeiten von ihnen lernen würden, wären Millionen Ehen glücklicher.«

Das war die *Jasmin*-Masche: frech, manchmal witzig, manchmal gequält – doch kaum eine Zeitschriftenredaktion in der Bundesrepublik, in der man an diesem 18. März nicht die Köpfe zusammengesteckt hätte, nicht ohne Respekt vor so gut geöltem Handwerk. Und das »Lexikon der Erotik« obendrein! Sexual-Aufklärung in 125 Lieferungen, bis zum Jahresende 1972 in jedem Heft: anfänglich ein Beihefter auf Werkdruckpapier, den man erst mit der Schere zugänglich machen mußte; zugleich leicht aus dem Heft zu trennen, zum Sammeln (und so aus dem Gruner + Jahr-Archivband »Jasmin« prompt herausgerissen).

22. März 1968: Auftakt zur französischen Revolte. Studenten besetzten gewaltsam das Verwaltungsgebäude der Universität von Nanterre, einer Vorstadt von Paris. Sie wollten damit zwei Forderungen durchsetzen: Entlassung der Vietnamkriegsgegner, die von der Polizei festgenommen worden waren, und Aufhebung der Geschlechtertrennung in den Studentenwohnheimen.

Das schien ja wenig miteinander zu tun zu haben. Aber eben beides zu wollen, Marx und Sex und dazu Drogen, Emanzipation und Selbstverwirklichung: Das kennzeichnete die späten sechziger Jahre, sich gegenseitig befruchtend oder sogar in denselben Personen vereint. Die Zeitschrift *Konkret* machte es vor, indem sie Marx predigte und nackte Busen zeigte, ebenso die Berliner »Kommune I«, die 1967 zur Kaufhausbrandstiftung aufgerufen hatte: Sie wollte zugleich die Befreiung des Menschen durch kollektiven Beischlaf herbeiführen und ließ Nackedeifotos von sich kursieren.

Daß politische und sexuelle Befreiung Hand in Hand zu

gehen hätten, hatte schon der abtrünnige Freud-Schüler Wilhelm Reich gelehrt: Die repressive bürgerliche Gesellschaft halte ihre Macht durch sexuelle Unterdrückung aufrecht, vor allem indem sie die Einehe erzwinge und den Inzest verbiete; 1957 gestorben, wurde Reich ein Säulenheiliger der »68er«.

Durch Beischlaf zur Revolution! Das *mußte* ja Spaß machen. Ein häufiger Wechsel der Geschlechtspartner war politisch erwünscht – ironisch zugespitzt zu dem berühmten Spruch: »Wer zweimal mit derselben pennt, gehört schon zum Establishment.« Dagegen meldete sich freilich feministischer Protest: »Befreit die sozialistischen Eminenzen von ihren bürgerlichen Schwänzen!« dichtete ein »Frankfurter Weiberrat«.

Die freie Liebe verband die APO mit den *Beatniks,* den *Hippies,* den *Blumenkindern:* Namen für untereinander verwandte Gruppen von »Aussteigern«, die nur friedlich gegen die bürgerliche Welt protestierten oder sich gänzlich von ihr abwandten, sie also, anders als die APO, nicht verändern wollten. Ihren Ego-Trip vollzogen die Hippies als stolze Arbeitslose, am liebsten nackt, unter Drogen und der Erleuchtung nah. Die beiden »Easy Rider« in dem gleichnamigen Kultfilm von 1969 stoßen auf eine Hippie-Kommune, deren männliche Mitglieder sich gebärden, als wollten sie in Oberammergau den Jesus spielen.

Von allen Seiten also sah die bürgerliche Welt, sah der kleine Mann, sah der biedere Deutsche sich 1968 provoziert und attackiert, zumal wenn er über 30 war, man ihm nach dem gängigen Spruch von damals folglich ohnehin nicht trauen durfte. Auf den STERN kamen da neue Chancen zu, den Musikdampfer mit dem Schlachtschiff zu kreuzen wie *Konkret* den Busen mit Marx.

Als *Konkret* die amerikanischen Studentinnen tadelte, weil sie Jungfräulichkeit immer noch für eine Tugend hielten und so »in der Koitusstatistik weit abgeschlagen hinter ihren europäischen Kommilitoninnen landen« – da konterte der STERN: »Jeder Geschlechtsakt macht uns also zu Teilnehmern an einer internationalen Sexual-Olympiade, bei der Rekorde aufgestellt und orgasmusfaule Gesellen schimpflich überrundet werden. Seine Majestät der Koitus verteilt die Goldmedaillen.«

2. April 1968: Auf das Flugblatt der »Kommune I« vom vorigen Jahr – »Burn, warehouse, burn!« – folgen in Frankfurt die Brände: Aus dem Kaufhof und aus dem Kaufhaus Schneider schlagen die Flammen. Menschen werden nicht verletzt, die Brandstifter haben die Nacht gewählt; der Sachschaden beläuft sich auf 2,2 Millionen Mark.

Als Täter werden schon drei Tage später Andreas Baader, Gudrun Ensslin, Horst Söhnlein und Thorwald Proll verhaftet. Ein »Fanal« hatten sie setzen wollen gegen »die bornierte Stumpfheit einer saturierten Konsumgesellschaft«. Der Kommunarde Fritz Teufel setzte noch einen drauf mit dem Satz, Warenhausbrandstifter seien ihm lieber als Warenhausbesitzer.

11. April, Gründonnerstag: Ein Wirrkopf schießt auf Rudi Dutschke und verletzt ihn schwer. Die APO führt das Attentat auf die Hetze von *Bild* zurück. In der Nacht zum 12. April, Karfreitag, kommt es in Berlin, Hamburg und Hannover, in Köln, Essen, Frankfurt, Esslingen und München, »vor den Residenzen des Springer-Imperiums« also, wie der *Spiegel* schreibt, zu Massendemonstrationen, Belagerungen und Straßenschlachten, wie Deutschland sie seit der Weimarer Republik nicht mehr erlebt habe.

Vor dem Springer-Hochhaus an der Berliner Mauer werfen Demonstranten alle Scheiben der gläsernen Front im Parterre mit Steinen ein, kippen Lieferwagen um und setzen mit Brandfackeln den Fuhrpark in Flammen. Einzelne können ins Foyer vordringen, wo Springer-Arbeiter auf sie einschlagen und sie verjagen. In München stürmen 300 Demonstranten die Redaktionsräume des *Bild*-Büros, reißen die Telefonleitungen heraus und werfen Akten und Schreibmaschinen aus dem Fenster.

In der Nacht zum 13. April, Karsamstag, versuchen Tausende von Demonstranten durch Sitzblockaden vor allen Springer-Druckereien, die Auslieferung der *Bildzeitung* zu verhindern; viele harren sogar unter dem Beschuß der Wasserwerfer aus. In München werden die Zeitungsstapel durch Hinterhöfe und über die Dächer der Nachbarhäuser von der Rotation zu den Lieferwagen geschafft. Denen bahnt die Polizei mit Knüppeln den Weg, durch eine Einbahnstraße läßt sie die Wagen in verbotener Richtung fahren.

Am 15. April, Ostermontag, versammeln sich mehr als tausend junge Leute vor dem Münchner Verlagsgebäude, errichten Barrikaden und lassen einen Steinhagel auf die Polizisten niedergehen, die eine Absperrkette gebildet haben. Der Fotoreporter Klaus Frings liegt, von einem Stein getroffen, blutüberströmt auf der Straße und stirbt am nächsten Tag; tags darauf auch der Student Rüdiger Schreck, der von einer Holzbohle getroffen worden ist.

Deutschland ist schockiert. Bundesjustizminister Gustav Heinemann sagt in einer Fernsehansprache: »Gewalttat ist gemeines Unrecht und eine Dummheit obendrein.« *Bild* bezeichnet die Krawalle und Belagerungen als »kommunistische Maßarbeit«. Axel Springer läßt wissen, die Berliner brauchten sich um ihn keine Sorgen zu machen: Zur Mauer hinter seinem Hochhaus komme nun eben der Stacheldraht davor, »der uns schützt vor jungen Leuten mit roten Fahnen«.

Der SDS ruft zu noch militanteren Aktionen auf. Am 22. April jubelt der *Spiegel:* »Steine ließen die Scheiben der Hochburg der Verdummung und Verhetzung zerklirren.« Am 28. April fragt der STERN auf der Titelseite: »Ist die Revolution noch zu stoppen?« und gibt de facto die Antwort »Ja«: »Die Auslieferung der verhaßten Blätter zu verhindern, ist ihnen« (den Anti-Springer-Demonstranten) »nicht gelungen. Größere Sympathien bei der Bevölkerung haben sie auch nicht finden können.«

Was ist geblieben von den 68ern?

Die Studenten haben *Bild* auf lange Sicht geholfen: Die Auflage steigt schon heute wieder, und für die Zukunft werden wir so modern gerüstet sein wie keine andere Zeitung.

Peter Boenisch, der Chefredakteur, im *Spiegel,* 12. August 1968

Wir träumten 1968 davon, erst die ganze Welt und dann auch uns selbst zu verändern. Oder umgekehrt … Die ersten Joints wurden geraucht, der Blues wurde elektrifiziert, und es war nie ganz leicht zu sagen, wo das Kino aufhörte und das Leben begann. Oder umgekehrt.

Georg Seesslen in der ZEIT, 8. April 1998

Der Marsch durch die Institutionen, der damals proklamiert wurde, hat in der Regel die Marschierer doch stärker verändert als die Institutionen.

Hans-Jochen Vogel (1968 Oberbürgermeister von München) in der *Süddeutschen Zeitung,* 9. April 1998

Die Achtundsechziger sind fast alle ganz ordentliche Menschen geworden, die wissen, daß der Nulltarif schwer zu finanzieren ist, daß die Ökonomie ihren Nutzen, aber auch ihre Regeln hat, daß die Amerikaner ganz ordentliche Menschen sind und daß sich der Marxismus leichter lesen als praktizieren läßt.

Manfred Rommel (1974 bis 1996 Oberbürgermeister von Stuttgart) in der *Süddeutschen Zeitung,* 7. Juni 1997

Die »postfaschistische Moral« war zwar gebrochen, aber die Strukturen des demokratischen und kapitalistischen Staates damit gestärkt. Über eine beängstigende Krise war die Bundesrepublik zu einer ziemlich normalen westlichen Demokratie geworden, mit einer engagierten, selbstbewußten jungen Generation.

Kai Hermann in »50 Jahre das Beste vom STERN« (Heft 1967), 1998

Tatsächlich war die Bewegung der 68er ein erfolgreiches Innovationsprogramm eines Kapitalismus, der an Hierarchie, Bürokratie und Spießigkeit zu ersticken drohte.

Cordt Schnibben im *Spiegel,* 23/1997

»68« war ein wunderbares Sackhüpfen. Ich glaube, wir wurden Zweite.

Adriano Sofri, italienischer Linksradikaler, zitiert im *Spiegel,* 23/1997

Veitstanz und Sklavenhandel

1968

Und die Presse zeigte Wirkung, die APO schien doch etwas zu bewegen. Unter dem Eindruck der Unruhen beschloß die Günther-Kommission, die übermäßige Verlagskonzentrationen untersuchen sollte, auf Antrag von Gerd Bucerius: Ist der Anteil eines Verlages am Pressemarkt höher als 20 Prozent, so gilt die Pressefreiheit als »gefährdet«; überschreitet er 40 Prozent, so gilt sie als »beeinträchtigt«, und das Unternehmen soll »entflochten« werden. Bei den Zeitungen hatte Springer 39 Prozent erreicht.

Der Bundestag folgte dieser Empfehlung nicht, weil sie verfassungsrechtlich problematisch, wenn nicht unzulässig sei. Springer hatte vorsorglich ausgestreut: Sollen vielleicht Bezugsscheine ausgegeben werden für die am meisten begehrten Zeitungen?

Auch bei Gruner + Jahr kam es im Mai zu einer kleinen Revolution, noch dazu mit häßlichem Ende: Auf dringende Empfehlung Richard Gruners akzeptierte John Jahr als neuen Chefredakteur seiner notleidenden CONSTANZE den Sexpapst der *Neuen Revue,* den bulligen Ewald Struwe. »CONSTANZE widmet sich der erfahrenen Frau um 30«, hatte der *Spiegel* 1967 geschrieben, »das BRIGITTE-Publikum sind die jungen schicken Mädchen.«

Hatten aber die Frauen um 30 auf Struwe gewartet? Wie sollte es ihnen schmecken, daß der Neue von einem »Tante-Klara-Stil« der bisherigen CONSTANZE sprach und ihre Sympathie für die Emanzipation als überlebte Phrase abtat?

Gruner wie Struwe versprachen öffentlich Millionen-Investitionen und eine Million Auflage. Aber die Kosten stiegen und die Auflage sank.

Mehrkosten nicht zuletzt deshalb, weil Struwe sich anschickte, dem STERN Konkurrenz zu machen: Mit riesigem Aufwand gelang es ihm, dem großen Bruder die Schau zu stehlen, als Jacqueline Kennedy den griechischen Milliardär Onassis heiratete. Aber war dies eine vernünftige G + J-Strategie?

In Frankreich sprang die Revolte Anfang Mai von Nanterre auf die Sorbonne über. In der Nacht zum 11. Mai verbarrikadierten sich demonstrierende Studenten im Quartier Latin, und mit Wasserwerfern, Tränengas und Knüppeln ging die Polizei gegen sie vor: 367 Menschen wurden schwer verletzt, 460 Demonstranten festgenommen, 188 Autos zerstört.

Der Erzbischof von Paris und mehrere Nobelpreisträger protestierten bei der Regierung, die Gewerkschaften riefen den Generalstreik aus, und am 29. Mai floh Staatspräsident De Gaulle per Hubschrauber ins Hauptquartier der französischen Armee in Baden-Baden, offenbar überzeugt, die Schlacht um Frankreich verloren zu haben.

Tags darauf kündigte De Gaulle Neuwahlen zur Nationalversammlung an – ein Signal, das die öffentliche Erregung alsbald dämpfte. Am selben 30. Mai verabschiedete die Große Koalition in Bonn die Notstandsgesetze und brachte damit die APO zusätzlich in Rage (obwohl es sich bei diesen Gesetzen, nach dem Urteil der ZEIT von 1998, »in Wirklichkeit darum handelte, fatale Vorbehaltsrechte der Alliierten gegenüber der eigenen Souveränität abzuschütteln«).

Und Axel Springer entschloß sich zu einer Teil-Kapitulation: Am 1. Juli verkaufte er seine Zeitschriften *Jasmin, Eltern, Bravo* und *Twen,* in seinem Münchner Tochterunternehmen Kindler & Schiermeyer zusammengefaßt, an den Stuttgarter Drucker und Verleger Hans Weitpert, von dem kaum ein Journalist je gehört hatte.

Weitpert trat vor die Münchner Redaktionen und versicherte, alle vier Zeitschriften würden weitergeführt. Aber schon sechs Wochen später verkaufte er *Bravo,* mit 800 000 Exemplaren Deutschlands größte Jugendzeitschrift, an den Bauer-Verlag, den »Unterhaltungskonzern«, wie die *FAZ* ihn nannte; der brachte es damit auf 23 Zeitschriften.

Bravo war die Milchkuh von Kindler & Schiermeyer: *Eltern* steckte noch in den Anlaufkosten, *Jasmin* sowieso. Eine Auflagenrakete wie *Jasmin* kann einen Verleger glatt umbringen. Bei den meisten großen Zeitschriften decken ja die Vertriebserlöse bei weitem nicht die Herstellungskosten, und wer Millionen Exemplare verkauft, die noch fast keine Inserate enthalten, muß Millionen zubuttern, bis das Anzeigengeschäft in Schwung gekommen ist.

So war es leicht als Notlüge durchschaubar, daß Weitpert versicherte, nach dem Verkauf von *Bravo* könnten nun alle Kräfte auf die erfolgreichen Zeitschriften *Eltern, Jasmin* und *Twen* konzentriert werden, und die Gründung neuer Objekte sei nicht ausgeschlossen. In Wahrheit verhandelte Weitpert alsbald mit John Jahr über den Weiterverkauf an Gruner + Jahr, und in München waren Redakteure, Techniker und Verlagskaufleute »dem Veitstanz näher als irgendeiner normalen Lebensäußerung«, wie der *Kress-Report* schrieb, Meinungsführer unter den Branchendiensten.

Am 29. August lag in Hamburg, von Jahr und Weitpert ausgehandelt, ein unterschriftsreifer Vertrag vor. Da trafen am Abend, frisch aus dem Tessin eingeflogen, Bucerius und Gruner ein, »federnden Schritts«, wie *Kress* süffisant berichtete; sie rechneten Weitpert vor, daß *Jasmin* mindestens noch 12 Millionen kosten werde, bis es aus den roten Zahlen sei, und boten 30 Millionen für das gesamte Münchner Unternehmen – während Jahr für nur 51 Prozent des Verlags 22 Millionen angeboten hatte. Bucerius wurde in mehreren Publikationen mit dem Ausspruch zitiert, lieber würde er sich erschießen, als Verleger von *Jasmin* zu werden (ein Jahr später wurde er's dann doch).

Weitpert jedenfalls stieg verbittert in den Schlafwagen nach München, und im Springer-Verlag begann man zu zittern, ob er unter diesen Umständen imstande sein werde, die noch ausstehenden 30 Millionen des Kaufpreises zu entrichten.

Als Deus ex machina bot sich Ernst Naumann an. Christian Kracht, Springers Generalbevollmächtigter, hatte Naumann erst im März zu einem seiner beiden Geschäftsführer gemacht, zuständig für alle Zeitschriften, das Anzeigengeschäft und die drei Tiefdruckereien (Peter Tamm für die anderen Druckereien und alle Zeitungen).

Daß Springer von seinen ursprünglich acht Zeitschriften vier an Weitpert verkauft hatte (und im Oktober auch noch die fünfte, den *Kicker,* an die Nürnberger Presse), hatte Naumann ebenso verärgert wie Kracht; sie sprachen von einem »Würgegriff am Hals seiner Kinder«. Kracht zog sich auf das Amt des Finanzbevollmächtigten zurück; sämtliche anderen Aufgaben der Geschäftsführung übernahm zum 15. September Peter Tamm. Naumann aber wollte gehen.

Da handelten er und Springer im Klenderhof auf Sylt eine originelle Lösung aus: Naumann wurde aus seinem Vertrag sofort entlassen und mit einer deftigen Abfindung versehen, sogar die übliche Konkurrenzausschluß-Klausel wurde gestrichen – wofür Naumann sich verpflichten mußte, unverzüglich als alleinzeichnungsberechtigter Geschäftsführer in Weitperts maroden Verlag einzutreten; Weitpert mit seinen Riesenschulden wurde nicht lange gefragt.

Überdies beteiligte sich Naumann als Mitgesellschafter an Kindler & Schiermeyer mit 10 Prozent, die Weitpert ihm zum Vorzugspreis abtreten mußte; Naumann konnte sie von seiner Abfindung leicht bezahlen. Die Beteiligten sprachen von einer »kühnen Lösung«, der Informationsdienst *text intern* vom noblen Ende »eines Schmierenstücks«.

Die STERN-Redaktion ahnte schon seit dem Juli, daß sie ihrerseits Objekt einer kühnen Lösung werden sollte, und am 14. August erfuhr sie es amtlich. »Verlag und Redaktion des STERN geben bekannt: Mit dem derzeitigen Chefredakteur des *Spiegel,* Claus Jacobi, wurde vereinbart, daß er am 1. 1. 1970 die Chefredaktion des STERN übernehmen wird. An der Führung des Blattes durch Henri Nannen, der dann als Herausgeber zeichnet, wird sich nichts ändern.«

Erst in fast anderthalb Jahren also. Bis dahin durfte gerätselt werden: Wieso wußte die STERN-Redaktion gar nicht, daß sie etwas mitgeteilt haben sollte? Und: Wer wollte denn Henri Nannen, 54 Jahre alt, schon aufs Altenteil schieben, und warum? Und wieso ließ Nannen sich das gefallen? Und was hatte der neue Chefredakteur, 13 Jahre jünger, eigentlich zu tun, wenn Nannen »die Führung des Blattes« behalten sollte?

Vorangegangen war dies: Zwischen Jacobi, seit sieben Jahren Chefredakteur des *Spiegels,* und Rudolf Augstein stimmte die Chemie nicht mehr. Augstein setzte auf den engagierten Linken Günter Gaus als Nachfolger; Jacobi sollte zur Jahreswende 1968 ausscheiden und dann eine einjährige Karenzzeit absolvieren. Richard Gruner, mit Jacobi seit Schülertagen befreundet, wünschte sich für den STERN offenbar einen Chefredakteur, der stromlinienförmig war, anders als Henri Nannen, und gewiß bereit, dann und wann auf Gruners Wort zu hören.

So flogen die beiden im Juli in die Ägäis, wo Nannen an Bord seiner schneeweißen Motorjacht »Positano III« kreuzte, kamen an Bord – und, wie es scheint, beschwatzten Sir Henri, sich der Knochenarbeit in der vordersten Linie zu entledigen und mehr Ferien zu machen als bisher, Ferien wie diese; das Ganze vermutlich eingebunden in eine hübsche Gehaltserhöhung für den Herausgeber Nannen und ein weniger attraktives Angebot für den Fall, daß er darauf bestünde, Chefredakteur zu bleiben.

Schon einen Tag nach der offiziellen Mitteilung von Gruner + Jahr erschien im *Kress-Report* Nannens Erklärung: »Ich eigne mich nicht zum Ehrenvorsitzenden und Altenteiler. Solange ich die Finger drin habe, will ich bestimmen.« Das bestärkte die Mehrzahl der STERN-Redakteure in ihrem tröstlichen Verdacht, daß Jacobi im STERN keinen Fuß auf den Boden kriegen werde – »Suppenhuhn« und so.

Am 31. Oktober 1968 verurteilte die Vierte Große Strafkammer des Landgerichts Frankfurt am Main Baader, Ensslin,

Söhnlein und Proll »wegen versuchter menschengefährdender Brandstiftung« zu drei Jahren Zuchthaus; der Staatsanwalt hatte sechs Jahre gefordert, und die Angeklagten hatten das Mögliche getan, um den Prozeß zur Posse zu machen: gelacht, gepöbelt, Zigarren geraucht. Unter ihren Verteidigern: Horst Mahler und Otto Schily, der 1998 sozialdemokratischer Bundesinnenminister wurde.

Im Feuilleton der ZEIT schrieb der junge Redakteur Uwe Nettelbeck, es sei nicht einzusehen, wieso der Staatsanwalt »die Stirn hatte, für ein paar verkohlte Sachen 24 Jahre Zuchthaus zu fordern« (nämlich viermal sechs Jahre), und Rudolf Walter Leonhardt, der Ressortleiter, pflichtete ihm bei. In der Konferenz gingen die Wogen hoch. Gräfin Dönhoff, Chefredakteurin seit der Jahresmitte, hatte schon unter einer anderen Leonhardt-Bombe »gelitten wie ein Hund«: seiner ZEIT-Serie zum Lobe des Haschisch-Konsums.

November 1968: Tausend Demonstranten gingen in Berlin mit Pflastersteinen, Farbeimern und Feuerwerkskörpern gegen 400 Polizisten vor und schlugen sie in die Flucht. 130 Polizisten wurden verletzt. Beate Klarsfeld mogelte sich beim CDU-Parteitag in der Berliner Kongreßhalle an Bundeskanzler Kiesinger heran und ohrfeigte ihn – weil er Mitglied der NSDAP gewesen war und niemand davon rede. Unter den anwesenden Reportern der Illustrierten, der *Bildzeitung* und des *Spiegel* setzte ein brutales Drängeln nach dem Amateurfotografen ein, der die Szene festgehalten hatte, man sah es am Blitzlicht; der STERN siegte.

Gruner + Jahr bildete im Dezember statt des bisher zwölfköpfigen Direktoriums, dem alle drei Verleger angehörten, ein sechsköpfiges Management mit Richard Gruner als Vorsitzendem, ohne Bucerius und Jahr. Kurz bevor er entschwand, stärkte also Gruner noch einmal seine Macht. Bucerius nahm die ZEIT aus dem Gruner + Jahr-Verbund heraus, wie der Fusionsvertrag von 1965 es ihm erlaubte. Henri Nannen sagte dazu, er fühle sich ein bißchen im Stich gelassen; das Image der ZEIT habe dem Haus sehr gut getan.

Bei Kindler & Schiermeyer in München kriselte es unterdessen schon wieder: Weitpert wollte seine 90 Prozent verkaufen. Er bevorzugte Bauer, Naumann dagegen Gruner + Jahr. »Geht der Sklavenhandel weiter?« fragte die Zeitschrift *Der Journalist.* Wie Gruner + Jahr schließlich zum Zuge kam, wie Gruner sich davonmachte und Jacobi mit ihm, wie dann Bertelsmann auf den Plan trat: Das war eine dramatische Geschichte, über die 1969 und 1970 in der Presse so viel geschrieben wurde wie 1968 über Springer – und wie dann nie mehr über ein Verlagshaus bis zu den Hitler-Tagebüchern.

Die größten Zeitschriften 1968

Verkaufte Auflage im II. Quartal 1968

1. Hör zu	4 040 000	Springer
2. Neue Revue	1 732 000	Bauer 1
3. Bunte Illustrierte	1 675 000	Burda 1
4. STERN	1 664 000	Gruner + Jahr
5. Burda-Moden	1 553 000	Burda 2
6. Quick	1 523 000	Bauer 2
7. TV Hören & Sehen	1 456 000	Bauer 3
8. Jasmin	1 426 000	Weitpert 1
9. Neue Post	1 404 000	Bauer 4
10. Eltern	1 012 000	Weitpert 2

Bild verkaufte 3 948 000, BRIGITTE 941 000, DIE ZEIT 258 000 Exemplare.

An der Gesamtauflage aller Zeitschriften waren in IV / 1968 beteiligt:

Bauer	mit 40,0 %
Burda	mit 22,2 %
Springer	mit 19,3 %
Gruner + Jahr	mit 18,5 %

Gruner verduftet

1969

1969: Neil Armstrong betritt als erster Mensch den Mond. »Der Mond ist jetzt ein Ami«, heißt die *Bild*-Schlagzeile. In Hanoi stirbt, 79jährig, Ho Chi Minh, der Blut- und Eisenfresser, den die APO bewundert. In Frankreich resigniert Staatspräsident De Gaulle und tritt zurück. In Mainz wird der 39jährige CDU-Landesvorsitzende Helmut Kohl zum Ministerpräsidenten von Rheinland-Pfalz gewählt, in Westberlin der bisherige Justizminister Gustav Heinemann (SPD) zum Bundespräsidenten. Bei der Bundestagswahl am 28. September kommt die CDU/CSU, leicht geschwächt, auf 46,1 Prozent, die SPD auf 42,7 (3,4 plus), die FDP nur noch auf 5,8 Prozent (fast zwei Fünftel Wähler weniger).

Bundeskanzler Kiesinger legt das Ergebnis als eindeutigen Auftrag aus, die Führung erneut zu übernehmen. Er scheint die Wahl zu haben zwischen einer Fortsetzung der Großen Koalition oder einer Wiederbelebung der kleinen mit der FDP; mit ihr hätte die CDU/CSU eine klare Mehrheit von 24 Sitzen.

Aber der SPD-Vorsitzende Willy Brandt, bisher Außenminister und Vizekanzler, verkündet öffentlich, er werde sich um die Zustimmung der Mehrheit bemühen; für SPD plus FDP betrüge sie ganze 6 Mandate. Der FDP-Vorsitzende Walter Scheel zögert, die starken Verluste seiner Partei machen ihn unsicher; auch bei Henri Nannen holt er sich Rat, und der ermuntert ihn, es zu wagen mit der sozial-liberalen Koalition. Sein Telefon hat Nannen auf Lautsprecher geschaltet, damit ein Dutzend STERN-Redakteure mithören können, wie Politik gemacht wird in der Bundesrepublik.

In Woodstock im Staat New York strömen 500000 junge Leute zum größten Rock-Festival der Geschichte zusammen. Drei Tage lang lagern sie auf einem Acker, der sich im Regen in Schlamm verwandelt, lieben sich, rauchen Marihuana, stehen nach Essen und den viel zu wenigen Toiletten an, lassen sich zu Tausenden in einem Notlazarett behandeln wegen Darmgrippe oder LSD-Koller – und werden später sagen, es sei grandios gewesen.

In Hamburg, München und Gütersloh wird unterdessen eine Medien-Posse in fünf Akten aufgeführt.

Erster Akt, Januar 1969: Der Verleger Hans Weitpert, Herr über *Eltern, Jasmin* und *Twen,* gibt auf. Offenbar wird ihm die Last der vielen Millionen, die er Springer schuldet, nun vollends zu schwer. Am 30. Januar informiert er seinen Teilhaber und alleinigen Geschäftsführer Ernst Naumann, er gedenke seinen Anteil von 90 Prozent an den Heinrich-Bauer-Verlag in Hamburg zu verkaufen. (Die Mitteilung an Naumann ist zwingend, weil dessen Vertrag besagt, daß er für die 90 Prozent ein Vorkaufsrecht besitzt, befristet auf vier Wochen.)

Der Bauer-Verlag hat Weitpert bereits ein notariell beglaubigtes Kaufangebot über 63 Millionen übermittelt und Naumann für seine zehn Prozent 8 Millionen angeboten, steuerfrei. Die runde Summe – mehr als das Dreizehnfache von Naumanns Einlage vor knapp fünf Monaten – soll ihn offenbar verlocken, sein Recht nicht wahrzunehmen.

Am 7. Februar veröffentlicht der Bauer-Verlag eine Erklärung, in der es heißt: Entgegen anderslautenden Pressemeldungen habe Naumann sein Vorkaufsrecht *nicht* ausgeübt, und die 90 Prozent von Weitpert seien »gekauft und bereits bezahlt«. Deshalb sei der Bauer-Verlag irritiert über Berichte, Naumann besorge die Geschäftsführung der Weitpert-Gruppe schon jetzt im Auftrag von Gruner + Jahr, also einem Konkurrenz-Verlag. Das begründe »die Besorgnis gesellschaftswidrigen Verhaltens des Herrn Naumann«, gegen das der Bauer-Verlag die geeigneten Maßnahmen vorbereite.

Zweiter Akt: Noch am selben 7. Februar *übt* Naumann sein

Vorkaufsrecht aus, am 13. Februar wird der Vertrag unterschrieben: Ernst Naumann kauft dem Verleger Hans Weitpert seinen 90prozentigen Anteil am Kindler & Schiermeyer-Verlag ab für 46 Millionen Mark, einen sechsjährigen Druckauftrag und die Übernahme etlicher Schulden – und ist damit alleiniger Herr über *Jasmin, Eltern* und *Twen.*

Wie kann er so viele Millionen aufbringen, der bisherige Minderheitsgesellschafter, der seine zehn Prozent für ganze 600 000 Mark erworben haben soll? Die Branche rätselt nicht lange, es handelt sich um eine bloße Zwischenfinanzierung. Kaum zwei Wochen später, am 20. Februar, folgt der

Dritte Akt: Naumann verkauft die 90 Prozent, die er von Weitpert erworben hat, weiter an Gruner + Jahr, wie von Bauer richtig vermutet; er bleibt aber alleiniger Geschäftsführer des Münchner Verlags. Gruner + Jahr hat also einen doppelten Coup gelandet: den dicken Brocken auf kurzem Umweg Springer abgeluchst und ihn dann dem Bauer-Verlag vor der Nase weggeschnappt. Nun liefert Gruner + Jahr 24 Prozent der Gesamtauflage aller deutschen Publikumszeitschriften (Bauer 34 Prozent, Burda 19, Springer 16).

Die hin und her verkauften Redakteure immerhin sind es zufrieden: Verglichen mit dem chaotischen und offensichtlich überforderten Verleger Weitpert und dem ungeliebten Bauer-Verlag erscheint ihnen Gruner + Jahr als sicherer Hafen. Bucerius hält das in einem Brief an die *Süddeutsche Zeitung* fest: Er, Jahr und Gruner hätten ihre Mitwirkung ausdrücklich davon abhängig gemacht, daß es ihnen gelinge, »sich mit der Chefredaktion und den erreichbaren maßgeblichen Redakteuren von *Jasmin* und *Eltern* zu verständigen. In einer mehrstündigen Unterhaltung wurde diese Verständigung erreicht.« Und von Handgeld wurde gemunkelt.

Vierter Akt: Nun erst fängt der Krimi richtig an. Wenn das Außenwerk nicht zu haben ist – vielleicht stürmt man die Festung selbst? Ja, der Bauer-Verlag, »der im Pulverdampf des Rückzugsgefechts vorübergehend die Orientierung verloren hatte« *(Kress-Report),* greift nach Gruner + Jahr!

Richard Gruner nämlich ist auf den Verkaufstrip gegangen. Am 14. Februar veräußert er seinen 25prozentigen Anteil am *Spiegel* an Rudolf Augstein, vermutlich für 40 Millionen; für 3,2 Millionen hatte er sich 1961 eingekauft. Er beendet damit einen Rechtsstreit, der schon 1965, bei der Fusion zu Gruner + Jahr, begonnen hat: Der *Spiegel*-Herausgeber sah eine Interessenkollision und versuchte, Richard Gruner aus dem *Spiegel* hinauszuklagen. Nun also, im Februar 1969, verkauft Gruner, ohne daß der Ausgang des Prozesses entschieden wäre. Ist ihm der Weg durch die Instanzen zu lästig geworden? Vielleicht. Aber den Ausschlag kann das nicht gegeben haben – denn Gruner verkauft *alles.* Zunächst stößt er für rund 50 Millionen ein gutes Drittel seiner Gruner + Jahr-Anteile, 14,5 Prozent, an Jahr und Bucerius ab, so daß diese beiden nun je 37,5 Prozent halten, Gruner aber nur noch 25 Prozent.

In den Redaktionen der G + J-Zeitschriften erregt das zunächst kein Aufsehen; der STERN ist ohnehin mehr damit beschäftigt, sich auf den unerbetenen neuen Chefredakteur Claus Jacobi einzustellen, der am 1. Januar 1970 übernehmen soll. Überdies ist man im STERN verwundert, daß es, laut IVW-Meldung vom Januar, dem Senator Burda aus Offenburg im vierten Quartal 1968 gelungen ist, seine *Bunte,* »die Illustrierte ohne Unterleib«, wie sie der *Spiegel* nennt, mit einer verkauften Auflage von 1 725 000 vor den STERN zu setzen. Im März beschließt Gruner + Jahr, die in der Jahr-Gruppe entwickelte Elternzeitschrift ES trotz kräftig steigender Auflage in die noch weit erfolgreichere Neuerwerbung ELTERN zu überführen.

Fünfter Akt, dramatischer Schluß. Am 7. März bestätigen *FAZ* und *Süddeutsche* übereinstimmend das in Hamburg umlaufende Gerücht, Richard Gruner stehe in Verhandlungen über den Verkauf seines restlichen G + J-Anteils von 25 Prozent – mit wem? Mit dem Heinrich-Bauer-Verlag.

In den G + J-Redaktionen bricht der Aufruhr los. Soll der Schacher der Verleger nun auch Gruner + Jahr heimsuchen? Und dazu Bauer, ausgerechnet! Bucerius und Jahr äußern sich gegenüber der Presse nicht zu den Gerüchten, bestätigen sie jedoch indirekt durch die Erklärung: »Die Beteiligung eines Großverlags an Gruner + Jahr ist – natürlich – ausgeschlossen. Die Öffentlichkeit würde sich eine solche Zusammenballung verlegerischer Macht nicht gefallen lassen.« Auch der Essener WAZ-Konzern meldet Interesse an, die Gruner-Anteile zu erwerben; Bucerius winkt ab.

In der STERN-Redaktion macht zum erstenmal das Wort »Redaktionsstatut« die Runde: Stärke demonstrieren, Fakten schaffen, einen juristischen Unterbau herstellen, damit eine Redaktion nicht mehr bei Nacht und Nebel zum Objekt eines »Sklavenhandels« gemacht werden kann. Die Redaktion bevollmächtigt Henri Nannen, den drei Verlegern mitzuteilen: Sollte Gruner an Bauer verkaufen, so werde sie in den Streik treten.

Schon diese Drohung drückt den Preis von Gruners Anteilen, und ohnehin, schreibt die ZEIT, sei es eine offene Frage, ob Gruner mit Bauer wirklich Geschäfte machen oder sich durch ein Angebot von Bauer lediglich über den Marktwert seiner Anteile informieren wollte – »die Klärung der Kriegsschuldfrage von 1914 ist dagegen ein Kinderspiel«.

Am 16. Mai jedenfalls verkauft Richard Gruner seine restlichen Anteile von 25 Prozent für geschätzte 85 Millionen – an Bucerius und Jahr. Wie stemmen die beiden diesen Kapitalaufwand – so kurz, nachdem sie Gruner schon zuvor 50 Millionen bezahlt und für *Jasmin, Eltern* und *Twen* 63 Millionen auf den Tisch geblättert haben? Sie schaffen es erstens durch das Vertrauen der Banken in ihre Namen – und zweitens im Wege der bloßen Zwischenfinanzierung, wie ein Vierteljahr vorher Ernst Naumann in München: Schon fünf Tage nach dem Kauf der Gruner-Anteile veräußern sie die 25 Prozent weiter an Bertelsmann, für 87 Millionen.

Der künftige Gigant ist zu dieser Zeit noch kaum größer als Gruner + Jahr: 630 Millionen werden 1969 in Gütersloh umgesetzt, 563 Millionen in Hamburg. Springer bleibt mit rund 900 Millionen der Größte.

In den Gruner + Jahr-Redaktionen weckt der neue Minderheitsgesellschafter keine Begeisterung: Er gilt als ein ehrgeiziger Gemischtwarenladen mit seinem Lesering und seinem Schallplattenring, seiner Großdruckerei, der Plattenfirma Ariola-Eurodisc, der Ufa, die seit 1964 dazugehört, den Dienstleistungsbetrieben und den Tochterverlagen Rütten & Loening, Marion von Schröder und Sigbert Mohn.

Sigbert ist der ältere Bruder Reinhard Mohns und hätte nach dem Wunsch des Vaters das Familienunternehmen eigentlich übernehmen sollen; aber aus sowjetischer Kriegsgefangenschaft kehrte er später zurück als Reinhard aus amerikanischer. Als die Bombenschäden behoben waren, gründete Reinhard Mohn 1950 den *Bertelsmann-Lesering,* der bald durch seine aggressiven Werbemethoden Aufsehen erregte: Die Werber, oft arbeitslose ehemalige Offiziere in Ledermänteln, klingelten nicht nur an Wohnungstüren, sie lauerten auch an Straßenbahnhaltestellen den Wartenden auf.

Von Zeitschriften also haben sie keine Ahnung in Gütersloh. Aber mit dem Credo des Bertelsmann-Bevollmächtigten Manfred Köhnlechner »Politisches Engagement wird ebenso vermieden wie harter Sex« können die Gruner + Jahr-Redaktionen sich arrangieren. Köhnlechner will im Grunde dasselbe wie John Jahr: daß die Zahlen stimmen und man sich für den Inhalt nicht genieren muß. Obendrein haben Jahr und Bucerius dem neuen Teilhaber die Zuständigkeit »für den verlegerischen und redaktionellen Bereich« ausdrücklich entzogen – in mündlicher Vereinbarung, wie der *Spiegel* berichtet.

Im STERN ist ja überdies ein Redaktionsstatut im Werden (im nächsten Kapitel mehr darüber), und im Juli – ein halbes Jahr bevor er überhaupt angefangen hat – tut Claus Jacobi den Redakteuren den Gefallen, das Handtuch zu werfen: Richard Gruner, sein Mentor, kann nun nicht mehr die Hand über ihn halten; er hat abkassiert und ist am Steuer seiner zweimotorigen Beechcraft »Queen Air« davongerauscht, vermutlich nach Ascona im Tessin. Sein Hauptwohnsitz ist seit dem Vorjahr Liechtenstein.

Warum aber hat Richard Gruner sich aus der Goldgrube mit allem verfügbaren Gold davongemacht, statt sie weiter auszubeuten? Die Eingeweihten sahen es damals und sehen es heute so: Von jeher war Gruner mit seinen Partnern unzufrieden – er jetzt 43 Jahre alt, sie 62 und 69. Sie hatten nach seinen Maßstäben eine zu wenig kaufmännische Gesinnung, man stritt sich oft, er war strikt gegen den Erwerb der Münchner Zeitschriftengruppe und gegen zusätzliche Investitionen in Zeitschriften überhaupt; sie schienen ihm ein unzuverlässiges Geschäft zu sein.

Dazu sah Gruner die Gefahr, daß der kommunistische Einfluß in Europa wachsen, mindestens aber eine sozialistische Linie sich durchsetzen könnte, die die freie Verfügbarkeit über das Kapital einschränken würde. Obendrein war der Marktwert seiner Anteile an G + J und am *Spiegel* so hoch wie nie zuvor und wie jahrelang danach nicht wieder; mindestens 175 Millionen Mark muß Gruner insgesamt erlöst haben.

Und wenn man dazu ein genußfreudiger Mensch ist, fröhlichen Gemüts und nicht immer mit dem Grundgesetz unterm Kopfkissen (Artikel 14: »Eigentum verpflichtet. Sein Gebrauch soll zugleich dem Wohle der Allgemeinheit dienen«) – dann rafft man eben das Geld zusammen, wo man es kriegen kann, nur ein bißchen unmenschlich und völlig legal.

In Itzehoe habe ich alte Mitarbeiter weinen sehen. Sie waren schon bei *Gruner und Sohn,* als Richard senior, der Sohn des Firmengründers, Weihnachten 1946 bei einem Verkehrsunfall ums Leben kam, einen Tag, nachdem Richard junior 21 geworden war, also gerade volljährig nach damaligem Recht. Aber er war gelernter Drucker und nahm den kleinen Betrieb zur Herstellung von Ansichtskarten, Kunstblättern und Millimeterpapier beherzt in die Hand.

Für die alte Tiefdruckrotationsmaschine, die sein Vater kurz vor seinem Tod noch gepachtet hatte, zog Richard Gruner 1949 zwei schöne Druckaufträge an Land: *Hörzu* von Axel Springer und den STERN vom Henri-Nannen-Verlag. Und mit dem STERN zusammen ging es steil bergauf.

1950 feierte der Betrieb, daß er zum erstenmal eine halbe Million STERN-Hefte drucken durfte. Jeden Freitag, nach dem damaligen Redaktionsschluß, brach Henri Nannen über die Druckerei herein, prüfte alle druckfertigen Formen, verlangte häufig bessere Reproduktionen und fummelte nachträglich sogar an Text und Layout herum – Verstörung, wenn nicht Panik hinterlassend.

1954 erschien der STERN zum erstenmal mit einer Farbanzeige. Noch mehr Umsatz! Richard Gruner, 28 Jahre alt, fuhr abwechselnd einen Cadillac und einen Jaguar. 1957 überschritt die Druckauflage des STERN die Millionengrenze, und Gruner bekam zusätzlich den Auftrag, die CONSTANZE herzustellen.

Die alte Familienfirma, der immens tüchtige Erbe, der gemeinsame Aufstieg von der Klitsche zu Europas modernster Tiefdruckerei, ein klassisches Stück deutsches Wirtschaftswunder in der holsteinischen Provinz – und nun schreibt der junge Richard seinen Mitarbeitern einen trockenen Brief und ist verschwunden für immer. Er wird später der größte Einzelaktionär der American Airlines und erwirbt eine Residenz im Trump Tower auf Manhattan, erfolgreich wie eh und je und den schönen Seiten des Lebens zugetan.

In Lellos Bar am Flugplatz von Ascona – Dom Pérignon, versteht sich, darunter machte er's nicht – erzählte Gruner einst, als er noch Druckereibesitzer war: Wie sie neulich nach Samedan geflogen seien, dem Flugplatz von St. Moritz, um dort Mittag zu essen, und wie er über den scharfen Gipfeln des Bergells auf Autopilot geschaltet habe und die Beine aus der offenen Kabinentür habe baumeln lassen, Champagner schlürfend!

Was blieb von der Ära Gruner bei der Firma Gruner + Jahr? Eine Weile der Schrecken und bis heute der Name sowie die Ehe mit Bertelsmann. Den Verlegern Bucerius und Jahr blieb das, was sie an alldem am meisten ärgerte: das Redaktionsstatut, das der STERN ihnen abtrotzte als Rache für Gruners Eskapaden. Der sprach seinerseits von der »ersten westdeutschen Redaktionskommune«. Aber ihm konnte das nun egal sein.

Der STERN spannt die Muskeln

1969

Als am 7. März 1969 die Absicht Richard Gruners, seine Anteile an den Heinrich-Bauer-Verlag zu verkaufen, bekannt geworden war, brach im STERN jene Revolte aus, die binnen 74 Tagen zu einem erstaunlichen Ergebnis führte – einem »Meilenstein der Pressegeschichte«, wie die ZEIT schrieb: dem ersten Redaktionsstatut der deutschen Presse. Bald eiferten ihm etliche Redaktionen nach; doch ein langes Leben war ihm nicht beschieden.

Nannen war nicht in Hamburg, als die Bauer-Granate einschlug. STERN-Redakteure versammelten sich in Gruppen und diskutierten in der täglichen Konferenz. Rasch zeichnete sich die Richtung ab, in die die Notwehr gehen sollte: Wir brauchen ein Statut, das uns gegen die Willkür der Verleger absichert, und einen Beirat, der seine Einhaltung überwacht. Nannen, nach Hamburg zurückgekehrt, fand die Idee großartig, sprang auf den fahrenden Omnibus, erklärte sich zum Chauffeur und wurde von den 155 Redakteuren mit 84 Prozent der Stimmen an die Spitze des siebenköpfigen Beirats gewählt. Die Redaktion, die den Beirat eigentlich als eine Art Nebenregierung geplant hatte, sah sich stattdessen gleich zweimal von Nannen regiert. Nun ging es an die Ausarbeitung des Statuts.

Am 16. Mai fand der Verkauf der Grunerschen Anteile an Jahr und Bucerius statt; drei Tage später unterzeichneten der Beirat und die beiden Verleger das Statut, und alle Beteiligten stießen mit Sekt darauf an. Erich Kuby, Alterspräsident und Linksaußen der Redaktion, brachte den Toast aus: »Wir trinken Ihren Sekt ohne schlechtes Gewissen – Sie schlürfen

Ihren Champagner aus unseren Hirnschalen.« Jahr bemühte sich um ein Lächeln, Bucerius lachte laut. Der *Washington Post* war die »Revolt at Stern Magazine« am 18. Mai einen Achtspalter wert.

Die Brisanz des Statuts – in dieser Form gültig bis 1974 – steckte vor allem in den Artikeln IV und V. Artikel IV lautete: »Die Redaktion hat den ideellen und damit auch den materiellen Wert des STERN entscheidend mitgeschaffen. Vor einer Veränderung der Besitzverhältnisse muß der Redaktionsbeirat informiert und gehört werden.« Das hieß: Natürlich könnt ihr verkaufen an wen ihr wollt, liebe Verleger; aber da ihr uns dies im voraus sagen müßt, haben wir jede Freiheit, gegen eure Absicht und euren Verhandlungspartner in einer Weise anzustänkern, daß mindestens ihm die Lust vergehen wird. Zwei Tage nach der Unterzeichnung, am 21. Mai, erfolgte der Teilverkauf an Bertelsmann, und der Beirat stänkerte nicht.

Artikel V besagte: Den Chefredakteur bestimmt zwar der Verleger, jedoch erst, nachdem er sich mit dem Redaktionsbeirat beraten hat. Widerspricht der Beirat mit zwei Dritteln seiner Stimmen (das heißt mit fünf von sieben), so kann ein Chefredakteur weder berufen noch abberufen werden.

Dieser Prozedur hätte sich zunächst Claus Jacobi unterwerfen müssen. Das mag, zusammen mit dem Verschwinden seines Schutzherrn Richard Gruner, für ihn ein Grund mehr gewesen sein, im Juli um die Auflösung seines Fünf-Jahres-Vertrags als Chefredakteur des STERN zu bitten. Der Nachfolger des großen Henri Nannen zu werden ist bekanntlich auch später keinem leichtgefallen, und dies zu versuchen, als Nannen erst 55 war, ließ und läßt sich ohnehin nur als Schnapsidee bezeichnen. 1970 wurde Jacobi Chefredakteur von Springers *Welt am Sonntag*.

Im STERN-Statut gab es dann noch den interessanten Artikel VI, der auch die Macht des Chefredakteurs beschränkte: Seine Stellvertreter, die Ressortleiter und »die politischen Mitarbeiter« durfte der Chefredakteur weder berufen noch abberufen, wenn der Beirat mit zwei Dritteln seiner Stimmen widersprach.

Da eine Stimme ohnehin Nannen gehörte, hätten ihm also zwei Verbündete genügt, um eine Zwei-Drittel-Mehrheit gegen seine Entscheidung zu verhindern. Trotzdem muß Nannen mit diesem Passus weniger zufrieden gewesen sein als mit den anderen Artikeln des Statuts; jedenfalls ignorierte er ihn souverän, als er 1978 seinen Stellvertreter Manfred Bissinger hinauswarf.

Zunächst aber hatte das Statut von 1969 eine Signalwirkung für viele deutsche Redaktionen und mehrte den Ruf des STERN als eines Blattes, das immer mit irgend etwas an der Spitze lag. Noch im selben Jahr folgten die *Rhein-Zeitung* in Koblenz, die SPD-nahe *Hannoversche Presse* und der *Mannheimer Morgen* – dieser in der bemerkenswerten Form, daß die Herausgeber des angesehenen liberalen Regionalblatts das Statut der Redaktion *anboten,* und sie nahm es gern: Der von ihr zu wählende fünfköpfige Beirat konnte mit vier Stimmen einen unerwünschten Chefredakteur verhindern.

Wie ging es weiter mit dem Versuch der Redakteure, die Macht der Verleger zu begrenzen? 1971 wurden Statute durchgesetzt bei der *Süddeutschen Zeitung,* dem *Kölner Stadt-Anzeiger,* der *Westfälischen Rundschau* und sogar der *FAZ* – dort eine bloß mündliche Vereinbarung, die einem Vertrauensleute-Gremium »eine Anhörung« durch die Herausgeber zusichert. 1974 wurde in der ZEIT ein Statut unterschrieben, im *Spiegel* bekam die Redaktion statt mehr Freiheit mehr Geld – während der STERN schon die ersten Abstriche an der 1969 ertrotzten Mitsprache hinnehmen mußte (S. 112). Von da an ging's bergab: Immer mehr Statute wurden von Verlagsseite gekündigt oder ausgehöhlt, und der Gewinn der Journalisten summierte sich im Lauf der drei Jahrzehnte seit dem STERN-Vorstoß auf eine runde Null.

Im Redaktionsalltag regierten ohnehin andere Probleme. Der STERN vollbrachte 1969 den Kraftakt, seinen Erstverkaufstag von Montag (dem *Spiegel*-Tag) auf den Donnerstag umzustellen, den klassischen Illustrierten-Tag schon zwischen den Weltkriegen. Die Verleger hatten die Umstellung bereits

1966 verlangt, und zwar innerhalb eines Vierteljahres – was sich organisatorisch als unmöglich erwies. Nun wurde Heft 37 letztmals am Montag verkauft, Heft 38 schon am Sonntag, Heft 39 am Freitag und Heft 40 dann erstmals am Donnerstag. Für den Redaktionsschluß bedeutete dies: Donnerstag 22 Uhr die erste Fassung (Auslandsvertrieb und Lesezirkel-Exemplare), Sonntag 20 Uhr die Inlandsauflage – und das hieß: regelmäßige Sonntagsarbeit für alle aktuellen Ressorts.

Das zentrale gesellschaftspolitische Thema von 1969 war eine Hinterlassenschaft der Außerparlamentarischen Opposition, die viele Eltern entzweite und andere sich unter den Aggressionen ihrer Kinder ducken ließ: die antiautoritäre Erziehung, konzentriert in den »Kinderläden«, in denen die lieben Kleinen »herrschaftsfrei« aufwachsen, die Wände beschmieren und mit den Füßen essen durften, ja sollten. »Kleine Linke mit großen Rechten« überschrieb der STERN eine Geschichte darüber. Des tollen Treibens müde, sollen aufgeweckte Kinder ihren Lehrer damals gefragt haben: »Müssen wir heute schon wieder spielen, was wir wollen?«

Von der APO selbst war nach den Mißerfolgen von 1968 eine gewaltbereite Minderheit in den Untergrund gegangen, »Tupamaros« nannten sie sich nach einer marxistischen Terror-Organisation in Uruguay. Im November 1969 verpuffte eine Bombe vor der Wohnungstür des Westberliner Landgerichtsdirektors Hans Heinsen, und tags darauf tauchte ein Flugblatt auf mit dem Text: »Für die ungenügende Wirkung, daß die Bombe den Heinsen nicht zerrissen hat, entschuldigen wir uns.«

Im Dezember 1969 stellte John Jahr schweren Herzens die CONSTANZE ein, den langjährigen Klassiker unter den Frauenmagazinen. Nach der Umstellung auf wöchentliches Erscheinen sei es der CONSTANZE nicht gelungen, ihre einst führende Position zurückzugewinnen, »trotz des Einsatzes eines hervorragenden Redaktionsteams und sehr erheblicher Aufwendungen«.

Formal sprach der Verlag von einer Zusammenlegung mit der erfolgreichen BRIGITTE, die nun, bis 1978, den Untertitel

»mit Constanze« führte. Anders als in den meisten Fällen, wo das überlebende Blatt nicht sehr auffallend von dem eingestellten profitiert, schwenkten fast 400000 Käufer von der CONSTANZE auf die BRIGITTE um und ließen deren verkaufte Auflage – im ersten Quartal 1969 ohnehin über die Million geklettert – 1970 auf 1410000 hochschnellen.

Da Gruner + Jahr 1969 schon die PETRA an den Jahreszeiten-Verlag verkauft und die Elternzeitschrift ES mit ELTERN verschmolzen hatte, blieben nun sieben Zeitschriften mit folgenden verkauften Auflagen übrig:

STERN	1672000
BRIGITTE	1410000
JASMIN	1214000
ELTERN	932000
SCHÖNER WOHNEN	337000
TWEN	243000
CAPITAL	154000

Keine Gründung im Ausland dabei, im Inland keine Zeitung – wie leicht überschaubar muß das Unternehmen damals gewesen sein, verglichen mit dem heutigen Stand: 33 Zeitschriften in Deutschland, 12 Zeitungen in Deutschland, 50 Zeitschriften und 4 Zeitungen im Ausland – in vierzehn Staaten auf drei Kontinenten.

Schon am 8. Dezember 1969 teilte Gruner + Jahr eine wichtige Personalentscheidung mit, die erst mehr als ein Jahr später vollzogen werden sollte: Ernst Naumann, noch auf die Geschäftsführung der G + J-Tochter Kindler & Schiermeyer in München beschränkt, werde am 1. Januar 1971 den Vorsitz der Geschäftsführung von Gruner + Jahr übernehmen. Bis dahin war Naumann noch an den Vertrag gebunden, den er 1968 mit Axel Springer abgeschlossen hatte.

Aber natürlich tauchte Naumann schon 1970 immer häufiger in Hamburg auf und fädelte eine Reihe tiefgreifender Veränderungen ein. Viel aufregender war freilich, was die Gütersloher 1970 teils taten, teils im Schilde führten.

Der Moloch von Gütersloh

1970

Man sollte es nicht für möglich halten, daß die Turbulenzen der Jahre 1968 und 1969 in den deutschen Zeitungs- und Zeitschriftenverlagen noch übertroffen werden könnten – aber 1970 geschah eben dies. Am Montag, dem 23. Februar, sprach es sich herum, daß der STERN vom folgenden Donnerstag eine Sensation verbreiten würde: Bertelsmann habe 33 Prozent des Axel-Springer-Verlags gekauft; später wolle Springer weitere 42 Prozent, insgesamt also 75 Prozent nach Gütersloh abgeben und nur noch eine Sperrminorität behalten. Bertelsmann Teilhaber bei Gruner + Jahr *und* Axel Springer!

Tags darauf, am 24. Februar, druckten *Welt* und *Bild* das Dementi: Die Darstellung des STERN sei »ein ungeheuerlicher und unverantwortlicher Verstoß gegen die Wahrheitspflicht«, aus dem eine Schadenersatzklage folgen werde. Richtig sei nur, daß die Häuser Springer und Bertelsmann bei Buchverlagen und Neuen Medien kooperieren wollten; eine gesellschaftsrechtliche Veränderung gehe damit nicht einher.

Kurios daran war allerdings, daß eine dritte Springer-Zeitung, das *Hamburger Abendblatt,* am selben Tag die eine Hälfte des STERN-Berichts bestätigte: Der Axel-Springer-Verlag solle in eine Aktiengesellschaft umgewandelt werden, um »Verantwortung und Eigentumsverhältnisse im Hinblick auf die Unternehmensgröße zu verbreitern«, und Bertelsmann habe ein Drittel der künftigen Aktien gekauft; die Übertragung werde jedoch frühestens 1972 stattfinden, nach Axel Springers 60. Geburtstag. Die andere Hälfte der STERN-Darstellung dementierte auch das *Abendblatt:* Der Verkauf weiterer Anteile sei weder vereinbart noch beabsichtigt.

Wie konnte es zu diesem Widerspruch zwischen den Springer-Zeitungen kommen? Der Redaktionsschluß des *Abendblatts* lag mehrere Stunden später, und in diesen Stunden muß das Haus Springer sich zu einer neuen Strategie entschlossen haben.

Das Aufsehen in der Branche war ungeheuer. »Der Riese von Gütersloh«, »Die größte deutsche Kulturfabrik«, »Ausverkauf bei Axel Springer« hießen die Schlagzeilen. »Es ist zu viel an Größe«, schrieb die *FAZ*. STERN und *Bild* unter einem Dach! Und wenn Springer Schadenersatz von Gruner + Jahr forderte – wäre dann Bertelsmann nicht Zahler und Empfänger zugleich?

Am 28. Februar, fünf Tage nach der Enthüllung und vier Tage nach der Teilbestätigung, legte Springer in seinen Hausnachrichten nach: Die Majorität werde er selbstverständlich wahren; die gegenteilige Behauptung sei »ein Doppelspiel ohnegleichen in der Geschichte der deutschen Publizistik«.

Auch dieses Teildementi hielt jedoch nur gut zwei Wochen. In seinem Rechtsstreit mit dem STERN legte Springer am 16. März eine Erklärung vor, wonach es zwar falsch blieb, daß er später insgesamt 75 Prozent an Bertelsmann verkaufen werde; richtig sei aber, »daß es in dem Vertrag zwischen mir und Herrn Reinhard Mohn eine Bestimmung für den Fall meines Todes gibt, wonach ich Herrn Mohn ein Optionsrecht unter gewissen Voraussetzungen eingeräumt habe, die Majorität am Aktienkapital zu erwerben«.

Majorität, also doch! Dementi des Dementis! Unter den »bestimmten Voraussetzungen« war zu verstehen: wenn Springers leibliche Erben nicht willens oder nicht fähig sein sollten, die Führung des Konzerns zu übernehmen. Tendenziell blieb die STERN-Darstellung also auch in der zweiten Hälfte richtig.

Für die STERN-Redaktion war es zwar eine Genugtuung, im wesentlichen recht gehabt zu haben – vor allem aber gab es einen Aufstand mehr nach all dem Ärger mit Richard Gruner.

Der Redaktionsbeirat sowie der G + J-Betriebsrat bezeichneten die Verbindung mit dem Hause Springer als »untragbar« und forderten Jahr und Bucerius am 9. März auf, »die Kapitalverflechtung mit dem Haus Bertelsmann zu lösen«.

Nun hatten Jahr und Bucerius schon Ende Februar den Bertelsmann-Generalbevollmächtigten Manfred Köhnlechner in Zürich bedrängt, Bertelsmann müsse sich unter den neuen Umständen auf das Kassieren seines Gewinnanteils beschränken und dürfe in der Gesellschafterversammlung kein Stimmrecht haben. Die beiden Verleger waren ohnehin verärgert, weil der Kauf der Springer-Anteile erfolgt war, ohne daß sie aus Gütersloh konsultiert oder auch nur informiert worden wären. Es ging sogar das Gerücht, Bucerius und Jahr wollten den Bertelsmann-Anteil von 25 Prozent zurückkaufen.

Köhnlechner gab vor Bucerius, Jahr und Henri Nannen die gewünschte Verzichtserklärung ab. Trotzdem nistete sich bei Gruner + Jahr ein bohrendes Mißtrauen ein. Kein Stimmrecht, das hieß ja immer noch: über alles informiert sein – und es vielleicht Axel Springer erzählen?

Da sprang am 25. März Ernst Naumann, Geschäftsführer des Münchner Tochterverlags, zum zweitenmal als Retter auf die Bühne (so, wie er 1968, noch im Auftrag Springers, den Verleger Hans Weitpert entmachtet hatte): Köhnlechner ließ sich auf Drängen von Jahr und Bucerius darauf ein, die Bertelsmann-Gesellschafterrechte treuhänderisch auf Ernst Naumann zu übertragen, der sie in eigener Verantwortung verwalten sollte; Bertelsmann behielt nur zwei Rechte: seinen Gewinnanteil zu kassieren und die Bilanzen einzusehen. Der Redaktionsbeirat des STERN stimmte dieser Regelung zu. (Daß Bertelsmann sich schon 1973 von einem stillen Teilhaber in einen ziemlich lauten verwandelte, steht auf einem anderen Blatt und auf Seite 103.)

Was damals bei all dem zu klären blieb, war, wie Köhnlechner sich den Fortgang der Dinge dachte – und warum Axel Springer eigentlich dazu gekommen war, sich von einem Teil seines Imperiums zu trennen. Kapital jedenfalls brauchte er nicht. Den Kontakt nach Gütersloh hatte offensichtlich Springers Finanzbevollmächtigter Christian Kracht hergestellt, weil es ihm unheimlich wurde, ein so großes Unternehmen den Gemütswallungen eines einzelnen Mannes ausgeliefert zu sehen.

Springer wiederum, der schon 1968 unter dem Anprall der öffentlichen Meinung *Jasmin* und *Eltern* abgestoßen hatte, schien 1970 für einen weiteren Teilrückzug reif. In der sozialliberalen Koalition, die seit Oktober 1969 in Bonn regierte, sah er die Gefahr, daß sie auch in der Presse Mitbestimmungsrechte durchsetzen und jene Konzern-Entflechtung einfädeln könnte, die unter Kiesinger gescheitert war.

Auch fühlte sich Springer nach wie vor verleumderischen Attacken ausgesetzt, nun aber ohne Rückhalt in der Bundesregierung, und als er Ende Februar im Prozeß gegen den APO-Anwalt Horst Mahler als Zeuge aussagte, wurde er von Zuhörern als »Mörder«, »Drecksau« und »feiges Schwein« beschimpft. Kurz: Axel Springer, ohnehin zu gelegentlichen Depressionen neigend, war offenbar ein verunsicherter, verbitterter Mann, der sich aus der Schußlinie begeben und sein Haus bestellen wollte.

Reinhard Mohn hatte bessere Nerven. Auf die Frage eines Journalisten, ob Bertelsmann nun seine größtmögliche Ausdehnung erreicht habe, hatte er im Jahr zuvor, 48jährig, geantwortet: »Wir sind noch im richtigen Alter und wollen westfälisch-solide weitermachen.«

Manfred Köhnlechner, 44 Jahre alt und schon seit zwölf Jahren Mohns Generalbevollmächtigter, muß das Westfälisch-Solide etwas zu bedächtig gefunden haben. Der »Gütersloher Großwesir«, wie ihn der *Spiegel* nannte, ließ sich mit Vorliebe hoch zu Roß abbilden und antwortete auf die Frage eines Journalisten nach seinem Jahresgehalt: »Drei Millionen wären mir zu wenig.«

Ein schönes Beispiel für sein forsches Wesen lieferte Köhnlechner am 10. Mai 1970 im Fahrstuhl des Hotels Maritim im Ostseebad Timmendorfer Strand. Der STERN gab dort ein dreitägiges Fest für Freunde, Prominenz und Inserenten. Zum Gala-Diner unterwegs, schwadronierte Köhnlechner vor seinen zufälligen Lift-Genossen, wie reizvoll es sei, »unsere Produkte STERN und *Bild*« in Gütersloh zu koordinieren, verbunden mit der Andeutung, daß Bertelsmann *natürlich* die Majorität bei Springer winke.

Das war ein Nagel zu dem Sarg, in dem die große Vision schon im Juli zu Grabe getragen wurde. Zunächst, am 29. Mai, hatte es noch nach Versöhnung zwischen den unfreiwilligen Partnern ausgesehen: Peter Tamm, Alleinvorstand des Springer-Verlags, und Henri Nannen unterzeichneten eine Erklärung, in der sie gemeinsam bekundeten, es bestehe kein Interesse mehr an der Fortführung des Zivilprozesses über die Behauptung des STERN, Springer wolle 75 Prozent seines Verlags an Bertelsmann verkaufen.

Am 20. Juli aber wurde die »Elefantenehe geschieden«, wie die *Süddeutsche Zeitung* ihren Kommentar überschrieb, »der Moloch der Informations- und Unterhaltungsindustrie« (so die *FAZ*) zerschlagen: Der Kauf eines Drittels der Springer-Anteile durch Bertelsmann wurde rückgängig gemacht, der Kaufpreis von 300 Millionen nach Gütersloh zurücküberwiesen. Als Grund gab die Springer-Pressestelle die Schwierigkeiten an, »die sich aus der gleichzeitigen Beteiligung des Hauses Bertelsmann an den Häusern Axel Springer und Gruner + Jahr ergeben«. Die Trennung sei »in freundschaftlicher Übereinstimmung erfolgt«; die angestrebte Zusammenarbeit auf dem Buchsektor werde davon nicht berührt.

Die Probleme der Doppelbeteiligung, so offenkundig sie waren, scheinen indessen nicht die einzigen Gründe für die Trennung gewesen zu sein. Es kam wohl hinzu: Die beiden Firmenchefs, Peter Tamm und Manfred Köhnlechner, harmonierten nicht in Mentalität und Arbeitsstil. Reinhard Mohn war überdies irritiert, daß sein bis dahin arglos expandierendes Unternehmen nun gleich zwiefach unter Beschuß geraten war: wegen des umstrittenen politischen Engagements von Axel Springer und wegen der sich abzeichnenden Übermacht; umgekehrt scheint Springer den Verdacht gehegt zu haben, Mohn wolle die *Welt* liberalisieren.

Und schließlich stand das Haus Springer unter dem Eindruck, daß Bertelsmann in *beiden* Häusern die Mehrheit anstrebe, auch bei Gruner + Jahr also; es ging das Gerücht, Köhnlechner habe mit Bucerius schon eine feste Vereinbarung getroffen, ja Bucerius wolle seinen ganzen Anteil von 37,5 Prozent an Gruner + Jahr in ein gleichwertiges Aktienpaket der Bertelsmann-Gruppe eintauschen.

Bucerius dementierte. In der Tat: Die Mehrheit an Gruner + Jahr erwarb Bertelsmann erst 1973. Schon am Tag der Trennung von Springer aber hatte Köhnlechner Bucerius, Jahr und Naumann mitgeteilt, Bertelsmann werde seine ruhende Beteiligung nun wieder aktivieren.

Naumann seinerseits, bisher Treuhänder von Bertelsmann in Hamburg und Geschäftsführer für JASMIN, ELTERN und TWEN in München, sollte am 1. Januar 1971, wenn er den Vorsitz der Gesamtgeschäftsführung von Gruner + Jahr übernahm, sein einst billig erworbenes Kindler & Schiermeyer-Paket von 10 Prozent in einen üppigen Gruner + Jahr-Anteil von 5 Prozent verwandeln. Bucerius und Jahr, jetzt 64 und 70 Jahre alt, wollten sich dann in einen Verwaltungsrat zurückziehen, dem die neue Gesamtgeschäftsführung verantwortlich sei.

Naumann war 48. Zu seinem Stellvertreter wurde Jahrs ältester Sohn ernannt, John Jahr jr. Außerdem sollten der neuen Geschäftsführung angehören: Henri Nannen für die Redaktionen, der 33jährige Peter Thoma für die Druckerei und ein interessanter Neuzugang – Rolf Poppe, 41, bisher Verlagsleiter des *Spiegels,* als Leiter des zentralen Unternehmensbereichs Zeitschriften.

Schon im Oktober 1970 übernahmen Naumann und Poppe die Macht im Haus und begannen das bis dahin patriarchalisch geführte, nach der Fusion von 1965 noch nie wirklich verschmolzene Unternehmen gründlich umzukrempeln – Naumann im Sinne eines nüchternen Hamburger Kaufmanns, Poppe mit allen Finessen der Harvard School of Business und, wie er gelegentlich selbst einräumte, mit einem gewissen sadistischen Vergnügen daran, seine Prinzipien eiskalt durchzusetzen. Für den *Kress-Report* war er »der Mann, der aus der Kälte kam«.

Zu seinen ersten Anordnungen im Zeitschriften-Management gehörte: Er, Poppe, wünsche nicht durch Telefonanrufe in seinem Arbeitsrhythmus gestört zu werden; »wir verkehren miteinander *schriftlich.* Und schreiben Sie nicht Lieber Herr Poppe – das vergeudet Zeit und Platz, und ich bin nicht lieb!« Einzelne der Anwesenden kündigten entsetzt, andere wurden entlassen.

Der STERN druckte unterdessen zum erstenmal ein Heft von 300 Seiten und erhöhte den Verkaufspreis von 1,20 auf 1,50 Mark. Das Marktforschungsinstitut Infratest fragte Bundesbürger, die mindestens eine der vier Illustrierten regelmäßig lasen: »Angenommen, Sie könnten nur noch eine dieser Zeitschriften lesen – für welche würden Sie sich entscheiden?« Die Antwort:

STERN	44 Prozent
Bunte Illustrierte	27 Prozent
Neue Revue	17 Prozent
Quick	12 Prozent

Da machte es wenig aus, daß der STERN in der verkauften Auflage hinter der *Bunten* und der *Neuen* lag: Im Renommee, im Heftumfang, im Anzeigengeschäft hielt er einsam die Spitze. Der Liebling der »Kreativen« in den Werbeagenturen war er sowieso; im STERN sind mehr preisgekrönte Anzeigen veröffentlicht worden als in jeder anderen deutschen Zeitschrift.

Auch der sogenannte Kronberger Kreis konnte am fulminanten Erfolg des STERN nichts ändern. Im Schloßhotel Kronberg im Taunus versammelten sich 1970 leitende Herren etlicher deutscher Unternehmen, um darüber zu beraten, wie sie der »Hamburger Kampfpresse«, nämlich STERN und *Spiegel,* den Geldhahn zudrehen könnten, weil sie unternehmerfeindlich, anti-amerikanisch und überhaupt negativ eingestellt sei. Initiatoren dieses Gesprächskreises waren der konkurrierende

Heinrich-Bauer-Verlag und der Werbeleiter von Asbach Uralt, Karl-Heinz Zappe. Der trug mit Nannen eine Privatfehde aus, in deren Verlauf Nannen in den (damals obligatorischen) Fortsetzungsroman des STERN die Frage eines Gastgebers hineinredigierte: »Möchten Sie einen Asbach – oder darf's etwas Besseres sein?« Aber der STERN lebte, und der Kronberger Kreis war bald sanft entschlafen.

Der Heinrich-Bauer-Verlag ging im Oktober 1970 in eine andere Offensive, mit schlechter Presse, aber mehr Erfolg: Er kaufte für 8 Millionen Mark die *Norddeutsche Rundschau* in Itzehoe – ein Provinzblatt zwar, dessen Erwerb aber »den Beginn einer neuen Ära in der deutschen Pressegeschichte« markierte, wie der *Spiegel* schrieb: Einer der Riesen der Zeitschriftenbranche steigt ein ins Zeitungsgeschäft! Hatte Bauers Generalbevollmächtigter Siegfried Moenig nicht jahrelang verkündet, mit Zeitungen wolle er nichts zu tun haben, »davon verstehen wir nichts«?

Schleswig-Holsteins Zeitungsverleger waren alarmiert, daß ein Hamburger Großverlag »sich in den Kreis der Heimatzeitungen zu drängen versucht«, und gründeten eine GmbH, die kleinen Verlegern im Lande mit Krediten und Subventionen beispringen sollte. Im Dezember aber erwarb der Axel-Springer-Verlag einen 20prozentigen Anteil an den *Lübecker Nachrichten.*

Der Heinrich-Bauer-Verlag rundete seinen Konzern 1970 durch den Kauf dreier Verlage mit 69 Heftreihen für Rätsel und Romane ab. Motor der Expansion war wieder der 54jährige Generalbevollmächtigte Siegfried Moenig – ein Rauhbein von fröhlicher Rücksichtslosigkeit, in der Branche respektiert und gefürchtet. *Quick* und *Revue* hatte Moenig 1966 hinzugekauft und im Lauf der Jahre 21 weitere Zeitschriften – »versessen auf Millionen-Auflagen«, wie die *FAZ* über ihn schrieb, und einer der einflußreichsten Männer der Bundesrepublik, weil er mit seinen Zeitschriften die Hälfte aller Bundesbürger erreiche.

Franz Burda, der 67jährige Verleger der *Bunten Illustrierten* und König von Offenburg, stellte im August 1970 das Objekt *M – die Zeitschrift für den Mann* nach neun Monaten wieder ein – laut *Konkret* »das politisch reaktionärste und auch schlüpfrigste Bilderblatt, das es je gab«. Seinem jüngsten Sohn Hubert habe er ein Pferd gegeben und ihm gesagt »Jetzt reit mal, Büble!« wurde der alte Burda zitiert, aber auch mit dem Satz: »Für diese Sauerei war meine Frau zuständig.«

Daß Hubert Burda eines Tages *Focus* starten würde, konnte damals niemand ahnen. Helmut Markwort, Chefredakteur der Burda-Zeitschrift *Bild und Funk*, setzte sich beim alten Burda in die Nesseln, weil er eine Betriebsrente und, nach dem Vorbild des STERN, ein Redaktionsstatut forderte. An der Fernsehzeitschrift *Gong* im Nürnberger Sebaldus-Verlag hatte sich inzwischen Gruner + Jahr mit 50 Prozent beteiligt – ein erster Vorstoß auf den Markt der Programmzeitschriften.

Gerd Bucerius rief im Oktober das ZEITmagazin ins Leben, unter dem Protest der Gräfin Dönhoff und anderer altgedienter Redaktionsmitglieder, die Substanz und Niveau der ZEIT durch »das bunte Blättchen« bedroht sahen. Doch es war eben dieses Magazin, das die ZEIT von ihrem jahrzehntelangen Defizit befreite, weil sie nun Markenartikel-Anzeigen farbig und im üblichen Format drucken konnte, und zugleich hatte Bucerius das Modell für die ähnlich angelegten Magazine der *FAZ* und der *Süddeutschen Zeitung* geprägt.

Im Dezember 1970 warf Manfred Köhnlechner das Handtuch – der Mann, der sich von Februar bis Juli für Deutschlands größten Medienboß gehalten hatte. Er sei »abgenutzt, amtsmüde, gelangweilt und der Welt des Kommerziellen entfremdet«, ließ er wissen, 45 Jahre alt. Er bildete sich zum Heilpraktiker aus, erlernte in Hongkong die Akupunktur, wollte den Krebs ausrotten, ließ unter seinem Namen dreißig Bücher erscheinen und bezog aus Gütersloh eine jährliche Apanage von einer Million – fünfzehn Jahre lang, bis 1985, denn so lange wäre sein Vertrag gelaufen.

Im Dezember erhob Gerhard Löwenthal, Moderator des *ZDF-Magazins*, in zwei Sendungen schwere Vorwürfe gegen zwei Exponenten des STERN: Hans Weidemann, Leiter der STERN-Aktion »Jugend forscht«, sei 1944 als SS-Obersturmbannführer für die Erschießung von Partisanen im norditalienischen Bevilacqua verantwortlich gewesen, und Henri Nannen, als Leutnant in einer Propagandakompanie Weidemann zugeordnet, habe davon gewußt.

Da setzte Nannen Himmel und Hölle und den ganzen Riesenapparat von STERN-Korrespondenten, Rechercheuren und Dokumentaren in Bewegung, um Löwenthal zu widerlegen. Insgesamt fünf Strafanträge, sieben Einstweilige Verfügungen von beiden Seiten gegen beide Seiten, die Anwälte zehn Monate lang auf den Barrikaden. Zunächst aber, am 16. Dezember, bekam Nannen Gelegenheit, im ZDF öffentlich gegen Löwenthal anzutreten. »Sie sind ein Verleumder!« schrie er den Moderator vor 20 Millionen Zuschauern an. »Herr Nannen, Sie verlieren die Nerven«, gab Löwenthal zurück. Die *Süddeutsche Zeitung* sprach von einem »unwürdigen Spektakulum«, bei dem die beiden Kontrahenten deutlich machten, »daß sie in einer unzumutbaren Weise sich selbst und ihre Rolle überschätzen«.

In der Tat: In der Welt war 1970 Wichtigeres geschehen. Am 28. September starb der ägyptische Staatschef Gamal Abd el-Nasser, Nationalheld, seit er 1956 den Engländern den Suezkanal entrissen hatte. Als er in Kairo zu Grabe getragen wurde, umdrängten an die fünf Millionen Menschen seinen Sarg, Fred Ihrt war dabei, 46 Trauergäste wurden totgetrampelt. In stillem Pomp beigesetzt wurde General De Gaulle in Colombey-les-deux-Églises.

Am 14. Mai wurde dem Häftling Andreas Baader, dem Kaufhausbrandstifter von 1968, ein Besuch in einer wissenschaftlichen Bibliothek in Berlin-Dahlem gestattet. Dort wartete die *Konkret*-Kolumnistin Ulrike Meinhof auf ihn, drei vermummte Gestalten verschafften sich Zutritt, hielten die Wachmänner mit Pistolen in Schach und schossen auf einen Angestellten, der den Bewachern zu Hilfe kommen wollte; er wurde schwer verletzt. Baader und seine Befreier konnten fliehen, fanden den Weg nach Palästina, ließen sich dort zu Terroristen ausbilden und wurden zur Keimzelle der »Roten-Armee-Fraktion«.

Bei der Fußballweltmeisterschaft in Mexiko führte England im Viertelfinale gegen Deutschland schon 2:0, die Deutschen glichen aus, erzwangen damit die Verlängerung und siegten 3:2 – Rache für Wembley 1966! Im Halbfinale wurden sie zwar von Italien in der Verlängerung 4:3 besiegt, aber dieses Spiel – mit Franz Beckenbauer, Günter Netzer, Gerd Müller – war eines der feurigsten und herrlichsten der Fußballgeschichte.

In Erfurt fand das erste deutsch-deutsche Treffen statt: Bundeskanzler Willy Brandt konferierte mit dem DDR-Ministerpräsidenten Willi Stoph. Am 7. Dezember fiel Brandt vor dem Mahnmahl für die Opfer des Warschauer Gettos auf die Knie.

»Mein Bauch gehört mir«

1971

Als Willy Brandt 1971 den Friedensnobelpreis bekam, war Springers *Welt* vermutlich die einzige Zeitung der Bundesrepublik, die die Nachricht darüber einspaltig brachte, wenn auch ganz oben – der vierspaltige Aufmacher daneben eine Rede von Franz Josef Strauß. Der Friedenspreis des Deutschen Buchhandels ging an Marion Gräfin Dönhoff, Chefredakteurin der ZEIT.

Walter Ulbricht trat nach 21 Jahren als Erster Sekretär des Zentralkomitees der SED zurück, Erich Honecker wurde sein Nachfolger. Die Bundesbahn eröffnete zwischen 33 deutschen Großstädten den Intercity-Verkehr (unter einem Namen, den das Englische nicht kennt, mit der erstaunlichen Aussage, daß die Züge zwischen Städten verkehren). Auf den Straßen der Bundesrepublik kamen 18727 Menschen um, ein trauriger Rekord; auf dem Mond fuhr die Besatzung von Apollo 15 mit dem Auto spazieren.

Die Mode der langen Männerhaare erwies sich bei der Bundeswehr als gefährlich im Umgang mit Waffen und Geräten. Nach längerer Debatte verkündete Verteidigungsminister Helmut Schmidt die Lösung: Die Haare dürfen bleiben, im Dienst aber muß ein Netz über sie gezogen werden.

Der STERN eröffnete das Jahr mit zwei groß hingeblätterten Artikeln für Henri Nannen und gegen Gerhard Löwenthal: Alles, was der Recherchen-Apparat der Redaktion schon für die Fernsehdebatte vom 16. Dezember des Vorjahrs heranzuschaffen versuchte, wurde nun auch noch in zwei Ausgaben gedruckt – im ersten Heft auf sechs Seiten unter der Überschrift: »Der Fall Löwenthal / Wie Löwenthal Weidemann schlug, um Nannen zu treffen – und sich dabei selber ein Bein stellte«; drei Hefte später noch einmal acht Seiten über »den Fall Löwenthal«. Als Privatmann, sagte Nannen, ohne den STERN im Rücken, »wäre ich erledigt gewesen«.

Eben dieser Zusammenhang aber erregte den Unmut vieler Redakteure, der sich in einer Vollversammlung Luft machte: *Ein* Riesenstück gegen Löwenthal, das sei einleuchtend gewesen, das zweite aber entschieden zu viel; es könne nicht eine zentrale Aufgabe des STERN sein, der Vergangenheitsbewältigung von Henri Nannen zu dienen. Hinzu kam die Irritation jüngerer Redakteure, die von den Funktionen Nannens und Weidemanns im letzten Kriegsjahr erst durch das ZDF erfahren hatten.

Die Schlacht gegen Löwenthal aber gewann Henri Nannen. Nach langen Verhandlungen der Anwälte verlas das ZDF am 27. Oktober 1971, mehr als zehn Monate nach der Fernsehdebatte, zu Beginn der Magazinsendung eine abgesprochene Erklärung, die mit dem Satz begann: »Journalisten können sich irren.« Das ZDF zögere daher nicht, die Vorwürfe gegen Weidemann und Nannen »in aller Form zurückzunehmen«. Nannen seinerseits verzichtete darauf, gegen Löwenthal weiterhin den Vorwurf der Nachrichtenverfälschung zu erheben.

In der Redaktion hatten sich die Wogen längst geglättet, und am 6. Juni bewies der STERN wieder einmal, wer in Deutschland Meinungsführer war: Das Titelbild zeigte 25 klar identifizierbare Porträts von bekannten Frauen, darunter Romy Schneider und Senta Berger, mit dem schrägen Balken: »Wir haben abgetrieben!« und der Unterzeile: »374 deutsche Frauen halten den § 218 für überholt und erklären öffentlich: Wir haben gegen ihn verstoßen«. Das Aufsehen war ungeheuer, mit höchstem Mutwillen ein Tabu öffentlich gebrochen.

Auf die »rechtswidrige vorsätzliche Abtötung der Leibesfrucht im Mutterleib« stand ja Gefängnis bis zu fünf Jahren. Zehntausende deutscher Frauen reisten nach England oder

Holland, wo Abtreibung legal war; andere schlichen sich zu Kurpfuschern, viele bezahlten dafür mit dem Leben.

In Frankreich, bei ähnlicher Rechtslage, hatte es im April 1971 die Wochenzeitung *Le Nouvel Observateur* gewagt, Frauen vorzustellen, die öffentlich bekannten, sie hätten abgetrieben. Die in Paris lebende deutsche Journalistin Alice Schwarzer bot dem STERN an, für die Bundesrepublik etwas Ähnliches auf die Beine zu stellen.

Bei der Leiterin des Ressorts »Frau und Familie«, Carola Heldt, stieß das Angebot auf offene Ohren: Ihre Mutter war bei einer weiteren Schwangerschaft von ihrem Arzt davor gewarnt worden, das Kind auszutragen; abzutreiben sei er aber nicht bereit. So fiel sie einem Pfuscher anheim, wofür sie mit einem Jahr Krankenhaus und einer lebenslangen Gehbehinderung bezahlte. Vor diesem Hintergrund kam, von Henri Nannen begeistert gefördert, die Titelgeschichte zustande.

Offenbar entmutigt von der Fülle der Selbstbezichtigungen, verzichtete die Staatsanwaltschaft darauf, Anklage zu erheben. Die BRIGITTE erklärte im Oktober, »für welche Regelung *wir* eintreten«: Straffreiheit für Abtreibung in den ersten drei Monaten der Schwangerschaft, mit dem Angebot, freiwillig eine Beratungsstelle aufzusuchen. »Ein Recht auf den eigenen Bauch« könne allerdings nur diejenige Frau beanspruchen, die verantwortungsbewußt sei, also einer unerwünschten Schwangerschaft möglichst vorbeuge oder sie zumindest in einem frühen Stadium abbrechen lasse.

Die *Welt* machte sich zur Stimme der Entrüsteten: Noch nie habe so *wenig* Bedarf an Abtreibung geherrscht wie in der Ära der Pille, nie seien Kinder in eine noch angenehmere Umwelt hineingeboren worden, und gerade nun mache die Abtreibung »unseren Frauenrechtlerinnen das Herz unter der Brünne beben« – bei totaler Mißachtung jenes Menschleins, das da, »wiewohl längst auf eine unverwechselbare Erbmasse festgelegt, ungefragt durch die Kanüle verschwindet«.

Der Bundestag stellte in drei Etappen – 1974, 1976 und 1994 – schließlich die heute gültige Regelung her: In den ersten zwölf Wochen der Schwangerschaft und nach förmlicher Beratung bleibt Abtreibung straffrei. Der STERN hatte den Stein ins Rollen gebracht. Frauengruppen gingen mit der Parole »Mein Bauch gehört mir« auf die Straße. Peter Boenisch nannte sie in *Bild am Sonntag* »Gewitterziegen« und »Brockenhexen unter roten Fahnen«.

Die Kampagne gegen den § 218 brachte den Feministinnen Auftrieb über den Protest hinaus, auch zu Lasten der Männer in der linken Szene – vorbei die Zeiten, »als die Frauen in der Küche Stullen schmierten, während nebenan die Polit-Zámpanos, die Füße auf dem Tisch, das Establishment ins Wanken brachten« (so die STERN-Redakteurin Ingrid Kolb).

Auf der Titelseite präsentierte der STERN 1971 dreizehnmal einen blanken Busen (1969 hatte er den ersten gezeigt, 1974 wurde mit sechzehn der Rekord erreicht). Im dritten Quartal 1971 überholte der STERN mit einer verkauften Auflage von 1573000 die *Neue Revue* und lag nun auf Platz 2 hinter der *Bunten.*

Verglichen mit den Vorjahren ging es ruhig zu in den Großverlagen – so ruhig aber auch wieder nicht, daß da nicht eine Menge verkauft, gekauft und stillgelegt worden wäre. Ernst Naumann, seit dem 1. Januar Vorsitzender der Geschäftsführung von Gruner + Jahr, fädelte zwei attraktive Beteiligungen ein: 15 Prozent an den Vereinigten Motorverlagen in Stuttgart, bei denen der Renner *Auto, Motor und Sport* erscheint, und, fast eine Sensation: 25 Prozent am *Spiegel,* mit der Abmachung, daß das Nachrichtenmagazin ab 1977, wenn sein Springer-Druckvertrag auslief, bei Gruner + Jahr gedruckt werden würde.

Der G + J-Zeitschrift TWEN aber wurde das Lebenslicht ausgeblasen. Da ging ein Seufzen durch die Lande: Es trauerten alle Freunde der großzügig-modernen Grafik, mit der einst der berühmte Willy Fleckhaus TWEN ins Gespräch gebracht hatte, und mit ihnen jene Yuppies (wie man heute sagen würde), auf die TWEN zielte; damals sprach man von 25jährigen Porschefahrern mit Linksdrall.

Adolf Theobald, der auch CAPITAL erfunden hat, hatte TWEN 1959 zusammen mit Fleckhaus gegründet, und im ersten Quartal 1971 wurden immer noch 212000 Exemplare verkauft – aber das war ein Minus von 46000 gegenüber dem Vorjahr, und eine Perspektive schien nicht in Sicht. Stark im Fallen begriffen war auch die Auflage von JASMIN (freilich immer noch 1124000); Günter Prinz sprang ab und übernahm die Chefredaktion der *Bildzeitung,* nach zehn Jahren unter Peter Boenisch.

In Gütersloh wurde die Offene Handelsgesellschaft C. Bertelsmann Verlag in die Bertelsmann-AG umgewandelt: Aufsichtsratsvorsitzender Gerd Bucerius, Vorstandsvorsitzender Reinhard Mohn, Vorstandsmitglied Manfred Fischer, später in Hamburg Naumanns Nachfolger. Der 30jährige Gerd Schulte-Hillen, noch später Fischers Nachfolger bei Gruner + Jahr, wurde technischer Leiter der Druckerei Printer Industria Grafica in Barcelona, die zum Bertelsmann-Imperium gehörte.

Im folgenden Jahr, 1972, war es dann rasch vorbei mit der Gemächlichkeit. Gütersloh langte wieder mal in Hamburg zu, bei Gruner + Jahr gab es wieder mal Stunk, und die Bundesrepublik erlebte eines ihrer turbulentesten Jahre.

Und die Elefanten heiraten doch

1972

Das Jahr 1972 begann damit, daß Bundeskanzler Brandt und die Ministerpräsidenten der westdeutschen Länder beschlossen, Angehörige des öffentlichen Dienstes müßten auf dem Boden der freiheitlich-demokratischen Grundordnung stehen, seien also auf etwaige Mitgliedschaft in extremistischen Organisationen zu überprüfen.

Dieser Beschluß, meist »Radikalen-Erlaß« genannt, schien den einen vernünftig – denn wer wollte schon seine Kinder von kommunistischen oder rechtsradikalen Lehrern erzogen sehen? – und war ja von einer sozialdemokratischen Mehrheit getragen; linke Meinungsführer wie *Spiegel* und STERN, *Frankfurter Rundschau* und Heinrich Böll sprachen indessen von »Berufsverboten« und führten Lokomotivführer oder Briefträger ins Feld, deren politische Meinung einem doch wahrlich egal sein könne. Als Böll, ebenfalls im Januar, im *Spiegel* unter der Überschrift »Will Ulrike Meinhof Gnade oder Freies Geleit?« für Augenmaß im Umgang mit den flüchtigen Terroristen plädiert hatte, wurde er von CDU-Abgeordneten als »Helfershelfer des Terrors« hingestellt, und nun kochte die öffentliche Debatte hoch.

Sie verschärfte sich noch durch eine Serie von Bombenanschlägen der Roten-Armee-Fraktion: am 11. Mai auf das Hauptquartier des V. Corps der US Army in Frankfurt (ein Toter, dreizehn Verletzte), tags darauf auf das Bayerische Landeskriminalamt, am 19. Mai auf das Springer-Haus in Hamburg: In zwei Stockwerken explodierten drei Sprengkörper –

beträchtlicher Sachschaden, mehrere Verletzte. Am 1. Juni wurden Andreas Baader, Holger Meins und Jan-Karl Raspe in Frankfurt verhaftet, in den folgenden Wochen auch Ulrike Meinhof und Gudrun Ensslin.

Politisch war die Bundesrepublik ohnehin instabil in jenen Monaten. Im Bundestag herrschte ein Patt zwischen Regierung und Opposition, nur Neuwahlen konnten noch helfen. Am 23. April 1972 hatte die sozial-liberale Koalition einen dreifachen Stoß erlitten: In Baden-Württemberg Landtagswahl, 53 Prozent für die CDU, ein Zuwachs in der sensationellen Höhe von 8,8 Prozentpunkten.

Dadurch, zweitens: Mehrheit der CDU/CSU im Bundesrat; Hans Filbinger regierte in Stuttgart nun allein, nicht mehr als Chef einer Großen Koalition. Und drittens: In Bonn trat der niedersächsische Landwirt Wilhelm Helms aus der FDP aus, der fünfte Wechsler aus den Koalitionsparteien, so daß ihre Bundestagsmehrheit auf einen Sitz geschrumpft war.

Da wagte die Opposition den großen Schritt: Am 27. April stellte sich der CDU-Vorsitzende Rainer Barzel zum Konstruktiven Mißtrauensvotum gegen Willy Brandt – zugleich einem Votum für oder gegen die versöhnliche Ostpolitik der sozialliberalen Koalition, die von der CDU/CSU als Preisgabe deutschen Territoriums bekämpft wurde. Barzel vertraute dabei auf zwei weitere FDP-Abgeordnete, die vor der Fraktion bekundet hatten, sie würden ihn wählen.

In den Regierungsparteien herrschte Weltuntergangsstimmung am Morgen jenes 27. April. Telegramme und Telefonate ermutigten die Abgeordneten, warnten sie, drohten ihnen. Betriebsräte und Bürgerinitiativen hatten zu Warnstreiks aufgerufen. Selbst zwei kranke Abgeordnete, die einen Rollstuhl benutzen mußten, fuhren in den Plenarsaal ein.

Walter Scheel, Außenminister und FDP-Vorsitzender, eröffnete die Debatte mit einer leidenschaftlichen Rede gegen »den Versuch, eine Veränderung politischer Mehrheitsverhältnisse ohne Wählerentscheid herbeizuführen«. Die Opposition setze auf Abgeordnete, »deren Nervenkraft und Charakterstärke nicht ausreichen, in einer schweren Stunde zu ihrer Partei zu stehen… Machen Sie unser Land und sich selber nicht unglücklich, indem Sie eine Regierung etablieren wollen, deren Fundament sich auf politische Überläufer stützen müßte.«

Während der namentlichen Abstimmung gab es eine Fernseh-Einschaltquote wie erst wieder 1974, als Deutschland im Endspiel der Fußballweltmeisterschaft stand. In vielen Fabriken und Büros ruhte die Arbeit, vor den Fernsehgeschäften hingen Menschentrauben.

Die Auszählung war noch nicht beendet, da trat ein Parteifreund auf Willy Brandt zu und flüsterte ihm etwas ins Ohr. Brandt zeigte eine Art verblüfften Lächelns. Zwei Minuten später verlas Bundestagspräsident Kai-Uwe von Hassel das Ergebnis: zwei Stimmen zu wenig für Barzel.

Im Parlament, in Büros, auf der Straße wurde getobt, geschrien, gelacht, geweint. Das Fernsehen zeigte Barzel, wie er ungläubig und ziemlich lange den Kopf schüttelte.

In seiner ersten Ausgabe nach Brandts Sieg deutete der *Spiegel* an, hier sei Korruption im Spiel gewesen, nur durch sie habe Barzel sich eine Chance ausrechnen können. Daß Bestechung stattfand, wissen wir heute – aber durch die SPD. Der CDU-Abgeordnete Julius Steiner verkündete öffentlich, der SPD-Fraktionsgeschäftsführer Karl Wienand habe ihm 50 000 Mark zugesteckt. Wienand bestritt das, rühmte sich jedoch später, es sei ihm gelungen, mehrere CDU-Abgeordnete »anzuwerben«.

Die Journalistin Wibke Bruhns, nicht der Gegnerschaft zu Willy Brandt verdächtig, berichtet, Brandt habe ihr im Sommer 1973 in seinem norwegischen Ferienhaus in verschlungenen Sätzen zu verstehen gegeben: Wenn eine Politik von hoher moralischer Reinheit in Gefahr sei, von einer schmutzigen Politik verdrängt zu werden, so dürften die Hüter der Reinheit nicht davor zurückschrecken, diese Gefahr notfalls mit Tricks von ähnlicher Schmutzigkeit abzuwenden. Wibke Bruhns war, wie sie schreibt, »ziemlich fassungslos«.

Der damalige SPD-Fraktionsvorsitzende Herbert Wehner gab 1980 im NDR in der für ihn typischen zerrupften Redeweise folgende Darstellung: »Nein, nein, dies war schmutzig, und das mußte man wissen. Ein Fraktionsvorsitzender muß wissen, was geschieht und was versucht wird, um einer Regierung den Boden unter den Füßen zu entziehen. Die Regierung selber muß das alles gar nicht wissen ... Ich habe immer gewußt: Einer muß der Dumme sein, und das war immer ich.«

Als am Tag nach dem Mißtrauensvotum der Etat des Kanzleramts abgelehnt wurde mit 247 gegen 247 Stimmen, da war klar: Nur durch Neuwahlen konnte das Patt zerbrochen werden. Sie fanden statt am 19. November, nach einem Wahlkampf mit so vielen begeisterten Helfern für Willy Brandt, wie es noch keinen gegeben hatte in der Bundesrepublik, und zum erstenmal seit 1932 wurde die SPD wieder die stärkste Partei: 45,9 Prozent (plus 3,2), CDU/CSU 44,8 Prozent, FDP 8,4 Prozent.

Heinrich Böll bekam den Nobelpreis für Literatur – nicht nur für seine hohe Erzählkunst, wie es in der Urkunde hieß, sondern auch für sein soziales Engagement. In Hessen wurden die berühmt-berüchtigten »Rahmenrichtlinien für das Fach Deutsch« erlassen: Danach wurden die meisten Schüler durch die unreflektierte Einübung in die Normen der Hochsprache »an der Wahrnehmung und Versprachlichung ihrer Sozialerfahrungen und Interessen« gehindert – weniger Hochdeutsch also und weg mit den Normen.

Die konservative Hälfte der Deutschen sah eine linke Welle durchs Land schwappen wie keine zuvor. Die jungen Frauen mit der Parole »Mein Bauch gehört mir«, die jungen Männer mit den langen Mähnen und dem Haß auf jeden »Leistungsdruck«, die Allgegenwart der sexuellen Libertinage, die antiautoritäre Erziehung und die neomarxistische Unterwanderung der Schule, die Baader-Meinhof-Attentate und Heinrich Böll, der Verzicht auf Pommern und Schlesien durch die Ostpolitik der sozial-liberalen Koalition – und dann noch Willy Brandts Triumph! Da wurde viel geschimpft an den Stammtischen, erbittert gestritten oder verbittert geschwiegen in bürgerlichen Kreisen, gejubelt im *Spiegel* und im STERN.

Nicht in der BRIGITTE. In ihr regierte das Augenmaß, wie immer. Das Wort »Feminismus« war in der Redaktion verpönt; von Alice Schwarzer wurde sie dafür verachtet. Die Sexwelle rauschte unter Peter Brasch jahrelang nur durch den Medizinbriefkasten – bis 1977, als »Der deutsche Mann« sich nackt, ja sogar ohne Feigenblatt über eine ganze Doppelseite lümmelte; 1979 brachte dann die Serie »Frauen und Sexualität« einen zarten Schwenk.

Bei Gruner + Jahr wackelten in der zweiten Jahreshälfte wieder mal die Wände. Am 14. Juni fing es noch harmlos an: Das Verlagshaus teilte mit, es werde sich im Dezember in eine Aktiengesellschaft verwandeln, mit Ernst Naumann als Vorsitzendem des Vorstands und Reinhard Mohn als Vorsitzendem des Aufsichtsrats. Gleichzeitig wurde bekannt, daß John Jahr 9,9 Prozent seiner Anteile an Bertelsmann verkaufen werde – womit Gütersloh auf 34,9 Prozent kommen und Jahr nur noch eine Sperrminorität von 25,1 Prozent behalten würde.

In Hamburg glaubte man zu wissen, Jahr habe, im Interesse klarer Kompetenzen wie auch seiner vier Kinder, bei Gruner + Jahr die Mehrheit angestrebt und Bucerius ein Kaufangebot gemacht; der aber liebäugelte seinerseits mit Bertelsmann, und so entschied sich Jahr für eine saubere *kleine* Lösung. Daß Bucerius tatsächlich an Bertelsmann verkaufen wollte, sprach sich im September herum: Er werde seinen 35-Prozent-Anteil an Gruner + Jahr in eine Beteiligung an der Bertelsmann-AG eintauschen – »wohltuend steuerfrei«, wie der *Kress-Report* schrieb, und »auf beglückende Weise« mit den Interessen Reinhard Mohns konform.

Bevor eine solche Veränderung der Besitzverhältnisse vollzogen werden konnte, mußte, nach dem Statut von 1969, der Redaktionsbeirat des STERN gehört werden, das klagte der Beirat ein in einem scharfen Brief an Mohn. Am 13. November trafen der Bertelsmann-Chef und die sieben STERN-Redakteure zusammen, mit Henri Nannen an der Spitze.

Mohn versicherte, er identifiziere sich mit den Zielen des STERN-Statuts, und Gruner + Jahr werde einen weiten Spielraum der Toleranz gegenüber unterschiedlichen politischen Meinungen behalten. Kurz zuvor war Mohn in einem Vortrag über »den Großverlag, seine gesellschaftliche Bedeutung und Verantwortung« noch weiter gegangen: Die Größe eines Unternehmens hänge nicht nur von der Tüchtigkeit seiner Inhaber ab, sondern ebenso von der Befähigung seiner Mitarbeiter; Unternehmen hätten einen Leistungsbeitrag für die Gesellschaft zu erbringen, »und dabei sehe ich das Prinzip der Gewinnmaximierung nicht als primäre Motivation«.

Die STERN-Redakteure hörten es sich an. Eine erste Intervention aus Gütersloh war kurz zuvor im Sande verlaufen: Unter der Überschrift »Wie es gemacht werden soll, daß die Nachwelt bei dem Namen Oetker nicht nur an Pudding denkt« hatte der STERN gemeldet, der Bielefelder Industrielle Rudolf August Oetker plane, für sich ein drei Meter hohes Grabmal zu errichten. Oetker beschwerte sich in Gütersloh, Manfred Fischer erkundigte sich bei Henri Nannen, ob das denn sein müsse, Bucerius lud die Parteien zu sich ein, und man schied in Unfrieden, nachdem der Gastgeber energisch für den STERN plädiert hatte.

Wie groß der Einfluß von Bertelsmann auf Gruner + Jahr wirklich sein würde, darüber lagen sich alsbald die Verleger selber in den Haaren. Zunächst, am 17. November 1972, zwei Tage vor der Bundestagswahl, machte eine Pressemitteilung aus Gütersloh die Gerüchte vom September offiziell: Zum Jahresende werde Gerd Bucerius seine Gruner + Jahr-Anteile gegen eine Beteiligung von 11,5 Prozent an der Bertelsmann-AG eintauschen. Damit würden indessen nur die Gewinnbezugsrechte auf Bertelsmann übertragen, die Stimmrechte erst bei Bucerius' Tod. Die *Welt* sprach von »der größten Verlagstransaktion der Nachkriegszeit«; die *FAZ* schrieb, Bucerius, der immer wieder gegen die Konzentration in der Presse aufgetreten sei, »könne nicht leugnen, daß er selbst an einer Verschmelzung größten Ausmaßes beteiligt ist«.

Der Kladderadatsch brach zehn Tage vor Weihnachten los. John Jahr tat den ungewöhnlichen Schritt, den Chefredakteuren, den Geschäftsführern und sogar dem Betriebsrat einen Brief zu schreiben, in dem er gegen seine Mitgesellschafter Mohn, Bucerius und Naumann schwere Vorwürfe erhob. Die Wahrheit sei, schrieb Jahr, daß Bertelsmann vom 1. Januar 1973 an 60 Prozent der G + J-Anteile halten werde, vom 1. Januar 1975 an sogar 74,9 Prozent. Bucerius habe sich »satzungswidrig« verhalten, und es sei schwer vorstellbar, wie Bucerius die Eigenständigkeit von Gruner + Jahr wahren wolle, wenn er zugleich bei Bertelsmann Großaktionär und auch noch Aufsichtsratsvorsitzender sei.

Tags darauf, am 15. Dezember, servierten Mohn, Bucerius und Naumann denselben Adressaten *ihre* Version: Da das Stimmrecht für seine bisherigen G + J-Anteile bei Bucerius bleibe, betrage der Bertelsmann-Anteil bis 1974 nach wie vor nur 25 Prozent, und am 1. Januar 1975 steige er auf 34,9 Prozent (dadurch, daß der Teilverkauf von Jahr an Mohn, im Juni beschlossen, dann wirksam werde). Naumann seinerseits betonte, die Rechnung mit 74,9 Prozent sei schon deshalb falsch, weil sie seinen Anteil von 5 Prozent einbeziehe; dafür habe er zwar ein Kaufangebot aus Gütersloh, doch sehe er »zur Zeit keine Veranlassung, über dieses Angebot zu entscheiden«.

Die *Süddeutsche Zeitung* resümierte am 19. Dezember: Wie die Machtverhältisse bei Gruner + Jahr sich tatsächlich entwikkeln würden, »wäre einstweilen nicht einmal durch Folterungen herauszufinden«. Das *Handelsblatt* kommentierte: Wenn Mohn 1973 die Kapitalmehrheit besitze, werde er, Stimmrecht hin oder her, »als vorsichtiger Unternehmer dafür gesorgt haben, daß er in wichtigen unternehmenspolitischen Entscheidungen nicht überstimmt werden kann«.

Immerhin, Gruner + Jahr ging nicht völlig auf im Streit um Anteile und Unternehmerpersönlichkeiten. Am 4. Oktober führte der Verlag eine neue Zeitschrift ein, seine achte, ESSEN & TRINKEN – endlich: Denn seit der Gründung vor sieben Jahren waren Zeitschriften ja nur entweder hinzugekauft worden (JASMIN, ELTERN) oder verkauft worden (PETRA) oder eingestellt worden (CONSTANZE, TWEN), und die einzige Neugründung seit der Fusion, ES, ging 1969 in ELTERN auf.

Chefredakteurin von ESSEN & TRINKEN wurde die 30jährige Angelika Jahr, einzige Tochter unter John Jahrs vier Kindern, bis dahin stellvertretende Chefredakteurin von SCHÖNER WOHNEN. Natürlich gab es da allerlei Getuschel im Haus über die Karriere-Chancen von Verlegertöchtern, und wie lange sie das wohl machen werde. Nun, sie machte es bis 1991, und dann fiel sie die Treppe nach oben.

Kochen als Abenteuer zu verkaufen, einer deutschen Eßkultur den Boden zu bereiten, das hatte Angelika Jahr sich vorgenommen. Marktforschung, so intensiv wie bei Gruner + Jahr noch nie, war der Gründung vorhergegangen: Keine der Frauenzeitschriften widme dem Thema »Haushalt und Küche« mehr als 17 Prozent ihres redaktionellen Angebots, sagten die Strategen, und dabei hätten eine Million junger, überwiegend großstädtischer Hausfrauen starkes Interesse an Ernährungsfragen.

In New York hauchte *Life* sein Leben aus – gegründet 1936 mit Hilfe deutscher Juden, die bei der *Berliner Illustrirten* rausgeworfen worden waren, und drei Jahrzehnte lang die führende Illustrierte der Erde. Zu groß hatte sie sich aufgebläht, und vor dem Siegeszug des Fernsehens kapitulierte sie. (1978 lebte *Life* noch einmal auf, als Monatszeitschrift.)

Wie hat es der STERN geschafft, sich gegen das Fernsehen zu behaupten? Durch unermüdliches Ringen um die Qualität, aber auch durch gescheites Reagieren auf die veränderte Welt der Bilder. Frühzeitig hatte Nannen die Parole ausgegeben: »Eiskunstlauf findet bei uns nicht mehr statt.« Mit anderen Worten: Wo alles fließende Bewegung ist, hat das statische Bild sein Recht verloren. Anders, wenn der Eiskunstläufer hinfällt: Dann kann es reizvoll sein, sein schmerz- oder wutverzerrtes Gesicht im Foto zu studieren. In allem, was man im Detail betrachten möchte, bleibt das gedruckte Bild dem flimmernden Bildschirm überlegen.

Im deutschen Fernsehen begann 1972 die Endlos-Serie

»Raumschiff Enterprise«. Der Käfer aus Wolfsburg überholte Henry Fords »Model T« als meistgebautes Auto der Geschichte. In Stockholm kam es zum erstenmal zu einer Umweltkonferenz: Skandinavische Forstleute klagten über sterbende Bäume, verursacht durch sauren Regen aus den Industrieregionen Mittel- und Westeuropas.

Richard Nixon wurde zum zweitenmal zum Präsidenten der USA gewählt, mit dramatischem Vorsprung gegenüber dem demokratischen Senator McGovern. Nixon besuchte Mao Tse-tung und öffnete China den Weg in die Vereinten Nationen, wo es im Sicherheitsrat den Platz von Taiwan (amtlich »Nationalchina«) einnahm. Als neuer Generalsekretär der Vereinten Nationen trat Kurt Waldheim an, der dann 1986 unter peinlichen Umständen Bundespräsident von Österreich wurde.

Bei den Olympischen Spielen in München gewann der amerikanische Schwimmer Mark Spitz sieben Goldmedaillen und stellte dabei sieben Weltrekorde auf. Die Sowjetunion errang ihren größten Triumph: 48 Goldmedaillen vor 33 der USA und 20 der DDR. Die Bundesrepublik brachte es mit 13 auf Platz 4.

München, ach ja! Die ersten elf Tage der Spiele waren, nach dem Urteil des »Golden Book of the Olympic Games«, »vielleicht das schönste Olympia-Fest, das es je gegeben hat«. Heiter sollten diese Spiele sein, und sie waren es – bis zu jenem schrecklichen 5. September, an dem acht arabische Terroristen ins Olympische Dorf eindrangen und elf Mitglieder der israelischen Olympiamannschaft als Geiseln nahmen, um damit arabische Häftlinge in israelischen Gefängnissen freizupressen. Beim Versuch der bayerischen Polizei, die Geiseln zu befreien, kamen die Geiseln alle um, dazu fünf der Terroristen und ein Polizist. Durch Deutschland jagte ein Entsetzen wie seit 1963 nicht mehr, als die Nachricht von der Ermordung John F. Kennedys aus allen Radios und allen Telefonen, durch alle Treppenhäuser und über alle Gartenzäune schallte.

Fischer ante portas

1973

Sie hatte keinen langen Bestand, die Prognose der *Süddeutschen Zeitung* vom Dezember 1972, daß die Machtverhältnisse bei Gruner + Jahr »nicht einmal durch Folterungen« zu klären wären. Was würde es bedeuten, daß Bertelsmann vom 1. Januar an 25 Prozent der Stimmrechte, aber 60 Prozent des Kapitals besaß? In jedem Fall dies: Der Verlag Axel Springer – Konzernumsatz 1972: 1,1 Milliarden Mark – wurde durch die Verflechtung des Zweitgrößten (Bertelsmann: 836 Millionen) mit dem Drittgrößten (Gruner + Jahr: 645 Millionen) überholt.

Und schon im März 1973 zeichnete sich Klarheit über die Gewichtsverteilung ab: »Um sich künftig stärker den verlegerischen Aufgaben und den Problemen der Redaktionen widmen zu können, hat Ernst Naumann, Vorstandsvorsitzender der Gruner + Jahr AG, dem Aufsichtsrat vorgeschlagen, Dr. Manfred Fischer in den Vorstand von Gruner + Jahr zu berufen. Der Aufsichtsrat hat dem Vorschlag entsprochen. Dr. Fischer wird ab 1. Juli als stellvertretender Vorsitzender tätig.«

Fischer? 39 Jahre alt, bisher Mitglied des *Aufsichtsrats* von Gruner + Jahr, Vorstandsmitglied von Bertelsmann, dort Leiter der Hauptverwaltung sowie der Bereiche Musik, Film und Fernsehen, Verhandlungsführer bei den komplizierten Transaktionen mit Bucerius und Jahr, engster Vertrauter Reinhard Mohns und de facto Nachfolger von Manfred Köhnlechner.

Wie würde Fischer in Hamburg empfangen werden? »Mit Triumphbogen und Jubelchören garantiert nicht«, schrieb der *Kress-Report.* War die Berufung zum stellvertretenden Vorsitzenden von Gruner + Jahr schon eine Vorentscheidung über die Frage, wer die Nachfolge Naumanns antreten würde? Die meisten glaubten es. Formal aber bildeten Naumann und Fischer eine Findungskommission, die den Nachfolger suchen sollte. Als Fischer dem alten Jahr erklärte: »Wir finden keinen!« – erwiderte der: »Doch, Sie.« (Ein eindrucksvoller Sinneswandel, denn noch kurz vor Fischers Ankunft in Hamburg hatte Jahr an Mohn geschrieben: »Halten Sie mir diesen forschen Jüngling vom Halse!«) Über Naumann äußerte Jahr sich mehrfach abfällig, und in einer Aufsichtsratssitzung herrschte er ihn an: »Halten Sie jetzt mal den Mund! Sie verstehen sowieso nichts vom Geschäft.« Schon im April berichtete der *Spiegel,* »übers Jahr« wolle sich Naumann ins Privatleben zurückziehen, und dies könne nur »die Machtergreifung des Medienriesen aus Gütersloh« bedeuten.

Zunächst aber trat Manfred Fischer am 1. Juli als Naumanns Stellvertreter an – »mit großem Bammel«, wie er erzählt: ohne Ahnung vom Zeitschriftengeschäft, von Henri Nannen als »einer der schneidigen Jungs von der Gütersloher Weide« abgestempelt, ein pausbäckiger Sauerländer, mit hanseatischem Hochmut konfrontiert. Nannen behandelte ihn herablassend oder einfach wie Luft. Und was Fischer verkündete, glaubten ihm nicht viele: »Ich bin der Vertreter der Interessen von Gruner + Jahr in Gütersloh – nicht umgekehrt.«

Natürlich machte er auch ein paar Fehler. Er äußerte Unmut, daß die Redakteure im Lauf des Vormittags einzutröpfeln pflegten – eine radikale Verletzung aller Gütersloher Arbeitsdisziplin; daß sie dafür oft bis in den späten Abend blieben, würdigte er allmählich. Mit Rolf Poppe, dem Zeitschriftenchef, geriet er aneinander, freilich vor dem Hintergrund, daß man Poppe nachsagte, er selber habe den Ehrgeiz, Naumanns Nachfolger zu werden.

Andere Fehler machte Fischer nicht: Nie bat er Nannen zu sich, immer ging er zu ihm. Er konnte zuhören und lernte rasch. In Itzehoe spielte er mit den Druckern Skat, und nicht einmal daß er ein Turnier mit über hundert Teilnehmern gewann, nahmen sie ihm übel. Nach einem halben Jahr begann sich in den Redaktionen herumzusprechen, daß dieser Fischer vielleicht doch ganz erträglich sei, und nach einem Jahr hatten sogar Nannen und der alte Jahr ihn mehr oder weniger akzeptiert.

Schon im Oktober 1973 war dann alles klar: Ernst Naumann, 52 Jahre alt, teilte mit, er wolle »aus persönlichen und familiären Gründen« den Vorstandsvorsitz vorzeitig abgeben; er bleibe Gesellschafter (mit seinem Anteil von 5 Prozent) und werde in den Aufsichtsrat von Gruner + Jahr eintreten. »Bertelsmann regiert ja doch«, wurde Naumann intern zitiert, und John Jahr hatte nicht aufgehört, ihn zu piesacken.

Nachfolger ab 1. Januar 1974: Dr. Manfred Fischer. Befristet, was damals noch niemand wußte: Denn Fischer hatte mit Reinhard Mohn vertraglich festgelegt, daß er 1981 dessen Nachfolge als Vorstandsvorsitzender von Bertelsmann antreten würde, wenn Mohn 60 war und sich nach Bertelsmann-Regel in den Aufsichtsrat zurückzog.

Um *eine* G + J-Zeitschrift brauchte sich Fischer keine Sorgen mehr zu machen: um JASMIN – 1968 wie eine Rakete gestartet und alsbald fast 1,5 Millionen mal verkauft, 1973 auf 700 000 gesunken, ein Minus von 300 000 allein im letzten Jahr. Das Lexikon der Erotik war im Vorjahr bei Z angelangt, die einst berühmte Masche ziemlich ausgeleiert, die Umstellung auf eine »Zeitschrift für die emanzipierte Frau« völlig mißglückt, und für die Zielgruppe »das Leben zu zweit« hatten die Inserenten sich ohnehin nie so recht erwärmen können. So machte JASMIN 1973 fast zehn Millionen Mark Verlust, und im Dezember wurde die Zeitschrift eingestellt.

Bertelsmann setzte sich auch in der Druckerei in Itzehoe an die Schalthebel: Schon seit Februar hatte der 32jährige Gerd Schulte-Hillen de facto die Leitung inne; zuvor war er von Barcelona nach Lissabon versetzt worden, um dort eine neue Druckerei aufzubauen. Mit harten Bandagen brachte der Neuling das marode Unternehmen Itzehoe auf Trab. Schon im April eine dramatische Zuspitzung: Schulte-Hillen setzte zwei Drucker, die sich den Lohn für eine nicht geleistete Schicht erschwindelt hatten, fristlos vor die Tür. Da traten alle Drucker in einen wilden Streik. Die Maschinen liefen zunächst weiter – betrieben von Schichtführern, Hilfsarbeitern und ehemaligen Druckern, die aus den Büros abgezogen wurden. Der Betriebsrat drohte mit Streik im gesamten Werk; Bucerius, in Panik, bot seine Vermittlung an. Da gebe es nichts zu vermitteln, erklärte Schulte-Hillen.

Ernst Naumann erschien in Itzehoe, es kam zum Kompromiß: Die beiden Drucker bleiben entlassen; sollte das Arbeitsgericht anders entscheiden, wäre er, Schulte-Hillen, der erste, der sich bei ihnen entschuldigen würde; aus dem wilden Streik ensteht niemandem ein Nachteil; die eingesparten Löhne werden dem Roten Kreuz gespendet. Am 1. Oktober wurde Schulte-Hillen in den Vorstand von Gruner + Jahr berufen.

In Offenburg feierte Dr. Franz Burda seinen 70. Geburtstag: Herr über acht Zeitschriften, Chefredakteur der *Bunten Illustrierten,* Ehrensenator der Technischen Universität Karlsruhe, Träger des Großen Verdienstkreuzes der Bundesrepublik und des Goldenen Großkreuzes des ökumenischen Patriarchen Athenagoras; italienischer Commendatore di Merito, passionierter Jäger, Eisstockschießer und Dirigent der Betriebskapelle. Sein Motto hieß »Möglichst viel Schönes von dieser unserer Welt zu zeigen«, sein Lieblingsspruch intern: »Ich bin autoritär, aber ich mach's lustig.«

Franz Burda war der andere große Illustriertenmacher in Deutschland, neben Henri Nannen. Man hörte damals oft, der STERN sei das Blatt des evangelischen Facharbeiters und die *Bunte* das der katholischen Landfrau. Das war zu simpel, aber nicht ganz falsch. Hier standen Norddeutschland gegen Süddeutschland, Großstadt gegen Provinz, Unrast gegen Beharrung, Spott über die Fürstenhäuser gegen innige Bewunderung derselben, Weltläufigkeit mit einem Schuß Zynismus gegen Biedersinn – Nannen gegen Burda eben. Schade, daß die *Bunte* sich aus dieser einst schlüssigen und fruchtbaren Polarität vollständig verabschiedet hat.

Gerade hatte der STERN die *Bunte* als die Nummer 1 der

Illustrierten überholt: 1 626 000 verkaufte Exemplare im ersten Quartal 1973 gegen 1 603 000. Im Bauer-Verlag machte man sich unterdessen Sorgen über die nachhaltig sinkenden Auflagen der *Neuen Revue* (auf 1,48 Millionen) und der *Quick*, die noch 1,31 Millionen verkaufte. Die ZEIT bekam einen neuen Chefredakteur: Dr. Theo Sommer; Gräfin Dönhoff wurde Herausgeberin.

Im Mai 1973 entstand das andere dreiste Foto im Leben des Henri Nannen: So, wie er sich 1955 im Kreml neben Adenauer in die erste Reihe vorgedrängelt hatte, saß er nun mit einer Hinterbacke auf dem Schreibtisch des Generalsekretärs der KPdSU, Leonid Breschnew, und bekam als erster westlicher Journalist ein Interview.

Als im November ein STERN-Team aus Äthiopien zurückkehrte und von zehntausendfachem Hungertod berichtete, sammelte Nannen im Hause Gruner + Jahr eine Million Mark und schrieb 5000 Bettelbriefe an reiche und einflußreiche Leute. Zwei Nächte lang setzte er mit dem Füllfederhalter seine Unterschrift darunter – nur der Text kam aus dem Schreibautomaten; und damit man auch dies nicht merken sollte, ließ Nannen einen Tippfehler einbauen, den er 5000 mal eigenhändig korrigierte.

Dazu machte er, in abruptem Wechsel zu all den wenig bekleideten Frauen, ein halbverhungertes äthiopisches Kind zum Titelbild. 19 Millionen Mark kamen zusammen, die Bundeswehr übernahm den Transport. »Keine Mark für Verwaltung!« gab Nannen als Parole aus, und im Hungerland selbst sorgten STERN-Reporter dafür, daß die gespendeten Lebensmittel und Medikamente nicht in Desorganisation und Korruption untergingen, sondern die Hungernden wirklich erreichten. Kaiser Haile Selassie wurde im Jahr darauf durch einen Militärputsch gestürzt.

Es starben 1973 David Ben-Gurion, der Gründervater Israels, Walter Ulbricht und Pablo Picasso; es starben drei Filmstars der alten Ufa: Victor de Kowa, Willy Birgel, Willy Fritsch; es starb Paavo Nurmi, der finnische Langstreckenläufer, der in den zwanziger Jahren 22 Weltrekorde aufgestellt und neun olympische Goldmedaillen gewonnen hatte. In Rom verbrannte die Lyrikerin Ingeborg Bachmann, tablettensüchtige Kettenraucherin, in ihrem Bett.

In New York setzten sich zum erstenmal Vertreter beider deutscher Staaten in die Vollversammlung der Vereinten Nationen. In Santiago de Chile erschoß sich der demokratisch gewählte Präsident Salvador Allende, als die Jagdbomber der putschenden Militärs unter General Pinochet seinen Amtssitz in Brand geschossen hatten. In Argentinien wurde der 77jährige Juan Perón, aus dem spanischen Exil zurückgekehrt, zum drittenmal zum Staatspräsidenten gewählt (seine Frau Evita war schon 1952 gestorben).

Den Friedensnobelpreis erhielten der amerikanische Außenminister Henry Kissinger und der vietnamesische Verhandlungsführer Le Duc Tho für ihre gemeinsame Annäherung an einen Waffenstillstand in Vietnam – ein bißchen kurios, denn ausgezeichnet wurden sie für die Beendigung eines unsinnigen Krieges, den ihre Länder gemeinsam angezettelt hatten, und überdies konnte von einem Stillstand der Waffen keineswegs die Rede sein. So war es nicht ohne Konsequenz, daß Le Duc Tho die Annahme des Preises verweigerte.

In Bonn wurde Rainer Barzel, der Verlierer vom April 1972, als CDU-Vorsitzender abgelöst von Helmut Kohl, dem Ministerpräsidenten von Rheinland-Pfalz, und als Vorsitzender der CDU/CSU-Fraktion des Bundestags von Karl Carstens, dem späteren Bundespräsidenten.

Willy Brandt, der triumphale Sieger von 1972, erlebte ein schlimmes Jahr. Auf seine Umgebung wirkte er matt und gereizt. Seine Stimmbänder waren lädiert, er hatte Angst vor Krebs, der Chef der Bonner Hals-Nasen-Ohren-Klinik verbot ihm das Rauchen, das er vierzig Jahre lang intensiv betrieben hatte. Das Nichtrauchen habe seine Leistungsfähigkeit entscheidend beeinträchtigt, sagte er laut Arnulf Baring (»Machtwechsel«) später; wäre er 1973/74 beim Rauchen geblieben, so hätte er nie zurücktreten müssen.

In den Kabinettssitzungen entglitten Brandt immer häufiger die Zügel. Es geschah, daß Helmut Schmidt, Bundesfinanzminister und neben Herbert Wehner der andere stellvertretende Vorsitzende der SPD, mit der Faust auf den Tisch schlug und verlangte, es müsse endlich regiert werden.

Am 29. Mai 1973 erfuhr Willy Brandt von seinem Innenminister Hans-Dietrich Genscher (der es von Günther Nollau, dem Präsidenten des Bundesamts für Verfassungsschutz, erfahren hatte): daß Günter Guillaume, sein persönlicher Referent, im Verdacht stehe, ein Spion der DDR zu sein. Solcher Verdächtigungen gab es freilich viele. Immerhin erklärte Brandt sich damit einverstanden, Guillaume beschatten zu lassen. Das hinderte ihn indessen nicht, den Verdächtigten in seinen sechswöchigen Sommerurlaub nach Norwegen mitzunehmen – für einen Spion eine Traum-Konstellation.

Im September 1973, zehn Monate nach dem Wahltriumph, begann der SPD-Fraktionsvorsitzende Herbert Wehner, Brandt öffentlich zu demontieren. Ungeduldig, daß es mit der Ostpolitik nicht voranging, sagte Wehner vor deutschen Journalisten in Moskau, der Bundeskanzler sei »entrückt«, »abgeschlafft« und bade gern »lau, so in einem Schaumbad«; kurz: »Der Regierung fehlt ein Kopf.« Ein unerhörter Vorgang in der deutschen Innenpolitik.

In die öffentliche Verwunderung und Entrüstung hinein platschte eine andere Sensation: Am Samstag, dem 6. Oktober, Jom Kippur, dem höchsten Festtag der Juden, begann aus heiterem Himmel mit Düsenjägern und Trommelfeuer der Überfall Syriens und Ägyptens auf Israel. Der tödlichen Bedrohung entwand sich Israel mit einer Gegenoffensive, bei der auf der Halbinsel Sinai eine ägyptische Armee eingekesselt wurde. Ehe Israel die Demütigung der Angreifer zu weit treiben konnte, setzten die USA und die Sowjetunion in der UNO einen Waffenstillstand durch.

Aber die arabischen Staaten, Weltmeister im Erdöl-Export, hatten das Öl als Waffe entdeckt und zugleich als Instrument der Rache: Sie erhöhten ihre Preise um 17 Prozent, drosselten ihre Ausfuhren um 25 Prozent und verhängten über die USA und Holland, als Israels engste Verbündete, einen Totalboykott. Die Rohölpreise verdoppelten sich, Japan rief den Notstand aus, Großbritannien führte die Drei-Tage-Woche ein, Holland verhängte ein Sonntagsfahrverbot, auch Dänemark und die Schweiz.

In der Bundesrepublik explodierten die Heizölpreise, manche Öllieferanten hatten zwei Wochen Lieferfrist – woran aber Panikkäufe mehr schuld waren als Mangel. Die Tankstellen erhielten 25 Prozent weniger Benzin. In Behörden und Etagenwohnungen wurden die Zimmertemperaturen abgesenkt. Am 17. November erregte die *Welt* Aufsehen mit einer Schlagzeile, die die Lage ebenso traf wie die Stimmung: »Langsamer, kälter, teurer«. Bundeskanzler Brandt hatte ein Tempolimit von 100 Stundenkilometern auf Autobahnen angekündigt und dazu, nach dem Vorbild Hollands, eine Maßnahme, die Deutschlands Autofahrern an die Nieren ging: Fahrverbot an drei Sonntagen, erstmals am 25. November.

Tiefer ist die deutsche Seele nie erniedrigt worden in der Nachkriegszeit. Zwar gewann Peter Bachér in seiner besinnlichen Kolumne in *Bild am Sonntag* den drei stillen Tagen ein paar Reize ab (in sich gehen, »mal wieder nach Schopenhauer greifen«) –, doch es war offensichtlich, daß die überwältigende Mehrheit der Deutschen gerade an diesen drei deprimierenden Wochenenden ungleich mehr übers Auto grübelte als über Schopenhauer.

Das Jahr der großen Krisen

1974

Noch ahnte niemand im Ölwinter 1973/74, daß im neuen Jahr zwei weltberühmte Männer das Handtuch würden werfen müssen: Willy Brandt im Mai, Richard Nixon im August. Bis dahin waren es allein die Ölkrise und ihre Folgen, die die Leute bewegten. Sie trieb die Zahl der Arbeitslosen von 270000 auf 580000 hoch (was man damals alarmierend fand), ließ die Lebenshaltungskosten klettern, drückte auf die Kaufkraft und auf die Kauflust noch mehr.

So gerieten die Presseverlage in Bedrängnis: bedrohte Auflagen und sinkende Anzeigen-Erlöse, während das Papier um bis zu 50 Prozent teurer geworden war. Folglich: unbefriedigende Umsatzrendite, 3,1 Prozent bei Gruner + Jahr, bei Springer gar nur 2,5 Prozent. Manfred Fischer, Gruner + Jahr-Vorstandsvorsitzender seit dem 1. Januar, äußerte sich auf der Bilanzpressekonferenz überdies besorgt »über die zunehmende Werbefeindlichkeit gewisser gesellschaftlicher und politischer Gruppen«. Gruner + Jahr hatte im abgelaufenen Geschäftsjahr 700 Millionen umgesetzt, Springer 1,12 Milliarden, Bertelsmann 1,6 Milliarden (den 60-Prozent-Anteil an Gruner + Jahr eingeschlossen).

Als die finnische Papierindustrie einen Ölpreis-Aufschlag von 50 Mark je Tonne forderte, weigerte Gruner + Jahr sich zunächst, ihn zu zahlen. Da trudelten aus Helsinki zwei Hiobsbotschaften ein: Leider streikten die finnischen Papierverlader, und leider, leider treibe der Frachter, der schon mit Papier unterwegs war, hilflos auf der Ostsee mit gebrochener Motorwelle. Da zahlte Gruner + Jahr, und im Handumdrehen war der Streik beendet und das Schiff wieder flott.

Nun ist der Papierpreis im Durchschnitt mit 20 Prozent an den Gesamtkosten eines Presseverlags beteiligt, und das heißt: Explodierende Preise können einen Verlag ruinieren, ja schon unkluger Einkauf seine Rendite zuschanden machen.

So beginnen die Verhandlungen zwischen Verlagen und Papierfabriken für das kommende Jahr meist schon im September. Da wird sondiert, abgewogen, ein bißchen gepokert und manchmal gefeilscht über Preise, Mengen und Fristen. Bei guten Beziehungen zu einem Lieferanten kann es gelingen, daß der Verlag mit ihm zu einem frühen Zeitpunkt vertrauliche Eckwerte festlegt, die ihm dann als Basis für die Verhandlungen mit den übrigen Papierfabriken dienen.

Im September 1974 zog Gruner + Jahr die Notbremse: Beim STERN und bei BRIGITTE wurde das Format verkleinert. Weniger bedrucktes Papier, das heißt weniger Kosten bei gleichen Erlösen – falls Käufer und Inserenten es hinnehmen, zum alten Preis weniger vor Augen und in der Hand zu haben. Im allgemeinen tun sie das. Die STERN-Hefte der fünfziger Jahre erscheinen uns heute als erstaunlich große Lappen. 1970 wurde der STERN auf 81 Prozent seiner ursprünglichen Größe verkleinert und nun, 1974, noch einmal reduziert, auf 69 Prozent oder gut zwei Drittel. (Seit 1981 hat das Heft sogar nur noch 63 Prozent seiner anfänglichen Fläche; »Magazin-Format« nennen das die Verlage.)

Im Februar 1974 bekam der STERN auf Drängen des Verlags ein leicht verändertes Redaktionsstatut. Es bestätigte das Recht des Beirats, vor einer Veränderung der Besitzverhältnisse gehört zu werden, schränkte aber sein Recht ein, die Berufung oder Entlassung eines Chefredakteurs mit Zwei-Drittel-Mehrheit zu verhindern: Widersprach der Beirat, so konnte der Verlag auf einer Vollversammlung der Redaktion bestehen; der Spruch des Beirats blieb nur dann in Kraft, wenn die absolute Mehrheit aller STERN-Redakteure ihn binnen einer Woche bestätigte.

Dem alten Jahr war das bei weitem nicht genug, ihm paßte die ganze Richtung nicht, öffentlich polterte er dagegen los. Gegenüber dem Informationsdienst *text intern* äußerte er die Sorge, »junge, akademisch gebildete Radikale« könnten in den Redaktionen die Mehrheit erobern, »um dort ihre gesellschaftsverändernden Ziele durchzusetzen«. Der Verlag habe die Pflicht, dem entgegenzuwirken – und dafür brauche er das letzte Entscheidungsrecht in personellen Fragen. »Das nunmehr von uns verabschiedete Statut«, sagte Jahr, »reduziert im Ergebnis die Einflußnahme des Verlags auf ein Mitspracherecht.«

Im Aufsichtsrat wurde Jahr überstimmt; dem Gremium gehörten, was dem Altverleger ebenfalls nicht paßte, auf Drängen Reinhard Mohns neben acht Vertretern der Aktionäre seit Juli auch vier der Arbeitnehmer an. Nicht einmal mit seiner Forderung nach jährlicher Kündigung des Statuts konnte Jahr sich durchsetzen: Diese Frist sollte zwar gelten, aber erst in fast fünf Jahren; bis zum 31.12.78 war das Statut unkündbar.

Von mindestens einer Personalentscheidung des Jahres 1974 läßt sich sagen, daß sie keinesfalls zur linken Unterwanderung der Redaktionen beitrug: Johannes Gross, bisher Chefredakteur der *Deutschen Welle,* wurde zum Chefredakteur von CAPITAL berufen (verkaufte Auflage: 187 000).

Andere Chefredakteurswechsel: An der Spitze von Europas größter Zeitschrift, *Hörzu* (verkaufte Auflage 3,9 Millionen), wurde der 52jährige Hans Bluhm nach fast zehn Jahren abgelöst von Peter Bachér, 47 Jahre alt, bis dahin Chefredakteur von *Bild am Sonntag* (verkaufte Auflage 2 265 000). Für Bachér rückte Ewald Struwe nach, ehemals Chefredakteur der *Neuen Revue* und der CONSTANZE.

Doch nun zu Willy Brandt. Schon angeschlagen von den öffentlichen Attacken Herbert Wehners vom vorigen September und von ihrer schweigenden Hinnahme ebenso, erhielt der Bundeskanzler den nächsten Stoß im Februar 1974 durch einen dreitägigen Streik im öffentlichen Dienst – und seine Bereitschaft, ihn mit Hilfe einer Lohnerhöhung um 11 Prozent zu beenden; eine beispiellose Steigerung, die vor dem Hintergrund der Ölkrise und wachsender Arbeitslosigkeit weithin als schamlos betrachtet wurde.

Bei den Wahlen zur Hamburger Bürgerschaft im März erlitt die SPD eine fürchterliche Schlappe: Sturz von 55,3 auf 44,9 Prozent. Helmut Schmidt gab der Bundespolitik die Schuld dafür; »sein Sturm auf das seines Erachtens kapitulationsreife Kanzleramt hatte begonnen«, schreibt Arnulf Baring.

Während Schmidt längst mit den Hufen scharrte, markierte das *Hamburger Abendblatt* einen Tiefpunkt deutscher Pressekultur. Der Reporter stellte Schmidt, dem Finanzminister der Regierung Brandt und stellvertretendem SPD-Vorsitzenden, die schlaue Frage: Wollen Sie eigentlich Bundeskanzler werden? Sollte Schmidt ja sagen, wahrheitsgemäß, wie so ziemlich alle Leser längst zu wissen glaubten? Das verboten ihm, wenn schon nicht der bürgerliche Anstand, so doch die Parteiräson und das taktische Kalkül. Aber wie hieß die Überschrift? »Schmidt will nicht Kanzler werden«. Was für ein Unsinn!

Am 24. April wurde Günter Guillaume verhaftet und gab sogleich zu, Offizier der Nationalen Volksarmee und Stasi-Mitarbeiter zu sein. Zwei Tage später sprach Willy Brandt im Bundestag von »tiefer menschlicher Enttäuschung«; von mehr nicht. Die Schlinge um seinen Hals zog sich erst zu am 1. Mai: Beim Hotelfrühstück in Hamburg, bevor Brandt auf der zentralen DGB-Kundgebung sprach, besuchte ihn Klaus Kinkel, Persönlicher Referent von Bundesinnenminister Genscher, und informierte ihn über einen Bericht des Bundeskriminalamts an den Minister.

Was darin stand, war einerseits überwiegend glaubhaft und andrerseits ziemlich läppisch: Die Sicherheitsbeamten, die den Bundeskanzler auf seinen Wahlreisen begleiteten, hatten, über die Rolle Guillaumes befragt, zugleich ausgesagt, mit welchen jungen Journalistinnen Brandt sich unter den Augen Guillaumes in die Kanzlerräume des Sonderzugs zurückgezogen habe. Andrerseits war da Sprengstoff angehäuft: Denn Guillaume hatte seinerseits über die Damen Buch geführt. Würde man ihm den Prozeß machen, so würde er gewiß die pikanten Details auftischen, und Brandt wäre blamiert; schwiege Guillaume aber vor Gericht, so könnte die DDR den Bundeskanzler jederzeit erpressen.

Am Abend des 6. Mai erklärte Brandt, von Wehner in die Enge getrieben, in einem Brief an Bundespräsident Heinemann seinen Rücktritt. Tags darauf führte Wehner, in den Worten des STERN, »eine Judas-Posse« auf: »In mir ringen Schmerz über das Ereignis, Respekt vor der Entscheidung und Liebe zur Persönlichkeit und zur Politik Willy Brandts«, sagte er vor der Fraktion in Gegenwart des von ihm Gestürzten. »Wir haben Willy Brandt vom Rücktritt abgeraten, speziell ich selber habe ihm abgeraten, ich sage das mit besonderer Betonung.«

Die ZEIT schrieb nach dem Sturz, Brandt sei »ein bißchen ein Heiliger, ein bißchen ein Sünder und ein bißchen ein Narr«. Die *Welt* meinte, die Entfernung Brandts aus dem Kanzleramt sei »ein Erfolg an sich: Selbst gar kein Regierungschef wäre den Leuten lieber gewesen als dieser; man war seiner Hilflosigkeit in der Politik ebenso überdrüssig wie seiner grämlichen Philosophie hinter dem Küchenofen.«

Am 15. Mai wählte die Bundesversammlung, die zum erstenmal in Bonn tagte statt in Berlin, den bisherigen Außenminister und FDP-Vorsitzenden Walter Scheel zum Bundespräsidenten, mit 32 Stimmen Vorsprung vor Richard von Weizsäcker. Tags darauf ging Helmut Schmidts Traum in Erfüllung: Er wurde zum Bundeskanzler gewählt.

In der ZEIT wurde am 1. Juli 1974 nach mehr als dreijährigen Verhandlungen ein Redaktionsstatut unterzeichnet. Der Beirat, hier »Redaktionsausschuß« genannt, hatte ein ähnliches Informationsrecht wie im STERN. Berufung und Entlassung des Chefredakteurs konnten nicht gegen den erklärten Willen der Redakteure erfolgen, soweit sie der Redaktion länger als zwei Jahre angehörten. Bucerius setzte die einjährige Kündigungsfrist durch, von der John Jahr nur träumte; die Redaktion solle wissen, sagte Bucerius, daß sie ihre Rechte wieder verlöre, »wenn sie den Verleger in die Ecke treibt«.

Auf der Springer-Bilanzpressekonferenz am Vormittag des 2. Juli sprach Peter Tamm: »Es wird hart werden« – steigende Papierkosten, steigende Soziallasten, rückläufiges Anzeigengeschäft. Doch das Haus sei gut gerüstet.

Am Nachmittag desselben 2. Juli schoß der STERN, zum zweitenmal nach 1970, in Sachen Springer einen Böller ab: Axel Springer verhandle seit Wochen »über den Verkauf von mindestens einem Viertel seines Konzerns«, hieß es in einer Vorabmeldung der STERN-Redaktion. Tamm hatte darüber am Vormittag kein Wort verloren. Nun aber ließ er bestätigen: In der Tat würden mit einer Reihe von Banken Gespräche über eine Verbreiterung der Kapitalbasis geführt; zu einem Abschluß aber sei es keineswegs gekommen, und in keinem Fall werde die Unabhängigkeit des Verlags davon berührt werden.

Ein neuer Teilrückzug eines müde gewordenen Verlegers? Allen Insidern war klar, daß Axel Springer schon lange nichts mehr von jenem Schwung besaß, der ihn in den fünfziger Jahren an die Spitze der europäischen Presseverleger katapultiert hatte.

Am 7. Juli 1974 wurde die Bundesrepublik, nach ihrer blamablen 0:1-Niederlage gegen die DDR in der ersten Runde, in München Fußballweltmeister. Die Holländer führten nach zwei Minuten durch Elfmeter, ebenfalls durch Elfmeter glich Paul Breitner aus, und Gerd Müller erzielte das 2:1. Mit 14 Toren in den Weltmeisterschaften von 1970 und 1974 war Müller Torschützenkönig aller Weltmeisterschaften vor Just Fontaine (Frankreich) und Pelé (Brasilien) und ist es bis heute geblieben. Die anderen Helden des Tages hießen Sepp Maier, der Torwart, und Franz Beckenbauer, der Kapitän.

Am 8. August bestieg Richard Nixon mit seiner Frau einen Hubschrauber im Garten des Weißen Hauses und verließ es, um einem Amtsenthebungsverfahren durch den Kongreß zuvorzukommen, in Schimpf und Schande für immer. Einen Einbruch in der gegnerischen Wahlkampfzentrale hatte er vertuscht, in seinen eitel gestapelten Tonbändern sich verheddert, als gejagtes Wild einer Meute von Reportern eine klägliche

Figur gemacht. Gerald Ford, der Vizepräsident, wurde sein Nachfolger und gewährte ihm Amnestie.

Es starben 1974 Erich Kästner, der Jazzmusiker Duke Ellington, der Flugpionier Charles Lindbergh, der argentinische Staatspräsident Juan Perón. In Portugal putschten Militärs gegen das autoritäre Regime des Marcelo Caetano, der 1968 auf Antonio Salazar gefolgt war, und leiteten damit das Ende der 500jährigen portugiesischen Kolonialgeschichte ein.

Bonn und Ostberlin tauschten »Ständige Vertreter« aus (»Botschafter« durften sie nicht heißen, das hätte ja Anerkennung der DDR bedeutet). Bei der Landtagswahl in Bayern errang der CSU-Vorsitzende Franz Josef Strauß seinen größten Triumph: 62,1 Prozent.

Im *Spiegel* ereignete sich im November eine Revolution. Rudolf Augstein, von der Redaktion seit langem bedrängt, ein Statut nach Art des STERN zu billigen, verweigerte das Statut, aber ging darüber weit hinaus: Die Hälfte der *Spiegel*-Anteile machte er seinen Angestellten zum Geschenk. Linke Redakteure sprachen von einer »kleinkapitalistischen Illusion«, und die Mehrheit, mit der die Mitarbeiter die Schenkung annahmen, war keineswegs überwältigend.

Seitdem läuft im *Spiegel* nichts mehr gegen die fünf (jeweils auf drei Jahre gewählten) Geschäftsführer der Mitarbeiter-KG. Die Macht aber haben sie nicht, denn alle wichtigen Beschlüsse – Chefredakteure, Verlagsleiter, neue Objekte – bedürfen der Einstimmigkeit, also der Zustimmung Augsteins und des anderen 25-Prozent-Teilhabers, Gruner + Jahr. Der 50prozentige Gewinnanteil wird, nach Gehalt und Betriebszugehörigkeit gestaffelt, auf diejenigen Angestellten verteilt, die dem Verlag seit mindestens drei Jahren angehören und dann in die KG eingetreten sind; 1993 zum Beispiel betrug er maximal 67000 Mark pro Kopf.

Die Mitarbeiter-Gesellschaft sei »keine Geldverteilungsmaschine, sondern ein Gesellschafter unter anderen mit allen Rechten und Pflichten«, schrieb Peter Bölke, Wirtschaftsredakteur und eine Zeitlang einer der Geschäftsführer, in einem

Rückblick von 1997. »Das Modell knirscht bisweilen, aber es funktioniert.« Das jedoch ist umstritten in der Branche und auch im *Spiegel*-Verlag. Mehrere Chefredakteure haben beklagt, daß die Gewinnbeteiligung jede Fluktuation verhindere: Wer einmal beim *Spiegel* sei, bleibe bis zur Pensionierung, und für neue Gesichter sei wenig Platz.

Vor allem aber kommt seit einem Vierteljahrhundert immer wieder die Frage hoch, ob die Angestellten eben nicht doch nur ans Abkassieren dächten, also Investitionen und unternehmerische Entscheidungen blockierten. Steht der *Spiegel* nicht noch heute mit hohem Risiko fast nur auf dem einen Bein, mit den kleinen Ablegern *Manager-Magazin, Spiegel-TV* und der Episode *Spiegel-Reporter?* Rudolf Augstein sagte 1993: »Zwischendurch habe ich es bereut.« Der Verlagsgeschäftsführer Karl Dietrich Seikel sagte 1998: Natürlich wollten die Mitarbeiter »Kasse machen, und da sind sie verwöhnt«. Aber sie wollten auch ihren Arbeitsplatz erhalten, »und das deckt sich mit unserer Wachstumsstrategie«.

Die Gruner + Jahr-Redaktionen richteten sich unterdessen in einem achtstöckigen Betongebirge über der Außenalster ein, in einer der schönsten und teuersten Wohnlagen Europas erbaut und 1973 vom Verlag gemietet, da es ihm im Pressehaus in der Altstadt längst zu eng geworden war. »Affenfelsen« hieß der Klotz alsbald: Um den hier unerwünschten Höheneindruck zu mildern, waren auf der Alsterseite die Stockwerke Terrasse um Terrasse zurückgesetzt und durch klobige Betontreppen verbunden, zum Teil diagonal über die riesigen Fenster hinweg. Die ließen sich nicht öffnen, und die Zwangsklimatisierung brauchte Monate, bis sie leidlich funktionierte.

Wer von seinem Schreibtisch auf die Alster sah, diesen schönen See inmitten der Millionenstadt, auf weiße Segel und üppiges Grün – der konnte sich in »Bad Alster« fühlen. Der spätere STERN-Chefredakteur Rolf Schmidt-Holtz nannte das so, mit dem Unterton: Wir sind ein bißchen weit weg von der wahren, der engen, der heißen, der schmutzigen Welt.

Das Geld und die Freiheit

1975

In dieser schmutzigen Welt da draußen entführten Mitglieder der »Roten-Armee-Fraktion« am 27. Februar 1975 den Berliner CDU-Vorsitzenden Peter Lorenz und drohten ihn zu töten, falls die Bundesregierung nicht sechs rechtskräftig verurteilte Terroristen freilasse. Bundeskanzler Schmidt gab den Erpressern nach – was er später bereute.

»Besser ein hilfloser als ein herzloser Staat«, überschrieb der ZEIT-Chefredakteur Theo Sommer seinen Leitartikel – unter dem Protest der Herausgeberin Gräfin Dönhoff, die Friedrich Wilhelm I. von Preußen zitierte: »Besser wäre, daß einer stürbe, als daß die Justiz aus der Welt käme.« Gerd Bucerius verfügte, falls er entführt werde, solle den Erpressern nicht nachgegeben werden.

Im März explodierte in Paris eine Bombe in einem Haus, in dem deutsche Redaktionen, darunter die *Welt* und der *Springer-Auslandsdienst,* sowie Radio Luxemburg ihre Büros hatten. Die Urheber ließen wissen, sie würden weiterbomben »bis zur totalen Befreiung und der Amnestie aller Personen der Baader-Meinhof-Gruppe«. Andreas Baader und Ulrike Meinhof befanden sich ja seit 1972 in Haft. Von einer »Gruppe« zu sprechen, wurde linker Sprachgebrauch in der Bundesrepublik, auch in der ZEIT – während die Konservativen die bombenden Anarchisten als »Bande« bezeichneten; die hartnäckige Verwendung des Wortes »Gruppe« galt ihnen bereits als eine halbe Sympathie-Erklärung für die Bande.

Im April 1975 stürmten sechs Mitglieder der RAF die deutsche Botschaft in Stockholm, nahmen elf Botschaftsangestellte als Geiseln für die Freilassung von 26 Gefährten und erschossen zwei von ihnen, den Militär- und den Wirtschaftsattaché. Die Bombe, die sie an der Botschaft angebracht hatten, detonierte vorzeitig und tötete zwei der Terroristen. Die anderen wurden von der Polizei überwältigt.

Die Ölkrise des Vorjahres gab den deutschen Atomkraftwerksbetreibern Auftrieb: Sie planten den Anteil der Atomenergie von damals 4 Prozent der Stromerzeugung binnen zehn Jahren auf 45 Prozent zu erhöhen. Noch hatten sie die öffentliche Meinung auf ihrer Seite, doch in Wyhl am Oberrhein begann schon die Gegenbewegung: 200 Demonstranten besetzten den Bauplatz für das dort geplante Kernkraftwerk, und als die Polizei sie vertrieben hatte, wurden es 25 000.

Auch die deutsche Konjunktur stand unter dem Druck der Ölpreise und mit ihr das Anzeigengeschäft der Printverlage. Springer steigerte seinen Umsatz gegenüber dem Vorjahr nur um 0,8 Prozent. Peter Tamm, Alleinvorstand der Axel-Springer-AG, sagte auf der Bilanzpressekonferenz, es gebe keine Anzeichen für eine Belebung der Wirtschaft. Der Verlag dementierte einen Bericht des STERN, Axel Springer habe einen Mittelsmann beauftragt, dem Schah von Persien ein Aktienpaket zum Kauf anzubieten. Die Zentralredaktion der *Welt* zog von Hamburg nach Bonn um.

Der 21jährige Dirk Manthey brach sein Betriebswirtschaftsstudium ab und startete die Zeitschrift *Cinema:* schwarzweiß, Taschenbuchformat, an den Kinokassen erhältlich. Niemand ahnte, daß daraus zweierlei werden sollte: die größte Filmzeitschrift Europas und 1990 die Basis für *TV Spielfilm,* ein Auflagenrenner, der den Markt der Programmzeitschriften durcheinanderwirbelte.

Bei Gruner + Jahr war am 1. 1. 1975 der Verkauf von 9,9 Prozent der Jahr-Anteile vollzogen worden, so daß Bertelsmann nun 69,9 Prozent besaß und die Familie Jahr mit 25,1 Prozent nur noch die Sperrminorität; 5 Prozent gehörten weiter Ernst Naumann, der den Vorstandsvorsitz schon am 1. 1. 1974 an

Manfred Fischer abgegeben hatte. John Jahr, stellvertretender Vorsitzender des Aufsichtsrats, feierte am 20. April seinen 75. Geburtstag, weitab von Hamburg im Familienkreis, um jeder offiziellen Ehrung zu entgehen. »Er ist ein Stück Hamburg«, schrieb Springers *Welt.* »Ein bißchen rationales Verwalten ebenso wie ein bißchen geniales Wursteln« sagte ihm der *Spiegel* nach.

Das Anzeigenaufkommen, von dem Gruner + Jahr seit jeher in höherem Grade lebt als die Konkurrenz, war so gesunken, daß das Unternehmen zum erstenmal in seiner zehnjährigen Geschichte einen Umsatzrückgang ausweisen mußte, um 4,1 Prozent: »Wenn die Konjunktur einen Schnupfen hat, bekommt die Werbung Lungenentzündung«, sagte Manfred Fischer auf der Bilanzpressekonferenz. Alles in allem aber sei G + J gut durchs Jahr gekommen und werde nun »vom Rationalisieren umsteigen aufs Investieren«.

Und Henri Nannen? wurde Fischer nicht zum erstenmal gefragt – wann hört er auf, wer wird der Nachfolger? Wir haben seinen Vertrag soeben bis 1981 verlängert, antwortete der Vorstandsvorsitzende. Dann würde Nannen 67 sein und Gruners Jacobi-Attacke um 13 Jahre überlebt haben.

Schon wenige Monate später jedoch bot Nannen dem Vorstandsvorsitzenden wütend seinen Rücktritt an – weil Fischer und Mohn sich querlegten, als Nannen Manfred Bissinger zum dritten stellvertretenden Chefredakteur ernennen wollte, den Ressortleiter »Deutsche Politik«, der in Gütersloh (und nicht nur dort) als Linksaußen der Redaktion betrachtet wurde. Zu Nannens äußerster Verblüffung reagierte Fischer auf die Rücktrittsdrohung mit den kühlen Worten: »Das tut mir leid, daß ich Ihnen diesen Abgang bereiten muß.«

Nun war Feuer unterm Dach. Der Redaktionsbeirat berief im Protest zwei Vollversammlungen ein und verzögerte durch einen Bummelstreik das Erscheinen eines STERN – zugunsten Nannens, nicht etwa Bissingers, denn der galt bei vielen Redakteuren als Karrierist und Intrigant. Ergebnis: Bissinger wurde Stellvertreter, Nannen blieb und hatte wieder mal gewonnen.

Der STERN lief der *Bunten* und der *Neuen Revue,* die in der Auflage oft vor ihm gelegen hatten, nun auch in der Zahl der verkauften Hefte davon: 91 000 plus im Jahr 1975 (auf 1,68 Millionen), während die *Bunte* übers Jahr 68 000 verlor und die *Neue* 61 000. Im Anzeigengeschäft stand der STERN schon seit dem Vorjahr an der Spitze aller Zeitschriften Europas; er hielt sie bis 1997, dann wurde er vom *Spiegel* überholt.

Eine solche Anzeigenplantage zu sein, hat ja viele Vorteile, und einer davon ist, einem populären Vorurteil zuwider, die Unabhängigkeit der Redaktion. Wenn die inserierende Wirtschaft das redaktionelle Umfeld ihrer Anzeigen so attraktiv findet, daß sie in dieses journalistische Produkt Hunderte von Millionen Mark investiert, so kann erstens die Redaktion ihr Angebot an die Leser verbreitern, denn im großen und ganzen wird mit jeder zusätzlichen Anzeigenseite eine zusätzliche redaktionelle Seite finanziert.

Die Redaktion hat zweitens Geld genug, um erstklassige Journalisten einzukaufen und bei der Stange zu halten; drittens Geld genug für aufwendige Recherchen, wie kleinere Blätter und die meisten Tageszeitungen sie sich niemals leisten können (drei Mann sechs Wochen an einem Thema in Übersee); viertens Geld genug, um alle Reisen selbst zu bezahlen, also jene üppigen Einladungen auszuschlagen, mit denen sich zumal Autohersteller und Touristik-Unternehmen eine freundliche Berichterstattung einzuhandeln versuchen (was ihnen überwiegend gelingt).

Schon damit beginnt die Unabhängigkeit, und sie steigert sich durch zwei weitere Freiheiten, von denen kleine Blätter nur träumen können: durchaus einmal einen Inserenten zu verprellen – und sich jeden Einfluß der Anzeigenabteilung auf die Redaktion zu verbitten. »Für Anzeigenleute und Hunde ist das Betreten der Redaktion verboten«, hieß das im STERN in nur halb ironischer Zuspitzung; für Hunde ist das Verbot inzwischen gelockert worden.

Wie Henri Nannen mit »Asbach Uralt« umgesprungen war und Gerd Bucerius mit Rudolf August Oetker, davon war schon die Rede. Mancher jahrelange Anzeigenboykott – Hoechst gegen den STERN zum Beispiel, BMW gegen den *Spiegel* – machte es freilich teuer, daß die Redaktion sich die Freiheit genommen hatte, auch über ein Großunternehmen unfreundlich zu berichten. Doch die Freiheit ist geblieben. Als der STERN einst von einer Kosmetik-Firma mit Boykott bedroht wurde, schrieb Henri Nannen zurück: Man möge ihm nachsehen, wenn er nun seinerseits deren Zahnpasta aus seinem Bad entferne.

Totale Unabhängigkeit freilich gibt es auch in den erfolgreichsten Zeitschriften so wenig wie auf Erden überhaupt. Nannens Faustregel für seine Redakteure lautete: »Die Freiheit hört dort auf, wo der Selbstmord beginnt.« Abfällig über eine Marke zu berichten, das konnte der STERN sich leisten; auch noch, an einer ganzen Branche Detailkritik zu üben, etwa an der Autoindustrie; sie frontal zu attackieren – nicht.

Würde den Anzeigenkunden denn nicht am besten damit gedient, daß sie auch den redaktionellen Teil beeinflussen könnten? fragte Manfred Fischer in einem Artikel für die Hauszeitschrift. »Dies kann nicht rundheraus verneint werden«, antwortete er. Für bestimmte Kunden oder Branchen möge das für eine gewisse Zeit so sein. Für die Mehrheit der Inserenten aber liege der dauerhafte Vorteil darin, daß eine unabhängige Redaktion journalistische Qualität und Glaubhaftigkeit herstelle.

Und was heißt das, »redaktionelle Unabhängigkeit«? Sie bestehe darin, »daß die Redaktionen in einem Rahmen, den wir als Grundhaltung bezeichnen, mit einem Minimum an Rücksichtnahme auf die wirtschaftlichen Aufgaben des Verlags einen maximalen Raum zur journalistischen Selbstentfaltung haben wollen und sollen«.

»Ziemlich abenteuerlich« sei dagegen die Definition der *inneren Pressefreiheit* in dem Entwurf der SPD für ein Presserechtsrahmengesetz, fuhr Fischer fort. Mit ihr werde weder den Journalisten noch den Verlagen noch den Lesern gedient. Auch Bundeskanzler Schmidt wandte sich gegen den Entwurf seiner Partei: Er sei »ein typisches Beispiel deutschen Superperfektionismus« und enge die Verlage ein, statt ihre Bewegungsfreiheit zu stärken.

Unzufrieden waren ebenso der Deutsche Journalistenverband und die IG Druck und Papier, und zwar weil die SPD von ihrer ursprünglichen Forderung abgerückt war, aus dem Betriebsverfassungsgesetz den *Tendenzschutz* zu streichen, der den Betriebsrat darin hindert, in redaktionellen Fragen mitzusprechen.

Der Gesetzentwurf sah vor: Der Chefredakteur hat die Richtlinienkompetenz, nur ausnahmsweise der Verleger, und zwar erst nach Anhörung der Redaktion und wenn entsprechende Prozeduren ausdrücklich vereinbart worden sind. Einmal im Vierteljahr ist »an hervorragender Stelle« die publizistische Grundhaltung des Blattes öffentlich zu machen. Bei der Aufstellung des Redaktionsetats hat die Redaktion ein Mitwirkungsrecht.

Schön und gut – doch schwer erklärlich, was das mit »innerer Freiheit« zu tun haben soll. Unfreiheit ist und bleibt das typische Erlebnis all jener Journalisten, die nicht zu Chefredakteuren oder Starschreibern aufgestiegen sind: Ihr Ressortleiter, ihr Chefredakteur oder eine engagierte Gruppe von Meinungsführern in der Redaktion (zuweilen »Keulenriege« genannt) – sie treffen die Entscheidungen, zumindest die wirklich interessanten, und alle anderen Redakteure dürfen froh sein, wenn sie hie und da mal sechzig Prozent ihrer Meinung ins Blatt mogeln können. In dieser traurigen Wahrheit liegt zugleich ein Trost: Ob der Journalist unter einem neuen Chefredakteur oder in einem anderen Verlag erwacht – seine sechzig Prozent kann er meistens retten. Das Gesetz übrigens ist nie erlassen worden.

Im November machten die Jungsozialisten Furore mit einem Programm zur »Demokratisierung der Wirtschaft«. Danach sollte in der Bundesrepublik niemand *mehr* verdienen dürfen als 5000 Mark im Monat, alle Investitionsentscheidungen bedürften der Mitbestimmung, und auf erhöhten Werbeaufwand müsse eine Sondersteuer erhoben werden. Einzelne

Jusos forderten überdies, die Zahl der Farben zu begrenzen, in denen Unterwäsche produziert werden dürfe. Der SPD-Fraktionsvorsitzende Herbert Wehner sah daraufhin die Bündnisfähigkeit der SPD (also die Koalition mit der FDP) gefährdet, und Bundesfinanzminister Hans Apel (SPD) sagte: »Wenn nächstens jemand den Mond kolonisieren will, sag' ich doch auch nur: Was soll's?«

Immerhin, im Oktober hatte der G + J-Vorstandsvorsitzende Manfred Fischer vor dem Betriebsrat erklärt: »Die heutige Vermögensverteilung ist nicht gerecht.« Es sei unerläßlich, »zu einer evolutionären Umverteilung des Produktivvermögens zu kommen«. Daher biete Gruner + Jahr eine Gewinnbeteiligung an, nach dem Modell, das Bertelsmann 1970 eingeführt hatte: Je 50 Prozent des Gewinns werden an Eigentümer und Angestellte ausgeschüttet; für diese in Form einer stillen Beteiligung mit einer Verzinsung von 12,5 Prozent – vorausgesetzt, der Arbeitnehmer erklärt sich zu einer Selbstbeteiligung von 25 Prozent der Ausschüttung bereit.

Die Zinsen werden ausbezahlt, für den Anteil selbst besteht eine Sperrfrist. Das Unternehmen hat auf diese Weise Steuern gespart und sein Kapital erhöht; der Angestellte bekommt zusätzlich etliche Tausender im Jahr und erwirbt ein kleines Vermögen. Der G + J-Betriebsrat war nicht zufrieden und behielt sich eine Entscheidung bis 1976 vor. Er wünschte vor allem Einfluß auf die Ermittlung des Gewinns und die Höhe der Ausschüttung. Fischer sagte dazu, es sei fern von ihm, irgend jemandem eine Gewinnbeteiligung aufzudrängen.

Und sonst, 1975? Die Soldaten Nordvietnams stürmten Saigon, vom Dach der amerikanischen Botschaft wurden die letzten Amerikaner per Hubschrauber evakuiert, an die Kufen hängten sich verzweifelte Südvietnamesen – schmähliches Ende eines schrecklichen Krieges. In Äthiopien erstickten die Putschisten den gestürzten Kaiser Haile Selassie mit einem Kissen.

Auf Taiwan starb, 87 Jahre alt, Marschall Tschiang Kaischek: Fossil der chinesischen Revolution von 1911, mehrfach

Staatschef Chinas zwischen 1928 und 1949, von Mao besiegt und bis zu seinem Tod Präsident einer Insel, die er als das eigentliche China bezeichnete und in der UNO bis 1971 als solches durchsetzte; dann mußte Taiwan unter dem Druck der USA seinen Platz im Weltsicherheitsrat für Rotchina räumen.

In Madrid starb am 20. November ein anderer Überlebender einer versunkenen Zeit: der spanische Diktator Francisco Franco, 82 Jahre alt und schon seit 1974 so krank, daß in vielen deutschen Redaktionen die Nachrufe längst geschrieben, ja Sonderseiten fertig umbrochen waren. Das Abendland und die Mehrzahl der Spanier atmeten auf. Allerdings – Franco hatte zwei erstaunliche Leistungen vollbracht.

Die eine: 36 Jahre lang hielt er sich unangefochten an der Spitze des Staates – Mao nur 10 Jahre, Hitler 12, Napoleon 14, Stalin 29, Tito 35. Im Zweiten Weltkrieg riskierte es Franco, Hitler, der ihm doch in den Sattel geholfen hatte, die Unterstützung zu verweigern, und im Kalten Krieg schaffte er es, die Amerikaner zu Verbündeten zu gewinnen.

Die andere Leistung aber: 1969 hatte Franco Prinz Juan Carlos von Bourbon, einen Enkel des 1931 vertriebenen spanischen Königs Alfons XIII., als Nachfolger und künftigen König benannt. Zwei Tage nach Francos Tod wurde Juan Carlos wirklich zum König ausgerufen, ohne Intrigen, Hinrichtungen und Bürgerkrieg, und geradlinig führte er Spanien in die Freiheit – ein vorbildlicher Monarch von eines üblen Diktators Gnaden.

Kohl, Mao, GEO

1976

Bundestagswahl 1976: CDU und CSU mit dem Kanzlerkandidaten Helmut Kohl erzielen mit 48,6 Prozent das zweitbeste Ergebnis aller deutschen Reichs- und Bundestagswahlen (nächst Adenauers 50,2 Prozent von 1957) – aber das beste, das eine Partei je aus der Opposition heraus errungen hat. Nur, es hilft nichts: Die sozial-liberale Koalition, obwohl um 18 Mandate geschwächt, behauptet eine Mehrheit von 10 Sitzen, und Helmut Schmidt bleibt Bundeskanzler.

Willy Brandt gewinnt noch einmal internationale Ehren: Er wird zum Präsidenten der Sozialistischen Internationale gewählt. In Niedersachsen eine Sensation: Ernst Albrecht, Führer der CDU-Opposition, bekommt in geheimer Wahl zwei Stimmen von SPD oder FDP hinzu und ist damit der neue Ministerpräsident. Die DDR bürgert den Liedermacher Wolf Biermann aus. In ihrer Gefängniszelle erhängt sich Ulrike Meinhof von der RAF.

Was im Vorjahr mit den Protesten gegen den Bau eines Atomkraftwerks in Wyhl begonnen hatte, steigert sich im holsteinischen Brokdorf zu einer Massenschlägerei mit der Polizei, die »mit unfaßbarer Brutalität« vorging, wie der Norddeutsche Rundfunk berichtete. Das markiert wohl den Wendepunkt von der allgemeinen und sorglosen Bejahung der Atomenergie zu einem politischen Problem allerersten Ranges (das ja seit 1998 auch der Regierung Schröder schwer zu schaffen macht). In den Redaktionen beginnen sich Fraktionen pro und contra Atomkraft zu bilden.

Auch von zwei anderen Ecken her kommt die Umweltbewegung in Schwung: Der CDU-Bundestagsabgeordnete Herbert Gruhl erregt Aufsehen mit seinem Buch »Ein Planet wird geplündert«, und die Wolke von Dioxin, die sich am 10. Juli 1976 über das italienische Seveso legt, verbreitet Entsetzen in halb Europa.

Bei den amerikanischen Präsidentschaftswahlen schlägt Jimmy Carter den Republikaner Gerald Ford. In Peking stirbt, 82 Jahre alt, Mao Tse-tung. Henry Kissinger würdigt ihn als »Titan unserer Zeit«, der französische Staatspräsident Giscard d'Estaing als »Leuchtturm des Weltgeistes«, der *Spiegel* als »größten Politiker des Jahrhunderts«. Mindestens 19 Millionen Chinesen hatten die Launen ihres Gottkaisers mit dem Leben bezahlt, das ist heute unbestritten; wissen, mindestens ahnen konnte man das 1976 ebenfalls.

Bei den Olympischen Winterspielen in Innsbruck gewinnt die Bayerin Rosi Mittermaier zwei Goldmedaillen – »unsere Gold-Rosi« ist sie für STERN und *Bild.* Die Fußball-Europameisterschaft in Belgrad wird zwischen der Bundesrepublik und der Tschechoslowakei per Elfmeter entschieden, und Uli Hoeneß heißt der Unglücksrabe, der den vierten deutschen Elfmeter verschießt.

Bei den Sommerspielen in Montreal erringt die DDR mit ihren rücksichtslosen Investitionen in den Leistungssport ihren größten Triumph: 40 Goldmedaillen, nur 9 weniger als die Sowjetunion, aber 6 mehr als die USA. Die Westdeutschen hoffen für den letzten Sonntag in Montreal wenigstens auf eine 11. Goldmedaille, mit einem Sieg im »Preis der Nationen« bei den Reitern, die schon mehrere Medaillen gewonnen haben. Es reicht nur für Silber. Die *Bildzeitung* vom Montag stellt das vor folgendes klassisches Problem:

Müssen wir nicht mit dem Reitturnier *aufmachen,* weil halb Deutschland trauert und von nichts anderem spricht? Aber können wir mit einem deutschen Scheitern aufmachen, wenn wir mehr als vier Millionen Portemonnaies öffnen wollen? Die fast geniale Lösung – ein Griff in die Tiefe des Gemüts: »Unser

Kampf ums letzte Gold/Deutschlands tolle Reiter mit ihren treuen Pferden«.

Die andere journalistische Großtat des Jahres 1976 war die Gründung einer Zeitschrift namens GEO durch das Haus Gruner + Jahr. Rolf Gillhausen, Chef der STERN-Optik, hatte drei Chancen gewittert: Raum für die großzügig hingeblätterten Themen zu finden, die im STERN allzu oft zwischen der Aktualität und den Vorgaben über die »Mischung« zerrieben wurden; Fotografen und Reportern, die sich im STERN zu knapp vertreten fühlten, einen Auslauf zu verschaffen; und sich selbst durch eine eigene Zeitschrift von der ewigen Bevormundung durch Henri Nannen zu befreien.

Er ging zu Adolf Theobald, Erfinder von CAPITAL und TWEN und nun Leiter der G + J-Abteilung Planung und Entwicklung, und eröffnete ihm: »Ich will das beste Fotomagazin der Welt machen.« Und was soll da drinstehen? fragte Theobald. Gillhausens Antwort ist berühmt geworden: »Das ist mir scheißegal.«

Doch nun machte er sich, von Theobald ermuntert, an die Konzeption, zusammen mit Rolf Winter, einem anderen Stellvertreter Nannens, dem Fotografen Max Scheler und dem STERN-Verlagsleiter Peter Hess. Die vier erkannten, daß sie ihr Projekt nicht ohne Nannen würden durchsetzen können oder gar gegen ihn, und so gewannen sie ihn als Herausgeber und nannten die Zeitschrift schon im Untertitel ihrer Nullnummer *Ein Magazin vom* STERN.

Manfred Fischer unterstützte das Projekt ebenfalls, erstens, weil der STERN immer öfter über die 300 Seiten kletterte und eine leichte Umschichtung der Anzeigen innerhalb von Gruner + Jahr erstrebenswert schien; zweitens, weil schon damals das Gerücht auftauchte, *National Geographic* werde eine deutsche Ausgabe auf den Markt werfen (was dann erst 23 Jahre später geschah).

Als die höhere Hürde erwies sich Reinhard Mohn, Vorstandsvorsitzender von Bertelsmann und Aufsichtsratsvorsitzender von Gruner + Jahr. Mohn nämlich hatte in Gütersloh ein ähnliches Projekt entwickeln lassen, ORBIS – eben nach dem Vorbild des amerikanischen *National Geographic.* An dem faszinierten Mohn nicht nur die Machart und die Millionenauflage, sondern vor allem der Umstand, daß der Verlag keine Steuern zahlt, denn juristisch ist er ein Verein, der nur Mitgliedsbeiträge kassiert, wofür jedes Mitglied ein Heft bekommt.

Über die beiden Aufsichtsratssitzungen, in denen GEO schließlich den Zuschlag erhielt, sind zwei Versionen in Umlauf. Die eine besagt, Mohn habe nach vielen Vergleichen mit ORBIS und langem Zögern zugestimmt; die andere, in Hamburg favorisierte: In Gütersloh sei man einsichtig genug gewesen, die unendliche Überlegenheit des Projekts GEO zu erkennen.

Und GEO wurde gestartet wie noch nie eine Zeitschrift in Deutschland und kaum je eine auf Erden. Im August und September 1976 warb der STERN für das noch nie erschienene Heft dreimal auf je acht Seiten – ausklappbar, also als »Altar« oder Folder, so daß eine vierteilige Aufschlagseite mit dem riesigen Foto eines Walrosses und der Schlagzeile »Dem GEO-Leser gehört die Welt« entstand. Die angeheftete Bestellkarte wurde 122 000 mal abgeschickt.

Im Oktober bekamen die Besteller einen Karton mit Heft 1, vier eindrucksvollen Großfotos (gegen Beschädigung in Seidenpapier gehüllt), einem Brief von Henri Nannen, einer Kostprobe für die nächsten Hefte und dem Angebot, zum Abonnenten zu werden – einfach dadurch, daß sie *nicht* binnen zehn Tagen dagegen protestierten. Noch bevor das erste Heft erschienen war, hatten 90 000 abonniert, eine unglaubliche Quote, und das erstaunlichste daran: 11 000 dieser Abonnenten der ersten Stunde sind GEO treu geblieben bis heute. Ende 1976, nach drei Ausgaben, war die Zahl der Abonnenten auf 170 000 gestiegen.

Für 6,50 Mark erhielten sie ein Heft, das im Einzelverkauf 8 Mark kostete (der *Spiegel* lag bei 2,50 Mark); so teuer, weil es sich, entgegen allen Sitten der Branche, überwiegend aus dem Vertriebserlös finanzierte: Denn Anzeigen durften nur *zwischen* den Geschichten stehen, pro Heft maximal 28 Seiten – mit dem Resultat, daß die Inserenten Schlange standen.

Vater STERN zahlte einen Preis für den riesigen Erfolg seines Kindes: Es ging ihm einiges verloren an fähigen Köpfen und leidenschaftlichem Engagement. Rolf Gillhausen, »das Auge« des STERN, teilte sich zwischen den Blättern: Er blieb zwar einer der Stellvertreter Nannens und sein optisches Gewissen, übernahm aber zugleich die Chefredaktion von GEO, zusammen mit dem STERN-Reporter Rolf Winter. Vielleicht hätten auch manche Themen von GEO und ihre Aufbereitung dem STERN gutgetan. Mit dem war Manfred Fischer ohnehin nicht ganz zufrieden: »Das Blatt ist zu traurig, zu ernst«, sagte er in einem Vortrag in der Volkshochschule Düsseldorf. »Es hat zu wenig Lebensfreude.«

Victor Schuller, der als Serienautor beim STERN begonnen hatte und 1963 Nannens Stellvertreter geworden war, verließ, nun 58 Jahre alt, auf eigenen Wunsch die Nervenmühle STERN und wurde Heraugeber der neu geschaffenen STERN-Bücher. Völlig anders als Nannen, war er für ihn die ideale Ergänzung: ein kultivierter, belesener Mensch, ein Herr – und ein Tröster für alle Nannen-Geschädigten. Wie es in einer Tischrede zu Schullers 75. Geburtstag hieß: »Die Leichenteile, die in lockerer Folge aus Nannens Zimmer flogen, setzte Victor Schuller wieder zu lebendigen Menschen zusammen.«

Im ersten Quartal verkaufte der STERN 1,61 Millionen Hefte; die *Bunte* und die *Neue Revue* hatte er weit abgehängt. Die BRIGITTE erreichte mit 1,55 Millionen ihre absolute Spitze. Die *Bildzeitung* kletterte 1976 auf 4,72 Millionen und überholte damit den Londoner *Daily Mirror* als größte Zeitung Europas wie auch als erfolgreichste Boulevardzeitung überhaupt; sie war, wie es auf einer Springer-Veranstaltung in New York hieß, »der größte tägliche Portemonnaie-Öffner der Welt« geworden.

Im April versuchte die IG Druck mit Schwerpunktstreiks eine neunprozentige Lohnerhöhung durchzusetzen. Viele Zeitungen erschienen tagelang nicht, in Westberlin war plötzlich das *Neue Deutschland* gefragt, und die Redaktion der *Stuttgarter Zeitung* konnte ihren Umzug von der Innenstadt in das neue Druckzentrum in Ruhe vollziehen, denn Arbeit hatte sie nicht.

Gruner + Jahr folgte dem Aufruf des Unternehmerverbandes, den Streiks an willkürlichen Orten mit einer flächendeckenden Aussperrung zu begegnen. Manfred Fischer schrieb an die Mitarbeiter, wenn die Druckerei in Itzehoe bestreikt werden sollte und die Konkurrenzverlage nicht, so wäre das eine Katastrophe – also sei für G + J nur der Weg geblieben, sich solidarisch zu verhalten.

Im übrigen, fuhr Fischer fort, sei ihm nicht klar, wofür oder wogegen bei Gruner + Jahr eigentlich gestreikt werden sollte: »Die Beträge, um die dieser Arbeitskampf geführt wird, machen doch nur einen Bruchteil unserer freiwilligen sozialen Leistungen aus. Mit jedem Streiktag mindert sich automatisch Ihr Gewinnanteil für 1976.« Allen Nichtgewerkschaftlern, die von der Aussperrung betroffen sein würden, werde G + J dasselbe bezahlen, was die organisierten Mitarbeiter von der Gewerkschaft bekämen.

Der STERN konnte erscheinen. Als erster deutscher Verlag begann Gruner + Jahr damit, die elektronische Textverarbeitung zu erproben und den fünfhundert Jahre alten Bleisatz durch den Lichtsatz zu ersetzen – Auftakt einer neuen Ära; zufällig im selben Jahr, in dem die Bundesbahn ankündigte, sie werde ihre letzten Dampflokomotiven verschrotten.

Am 31. Dezember 1976, drei Jahre nach seinem Ausscheiden als Vorstandsvorsitzender, verkaufte Ernst Naumann seine 5 Prozent von Gruner + Jahr an Bertelsmann, so daß den Güterslohern seitdem 74,9 Prozent von G + J gehören.

Buback, Ponto, Schleyer

1977

Es war ein Jahr der Toten, der Morde und der größten Krise der Bundesrepublik. 1977 starben Charlie Chaplin, Maria Callas und Elvis Presley, Sepp Herberger und Wernher von Braun, Carl Zuckmayer (»Des Teufels General«), Vladimir Nabokow (»Lolita«) und der Philosoph Ernst Bloch (»Das Prinzip Hoffnung«). Es starben Anthony Eden, der seit 1935 dreimal britischer Außenminister und einmal Premierminister gewesen war, und Ludwig Erhard, »Vater des deutschen Wirtschaftswunders«, Bundeskanzler von 1963 bis 1966 und seitdem ein emsig schreibender, aber wenig beachteter Mahner gegen die Politik seiner Nachfolger Kiesinger, Brandt und Schmidt.

Auf dem Flughafen von Teneriffa kamen 577 Menschen in den zwei Jumbos um, die beim Start aufeinander zurasten, weil die Fluglotsen nicht ganz bei der Sache waren – das schrecklichste Unglück der Luftfahrtgeschichte. Und die Rote-Armee-Fraktion mordete.

Am 7. April wurden in Karlsruhe Generalbundesanwalt Siegfried Buback, sein Fahrer und ein Justizbeamter umgebracht. In der Zeitschrift des Göttinger Asta erschien ein »Buback-Nachruf«, dessen anonymer Autor bekundete, er sei zwar dagegen, »die Unterdrücker des Volkes« zu *liquidieren*, könne aber seine »klammheimliche Freude« über den Mord nicht verhehlen. Der »Kommunistische Bund« in Göttingen – aktives Mitglied: der spätere Bundesumweltminister Jürgen Trittin – berichtete über das Flugblatt unter der Überschrift »Wir trauern um ein großes Schwein«.

Drei Wochen später, am 28. April 1977, verurteilte der Zweite Strafsenat des Oberlandesgerichts Stuttgart in Stammheim die Angeklagten Andreas Baader, Gudrun Ensslin und Jan-Carl Raspe zu lebenslanger Freiheitsstrafe wegen vierfachen Mords, 34 Mordversuchen, sechs Sprengstoffanschlägen und Gründung einer kriminellen Vereinigung. Der Prozeß hatte fast zwei Jahre gedauert, Siegfried Buback hatte die Anklage vertreten, der spätere Bundesinnenminister Otto Schily die Angeklagte Ensslin verteidigt.

Am 30. Juli ermordeten Mitglieder der RAF den Sprecher der Dresdner Bank, Jürgen Ponto. Gutgläubig hatte er seiner alten Bekannten Susanne Albrecht die Tür geöffnet, einer Tochter aus reichem Hause, die unter dem Motto »Ich will keinen Kaviar mehr fressen« in die Hausbesetzer- und Kinderladen-Szene abgetaucht war.

Am 5. September stoppen Terroristen mit einem Kinderwagen die Autos des Arbeitgeber-Präsidenten Hanns Martin Schleyer und seiner Leibwächter; sie erschießen die vier Begleiter, entführen Schleyer und drohen mit seiner Ermordung, falls nicht elf inhaftierte Terroristen freigelassen würden, darunter Baader, Ensslin und Raspe.

Im Bundeskanzleramt tritt der Große Krisenstab zusammen: Helmut Schmidt, die zuständigen Bundesminister, der CDU-Vorsitzende und Oppositionsführer Helmut Kohl, der CSU-Vorsitzende Franz Josef Strauß, der Präsident des Bundeskriminalamtes und ein Dutzend Experten. Sie machen aus dem Kanzleramt »eine Mischung aus Polizeihauptquartier und Bürgerkriegsbunker«, wie der *Spiegel* schreibt. Im Krisenstab ist es erlaubt, »das Undenkbare zu denken«: So kommt der Vorschlag auf den Tisch, Baader, Ensslin und Raspe standrechtlich zu erschießen, damit die Erpressung ihr Objekt verloren hätte.

Daß eher Schleyers Tod in Kauf genommen als den Forderungen der Terroristen nachgegeben werden soll (anders als 1975 im Fall des Berliner CDU-Vorsitzenden Peter Lorenz) – darauf haben sich Helmut Schmidt und Helmut Kohl schon bald unter vier Augen geeinigt.

Am 1. Oktober, nach einem Rekorddurchlauf durch Bundestag und Bundesrat, tritt das sogenannte Kontaktsperregesetz in Kraft; es soll die Kontakte der inhaftierten Terroristen untereinander verhindern und unterwirft die Gespräche mit ihren Verteidigern einer Reihe erschwerender Bedingungen. Der Staat, schreibt die ZEIT dazu, räume Bastionen seiner Selbstachtung, »von denen der Feind noch glaubt, daß er sie erst erstürmen müsse«. Golo Mann dagegen spricht von bürgerkriegsähnlichen Zuständen, die harte Maßnahmen erforderten.

Am 13. Oktober – Schleyer ist seit fünfeinhalb Wochen in der Gewalt der RAF – geht ein neuer Schock durch Deutschland: Vier arabische Terroristen haben die »Landshut«, eine Boeing 737 der Lufthansa, auf ihrem Flug von Mallorca nach Frankfurt gekapert und zwingen sie, nach Dubai am Persischen Golf zu fliegen. Der Verteidigungsminister der Vereinigten Arabischen Emirate und Staatsminister Hans-Jürgen Wischnewski, aus Bonn herbeigeflogen, versuchen vergeblich, die Entführer zur Aufgabe zu bewegen. Deren Forderung ist dieselbe wie die der Schleyer-Kidnapper: Baader, Ensslin und Raspe freilassen – oder es sterben Schleyer und die 89 Menschen an Bord der »Landshut«.

Die Maschine wird nach Aden dirigiert, von da aus nach Mogadischu in Somalia an der Ostspitze Afrikas. In Mogadischu werfen die Entführer auf die Rollbahn die Leiche des Piloten, den sie in Aden erschossen haben. Nach Mogadischu ist schon die deutsche Antiterror-Einheit GSG-9 unterwegs, und Wischnewski gelingt es, vom Präsidenten Somalias, Siad Barre, die Erlaubnis zu ihrem militärischen Einsatz zu erhalten.

Am 17. Oktober kurz vor Mitternacht stürmen die Spezialisten vom Bundesgrenzschutz das Flugzeug, erschießen drei der vier Entführer und können alle Geiseln retten. Am 18. Oktober sinken im Bundeskanzleramt Helmut Schmidt und Hans-Jürgen Wischnewski einander weinend in die Arme – Schmidt noch mit dem Abdankungsschreiben in der Tasche, mit dem er zu Bundespräsident Scheel hatte gehen wollen, wenn die Aktion Mogadischu gescheitert wäre.

Am selben 18. Oktober werden in Stammheim drei Tote aufgefunden: Gudrun Ensslin erhängt, Baader und Raspe von eigener Hand erschossen. Der baden-württembergische Justizminister Bender tritt zurück, weil er die politische Verantwortung für ein Gefängnis trägt, in dem zwei Häftlinge Pistolen verstecken konnten. Durch Europa geistert alsbald das unsinnige Gerücht, die drei seien vom Staat ermordet worden.

Ermordet aufgefunden aber wird am 19. Oktober Hanns Martin Schleyer: im Kofferraum eines Autos, das in Mühlhausen im Elsaß abgestellt war. Buback, Ponto, Schleyer – Baader, Ensslin, Raspe: ein Jahr lang das zentrale Thema in allen politischen Redaktionen der Republik. Der STERN hatte der entführten Lufthansa-Maschine 23 Reporter nachgeschickt; sechs Titelbilder zeigten 1977 die Opfer und die Täter der RAF.

Im März druckte der STERN auf dem Titelblatt die Anreißzeile »Ist Kohl schon am Ende?« – so schwach war seine Stellung in der CDU geworden. Heft 35 zeigte zwei lachende Männer, Hitler und seinen Propagandaminister, mit der Schlagzeile »32 Jahre nach Kriegsende ans Licht gebracht: Die Tagebücher des Dr. Goebbels« (die waren echt). Zum »Mann des Jahres« rief der STERN Anwar El-Sadat aus, den ägyptischen Staatspräsidenten, der nach Jerusalem gereist war, um Frieden mit Israel zu machen; 1978 bekam er dafür den Friedensnobelpreis.

Vor Weihnachten produzierte der STERN das bis dahin dickste Heft seiner Geschichte: 392 Seiten. Im gerade eröffneten World Trade Center in New York hatte der STERN seinen ersten Großauftritt in Amerika: »Media Buying in Europe« hieß die Präsentation der Anzeigenabteilung, die dann durch zehn amerikanische Städte und später durch dreißig Länder der Erde reiste.

Unmittelbar aus dem Ausland kommen zwar auch heute nur 10 Prozent der Anzeigenaufträge, aber über mehr als die Hälfte aller Inserate wird von ausländischen Mutter- und Partnerfirmen entschieden. Fast alle *japanischen* Konzerne, die in den siebziger Jahren in Deutschland Fuß fassen wollten, benutzten den STERN, um sich vorzustellen.

Gruner + Jahr machte 1977 vor allem mit zweierlei von sich reden: einer Pleite und einer Überraschung. Die Pleite hieß LEUTE – eine neue Wochenzeitschrift, die kein Klatschblatt, sondern »eine gedruckte Form von Talkshow« sein sollte. Werbekampagne: 5 Millionen Mark, Startauflage: 660 000 Stück, Chefredakteur: Alexander Rost, vorher ZEIT und *Welt am Sonntag.*

Doch der Erfolg des amerikanischen Vorbilds *People* wollte sich nicht einstellen. Schon nach vier Heften mußte G + J die Garantieauflage für die Inserenten von 300 000 auf 100 000 senken, und dem Chefredakteur wurde in einem Verzweiflungsakt Wilfried Achterfeld vor die Nase gesetzt, ehemals Ressortleiter »Film und Gesellschaft« beim STERN, Freund der Familie Jahr und Teilhaber der Hamburger Spielbank.

Achterfeld versuchte es laut *Kress-Report* mit »Sabbergeschichten und Schlammringkämpfen«, und schon nach 11 Heften, am 13. April 1977, marschierten Manfred Fischer und Rolf Poppe in die Redaktion, um ihr mitzuteilen, daß ihre Arbeit beendet sei. »Noch nie wurde ein so teuer gestartetes Blatt so schnell beerdigt«, schrieb die *Welt am Sonntag.* Alexander Rost, der gescheiterte Chefredakteur, sei »ein gesetzter und gebildeter Mann«, der sich für das Klatsch-Magazin geeignet habe »wie Marion Dönhoff für den *Playboy*«.

Während der LEUTE-Flop sich schon abzeichnete, kündigte Gruner + Jahr an, es werde die Mehrheit an der französischen Frauen- und Modezeitschrift *Modes et Traveaux* übernehmen. Aber dieser erste Versuch, redaktionell im Ausland Fuß zu fassen, scheiterte an dem Widerstand der französischen Behörden. Da konnte wirklich keiner ahnen, wie viele Milliarden Gruner + Jahr einmal im Ausland umsetzen würde.

Die Überraschung hieß Poppe. Rolf Poppe, 48 Jahre alt, Leiter des Unternehmensbereichs Zeitschriften seit 1970 und stellvertretender Vorstandsvorsitzender, bat im Mai um vorzeitige Auflösung seines Vertrags und wurde mit dürren Worten verabschiedet. Er verließ, dem Informationsdienst *Kontakter* zufolge, »einen der interessantesten Jobs im europäischen Pressewesen«. Zwischen Poppe, dem »oldenburgischen Holzkopf« nach den Worten des alten Jahr, und Manfred Fischer, dem sauerländischen Dickschädel, hatte es so oft gekracht, daß der *Kress-Report* meinte, es grenze »ans Wunderbare«, daß die Trennung nicht viel früher erfolgt sei. Poppe müsse ein paarmal zu oft gesagt haben: »Davon verstehen Sie nichts, Herr Dr. Fischer.«

Die Leitung des *Unternehmensbereichs* übernahm nominell Fischer selbst. Er unterstellte sich jedoch einen *Fachbereich* Zeitschriften mit dem 36jährigen Dr. Jan Hensmann an der Spitze, bis dahin Leiter des Zentralen Vorstandsbüros, außerdem Lehrbeauftragter für Marketing an der Universität Münster. Im September wurde Hensmann in den Vorstand berufen.

Die britisch-französische Concorde nahm den Liniendienst nach New York auf, in dreieinhalb Stunden über den Atlantik. Der Anteil der Atomenergie an der deutschen Stromproduktion war auf 10 Prozent gestiegen. Und in Kalkar am Niederrhein protestieren am 24. September 60000 Menschen gegen den Bau des Schnellen Brüters; weitere 40000 wurden durch ein Riesenaufgebot von Polizei und Bundesgrenzschutz mit Gewalt daran gehindert, Kalkar zu erreichen – eine Eskalation des Kampfes, der schon 1976 in Brokdorf an der Unterelbe zu blutigen Schädeln geführt hatte.

Ein Aufstand gegen den technischen Fortschritt, Maschinenstürmerei – oder Einsicht in eine gefährliche Fehlentwicklung? In allen politischen Redaktionen der Bundesrepublik wurde darüber heiß diskutiert. Die Entscheidung fiel indessen überwiegend nicht in Diskussionen, sondern dadurch, daß ein engagierter Redakteur die Meinungsführerschaft an sich riß oder der Chefredakteur die Meinung seines Blattes anordnete; wie das schon immer war, im STERN und anderswo.

Im folgenden Jahr, 1978, marschierte auf einem anderen Feld der technische Fortschritt eindeutig voran, und in keiner Weise war die Entwicklung aufzuhalten – aber zum Kampf kam es doch; überdies zu einer Zäsur in der Kulturgeschichte und fast zu einer menschlichen Tragödie.

Ein Beruf stirbt

1978

Fünfhundert Jahre lang waren sie die Arbeiter mit den höchsten Löhnen und dem höchsten Renommee: die Schriftsetzer – den Schriftstellern immer überlegen an Arbeitsdisziplin und oft an Kenntnis von Rechtschreibung, Zeichensetzung und Grammatik; später in der Gewerkschaftsbewegung als eine Art Elite respektiert. Nun sollte, zusammen mit dem Bleisatz, ihr Beruf verschwinden. Der Siegeszug der computergesteuerten Textverarbeitungssysteme, von Sekretärinnen oder Redakteuren zu bedienen, würde an die 30000 Setzer und Metteure überflüssig machen.

Unter den Großverlagen machte Gruner + Jahr den Anfang: Die Texte wurden über eine Schreibmaschinen-Tastatur in ein elektronisches System eingegeben, das sie zu Lochbändern verarbeitete, die eine automatische Lichtsetzmaschine steuerten.

Im Januar 1978 schien das Problem bereits gelöst zu sein: Die Arbeitgeber hatten nach anderthalbjährigen Verhandlungen den Setzern einen Rationalisierungsschutz ganz ungewöhnlichen Umfangs zugestanden. Ihnen sollte die innerbetriebliche Umschulung auf andere Facharbeitertätigkeiten angeboten werden; wer es dagegen vorzog, sich bei geringerem Lohn an die neuen Computer zu setzen, der sollte fünf Jahre lang einen Lohnausgleich bekommen.

Aber die Große Tarifkommission der IG Druck und Papier desavouierte ihre Verhandlungsdelegation und lehnte die Vereinbarung ab. Leonhard Mahlein, Vorsitzender und Verhandlungsführer der Gewerkschaft, bezeichnete das von ihm mitunterzeichnete Papier plötzlich als »Unternehmerdiktat«; die

Arbeitgeber verglichen die Forderung der Gewerkschaft, den Setzern ihre Vorrechte zu erhalten, mit dem traurigen Triumph der britischen Gewerkschaften, die es erreicht hatten, daß auch auf Elektrolokomotiven ein Heizer mitfahren mußte.

»Nahezu vollkommen und auf immer«, schrieb der *Spiegel,* wollten die Setzer vor den Folgen des technischen Fortschritts geschützt werden. In der IG Druck habe eine Akademisierung und Ideologisierung stattgefunden; »frustrierte Weltverbesserer« wollten die politische Landschaft in der Bundesrepublik verändern. In der Tat – im Gewerkschaftsorgan *Druck und Papier* waren laufend Feststellungen zu lesen von der Art: »Marktwirtschaft ist ein Märchen aus längst vergangenen Zeiten. Hier helfen nur politische Weichenstellungen: gesellschaftliche Kontrolle der Investitionen und Vergesellschaftung der größten Konzerne« (12. 4. 76).

Um ihre nachgeschobenen Forderungen durchzusetzen, griff die IG Druck zum Mittel des Schwerpunkt-Streiks; der schonte die Gewerkschaftskasse und beunruhigte trotzdem alle Arbeitgeber. In der Woche, die am 27. Februar begann, wurde in München, Düsseldorf, Wuppertal und Kassel das Erscheinen aller Zeitungen verhindert.

Am 2. März griffen die Großverlage Gruner + Jahr und Heinrich Bauer zum Gegenmittel der Aussperrung, am 3. März verzichtete die *FAZ* auf ihr Erscheinen »aus Solidarität mit den bestreikten Verlagen«. Die IG Druck weitete daraufhin ihren Streik auf Hamburg, Hannover, Köln und Essen aus, und am 6. März konnten mehr als hundert Zeitungen mit einer Gesamtauflage von 14 Millionen Exemplaren nicht erscheinen. Im *Spiegel* fielen 16 Seiten aus, vom STERN erschien eine anzeigenlose Notausgabe mit 84 Seiten, hergestellt von den leitenden Angestellten der Druckerei in Itzehoe.

Manfred Fischer rief am 15. März in einem Brief an die Mitarbeiter in Erinnerung, daß Gruner + Jahr die sozialen Probleme des bevorstehenden »Technologie-Sprungs« schon 1977 in einer Betriebsvereinbarung geregelt habe, und zwar in einer Weise, »die in der Sozialgeschichte unseres Landes ohne Beispiel ist«: Niemand wird entlassen, niemand verdient weniger als zuvor; die Setzer werden entweder umgeschult oder erhalten im Betrieb einen neuen Arbeitsplatz ohne Lohneinbuße – nachträglich betrachtet eine *zu* großzügige Regelung, sagt Gerd Schulte-Hillen.

Als Vermittler in dem Streik schalteten sich der Präsident der Bundesanstalt für Arbeit, Josef Stingl, und Staatsminister Wischnewski ein, und am 19. März konnte ihr Kompromißvorschlag unterzeichnet werden: Der Lohnausgleich für die Schriftsetzer wurde von fünf auf acht Jahre verlängert, und so lange sollten sie auch das Monopol des Ganzseiten-Umbruchs behalten. So oder so: In acht Jahren – bei Gruner + Jahr sogar erst mit dem Ende des Berufslebens der damals noch Tätigen – würde es vorbei sein mit der Setzer-Zunft, ihrer historischen Rolle, ihrem berechtigten Selbstgefühl und ihrem stattlichen Lohn.

Noch anderthalb Jahre später waren einige junge Akademiker im 1. Lehrgang der Gruner + Jahr-Journalistenschule vom Schicksal der Setzer so beeindruckt, daß sie protestierten, als sich jeder Schüler für zehn Minuten (!) an einen Satzcomputer setzen sollte: Diesen Beitrag zur Abschaffung eines Berufsstands wollten sie nicht leisten. (Kaum zehn Jahre später waren die Proteste von anderer Art: Etliche der hundert Teilnehmer der Endauswahl zum nächsten Lehrgang maulten, daß die Schule für die Niederschrift der Prüfungsreportage hundert mechanische Schreibmaschinen gemietet hatte, statt hundert Computer aufzustellen.)

Der STERN war monatelang mehr als vom Druckerstreik von einer Affäre beeindruckt, in der die wütende Redaktion erfahren mußte, wie wenig Macht sie, dem Statut zum Trotz, besaß: Im Januar 1978 entließ Henri Nannen seinen Stellvertreter Manfred Bissinger – und dies, obwohl der Redaktionsbeirat von seinem Recht aus Artikel 6 des Statuts Gebrauch gemacht hatte, die Abberufung eines stellvertretenden Chefredakteurs mit Zwei-Drittel-Mehrheit zu verhindern. Bissinger hatte in Nannens Abwesenheit unter der Überschrift »... und morgen die ganze Welt« einen Beitrag ins Blatt gehoben, der Steuerflucht und Auslandsinvestitionen gleichermaßen kritisierte unter Nennung von Richard Gruner und Reinhard Mohn.

Mohn war empört und wurde bei Nannen vorstellig. Gruner ersuchte Mohn, im Firmennamen den Bestandteil *Gruner* zu löschen. Nannen lud Bissinger ein, sich von einem Artikel zu distanzieren, der ohnehin schlampig recherchiert gewesen sei; und erst daß Bissinger dies ablehnte, nannte Nannen als Grund für die Kündigung.

Nannen gegen den Beirat, Nannen im Bündnis mit Gütersloh – das hatte die Redaktion noch nicht erlebt. Das Büfett zu Bissingers Verabschiedung boykottierte sie. Der Beirat reichte beim Arbeitsgericht Klage gegen den Verlag Gruner + Jahr ein. Nannen seinerseits beantragte beim Vorstand, das Redaktionsstatut zu kündigen, und dem Beirat drohte er eine Unterlassungsklage an, wenn er mit seiner Fehldarstellung der Vorgänge noch einmal an die Öffentlichkeit gehe. In der Redaktion wurde spekuliert, ob das Ganze nur ein letzter Prankenhieb des alternden Löwen gewesen sei, der zwar selber Bissinger als »Kronprinzen« aufgebaut, dann aber wieder, wie schon mehrfach, das Mögliche getan habe, um einen potentiellen Nachfolger kaltzustellen. »Nannen, nicht Mohn, hatte Bissinger schon längst fallengelassen«, schrieb die *Frankfurter Rundschau.*

Zusammen mit Manfred Fischer spielte Nannen eiskalt auf Zeit. Im Oktober schrieb ihm Fischer, der Arbeitsgerichtsprozeß sei längst »obsolet« geworden, niemand könne und wolle die alte Rolle Bissingers wieder herstellen; und mit einer rechtskräftigen Entscheidung sei ohnehin frühestens in vier Jahren zu rechnen. Bissinger wurde zunächst Direktor der Staatlichen Pressestelle der Stadt Hamburg und dann viermal Chefredakteur: 1981 von *Konkret,* 1985 von *Natur,* 1989 von *Merian* und 1993 von der *Woche.*

Um nach Bissingers Ausscheiden Nannen zu entlasten, konzentrierten sich seine Stellvertreter Rolf Gillhausen und Rolf Winter auf ihre Arbeit beim STERN und gaben die Chefredaktion von GEO ab; ihre Nachfolger dort wurden der STERN-Fotograf Robert Lebeck und der Publizist Klaus Harpprecht. Doch das Personal-Karussell drehte sich weiter: Nannen berief als zusätzlichen Chefredakteur Peter Koch, bis dahin Autor politischer Serien und Ressortleiter »Sonderthemen«; und als Rolf Winter vom STERN zu GEO zurückkehrte (weil mit Harpprecht der Verlag nicht glücklich war), übernahm Victor Schuller noch einmal seine alte Rolle als Nannens Vertreter, nachdem er zwischendurch die STERN-Bücher betreut hatte.

Bei alldem ging es weder dem STERN noch GEO schlecht: Vom »neuen Bild der Erde« wurden am Jahresende sensationelle 400000 Stück verkauft. Die Leser honorierten das opulente Angebot: Viele der besten Fotografen der Welt trafen sich in GEO mit einem Journalismus, der der zeittypischen Kurzatmigkeit die gründliche Recherche, die klare Kontur, die große Perspektive entgegenstellte.

Im STERN begann im September die Serie »Wir Kinder vom Bahnhof Zoo« – die Geschichte der 16jährigen heroinsüchtigen Prostituierten Christiane F., aufgezeichnet von Kai Hermann und Horst Rieck. Der Rowohlt-Verlag hatte den Fehler begangen, die ihm angebotene Buch-Veröffentlichung abzulehnen (»Journalismus zwischen Buchdeckeln, das verkauft sich nicht«). So erschien die Serie als STERN-Buch und verkaufte sich: fast zwei Jahre lang auf Platz 1 der Bestsellerlisten, Gesamtauflage mehr als drei Millionen und dem *Spiegel* zufolge »die meistgelesene Geschichte seit Schneewittchen und Winnetou«.

Am 4. Oktober 1978, zwei Jahre nach GEO, erschien die erste Ausgabe einer neuen Gruner + Jahr-Zeitschrift: P.M. – *Peter Moosleitners interessantes Magazin.* Den verrückten Titel hatte noch Rolf Poppe 1977 vorgeschlagen, nachdem nicht weniger als 700 konventionelle Titel-Ideen geprüft worden und durchgefallen waren. Dabei galt es das Problem zu lösen, daß Moosleitner mit erstem Vornamen *Gerhard* hieß, G.M. aber bereits als Abkürzung für »General Motors« in Detroit vergeben war.

Moosleitner – vorherige Stationen: *Abendzeitung, Quick* und *Eltern* – hatte von Poppe den Auftrag bekommen, sich eine Jugendzeitschrift auszudenken. Doch das schien ihm zu eng;

und so durfte er genau die Zielgruppe anpeilen, die sich in den achtziger Jahren herausbildete: drei Viertel männliche Leser, Durchschnittsalter 29 Jahre.

»Wir leben in einer ungeheuer interessanten Zeit, über die meist ungeheuer langweilig berichtet wird«, hieß Moosleitners Credo. »Für Einstein war die Relativitätstheorie bestimmt einfach – also muß es einen Weg geben, sie einfach darzustellen.« So begründete er eine Erfolgsgeschichte. 1981 wurde sie nach Frankreich exportiert *(Ça m'interesse)*, ebenso nach Spanien *(Muy interesante)*, 1985 nach Norwegen und Schweden.

Angefeindet wurde Moosleitner in Deutschland oft, weil er in ungefilterter Technik-Begeisterung die neuesten Panzer und Düsenjäger der Bundeswehr liebevoll vorstellte – ohne dabei auch nur jenen Seufzer über den Rüstungswahnsinn auszustoßen, den man in tonangebenden Kreisen als mindestes von ihm erwartet hätte. Beispielhaft blieb bei allem, was er machte, die Veranschaulichung auch der kniffligsten Zusammenhänge und der Pfiff, mit dem er die Themen aufbereitete.

Was zunächst weniger Aufsehen erregte als der Start von P.M., erwies sich als der folgenschwerere Schritt: der Griff ins Ausland. Es geschah da dreierlei. Erstens: Am 1. Januar 1978 erwarb Gruner + Jahr 95 Prozent der »Cosmos Distribuidora« in Barcelona, des Verlages, der die vierzehntägliche Frauenzeitschrift *Dunia* und die Monatszeitschrift *Ser Padres* herausbrachte – Lizenzausgaben von BRIGITTE und ELTERN, die G + J nun gleichsam zurückkaufte.

Zweitens: Am 1. Juni erwarb der Verlag das 1926 gegründete Vorbild von ELTERN, die amerikanische Zeitschrift *Parents*, verkaufte Auflage 1,5 Millionen Stück. Und drittens fällte der Vorstand eine Personalentscheidung, die wie ein Sechser im Lotto war: Vom Heinrich-Bauer-Verlag kam der Gründer und Chefredakteur der Frauenzeitschrift *Bella* zu Gruner + Jahr, der 40jährige Axel Ganz. Der war für die *Bunte* drei Jahre Korrespondent in Paris gewesen, dann Chefredakteur der *Freundin*, dann, nach einem Jahr Management-Training, Verlagsleiter der Bauer-Zeitschrift *Neue Mode*.

Nun sollte Ganz Gruner + Jahr in Frankreich etablieren – zunächst GEO einführen und eine Frauenzeitschrift gründen. Wer hätte da gedacht, daß die *International Herald Tribune* ihn 1991 als »König der europäischen Magazinpresse« feiern würde! Und zu einem der Großen des *amerikanischen* Verlagsgeschäfts wurde er 1994 auch noch. Der G + J-Umsatz überschritt unterdessen erstmals die Milliarde; hinter Springers 1,73 Milliarden blieb er noch immer weit zurück.

Fußball 1978: Bei der Weltmeisterschaft in Argentinien handelte sich die westdeutsche Mannschaft eine ihrer schlimmsten Blamagen ein – Sieg gegen Mexiko, schmähliche Niederlage gegen Österreich, viermal unentschieden, darunter gegen Polen und Tunesien; ausgeschieden in der zweiten Runde.

Politik 1978: Im Februar wurde der 33jährige Rechtsanwalt Gerhard Schröder Vorsitzender der Jungsozialisten. Im Mai ermordeten Italiens Rote Brigaden den mehrfachen ehemaligen Ministerpräsidenten Aldo Moro. Im Juli gründete der CDU-Abgeordnete Herbert Gruhl, Autor des Bestsellers »Ein Planet wird geplündert«, die »Grüne Aktion Zukunft« – eine der Keimzellen der Grünen, doch eine konservative Naturschutzbewegung ohne die marxistischen und pazifistischen Strömungen, die später in der Partei die Oberhand gewannen.

Im August trat der baden-württembergische Ministerpräsident Hans Filbinger nach monatelangem Gerangel zurück: Der ZEIT war die Entdeckung gelungen, daß Filbinger im Mai 1945, noch nach Kriegsende, in seiner Eigenschaft als Marine-Richter als »furchtbarer Jurist« gewütet hatte; Lothar Späth wurde sein Nachfolger. Im September wurde Johannes Rau zum Ministerpräsidenten von Nordrhein-Westfalen gewählt und blieb es zwanzig Jahre lang.

Medizin 1978: In England brachte Mrs. Lesley Brown ein Kind zur Welt, das entstanden war, indem eine ihr operativ entnommene Eizelle in der Glasschale mit dem Samen ihres Mannes befruchtet wurde; ihre Eileiter waren blockiert. Das erste von inzwischen Tausenden von Retorten-Babys! Der amerikanische Molekularbiologe Lee Silver bezeichnete dies zwanzig

Jahre später im *Spiegel*-Gespräch als denjenigen Punkt der Geschichte, an dem der Mensch seine Evolution selbst in die Hand genommen habe; nicht länger als bis zum Jahr 2003 würden wir nun auf den ersten *geklonten* Menschen warten müssen.

Kirche 1978: Am 28. September wird Johannes Paul I., »der fröhliche Papst«, am 33. Tag nach seiner Wahl tot im Bett gefunden. Die Welt ist bestürzt, der Vatikan betreibt eine verwirrende Pressepolitik, Gerüchte über einen Giftmord tauchen auf (neun Päpste sind ja vergiftet, erstickt, erstochen oder zu Tode gefoltert worden, der letzte allerdings anno 1048). Bei den Vatikan-Experten unter den Journalisten aber setzt sich die Meinung durch, das ohnehin schwache Herz des Papstes sei zerbrochen an dem hoffnungslosen Machtkampf mit den Kurienkardinälen, die ihn verachteten und isolierten. »Zwei Dinge sind im Vatikan nicht zu haben«, soll Johannes Paul I. gesagt haben: »Ehrlichkeit und eine gute Tasse Kaffee.«

Achtzehn Tage später, am 16. Oktober, bereitet das Kardinalskollegium der Welt die Sensation: Zum erstenmal seit 456 Jahren wählt es einen Nichtitaliener zum Papst – Karol Wojtyla, den Erzbischof von Krakau. Bei Drucklegung dieses Buches diente er Gott und der Kirche immer noch.

Und schließlich: Hitler 1978. Schon in diesem Jahr nämlich bahnte sich das Unheil an, das fünf Jahre später den STERN an den Rand des Abgrunds treiben sollte. Es geschah da dreierlei.

Im Frühjahr hatte ein gewisser Konrad Kujau – gelernter Bauschlosser, 1957 aus der DDR in den Westen geflohen, Hilfsarbeiter, Koch, Gebäudereiniger, vorbestraft wegen Diebstahls, unerlaubten Waffenbesitzes, Trunkenheit am Steuer und Mißbrauchs von Titeln (»Dr. Kujau«), nun in Stuttgart unter dem Tarnnamen Konrad Fischer ein kleiner Händler mit Militaria und Nazi-Souvenirs –, hatte also dieser schräge Vogel die Idee, ein Tagebuch in die Welt zu setzen, das Hitler 1935 geführt haben sollte; und er fälschte gut: Die Schrift ahmte er treffend nach, und den Text entnahm er fleißig seiner durchaus seriösen Sammlung von Büchern übers Dritte Reich.

Das Tagebuch, angeblich aus der DDR in den Westen geschmuggelt, konnte Fischer / Kujau einem manischen Sammler von Nazi-Erinnerungen andrehen, dem Unternehmer und ehemaligen SS-Mann Fritz Stiefel, und um dessen Gier zu befriedigen, verkaufte Kujau ihm überdies 160 gefälschte Hitler-Zeichnungen sowie Hitlers Uhr, Frack, Orden und Ahnenpaß, für insgesamt 400 000 Mark.

Demselben Fritz Stiefel bot der STERN-Reporter Gerd Heidemann im Herbst 1978 die Marschallsuniform Hermann Görings und sein hakenkreuzgeschmücktes Tafelsilber zum Kauf an, dieses sogar echt. Höchst ungern und offenbar in akuter Geldnot wollte Heidemann sich von seinen Beutestücken trennen: Denn er hatte 300 000 Mark Schulden.

Fünf Jahre zuvor hatte der Reporter sein Haus verkauft, um für 160 000 Mark die heruntergekommene 28-Meter-Jacht »Carin II« zu erwerben, die einst Göring gehört und nach 1945 der britischen Königsfamilie zu Spazierfahrten gedient hatte. 400 000 Mark investierte er in die Renovierung, mit dem Ehrgeiz, Görings einstiges Ambiente an Hand alter Fotos exakt zu rekonstruieren, von der Wandtapete bis zum Mokka-Service. Das komplette Schiff wollte er dann mit Gewinn verkaufen.

Fritz Stiefel aber interessierte sich nicht einmal für die Marschallsuniform. Stattdessen zeigte er dem STERN-Reporter Hitlers Tagebuch von 1935. Da hatte der Kreis des Unheils sich geschlossen. Und Heidemann, wenn er die Jacht schon nicht losschlagen konnte, wollte sie wenigstens nutzen. Mit seinem »Nazi-Tick« (wie Henri Nannen häufig sagte) war es ihm ein leichtes, Altnazis wie die ehemaligen SS-Generale Wilhelm Mohnke und Karl Wolff auf die »Carin II« zu lotsen; im Dezember 1978, als er zum viertenmal heiratete, waren sie seine Trauzeugen. Was sie und andere ihresgleichen ihm auf der Jacht erzählten, hielt er auf Tonbändern fest, um daraus ein Buch mit dem Arbeitstitel »Bordgespräche« zu machen; er fand einen Verlag, der ihm dafür 60 000 Mark Vorschuß zahlte. Auf einen solchen Typ muß Kujau gewartet haben.

Wie man unsterblich wird

Fotografen

Zu wenig war bisher von den Bildreportern die Rede – und sie haben doch ein ungleich härteres Los als ihre schreibenden Kollegen, und sie waren es, die, mehr als alle anderen, dem STERN und später GEO zum Weltruhm verholfen haben. »Die Wiedergeburt der großen deutschen Reportage-Fotografie hat im STERN stattgefunden«, schrieb die *FAZ* 1998, »und im Rückblick wird man sagen dürfen, daß sie für die Mediengeschichte unseres Landes wichtiger war als die linksliberale Politisierung der Illustrierten.«

Von jeher ist es im STERN wie in GEO üblich, daß jeder Reportage-Auftrag einem Zweier-Team erteilt wird: Denn der beste Fotograf ist zumeist nicht auch noch der beste Schreiber – und umgekehrt. Überdies sind in Krieg und Chaos zwei, die sich aufeinander verlassen können, besser dran als ein Einzelkämpfer. Was indessen nicht ausschließt, daß viele Schreiber sich über die Fotografen ärgern und viele Fotografen die Schreiber von Herzen verachten.

Verachten: Denn der Fotograf muß immer da sein, wo es knallt – während der Schreiber schon mal im Hotel sitzenbleiben, den Frontberichten der Augenzeugen und seines fotografierenden Kollegen lauschen und die Lücken mit der Fantasie des versierten Reporters schließen kann. So jedenfalls stellen es viele Fotografen dar. Und stammen die anschaulichsten Beschreibungen der Hölle nicht in der Tat von einem, der nie dringewesen ist – von Dante? Obendrein findet beim Schreiber die halbe Arbeit nachträglich am Schreibtisch statt: die Verwandlung des Erlebten und Erfragten in einen Text; und da läßt sich feilen, redigieren, nachrecherchieren und ein zweiter Anlauf machen.

Was aber der Fotograf nicht im Kasten hat, das ist verloren. Und so sind die Bildreporter getrieben von der Angst, das Unwiederholbare verpaßt, das große Bild noch nicht erjagt zu haben. Früher stehen sie auf und später gehen sie schlafen als die Schreiber, vornedran müssen sie sein, die Konkurrenten abhängen oder übertrumpfen, die ungewöhnliche Perspektive finden; und so sieht man sie tanzen: näher ran – weiter weg – eher von oben – schlechtes Licht – ärgerlicher Hintergrund – neues Objektiv – und nun die andere Kamera mit dem lichtempfindlicheren Film. Und ob nicht das eigentlich Aufregende bei Nacht passiert oder ganz woanders? Und ob man das Motiv nicht morgens um 4 bei Sonnenaufgang noch einmal aufnehmen sollte, der scharfen Schatten wegen?

Den STERN-Fotografen saß noch dazu zwanzig Jahre lang ein Dämon im Nacken: Rolf Gillhausen, »das Auge« – der Mann, der Hunderttausende von Fotos gesehen hatte und nur noch mit den brillantesten zu beeindrucken war; sonst ließ er auf tage- oder wochenlange Plage in breitem Kölsch das Fallbeil niedersausen: »Allet Jurken.«

Einem so gehetzten Jäger also mit seiner Angst, nur lauter »Gurken« heimzutragen, war der Schreiber attachiert. Womöglich sollte er dem Bildreporter noch Termine machen, Genehmigungen verschaffen, ihm Stative und Objektive tragen helfen, ihn aus dem Polizeirevier befreien. Natürlich, man half sich in der Not, und immer wieder gab es Teams, die Arm in Arm ihr Kunstwerk schufen, die große Reportage. Die anderen, auch wenn sie einander verspotteten oder beschimpften, waren doch dadurch verbündet, daß der Schreiber wußte: Sind die Bilder gut und der Artikel schlecht, so wird die Geschichte gedruckt, denn Texte kann man ändern. Sind aber die Fotos »Jurken«, so ist der Text umsonst geschrieben; allenfalls erscheint er hinten im Heft, halbiert.

Und was sind das für Leute, die Bildreporter, die stets bereit sein müssen, nächtens dorthin aufzubrechen, wo die Erde bebt oder der Wahnsinn regiert? Allen gemeinsam ist die Besessenheit, das große Bild zu schaffen, das scharfe Auge, das Gespür für den Augenblick der Wahrheit. Dann beginnen die Unterschiede. Da sind die Haudegen, wie Fred Ihrt einer war; die Arrangeure wie Stefan Moses mit seinen Zyklen und Foto-Essays, so dem über die Minister, die er überredete, eine Hantel zu stemmen – oder bloß mit ihr zu spielen, denn sie war aus Holz. Da sind die sensiblen Künstler mit der Kamera wie Thomas Höpker oder Max Scheler, die bis zur Mitte der siebziger Jahre für den STERN um die Welt reisten; und da ist »das gutmütig lächelnde Raubtier«, als das Robert Lebeck beschrieben wurde, von der *FAZ* 1999 zu seinem 70. Geburtstag als »Glücksfall unter Deutschlands Fotoreportern« vorgestellt.

Lebeck: ein gelassener Mensch mit dem Schalk im Nacken und einem unvergleichlichen Talent, erstens überall dort zu sein, »wo es passiert« (noch heute macht er sich einen Sport daraus, sich ohne Eintrittskarte ins Theater oder zum Festbankett zu mogeln – »damit ich in der Übung bleibe«, sagt er), und zweitens widerstrebende Prominente dafür zu gewinnen, daß sie dringend von ihm porträtiert werden wollen. »Easy Bob«, nannte ihn Nannen. Daß er so gar nichts von einem rasenden Reporter an sich hatte, daß er sich am Zielort erst einmal ein schönes Hotel suchte, den Stadtplan studierte und seine Frau anrief, verwirrte so manchen schreibenden Kollegen. Doch eben »dieses trancehafte Warten, dies kreative Nichtstun ist eine von Lebecks Stärken«, schrieb die *FAZ*. »Nicht viel denken«, sagt er selbst. »Man muß seinem Instinkt folgen.«

Da erwischte Lebeck denn oft den Augenblick, der in die Geschichte einging: 1960, als er noch für *Kristall* arbeitete, drückte er ab, als ein Schwarzer bei der Parade zur Unabhängigkeit der belgischen Kolonie Kongo dem im offenen Wagen stehenden König Baudouin den Degen aus der Scheide riß. 1968, nun beim STERN, sah Lebeck nachts im Taxi zwei Frauen in die Kirche gehen, in der der ermordete Robert Kennedy aufgebahrt war, sprang hinaus, ging ihnen nach und schoß ein Foto von Weltruhm: Jackie Kennedy und ihre Schwester Lee Radziwill am Sarg. 1979 war er in Teheran dabei, als die begeisterte Menge dem aus dem Exil zurückgekehrten Ayatollah Khomeini den Turban vom Kopf riß; 1981 hielt er fest, wie Romy Schneider, 13 Monate vor ihrem Tod, in einer bretonischen Kneipe zwischen ungeleerten Aschenbechern und verschüttetem Pernod mit einem alten Fischer tanzte.

»Ohne Glück kannst du nichts werden,« sagt Robert Lebeck. Und Thomas Höpker fügt hinzu: »Reporterglück ist meist das Unglück anderer.«

Nicht, wenn man einer ist wie Uwe George, der populäre, mit Preisen überhäufte Forscher und Globetrotter im Dienst von GEO, Leiter und einziger Redakteur des Ressorts »Expeditionen«. Weniger auf Menschen hat er es abgesehen als auf Tiere, Wüsten, Vulkane und andere urtümliche Landschaften, die noch kein Reisebüro vermarktet hat. George ist einer der letzten, die auf unserer längst überfüllten Erde noch Geheimnisse zu entdecken verstehen, und bei GEO der einzige, der beides darf: fotografieren *und* schreiben. Eine Feuerwehr von angestellten Bildreportern wie der STERN unterhält GEO nicht; um eine Bildstrecke in GEO reißen sich viele der besten Fotografen der Welt.

Einen völlig anderen Beruf als die Bildreporter üben diejenigen Fotografen aus, die Möbel, Models oder Hühnerbeine fotografieren, zumeist im Studio, für die Mode auch im Ambiente von Scheune, Schloß und Meer; immer mit hektischen Assistenten und aufwendig gesteuerten Lichteffekten; und der Augenblick, auf den alles ankommt, wird nicht abgepaßt mit dem Instinkt des Jägers wie bei den Bildreportern, sondern hergestellt mit dem Raffinement des Regisseurs – und so oft wiederholt, bis das ganze Team zufrieden ist.

Wenn SCHÖNER WOHNEN ein schmuckes Mansardenzimmer zeigen will, so muß es die Mansarden meiden, nie wäre da genügend Platz – sondern in einer 1400 Quadratmeter großen Halle lassen Tischler, Maler, Tapezierer, Requisiteure unter Anleitung eines Innenarchitekten die Mansarde entstehen, und kein Buch lehnt etwa zufällig im Regal, und für frische Blumen ist zu sorgen, farblich abgestimmt.

Wenn BRIGITTE die neue Mode demonstrieren will, so rükken Stylisten, Visagisten und Friseure an. Mal fliegen sie mit den Models, dem Kamerateam und zwanzig Koffern nach Florida oder Lanzarote; mal tummeln sie sich Stunde um Stunde an der Außenalster. Dann bleiben die Passanten stehen, und manchmal können sie belustigt den Schnalz- und Gurrlauten lauschen, die der große Fotokünstler hinterm Teleobjektiv zu den Models hinüberschickt, um sie bei Laune zu halten inmitten des zähen Gewirrs von Kabeln und Menschen.

Das Brathähnchen braucht solche Aufmunterung nicht, aber es gibt hundert Möglichkeiten, es falsch zu fotografieren für ESSEN & TRINKEN. Ein bläuliches Licht würde jede Speise ruinieren, und das Hähnchen aufzupumpen und durch Haarlack zum Glänzen zu bringen, wie es in der Werbung gang und gäbe ist, würde in der Freßzeitschrift an jener Glaubwürdigkeit kratzen, auf die alles ankommt. Also heißt dort die Parole: »Was wir fotografiert haben, das essen wir auch.« Kunstvoll gebraten, angerichtet, ausgeleuchtet, natürlich – aber keine Lebensmittelfarben, keine Kosmetik und keine Steckrüben-Dummys für die vom Schrumpfen bedrohte Hühnerbrust.

Ob Bildreporter oder Studiofotograf – aus dem Atelier, vom Badestrand oder von der Katastrophe bringt er eine Fotomenge mit, die dem Laien unglaublich scheint: Hunderte immer, Tausende oft, zehntausend mitunter. Wenn er sich durch das Meer der Dias oder der Kontaktabzüge arbeitet, kommt nicht selten »die furchtbare Enttäuschung«, wie es Thomas Höpker nennt: Hier stimmt das Licht nicht, da die Komposition, dort sind die Farben zu grell, ein aufdringlicher Hintergrund zerstört die Atmosphäre, und wenn alles zusammenpaßt, springt vielleicht trotzdem keine Stimmung über, oder das Motiv fällt aus dem Rahmen der Geschichte. »Wir sind alle froh, wenn wir einmal im Jahr ein tolles Bild machen«, sagt Höpker seufzend.

Höchstens ein Zehntel seiner Ausbeute pickt der Fotograf

heraus, um sie dem Art Director, oft auch dem Chefredakteur zu präsentieren – und er lauert darauf, ob sie »Allet Jurken« sagen oder »Na ja!«, oder ob sie zufrieden oder gar begeistert sind. Wird das Plazet erteilt, so reicht der Art Director den Bilderhaufen an die Grafiker oder Layouter weiter, zumeist mit lockeren Vorgaben für die Auswahl aus der Auswahl: Acht, zehn Bilder werden es sein, die im Heft erscheinen; selten mehr.

Welche Fotos wo und wie groß plaziert werden und in welcher Spannung zueinander und zur Überschrift und zum Lauftext, auch zur Bildstrecke davor und dem Thema danach – das ist mitentscheidend dafür, ob der Blätterer sich an der Hand genommen, überrascht, gefesselt fühlt und folglich dafür gewonnen ist, mit der Lektüre des Textes zu beginnen. Ob er überhaupt anfängt, darauf hat der *Schreiber* keinen Einfluß; seine Kunst ist, ihn, wenn er einmal angefangen hat, bis zur letzten Zeile zu behalten. Wenn aufregende Bilder, ein schickes Layout, verführerische Überschriften und ein brillanter Text zusammentreffen, so kann ein Gesamtkunstwerk von einer Schlüssigkeit und einer Durchschlagskraft entstehen, von dem Zeitungsredakteure höchstens träumen können.

Hat es denn noch eine Zukunft, das statische gedruckte Bild? Ja – wenn es grandios ist, sagt Rolf Gillhausen auch 1999, während er durch seine eindrucksvolle Sammlung afrikanischer Holzplastiken spaziert. Informativ und emotional muß es sein. Den Augenblick muß es zum Verweilen zwingen. Durch die Augen muß es in die Seele tropfen. Den Bruchteil der Sekunde muß es treffen, in dem ein Mensch die Wahrheit über sich verrät.

»Jener alte Indianerglaube, ein Foto stehle dem Menschen einen Teil seiner Seele, ist völliger Unsinn«, sagt Bob Lebeck. »Das Gegenteil ist richtig: Ein gutes Foto macht unsterblich.«

Aufbruch nach Amerika

1979

Ihr macht schöne Gewinne! sprach Reinhard Mohn – warum geht ihr nicht endlich ins Ausland, wie ich es mit den Buchclubs seit langem praktiziere? Wohlan, sprach Gruner + Jahr 1979, laßt es uns mit GEO versuchen: in Deutschland ein sensationeller Erfolg, dabei nicht an Sprachen und Kulturkreise gebunden – dachte man in Hamburg. Aber GEO USA zerbrach daran, und GEO Frankreich, der nächste Export, kam der Pleite ziemlich nah.

Nach Amerika zu gehen, in die Heimat von *National Geographic,* das zehn Millionen Exemplare verkaufte und im Jahres-Abonnement 11 Dollar kostete, während GEO 36 Dollar haben wollte: War das nicht von vornherein eine Schnapsidee? Der von Gruner + Jahr engagierte Verlagsleiter Igor Gordevitch sagte dazu: »Wir sind dreimal so teuer wie *National Geographic,* wir sind doppelt so gut, und wir wollen ein Zehntel seiner Auflage.« Manfred Fischer räumte später ein: »Wir glaubten, GEO könnten wir auch am Nordpol verkaufen«, so bombastisch war der deutsche Erfolg.

Daraus folgte ein bißchen Leichtsinn: ein zu üppiges Büro an der teuren Park Avenue im 33. Stock, zu viele Redakteure zu teuer eingekauft, zu viele Deutsche unter ihnen – und dazu ein Konzept, das in Amerika nicht ankam: die Wirklichkeit *ehrlich* abzubilden, also auch häßlich und brutal. Daß Gruner + Jahr im selben Jahr die Großdruckerei *Brown Printing* in Minnesota erwarb, erwies sich als die bessere Investition; Gerd Schulte-Hillen siedelte von Itzehoe nach Minnesota über und übernahm die Leitung selbst.

In Hamburg ließ Gruner + Jahr unterdessen die Zeitschrift ART vom Stapel. Der Anstoß dazu war von Wolf Uecker gekommen, einem Kunsthändler, ehemaligem STERN-Redakteur, späterem Inhaber einer PR-Agentur, Kochbuch-Autor, Landwirt und Gedicht-Vorleser im neuen *Klassik-Radio.* Daß mit einer anspruchsvollen Kunstzeitschrift nicht viel Geld zu verdienen war, wußte Manfred Fischer, und Reinhard Mohn und John Jahr, die Verleger, hielten folglich nichts davon; aber Fischer zog das Projekt durch unter dem Motto: »Das schmückt das Haus.« Jan Hensmann, Vorstandsmitglied Zeitschriften, sprach von »einer Rose im Knopfloch«, fügte aber hinzu: »Wir müssen nur aufpassen, daß wir nicht mehr Rosen als Knopflöcher haben.« Chefredakteur wurde – und ist seit nunmehr 22 Jahren – Axel Hecht, bis dahin Ressortleiter Kultur beim STERN.

Ein anderes G + J-Projekt dagegen, ein besonders ehrgeiziges, mußte begraben werden: die *Norddeutsche Zeitung.* So hieß Manfred Fischers Konzept, in bewußter Anlehnung an die *Süddeutsche:* lokal verwurzelt, aber überregional verbreitet und in der deutschen Spitzengruppe. Daß die Pressestadt Hamburg nichts dergleichen besaß und besitzt, war und ist ja kurios genug. Fischer schätzte die Anlaufkosten auf 50 Millionen.

Gerd Bucerius antwortete ihm mit schneidender Schlüssigkeit: Erstens, ja, damit könne man eine *gute* Zeitung machen. Nur leider, zweitens, keine *rentable* – denn ein Vielfaches würde es kosten, eine gute Zeitung mit hoher Auflage so lange anzubieten, bis sie das Anzeigengeschäft von den Springer-Blättern abziehen könnte. Und dies, drittens, schon dann, wenn Axel Springer sich vernünftig verhielte – aber würde er das tun? »Wir kennen die Wut des Hauses Springer über die Journalistenschule«, schrieb Bucerius. Sollte G + J nun auch noch sein Flaggschiff, die *Welt,* zu torpedieren versuchen, »werden Sie die ganze Wucht des Hauses Springer zu spüren bekommen«. (Eine überregionale Zeitung ganz anderen Zuschnitts wurde 1979 dennoch gegründet: die *taz.*)

Die *G + J-Journalistenschule in Hamburg* nahm am 2. April

1979 ihre Arbeit auf. Im Souterrain des Hamburger Amerikahauses traten 20 junge Leute im Alter von 21 bis 29 Jahren an, die sich unter 2019 Bewerbern für den 1. Lehrgang qualifiziert hatten – acht Frauen darunter, zwei Drittel fertige Akademiker (überwiegend Germanisten, Linguisten, Historiker und Soziologen) und nun zu einem Anderthalb-Jahres-Kurs versammelt, wovon fünf Monate auf die Schule und ein Jahr auf vier Praktika in vier verschiedenen Redaktionen entfielen.

Die *Deutsche Journalistenschule* in München hatte schon seit 1949 bewiesen, daß unter den Bewerbern wie in den Redaktionen eine lebhafte Nachfrage nach einer nichtakademischen Journalistenausbildung besteht – systematischer und mit einem breiteren Angebot als im herkömmlichen Volontariat und zugleich der Praxis drastisch näher als an der Universität. Seit 1974 hatte die *Ringier-Journalistenschule* in der Schweiz obendrein demonstriert, daß eine verlagseigene Schule möglich ist und in der Branche Anerkennung finden kann.

Von diesen Vorbildern beflügelt, beschlossen Manfred Fischer und Henri Nannen: Das machen wir auch – wir haben das Geld und wollen ein Zeichen setzen; wir bekommen die Chance, den Nachwuchs für unsere Zeitschriften selbst heranzubilden, statt ihn bei den Zeitungen abwerben zu müssen wie bis dahin üblich; und wenn die Absolventen nicht zu uns kommen wollen oder nicht im gewünschten Umfang, so haben wir immer noch einen Beitrag zu einem besseren Journalismus geleistet, und die Kosten verbuchen wir unter »Image-Werbung«.

Das Konzept des Schulleiters fand Beifall bei Nannen und Fischer: Keinerlei akademische Freiheit, Präsenzpflicht, Verbot jeder anderweitigen Betätigung (die Schüler bekamen das tarifliche Volontärsgehalt). Als Referenten ausschließlich Journalisten. Erziehung zu sauberem Handwerk und einem engagierten, kritischen Journalismus – und dabei die Pflege all jener »Sekundärtugenden«, die seit 1968 gerade von der akademischen Jugend durch den Kakao gezogen wurden, ohne die aber eine Zeitung nicht erscheinen kann: Leistungswille, Pünktlichkeit auf die Minute, Zuverlässigkeit bis auf die Zeile. Am ersten Schultag die erste Übung: 15 Zeilen in 30 Minuten – wer zu spät abliefert, hat leider seinen einzigen Leser verloren – Kritik von grimmiger Gründlichkeit schon am nächsten Morgen.

Da fiel so manche Kinnlade herunter, und hoch genug ging es her in den ersten Wochen. »Leistung« war ja ein Schimpfwort geworden und »Arbeitsdisziplin« in akademischem Abscheu ersäuft. So warnte der Schulleiter die Bewerber für den nächsten Lehrgang im vorhinein mit dem Spruch »Das Motto der Schule ist ein fröhliches Ja zum Leistungsdruck« und setzte später noch einen drauf: »Qualität kommt von Qual«. Diese vier Wörter fanden die Schüler immerhin so einprägsam, daß der 7. Lehrgang sie zu seiner Abschiedsfeier von einem Flugzeug auf einer vierzehn Meter langen Schleppe eine Stunde lang über die Außenalster ziehen ließ, während der 10. Lehrgang sie in eine Marmorplatte meißelte, die noch heute in der Schule hängt.

Das zehnwöchige Grundseminar befaßte sich ausschließlich mit der Tageszeitung, zur Vorbereitung auf das erste Praktikum, das grundsätzlich bei einer Zeitung stattzufinden hatte. Die Plätze dafür zu finden, war für den 1. Lehrgang schwierig: Gruner + Jahr besaß ja noch keine Zeitung, und in der Branche war die Schule nicht erprobt. Schon mit dem 2. Lehrgang war dieses Problem verschwunden, und später gab es oft dringliche Anfragen nach Hamburger Praktikanten.

Da bewährte sich die Härte der Ausbildung und die klare Zielvorgabe: Wir schulden euch die Einübung in den real existierenden Journalismus, während wir gleichzeitig versuchen, euch einen besseren Journalismus zu lehren; ihr sollt *alles* können, was man von euch erwartet, und euch über *nichts* wundern, worauf ihr stoßt. Der »Praxisschock«, den viele *Studenten* der Journalistik oder Publizistik erlitten (und über den man beispielsweise an der Universität Dortmund Magisterarbeiten schrieb, statt seine Ursachen zu beseitigen) – er blieb den G + J-Schülern vollständig erspart.

Mit allen erdenklichen Redaktionssitten und -unsitten wurden sie im Grundseminar konfrontiert; Gleichaltrige, die gerade ein Volontariat absolvierten, wurden zur Berichterstattung eingeladen; Chefredakteure, als Referenten gebeten, sorgten freiwillig und unfreiwillig für Einblick in die Abgründe des journalistischen Alltags; und nach jedem Praktikum brachten die Schüler ihre Erfahrungen zu Papier, so daß die Schule bald ein in Deutschland vermutlich einzigartiges Archiv von Redaktionsmarotten besaß – bis hin zu der Warnung, daß es in einer höchst renommierten Zeitung gefährlich war, seine Jacke auf einen beliebigen Kleiderbügel zu hängen, denn die Bügel trugen Namensschildchen, und die Namensträger gaben kein Pardon.

Für das zweite Seminar – Zeitschriftenjournalismus – gab es schon im September das klassische Anschauungsmaterial. Zwei Ehepaaren mit vier Kindern gelang der abenteuerlichste aller Fluchtversuche aus der DDR: Aus volkseigener Kunstseide nähten sie sich einen Heißluftballon, hängten eine Eisenplatte daran, auf der alle acht stehen konnten, erzeugten die Warmluft mit einem Gasbrenner und ließen sich bei Nacht dreißig Kilometer weit über den Eisernen Vorhang treiben.

Da zeigt der STERN, was er kann: Die Familien werden mit 80 000 Mark versiegelt, in einem entlegenen Hotel versteckt und von mehreren Reportern ausgequetscht, deren Tonbandprotokolle der Star-Autor Jürgen Petschull in Tag- und Nachtarbeit in eine STERN-Serie verwandelt. Andere Redakteure erbeuten am Rande der Legalität die Reste des Ballons, gewinnen mit viel Geld Deutschlands einzige Ballonnäherei dafür, das Vehikel wieder flugtauglich zu machen, stellen die Familien noch einmal auf die Plattform und schießen das Titelbild: »Das ist er – der Ballon, den noch keiner sah«, und: »Exklusiv im STERN: die authentische Geschichte …«

Welcher Aufwand! Den Redefluß der Flüchtlinge gegenüber allen Journalisten zu stoppen und sie vom Markt wegzukaufen, war dabei der umstrittenste Schritt. Henri Nannen gab die Parole aus: »Diese armen Teufel hatten keine Ahnung, welches

Kapital in ihrer Geschichte steckt. Die Journalisten haben sie ausgebeutet, ohne ihnen einen Pfennig zu bezahlen. Der STERN gab ihnen das Geld, das sie wert waren, und ermöglichte ihnen damit den Start im Westen. Und unterdrückt worden ist *keine* Information.«

Das mag man nun schlüssig finden oder nicht – unbestreitbar ist, daß der STERN, der hoffnungslos hinter *Tagesschau* und Tageszeitung herhinkende, nicht leben könnte, wenn er nicht den Willen hätte, sich auf das Besondere zu stürzen und es gegen alle Konkurrenz abzuschirmen. Mit Heft 44 erreichte der STERN erstmals einen Umfang von 400 Seiten.

Um seinen Rechercheur Gerd Heidemann blieb es 1979 still. Er hatte sich den Ruf erworben, »der hartnäckigste, raffinierteste Reporter in Deutschland« zu sein, »der zäheste Spürhund, der sich denken läßt« (so schrieb es der STERN 1983 zur ersten Folge der »Hitler-Tagebücher«), und mit seinen Bildern vom Gemetzel im Kongo hatte er 1964 auch noch den Ersten Preis im »World Press«-Fotowettbewerb gewonnen.

Nun ließ die Redaktion ihn gewähren: Er suchte ja den Goldschatz Mussolinis im Comer See, das Bernsteinzimmer Peters des Großen, das Versteck Martin Bormanns, des Chefs von Hitlers Parteikanzlei – und wenn er in Gegenwart von Kollegen behauptete, daß er gerade mit Bormann telefoniere, so waren die nie ganz sicher, ob er einen Witz machen wollte oder am Ende doch fündig geworden war.

Im Juli 1979 erschien der STERN mit einem Strahlemann auf dem Titel, Franz Josef Strauß hieß der, und dem Leser rief er zu: »Deutschland, ich komme!« Erst seit acht Monaten bayerischer Ministerpräsident, wurde Strauß von der CDU/CSU-Fraktion als Kanzlerkandidat für 1980 präsentiert, Sieger in einer Kampfabstimmung über Ernst Albrecht, Ministerpräsident von Niedersachsen, und Favorit des CDU-Vorsitzenden Helmut Kohl.

Warum nicht Kohl selbst? »Ist Kohl schon am Ende?« hatte der STERN 1977 gefragt, und im Januar 1979 fällte der *Spiegel* in eigenwilligem Deutsch den Richterspruch: »Kohl kaputt«.

Das, wie wir wissen, stimmte nicht. Vermutlich sah Kohl, nachdem er 1976 in Prozenten einen Triumph errungen und dennoch gegen Helmut Schmidt verloren hatte, auch für 1980 keine Chance, diesen Kanzler zu stürzen; da sollte Strauß, der ewige Störenfried, »sich ein letztes Mal und für immer die Hörner abstoßen und danach Ruhe geben«, schrieb Herbert Riehl-Heyse im Rückblick.

Zunächst bekam die Bundesrepublik einen neuen Präsidenten: Professor Karl Carstens, zuvor Vorsitzender der CDU/CSU-Bundestagsfraktion, nun Sieger über die SPD-Kandidatin Annemarie Renger – die es sowenig schaffte wie 1994 Hildegard Hamm-Brücher und 1999 Dagmar Schipanski. In Großbritannien dagegen siegte eine Frau: Margaret Thatcher wurde Premierministerin. Den Friedensnobelpreis bekam Mutter Teresa.

Am 28. März versagte im Atomkraftwerk Harrisburg im US-Staat Pennsylvania ein Ventil, die Kühlwasser-Zufuhr wurde gedrosselt, die Hälfte des 150 Tonnen schweren Reaktorkerns schmolz. Anders als dann 1986 in Tschernobyl hielt der Beton, die Katastrophe trat nicht ein – aber die Atomkraft hatte zum erstenmal ihre Tücken bewiesen, die Protestierer von Brokdorf und Kalkar sahen sich doppelt gerechtfertigt, und die öffentliche Diskussion über die friedliche Nutzung der Atomenergie – zumal von *Spiegel*, STERN und *Frankfurter Rundschau* vorangetrieben – riß nicht mehr ab.

Mittelstreckenraketen mit Atomsprengköpfen sollten darunter nicht leiden dürfen: Die NATO beschloß, 572 von ihnen in Westeuropa zu stationieren, falls die Sowjetunion ihre SS-20-Raketen nicht abbaue. Den Anhängern dieses sogenannten Doppelbeschlusses gelang es, ihn als *Nachrüstung* unters Volk zu bringen, und für die brachte Bundeskanzler Helmut Schmidt auf dem SPD-Parteitag in Berlin sogar eine Mehrheit zustande.

Umsturz im Iran: Im Januar hatte der Schah sein Reich fluchtartig verlassen, von Aufruhr und Streik verjagt; am 1. Februar zog der 78jährige Ayatollah Khomeini nach 15jährigem Exil in Teheran ein und errichtete das nächste Schreckensregime. Zum erstenmal in der Geschichte hatte eine 4000 Kilometer entfernte Stimme einen Umsturz bewirkt: Aus Frankreich hatte der Greis Tonbänder mit seinen Brandreden in den Iran geschmuggelt; sie riefen auf zum Sturz des Schahs, verkündeten den islamischen Gottesstaat und verhießen allen Ungläubigen Unheil oder Tod. (Wenn Tonkassetten schon solche Wirkungen haben können – welche Überraschungen wird uns das Internet bereiten?)

In Vietnam geschah etwas, was nach marxistischer Lehre unmöglich hätte passieren dürfen: Nach einem Grenzkonflikt fiel das rote China auf breiter Front in das kommunistische Bruderland ein. War der Krieg nach der Lehre des Marxismus-Leninismus nicht entweder ein Exzeß zwischen imperialistischen Mächten oder die Befreiung von imperialistischem Joch oder die Unterdrückung der Arbeiterbewegung durch reaktionäre Kräfte? Und nun schossen sie aufeinander, demokratische Volksbewegungen. Erklärungsnotstand von Pjöngjang bis Ostberlin!

Die sozialistische Selbstzerfleischung war nach vier Wochen beendet. Ein anderer Krieg aber zog sich blutig fast zehn Jahre hin: Am 27. Dezember besetzten sowjetische Fallschirmjäger den Fernsehsender und den Präsidentenpalast in Kabul, der Hauptstadt Afghanistans, um das ihr hörige Regime zu stützen und zugleich einen Wall gegen den islamischen Fundamentalismus des Ayatollah Khomeini zu errichten. Das rief die Mudschaheddin auf den Plan. Wie 1975 das Vietnam-Schlamassel für die USA, so endete das Afghanistan-Abenteuer mit einer Blamage für die andere Weltmacht und trug dazu bei, sie zu zerstören.

Das Kreuz des Südens

1980

Zweimal verurteilten die Vereinten Nationen 1980 Moskaus Überfall auf Afghanistan, Präsident Carter verhängte ein Getreide-Embargo gegen die Sowjetunion, und während der Olympischen Winterspiele in Lake Placid in den USA stellte er das Ultimatum: Rückzug aus Afghanistan, oder der Westen wird die Olympischen Spiele in Moskau boykottieren! »Sind die Russen wild geworden?« fragte der STERN im Januar auf der Titelseite.

In Lake Placid gewannen die Sowjetunion und die DDR je neun Goldmedaillen, die Bundesrepublik kam auf fünfmal Silber und Bronze. Das Ultimatum ließ der Kreml verstreichen, und so blieben die USA und 64 weitere Nationen den Sommerspielen fern, darunter die Bundesrepublik, Japan und China. Viele Verbündete Amerikas jedoch widersetzten sich dem Druck aus Washington und nahmen teil: Großbritannien, Frankreich, Italien, Holland, auch Österreich und die Schweiz. In den Boykott-Staaten aber sahen sich Tausende von Athleten um die Chance ihres Lebens betrogen.

In Arizona starb, 66 Jahre alt, Jesse Owens, vierfacher Goldmedaillengewinner und Idol der Olympischen Spiele von 1936 in Berlin; der erste Mensch, der weiter als acht Meter gesprungen war. Zu den Toten von 1980 gehörte ein Fossil der Nazi-Zeit: Karl Dönitz, Großadmiral und für ein paar Tage Hitlers Nachfolger als »Reichspräsident«, in Nürnberg zu zehn Jahren Spandau verurteilt, dann in Aumühle bei Hamburg ein begehrter Gesprächspartner für seinesgleichen.

Und nach monatelangem Todeskampf starb, fast 88jährig, Marschall Tito, 1945 jugoslawischer Ministerpräsident, 1953 Staatspräsident – seit 1948 berühmt für seinen Mut, die Sowjetunion durch einen »eigenen Weg zum Sozialismus« zu brüskieren, und viele Jahre Wortführer und Galionsfigur der Dritten Welt.

In Polen konnte der Elektromonteur Lech Walesa, Anführer der Streiks der Danziger Werftarbeiter von 1970 und 1980 wieder, *Solidarnosc* gründen, den Dachverband der freien Gewerkschaften. Am Persischen Golf entstand aus Grenzscharmützeln der achtjährige Krieg zwischen dem Irak und dem Iran; Saddam Hussein, irakischer Diktator seit 1979, wurde damals vom Westen als Verbündeter gegen den Ayatollah Khomeini angesehen und gern mit Waffen beliefert, für die Kuwait und Saudi-Arabien Dollar-Milliarden bereitstellten.

Da ließ Khomeini die amerikanische Botschaft in Teheran überfallen und 50 US-Bürger mehr als ein Jahr lang als Geiseln festhalten. Der Versuch eines amerikanischen Kommando-Unternehmens, die Geiseln gewaltsam zu befreien, scheiterte kläglich – ein Beitrag zu der Niederlage, die Präsident Carter im November gegen den 69jährigen ehemaligen Hollywood-Schauspieler und späteren Gouverneur von Kalifornien, Ronald Reagan, erlitt. Der setzte sich zum Ziel, die Sowjetunion kaputtzurüsten; und er hat es geschafft.

In der Bundesrepublik wurde 1980 vor allem von Franz Josef Strauß gesprochen, dem Kanzlerkandidaten von CDU und CSU für die Bundestagswahl am 5. Oktober. Die ZEIT lieferte die Sensation, daß einer ihrer drei Herausgeber, Diether Stolze, auf der dritten Seite vehement *für* Strauß eintrat (»Plädoyer für den besseren Mann«), so daß die CDU verblüfft 50 000 Sonderdrucke bestellte; eine Woche später empfahl dann Theo Sommer, wie vorher abgesprochen, an derselben Stelle Helmut Schmidt.

Das war nicht nur ein Ausdruck von Liberalität, sondern das Produkt eines Machtkampfs. Bucerius hatte sich die absonderliche Konstruktion einfallen lassen, Stolze erstens zum *Verleger* zu ernennen (der mehr ein Verlagsleiter war, denn Bucerius zog sich keineswegs zurück), zweitens zu einem der drei *Herausgeber,* neben Gräfin Dönhoff und Theo Sommer, drittens aber auch noch zu einem von zwei *Chefredakteuren,* neben Sommer.

Viele Redakteure waren ungehalten über diese Vermischung von redaktionellen und verlegerischen Funktionen und ebenso über Stolzes Übermacht; die gipfelte am Jahresende 1980 darin, daß Stolze drohte, in seiner Eigenschaft als Verleger werde er seinen Chefredakteurskollegen Sommer »rausschmeißen«.

Noch mehr Wirbel entstand im Dezember, als Bucerius verkündete, er wolle Gruner + Jahr als Gesellschafter in den ZEIT-Verlag aufnehmen – den Konzern also, aus dem er 1969 die ZEIT ausgegliedert hatte. Ein kleiner Verlag wie seiner sei auf die Dauer nicht überlebensfähig und Gruner + Jahr »der erfolgreichste und kreativste deutsche Zeitschriftenverlag«. Bucerius Teilhaber und Aufsichtsratsvorsitzender von Bertelsmann – Bertelsmann Mehrheitsgesellschafter von Gruner + Jahr – Gruner + Jahr Teilhaber der ZEIT: Die Redaktion sah sich umzingelt. Mehr als zwei Jahre lang lag sie mit Bucerius in erbittertem Streit, mit Wutausbrüchen des Verlegers und einer Streikdrohung der Gräfin Dönhoff.

Im STERN war man sich, anders als in der ZEIT, einig über Strauß: Als »Kanzlerdarsteller« stellte das Magazin ihn vor; als Preisringer, mit der Zeile »Ich bin der Gröbste«; schon 1979 auf einer Doppelseite im Heftinneren, von hinten fotografiert, den mächtigen Nacken in Großaufnahme, mit der klassischen Zeile: »Das Kreuz des Südens«.

»Ein Halbgott wird vorgezeigt und gleichzeitig ein Monster«, schrieb Herbert Riehl-Heyse später im STERN. Auf keinen anderen Politiker sei eine ganze Republik seit 25 Jahren so fixiert gewesen »mit ihren Heilserwartungen wie mit ihren Ängsten«. Gewiß sei Strauß einer der intelligentesten Politiker im Land, doch mit seinen schlechten Eigenschaften stehe er sich selbst im Wege: seinem Überlegenheitskomplex und seinem ewigen Mißtrauen gegen jeden, der ihn kritisiert. Oft geschadet habe er sich auch mit seinem Neid auf Politiker, »die es – obwohl dümmer als er – weiter gebracht hatten«.

Wahlergebnis: Wieder wird die CDU/CSU die stärkste Partei (44,5 Prozent) – und wieder kann sie nicht regieren, denn SPD und FDP sind zusammen stärker (42,9 Prozent und 10,6 Prozent). Jene Blamage für Strauß aber, auf die Deutschlands linke und liberale Presse hingearbeitet hatte, war das Ergebnis nicht: zwar 4,1 Prozentpunkte weniger für CDU/CSU als bei Helmut Kohls Traumresultat von 1976, aber nur 0,4 Punkte weniger, als 1972 Rainer Barzel erzielt hatte. Helmut Schmidt, der im Amt bestätigte Bundeskanzler, berief den 60jährigen Kurt Becker zum Regierungssprecher, den stellvertretenden Chefredakteur und Politikchef der ZEIT. Die Grünen hatten zum erstenmal kandidiert und scheiterten mit 1,5 Prozent. Es war vor allem der Protest gegen die Atomkraftwerke, der sie zusammenband, und die Zeit arbeitete für sie: Im Mai 1980 hatte die langjährige Schlacht um das geplante Zwischenlager Gorleben begonnen, Demonstranten riefen die »Republik Freies Wendland« aus und bauten ein Hüttendorf; die Polizei walzte es nieder.

Der STERN stieg groß darauf ein, aber seine Titelzeile »Die Grünen: Gefahr für Bonn« war noch übertrieben. Zweimal stellte das Magazin 1980 vom Kiosk herab eine seither stets aktuell gebliebene Frage: »Macht das Fernsehen unsere Kinder kaputt?« und »Sind die Deutschen faul geworden?« Die Zahl der blanken Busen schrumpfte auf vier im ganzen Jahr.

Im Oktober 1980 rückte das Unheil dem STERN ein Stück näher. Gerd Heidemann hatte drei Hinweise zusammengebracht: Fritz Stiefel, der besessene Sammler von Nazi-Souvenirs, den er 1978 kennengelernt hatte, glaubte sich ja im Besitz eines Hitler-Tagebuchs von 1935; Konrad Kujau, der es gefälscht und ihm verkauft hatte, hatte dazu die Legende geliefert, es stamme aus einem Flugzeug mit Hitlers Akten, das in den letzten Kriegstagen verschollen sei; und ein seriöses Buch über die letzten Tage der Reichskanzlei, »Die Katakombe«, bestätigte den Absturz und nannte den Namen des Piloten: Fliegermajor Gundlfinger.

Bei der Dienststelle für die Benachrichtigung der Angehörigen von Gefallenen der Wehrmacht fand Heidemann heraus: Ja, am 21. April 1945 war ein Major Gundlfinger in der Nähe von Börnersdorf bei Dresden abgestürzt und umgekommen. In Börnersdorf also mußte man mit der Suche nach weiteren Tagebüchern Hitlers beginnen!

Heidemann trug seine Theorie Dr. Thomas Walde vor, dem Leiter des STERN-Ressorts »Zeitgeschichte«, und der fragte seinen Freund Wilfried Sorge, den stellvertretenden Verlagsleiter, um Rat: Was tun? Die Chefredaktion hatte Heidemann die Kündigung angedroht, falls er es übertreibe mit seinem Nazi-Tick. Im November reisten Walde und Heidemann erst einmal nach Börnersdorf, und auf dem Friedhof fanden sie Gundlfingers Grab; die Absturzstelle fanden sie noch nicht.

Konrad Kujau hatte unterdessen einen durchschlagenden Erfolg errungen: Im Oktober war das wissenschaftliche Werk »Hitler/Sämtliche Aufzeichnungen 1905–1924« erschienen, herausgegeben von Professor Eberhard Jäckel, dem Direktor des Historischen Instituts der Universität Stuttgart; und von den 694 abgedruckten Dokumenten waren mindestens 76 von Kujau gefälscht – darunter ein angebliches Gedicht des Gefreiten Hitler und das Faksimile auf dem Buchdeckel. (Der STERN führte das 1983 als weiteren Entlastungsgrund ins Feld.)

Auch das angebliche Tagebuch von 1935 hatte der Professor Jäckel eingesehen, »erregt«, wie er 1984 im Prozeß gegen Heidemann und Kujau einräumte, doch ohne konkretes Interesse, denn sein Buch endete ja 1924. (Der Angeklagte Kujau widersprach dem Zeugen Jäckel: »Auf das Tagebuch war der spitz wie Lumpi«, sagte er.)

Als Henri Nannen Ende 1980, 67 Jahre alt, die Chefredaktion des STERN niederlegte, konnte er noch nichts ahnen von dem Verhängnis, das sich da über seinem Lebenswerk zusammenbraute. In mehr als 32 Jahren hatte er fast 1700 STERN-Ausgaben verantwortet, aus dem Bilderblättchen von 1948 die erfolgreichste Illustrierte der Welt gemacht und über Jahre hin das aufregendste Periodikum deutscher Sprache – Henri

Nannen, der Zirkusdirektor mit dem scharfen Intellekt und der Witterung für die Chancen von übermorgen, das launische Kraftpaket, »der überwältigende, lastende Mann« (Gerd Bucerius).

Hätte der Verlag einen nur halbwegs vergleichbaren Nachfolger gefunden – er hätte Nannen die überfällige Ruhe wohl ein paar Jahre früher gegönnt. Immer hatte Nannen maßlos gelebt, maßlos gearbeitet und fröhlich gewütet, eine Kerze, die an beiden Enden brannte; in den letzten Jahren aber war es vorgekommen, daß er einschlief mitten in der Redaktionskonferenz oder in der Vorstandssitzung; und seit er 1978 in Sachen Bissinger die Redaktion düpiert hatte, war es auch mit dem Respekt für ihn bergab gegangen.

Doch Nannen hinterließ ein Blatt mit ungebrochenem Renommee, das im letzten Quartal 1741000 Exemplare verkaufte, 32000 mehr als im Vorjahr (obwohl der Heftpreis inzwischen von 2,50 auf 3 Mark erhöht worden war) und über 300000 mehr als die *Bunte*, die Nummer 2 der aktuellen Illustrierten. Vorstandsmitglied von Gruner + Jahr blieb Nannen noch drei Jahre lang, und im STERN wurde die Position des Herausgebers für ihn erfunden; der war, nach seinen eigenen Worten im Heidemann-Prozeß, »ein Grüß-August«. Und es reute ihn doch: Denn so wurde er, passiv zwar, aber schmerzlich in die Affäre »Hitler-Tagebücher« involviert. Von seiner Redaktion verabschiedete Nannen sich ironisch mit den Worten: »Die Beisetzung hat in aller Stille stattgefunden.« Der STERN-Reporter Heinrich Jaenecke schrieb über den Abschied später: »Ein Frösteln ging durchs Haus.«

Und wer sollte den STERN nun machen? Manfred Fischer setzte sich für den 44jährigen Helmut Markwort ein, den umtriebigen Chefredakteur der Fernsehzeitschrift *Gong*, vorher Korrespondent des STERN in Düsseldorf, dann Chefredakteur von *Bild + Funk;* 1979 war er mit der *Aktuellen* erfolgreich in den Markt der Yellow Press eingebrochen. Ein Gespräch kam zustande. Aber Markwort zögerte; der Sprecher des Redaktionsbeirats, Heiner Bremer, war sowieso dagegen

(Markwort? Kein politischer Kopf, und wenn, dann kein linker) und Nannen auch (Markwort? Könnte der nicht am Ende bedeuten, daß man mir nicht hinreichend nachtrauert? So empfinden sie nun mal, die großen Männer).

Also wurde zum ersten-, nicht zum letztenmal die Last des Vorgängers auf drei Schultern verteilt: auf die bisherigen stellvertretenden Chefredakteure Rolf Gillhausen und Peter Koch sowie Felix Schmidt, vormals *Spiegel* und STERN, dann einer von drei Chefredakteuren der *Welt am Sonntag,* zuletzt Programmdirektor Fernsehen beim Südwestfunk in Baden-Baden. »Vor Peter Koch«, schrieb Bucerius 1983 in der ZEIT, »hatte ich Nannen gewarnt: journalistisch mittelmäßig; Charakter anfechtbar.«

Drei Chefredakteure – Egon Freiheit, Rolf Düser und Wolfram Baentsch – auch an der Spitze einer neuen Monatszeitschrift, die Gruner + Jahr im September 1980 auf den Markt warf: IMPULSE; dem Herausgeber Johannes Gross zufolge »ein neuartiges Fakten-Magazin für alle, die in der mittelständischen Wirtschaft Entscheidungen zu treffen haben und dabei nicht auf Stabsabteilungen zurückgreifen können«. Mit einer Startauflage von 160 000 Exemplaren zielte das neue Produkt auf Platz 2 der Wirtschaftstitel, gleich hinter der G + J-Zeitschrift CAPITAL. Robinson, schrieb Gross zum Einstand – Robinson habe, anders als ein Unternehmer von heute, keiner Beratung bedurft: keine Konkurrenz, kein Finanzamt, keine Gewerkschaft, keine drängelnden Erben; auch kein Marketing, denn der einzige Konsument wurde so und so erreicht; und nicht einmal Ärger mit der Urlaubsplanung, denn auf einer Palmeninsel war er schon.

Manfred Fischer, auf die Grenzlinie zwischen den beiden Wirtschaftszeitschriften des Hauses angesprochen, erklärte sie so: »CAPITAL sagt Jung-Managern, wie man eine Gehaltserhöhung erstreitet. IMPULSE sagt Unternehmern, wie man eine Gehaltserhöhung abwehrt.«

Einen gewissen Sinn fürs Praktische also konnte man Gruner + Jahr schon damals nicht absprechen.

Die Zündschnur glimmt

1981

Im Januar 1981 öffnet sich, nach dem Vorspiel, das Gerd Heidemann und Thomas Walde inszeniert haben, der Vorhang zum ersten Akt der Posse mit den »Hitler-Tagebüchern«. Heidemann gelingt es, jenen Konrad Fischer aufzustöbern, von dem der Sammler Fritz Stiefel Hitlers angebliches Tagebuch von 1935 erworben hat: Stiefel gibt Fischers Telefonnummer preis, denn im Telefonbuch ist der nicht zu finden und beim Einwohnermeldeamt nicht bekannt.

Konrad Fischer also, der eigentlich Kujau heißt, riecht das große Geschäft und bindet Heidemann den Bären auf, sein Bruder, Generalmajor der Nationalen Volksarmee, habe einem alten Bauern in Börnersdorf bei Dresden 27 Bände Hitler-Tagebücher abgekauft, von dem Bauern aus der dort 1945 abgestürzten Maschine entwendet; und zwei oder drei dieser Bände könne er, Konrad Fischer, für den STERN über die Grenze schaffen, 80000 Mark das Stück. So jedenfalls erklärt Heidemann das später vor Gericht; ob er wenigstens anfänglich guten Glaubens war, also ein betrogener Betrüger, oder ob er sich mit Kujau zum Betrug verschwor – das wurde nie geklärt.

Am 27. Januar 1981 ist es soweit: Der Grundstein zur Katastrophe wird gelegt. Heidemann, Walde und der stellvertretende STERN-Verlagsleiter Wilfried Sorge informieren Dr. Jan Hensmann, G + J-Vorstandsmitglied für die Zeitschriften, über ihren vermeintlichen Fund. »Statt die drei Geheimniskrämer hinauszuwerfen«, wie der STERN später schreibt, geht Hensmann mit ihnen zu Manfred Fischer, dem Vorstandsvorsitzenden. Der will als erstes Henri Nannen und die Chefredaktion des STERN in Kenntnis setzen – aber »Nannen quatscht!« sagt Heidemann, und die Chefredakteure Koch und Schmidt seien ebenfalls geschwätzig.

Das mochte ja sein; nur hegten alle drei jenes gesunde Mißtrauen gegen Heidemanns »Nazi-Tick«, das den Eklat vielleicht hätte verhindern können. Weitreichende Beschlüsse für den STERN fassen und die Chefredaktion dabei ausdrücklich übergehen – das war der Sündenfall.

Heidemann mutet dem Vorstandsvorsitzenden sogar zu, eine weitere Kröte zu schlucken: Er weigert sich, seinen Mittelsmann zu nennen, um den nicht in Gefahr zu bringen und schon gar nicht dessen hochrangigen Bruder in der DDR – »ein schamloser Mißbrauch des Informantenschutzes«, sagte Gerd Schulte-Hillen dazu, hinterher. Nur vom Herkunftsort, dem Flugzeugwrack bei Börnersdorf, berichtet der Reporter, und der Absturz immerhin hat ja stattgefunden. Und da Heidemann beim Leben seiner Kinder schwört, es gehe alles mit rechten Dingen zu, und da Walde behauptet, wenn Gruner + Jahr nicht zugreife, werde ein amerikanischer Verlag die Tagebücher an sich reißen, ist Fischer gewonnen – und gefangen.

Nicht einmal dies stimmt ihn mißtrauisch: daß Heidemann darauf besteht, die Tagebücher müßten erst vollständig gekauft und *dann* auf Echtheit geprüft werden, weil sonst die notwendige Geheimhaltung gefährdet sei. Und die, das leuchtet allen ein, ist das oberste Gebot: Die Konkurrenz darf um Gotteswillen keinen Wind davon bekommen – und würde uns am Ende ein Gericht dazwischenfahren, bei den ungeklärten Eigentumsverhältnissen?

Der Leiter der Rechtsabteilung wird vorsorglich zugezogen und zur Verschwiegenheit verpflichtet, ebenso das Vorstandsmitglied für Finanzen, Peter Kühsel. Der fährt mit Heidemann zur letzten Bankfiliale, die am Nachmittag noch geöffnet hat (am Flughafen), hebt 200 000 Mark ab und legt sie in Heidemanns Aktenkoffer – ein Darlehen, mit dem der Reporter die zwei oder drei Tagebücher zu bezahlen verspricht; ohne Quittung, versteht sich, der unbekannte Vermittler muß ja im dunkeln bleiben.

Drei Wochen später, am 18. Februar, hält Manfred Fischer das erste der Tagebücher in der Hand – »geradezu ein sinnliches Erlebnis«, sagt er 1985 als Zeuge vor Gericht. Seine »Echtheitsvermutung« sei bedeutend gestiegen. Heidemann bekommt eine Million Mark angewiesen – und den Auftrag, alle 27 Tagebücher zu beschaffen; möglichst bis zum 30. Juni, dem Tag, an dem Manfred Fischer Gruner + Jahr verlassen wird.

Eine weitere Million für den Kauf soll Heidemann Zug um Zug übergeben werden. Zwei Millionen – dieses Risiko zu tragen sei bei der Bedeutung des Stoffes seine Pflicht gewesen, sagt Fischer später, und im Prozeß: Eine Million Verlust oder zehn Millionen Gewinn – davon gehe ein Milliarden-Unternehmen nicht unter. (Für diesen Satz bekam Fischer eine schlechte Presse. Aber natürlich hatte er recht: Wenn ein Großverlag eine neue Zeitschrift startet, muß er mit dem Vielfachen spielen.)

Im Februar 1981, nach der ersten Lieferung, unterrichtet Manfred Fischer Reinhard Mohn über die Tagebücher. »Wenn die echt sind«, sagt Mohn, »dann habt ihr einen großen Fisch an der Angel.«

Schon im April aber hätte die Kriminalklamotte ihr Ende finden können: Da erscheint nämlich in den *Vierteljahresheften für Zeitgeschichte* das Eingeständnis und die Warnung des Geschichtsprofessors Eberhard Jäckel, in sein Buch »Hitler – Sämtliche Aufzeichnungen 1905–1924« seien Fälschungen hineingeraten. Was tun Heidemann und Walde, als sie das erfahren? Nichts, »aus Geheimhaltungsgründen«. Nur daß Heidemann den Fischer/Kujau fragt: Stammt eine der Fälschungen etwa von dir? Aber nicht doch! antwortet der. Und Manfred Fischer ist auf Heidemanns Jacht »Carin II« zu Gast.

Schon im Mai gibt es den nächsten Anlaß, an den »Tagebüchern« zu zweifeln: Der ehemalige SS-General Mohnke, Heidemanns Freund und Trauzeuge, sagt zu einer Passage, die

Heidemann ihm vorgelesen hat: Da kann was nicht stimmen – als Hitler von einer Einheit seiner Leibstandarte in Berlin-Lichterfelde schrieb, hat es die dort nicht gegeben. Was tun Heidemann und Walde? »Wir waren so auf Hitler fixiert«, sagt Heidemann vor Gericht, »daß wir dachten, wir hätten *ihn* bei einem Fehler erwischt.«

Am 13. Mai 1981 wird das Attentat auf den Papst verübt. Die STERN-Chefredaktion will den großen Fährtensucher Heidemann auf die Spur des Täters setzen. Da geht Heidemann zu Walde und Walde zu Sorge und Sorge zu Hensmann – und der entschließt sich, die Chefredaktion und Henri Nannen, den Herausgeber, nunmehr über die Gründe für die Unabkömmlichkeit Heidemanns zu informieren. Felix Schmidt und Peter Koch sind erstens entgeistert über die Form (an ihnen vorbei!), zweitens »betroffen, daß dieses Material erst durch den Verlag ins Haus kam und sie Heidemann falsch eingeschätzt hatten« (Schulte-Hillen 1983) und drittens allmählich begeistert von der Sache (welche Chance für den STERN!).

Nannen macht gerade Urlaub im Haus eines Freundes an der Côte d'Azur, zusammen mit seinem langjährigen Wegbegleiter Victor Schuller, und der bekommt nach Hensmanns Anruf von Nannen nur zu hören: »Top secret – vergiß es!« Mit einer Art »angewiderter Gleichgültigkeit« habe Nannen das gesagt, erzählt Schuller später. Manfred Fischer berichtet über den Vorgang: »Nannen machte uns keinen Vorwurf über die Form, äußerte keinen Zweifel an der Sache und deutete auch nichts an von jenem flauen Gefühl, das er dabei gehabt haben will.«

Zweifel an der Echtheit seien in der STERN-Redaktion nicht aufgekommen, resümierte im September 1983 der Untersuchungsausschuß über die Tagebuch-Affäre: »Wenn die Sparfüchse im 9. Stock« (der Vorstandsetage) »so viel Geld lockermachen, dann *muß* die Sache wasserdicht sein.« Das Vertrauen der Redaktion in den Vorstand ist also ähnlich blind wie das des Vorstands in die Redakteure Heidemann und Walde.

Am 30. Juni 1981 legt Manfred Fischer bei Gruner + Jahr den Vorstandsvorsitz nieder und wird, wie bei seinem Antreten in Hamburg vereinbart, Vorstandsvorsitzender von Bertelsmann – schon damals dem drittgrößten Medienhaus der Welt und in dem Gewerbe »eine der zwei, drei interessantesten und einflußreichsten Positionen auf Erden«, wie er sagt. Reinhard Mohn zieht sich, seinem selbsterlassenen Hausgesetz folgend, in den Bertelsmann-Aufsichtsrat zurück, weil er 60 geworden ist; als Vorsitzender des Gruner + Jahr-Aufsichtsrats wird ebenfalls Fischer sein Nachfolger. »Das wird nicht gutgehen – bleiben Sie lieber hier!« geben Bucerius, Jahr und Nannen dem Reisenden nach Gütersloh mit auf den Weg.

Acht Jahre hat Fischer in Hamburg gewirkt, GEO, P.M., ART und IMPULSE gestartet, in Spanien, Frankreich und den USA das Auslandsgeschäft in Gang gesetzt, das später ein Eckpfeiler des Hauses wird. Im Mai erscheint in Deutschland das erste Heft einer neuen blauen GEO-Reihe, GEO-SPECIAL, Thema: New York.

Dort freilich wird im September GEO USA verkauft, an »Knapp Communications« – ein gewaltiger Nasenstüber für die Expansionsversuche von Gruner + Jahr: das Auftreten großkotzig, die Konkurrenz von *National Geographic* übermächtig, die Erwartungen an den amerikanischen Markt verfehlt, 30 Millionen Dollar verloren. Nur waren die netto durchaus kein Verlust, rechnet Manfred Fischer später vor: Der ausgewiesene Verlust läßt sich in Amerika gegen den Gewinn aufrechnen, den die Druckerei Brown Printing in Minnesota gemacht hat, und der Rest mindert in Deutschland die Steuerlast.

»Gruner + Jahr ist mit dem Mann aus Gütersloh gut gefahren«, ruft die *FAZ* Manfred Fischer nach. »Er hat sich nicht als der verlängerte Arm des Hauses Bertelsmann angesehen, sondern hat schnell Stallgeruch angenommen. Allein schon der wirtschaftliche Erfolg nach organisatorischer Straffung und konsequentem Ausbau hat ihm bald die Anerkennung der kritischen Branche eingetragen.« Auch habe Fischer die Meinungspluralität in den Zeitschriften respektiert und so den Betriebsfrieden der Redaktionen gesichert.

Wie unabhängig von seinem ehemaligen und künftigen Arbeitgeber in Gütersloh sich Manfred Fischer fühlt, zeigt seine Reaktion auf die »Unternehmensverfassung«, in der Reinhard Mohn 1980 die Führungsgrundsätze seines Hauses niedergelegt hat. Eigentlich hätte man ja auch in Hamburg zufrieden sein können mit dem Passus darin: »Wir verstehen uns als ein Verlagshaus der Alternativen, das unterschiedliche Meinungen veröffentlicht und für publizistische Freiheit und Vielfalt eintritt.«

Aber das ist Fischer nicht genug. In *G + J intern* schreibt er: »Der STERN ist deshalb erfolgreich, weil seine Redakteure keine Befehlsempfänger des Vorstands sind ... Kreative Leistungen von tüchtigen Redakteuren lassen sich nicht in Korsetts zwängen, auch wenn ein solches überhaupt nicht drückt und die Form einer Unternehmensverfassung hat.«

Die beiden Pleiten – LEUTE und GEO USA – fallen neben solcher Statur und solchen Erfolgen wenig ins Gewicht, das ist die weit überwiegende Meinung im Haus und in der Branche. Und daß Manfred Fischer seinem Nachfolger eine Mine hinterläßt, die erst fast zwei Jahre später hochgehen wird – das ahnt ja noch keiner.

Sicher, einiges bleibt dubios: daß dieser Heidemann hartnäkkig seine Quelle verheimlicht und keine Quittungen beibringt. Daß man ihm die Räuberpistole glauben soll, er sei beim Grenzübergang Lauenburg in die DDR gefahren und an der ersten scharfen Linkskurve von einem Auto erwartet worden, dessen Typ, Farbe und Kennzeichen er natürlich nicht nennen könne; an dem Wagen sei er langsam vorbeigerollt, dann von ihm überholt worden, dann habe er durch die offenen Fenster das Geld hinübergeworfen, dann habe der andere ihn überholt, und bei ihm sei die nächste Lieferung der Tagebücher hereingeflogen.

Später wurden die Bücher laut Heidemann im jeweils hintersten der Klaviere versteckt, die die DDR mit der Spedition »VEB Deutrans« in den Westen exportierte – so einfalls- und einflußreich war er nun mal, Fischer / Kujaus Bruder, der Generalmajor der Volksarmee.

Manfred Fischers Nachfolger ist seit Mai in die Tagebuch-Geschichte eingeweiht, 18 Bände hat Heidemann geliefert. An der Seriosität des STERN-Ressorts »Zeitgeschichte« zu zweifeln gibt es keinen Grund; Reinhard Mohn und Henri Nannen, Peter Koch und Felix Schmidt wissen Bescheid und haben keine Bedenken angemeldet; und der Vorstandsvorsitzende würde nicht zwei Millionen an Heidemann haben fließen lassen, wenn er nicht von der Triftigkeit alles dessen durchdrungen wäre. Hitlers Tagebücher! Welch ungeheure Chance für das Flaggschiff des Konzerns!

Wie hätte der Neue an der Spitze von Gruner + Jahr da zögern sollen, am 6. August die dritte Million anzuweisen? (»Wenigstens das werden Sie mir zubilligen, daß ich große Beträge nicht mit leichter Hand unterschreibe«, erklärt er, als Sparkommissar verspottet, 1983 den aufgebrachten STERN-Redakteuren.) Die Anweisung ist unvermeidlich, denn der Preis pro Tagebuch hat sich von 85000 auf 150000 Mark erhöht, schließlich handelt der DDR-General unter Lebensgefahr! Und dann findet auch noch eine wundersame Vermehrung der Tagebücher statt: War Hitler doch fleißiger gewesen, als man bis dahin immer dachte? Nicht mit 27 – mit 62 Tagebüchern war das Flugzeug bei Börnersdorf abgestürzt!

Spätestens zu diesem Zeitpunkt, sagt der Staatsanwalt 1984, müßten Heidemann und Kujau sich zum ganz großen Betrug verabredet haben. Später waren natürlich *alle* schlauer, und mittendrin fand der STERN fünf Brüder im Irrtum – hochangesehene Experten, die ihm *vor* der Veröffentlichung der Tagebücher deren Echtheit bestätigten: drei renommierte Schriftsachverständige, ein Papierexperte und der britische Historiker Hugh Trevor-Roper, Autor des Buches »Hitlers letzte Tage«.

Für die Nachfolge Manfred Fischers als Vorstandsvorsitzendem von Gruner + Jahr hatte der Aufsichtsrat die Wahl zwischen zwei großen Kalibern, zwei gebildeten, weltläufigen Männern von ausgewiesener Tüchtigkeit, beide 40 Jahre alt. Der eine war Dr. Jan Hensmann, Vorstandsmitglied für die Zeitschriften. Für ihn sprachen: der fulminante Start von GEO in der Bundesrepublik, die Erfolge von P.M. und IMPULSE, der Einstieg ins Auslandsgeschäft; gegen ihn: der Reinfall von GEO USA.

Der andere war Gerd Schulte-Hillen, Vorstandsmitglied für die Druckereien. Pluspunkte: Binnen zwei Jahren hatte er die notleidende Druckerei in Itzehoe mit harter Hand saniert und die Weichen dafür gestellt, daß sie die modernste Tiefdruckerei Europas werden konnte; gleich danach hatte er Brown Printing in Minnesota auf Kurs gebracht – ein Troubleshooter, Sanierer, Kostenmanager erster Güte. Minuspunkt: Keine Erfahrung im Umgang mit Redaktionen.

Die Entscheidung: Schulte-Hillen übernimmt den Vorsitz, Hensmann wird sein Stellvertreter. Doch Gerd Bucerius kann es nicht lassen, in der ZEIT – also vor einem Millionenpublikum – dem Neuen das Zeugnis auszustellen: »Die ihn berufenden Gesellschafter wußten, daß der begabte Kaufmann und Drukker keine redaktionelle Erfahrung hatte.«

Nun ja: Schulte-Hillen mußte noch lernen (erzählt Bernd Schiphorst, in Hamburg sein erster Assistent), aber er lernte auch, »daß Journalisten anders ticken«, daß man sie jedenfalls nicht nur »produktionsorientiert« betrachten kann. Es kam so weit, daß der Vorstandsvorsitzende verkündete, guter Journalismus könne nur entstehen, wenn möglichst viele Ideen von möglichst vielen Journalisten verwirklicht würden, geführt an der langen Leine, denn: »Der Vogel singt nur schön, wenn er in Freiheit ist.«

Schon als Schulte-Hillen kurz nach seiner Bestallung die junge Gruner + Jahr-Dépendance in Paris besuchte, »legtest du« (erzählt Axel Ganz) »mit der nur dir eigenen Überzeugungskraft dar, warum du dir nie wieder vorstellen könntest, in die Druckerei zurückzukehren«. Der Neue hatte Blut geleckt. Und zwischen Ganz und ihm entwickelte sich ein fruchtbarer Austausch der Erfahrungen, der sogleich dem noch lahmen GEO France zugute kam.

Das neue Team beschloß: Die deutsche GEO-Formel wird abgewandelt, das Heft »romanisiert« – größeres Titelbild, geringere Problembefrachtung und vor allem für jedes Heft ein Schwerpunktthema von 40 bis 60 Seiten über ein Stück Erde, das zum Hinreisen lockte; es wurde also jener Nutzwert inkorporiert, den in Deutschland das grüne GEO verschmähte und auf die blauen SPECIALS abschob – mit dem erstaunlichen Erfolg, daß die Auflage in Frankreich, auf dem kleineren Markt also, selbst in absoluten Zahlen die deutsche überholte, bei ähnlich imposantem Renommee.

In Hamburg hatten unterdessen die Journalisten eine andere Lektion zu lernen: Die Chefredakteure und Ressortleiter, in der Kantine versammelt, staunten nicht schlecht, daß es zu den ersten Anordnungen Schulte-Hillens gehörte, als Standardgetränk in den Redaktionsräumen statt Fruchtsaft Mineralwasser aufzustellen – das spare 20 000 Mark im Jahr und vielleicht noch mehr, denn freitags habe immer ein auffallender Abfluß von Fruchtsaft stattgefunden. Da wurde gelacht, gemurrt und dagegengehalten: Ob es denn *darauf* ankäme!

Genau darauf, sagte Schulte-Hillen mit erhobener Stimme. 20 000 Mark mehr oder weniger für nichts zu halten, das sollten sie sich bitte abgewöhnen, und daß sie sich ärgerten, stimme ihn zuversichtlich: So werde jede Flasche ihnen ins Gedächtnis rufen, daß man von Verschwendung nicht reich werden kann. »Das Haus blitzblank zu sparen« habe er sich vorgenommen, erzählt er im Rückblick; mit den *kleinen* Verstößen müsse man anfangen – insoweit der Taktik vergleichbar, die die New Yorker Polizei seit den neunziger Jahren anwendet: die Bekämpfung des Verbrechens schon bei eingeworfenen Fensterscheiben zu beginnen.

Veränderung bei Heinrich Bauer in Hamburg, dem dritten der drei größten deutschen Verlage: Im Februar 1981 wurde Siegfried Moenig, Generalbevollmächtigter seit 1961 und einer der erfolgreichsten Drahtzieher der deutschen Presse, 65 Jahre alt und zog sich aus der aktiven Geschäftsleitung zurück. Aus dem Druckhaus für Lohnsteuertabellen und die Mitteilungen der Handwerkskammer hatte er ein Milliardenunternehmen mit 17 Publikumszeitschriften und 69 Roman- und Rätselreihen gemacht – »der Stier von Hamburg«, wie man ihn in der Branche nannte, den knorrigen Mann, der stets unter Volldampf stand.

Während Gruner + Jahr im Geschäftsjahr 1980/81 mehr als 1,6 Milliarden umsetzte – eine Verdoppelung binnen fünf Jahren –, hatte das Geschäftsvolumen des Axel-Springer-Verlags 1980 zum erstenmal die 2 Milliarden überschritten; auf der Bilanzpressekonferenz im Juli 1981 wurde es bekanntgegeben. Das *Handelsblatt* berichtete, Springer plane, 51 Prozent seiner Anteile an Burda zu verkaufen.

Das würde dann schon der vierte oder fünfte Schritt in dieser Richtung sein: 1968 *Eltern, Jasmin* und *Bravo* verkauft, 1970 an Bertelsmann 33 Prozent fast schon abgetreten, 1974 mit mehreren Banken über eine Verbreiterung der Kapitalbasis verhandelt, 1975 einen Bericht des STERN dementiert, Springer habe dem Schah von Persien ein Aktienpaket angeboten.

Muslim-Brüder, aus dem Iran angestiftet und finanziell unterstützt, ermordeten am 6. Oktober 1981 den ägyptischen Staatspräsidenten Sadat; Ayatollah Khomeini hatte ihn zum Todfeind des Islam und zum Agenten des Teufels erklärt, weil er 1978 in Camp David den Friedensvertrag mit Israel ausgehandelt hatte. Helmut Schmidt, in einer Talkshow befragt, welcher Mensch in seiner langen Karriere den stärksten Eindruck auf ihn gemacht habe, erwiderte ohne Zögern: Sadat.

Nach dem Attentat auf Papst Johannes Paul II. wurde auch Präsident Reagan niedergeschossen. Es überlebten beide. Reagan mit seinem dramatischen Aufrüstungsprogramm blieb der Buhmann der deutschen Friedensbewegung. Im Bonner Hofgarten demonstrierten 300 000 Menschen für Frieden und Abrüstung.

Ludolf Herrmann, seit dem Vorjahr Chefredakteur von CAPITAL, sagte in einem Kommentar im Bayerischen Rundfunk: Der Begriff »Frieden« habe den meisten Demonstranten nur dazu gedient, »um für Momente der Massen-Erotik die kleine rachitische Seele aus dem Gefängnis des pickligen Körpers flattern zu lassen«. Zweihundert Rechtsanwälte, Lehrer und Gewerkschaftler erhoben Strafanzeige wegen Volksverhetzung. Gerd Schulte-Hillen sprach Herrmann seine entschiedene Mißbilligung aus; sein Kommentar sei mit der liberalen Grundhaltung und dem Demokratie-Verständnis des Verlags unvereinbar. Der STERN widmete dem Thema Frieden vier Titel:

Atomrampe Deutschland
Wie die Bundesrepublik mit Atomwaffen vollgestopft wird, wo sie versteckt sind und welche Gefahr uns dadurch droht (Heft 9/81)

Angst um den Frieden
Gegen die Nachrüstung der NATO mit Atomwaffen formiert sich eine neue Massenbewegung (Heft 24/81)

Das Kriegsrisiko war noch nie so groß
US-Außenminister Alexander Haig zum STERN (Heft 35/81)

Wahnsinn Rüstung
Ist der III. Weltkrieg noch zu vermeiden?/Über den tödlichen Wettlauf zwischen Ost und West (Heft 42/81)

In Frankreich gewann François Mitterrand im zweiten Anlauf die Wahl zum Staatspräsidenten. In Spanien stürmte Oberstleutnant Antonio Tejero Molina mit 200 Anhängern um sich schießend das Parlament und nahm die Abgeordneten als Geiseln, achtzehn Stunden lang; König Juan Carlos stellte sich kompromißlos und mutig gegen die Putschisten, schwor die noch schwankenden Generäle ein auf den König und die Demokratie und brachte so Tejero Molina dazu aufzugeben.

In Polen verhängte General Jaruzelski, der Staatspräsident, das Kriegsrecht, ließ Lech Walesa verhaften und löste die Gewerkschaft Solidarnosc auf. Bis heute ist umstritten, ob dies ein brutaler Akt kommunistischer Selbstbehauptung war oder eine List, um den drohenden Einmarsch der Sowjettruppen zu verhindern; der polnische Philosoph Adam Schaff glaubte das zweite und schrieb 1985, Jaruzelski hätte den Friedensnobelpreis verdient.

In London starb Hitlers Kolossal-Architekt und Rüstungsminister Albert Speer, in Stockholm Zarah Leander, die einstige Ufa-Diva mit dem dröhnenden Alt. Der britische Thronfolger Prinz Charles heiratete die 20jährige Lady Diana Spencer, und von den 750 Millionen Menschen, die die Hochzeit auf dem Fernsehschirm verfolgten, glaubten vermutlich die meisten, dies sei ein Happy-End.

Kujau legt nach

1982

Helmut Schmidt gestürzt, Leonid Breschnew gestorben, Falkland-Krieg, die beiden Weltmächte in immer wahnwitzigerem Wettrüsten gefangen – ein turbulentes Jahr. Breschnew, 75 Jahre alt, war 22 Jahre lang der starke Mann der Sowjetunion, 16 Jahre lang Generalsekretär der KPdSU und fünf Jahre lang auch noch Staatspräsident gewesen; in den Prager Frühling war er 1968 mit Panzern eisig eingebrochen, und dazu hatte er die »Breschnew-Doktrin« in die Welt gesetzt, die die beschränkte Souveränität aller sozialistischen Staaten, längst praktiziert, nun auch noch in den Rang einer förmlichen Drohung erhob. Breschnews Nachfolger: Jurij Andropow.

Unter den Toten von 1982: der Pianist Artur Rubinstein, 95 Jahre alt, nach einer beispiellosen Karriere von 83 Jahren; die Weltstars Ingrid Bergman, Romy Schneider, Curd Jürgens, Henry Fonda, der 37jährige Filmemacher Rainer Werner Fassbinder und der ehemalige Hollywood-Star Grace Kelly, die seit 1956 Fürstin Gracia Patricia von Monaco hieß.

Im Finale der Fußballweltmeisterschaft in Madrid siegte Italien 3 : 1 über Deutschland. In einem Dolomiten-Tal war aus hellen Steinen ein riesiges »3 : 1« ausgelegt, und wochenlang fanden es zwischen Bozen und Palermo viele Bäcker komisch, den Wunsch nach vier Brötchen in »Ah, tre a uno!« zu übersetzen.

Das Ende der Kanzlerschaft von Helmut Schmidt – und damit der sozial-liberalen Koalition überhaupt, die seit 1969 regiert hatte – betrieb nicht nur die FDP; auch die SPD machte sich daran, ihren ungeliebten Bundeskanzler zu demontieren. In der Bundesrepublik gab es 1,8 Millionen Arbeitslose, eine Verdoppelung gegenüber 1980. Der saarländische SPD-Vorsitzende Oskar Lafontaine bezeichnete im STERN die hervorstechenden Eigenschaften Schmidts – Pflichtgefühl, Standhaftigkeit, Berechenbarkeit – als »Sekundärtugenden, mit denen man auch ein KZ betreiben kann«.

Am 9. September 1982 fordert Wirtschaftsminister Otto Graf Lambsdorff (FDP) eine Wende in der Wirtschaftspolitik, vor allem die Kürzung der Sozialleistungen. Am 17. September erklären die vier FDP-Minister in der Regierung Schmidt bei den Haushaltsberatungen ihren Rücktritt; zwei Wochen lang regiert ein SPD-Minderheitskabinett. Am 1. Oktober wird Schmidt durch Helmut Kohl gestürzt; die nächste Wahl, glauben viele, werde der nicht überleben.

Mit Hitlers »Tagebüchern« steht es 1982 so: Henri Nannen darf in Heidemanns Wohnung in einem blättern und findet es »nichtssagend und stinklangweilig«. Die anderen Eingeweihten sehen das ähnlich, trösten sich aber über die Banalität der Eintragungen hinweg mit der Hilfskonstruktion: »So war der Hitler eben, ein Spießbürger, hat keinen originellen Gedanken gehabt.« (Der von der STERN-Redaktion nach dem Eklat beauftragte Untersuchungsausschuß hat das ermittelt.)

Konrad Kujau füllt in Stuttgart weiter Buch um Buch. »Conny arbeitet Tag und Nacht für den STERN«, erzählt seine Lebensgefährtin ihren Freundinnen – wie recht sie hat! Der amerikanische Historiker Professor G. L. Weinberg, 1983 von *Newsweek* vor dem geplanten Nachdruck als Gutachter herangezogen, wird es »fast ausgeschlossen« nennen, daß ein einzelner Mensch eine so ungeheure Menge fälschen kann. Für Kujaus Flinkheit, Fleiß und Chuzpe fehlt ihm einfach der Begriff. Um 6 steht Kujau auf, aufs Fernsehen muß er verzichten, und gesagt soll er haben: »Also schlimmer kann Hitler auch nicht drangewesen sein.«

Im April 1982 ist es immerhin soweit, daß drei renommierte Fachleute um ein Schriftgutachten gebeten werden – und alle drei bezeichnen die ihnen vorgelegten Seiten aus den angeblichen Tagebüchern als echt: der Schweizer Kriminologe Dr. Max Frei-Sulzer, der amerikanische Urkundenexperte Ordway Hilton und das Landeskriminalamt von Rheinland-Pfalz.

Hätte doch wenigstens einer von ihnen Zweifel angemeldet! Das Bundesarchiv in Koblenz hatte ihnen unstreitig echte Hitler-Niederschriften aus den Jahren 1933 und 1936 vorgelegt; nur für 1941 – das Jahr der Schriftproben – verließen sie sich auf Vergleichsmaterial aus der Sammlung Heidemann, und insoweit mußten sie Kujau mit Kujau vergleichen. Schlecht haben sie gearbeitet, alle drei, stellte nach dem Fiasko der vom STERN beauftragte Obergutachter fest, Professor Lothar Michel von der Universität Mannheim.

Gerd Schulte-Hillen erfüllte unterdessen die Erwartungen, die die Verleger in ihn gesetzt hatten: Im Umsatz schloß Gruner + Jahr im Geschäftsjahr 1981/82 zu Axel Springer auf (1,77 Milliarden gegen 2,09 Milliarden), und dabei erwirtschaftete Gruner + Jahr eine so viel höhere Rendite als der Mehrheitsgesellschafter Bertelsmann, daß Hamburg am Betriebsergebnis von Gütersloh im Geschäftsjahr 1981/82 mit 45 Prozent beteiligt war – im Jahr darauf sogar mit 58 Prozent. Nichts also trug zum Wachstum des westfälischen Medienriesen so kräftig bei wie die Gelder, die aus Hamburg flossen.

Manfred Fischer aber, Vorstandsvorsitzender von Bertelsmann seit dem 1. Juli 1981, wurde kaum anderthalb Jahre später von Reinhard Mohn schon wieder abserviert. Im November erging die Mitteilung an die Mitarbeiter: »In der Beurteilung unternehmenspolitischer Grundsatzfragen haben sich in der Führungsspitze des Hauses Bertelsmann unterschiedliche Auffassungen ergeben. Aus diesem Grund wird der Vorstandsvorsitzende Dr. Manfred Fischer Ende März 1983 ausscheiden.« Mohn dankte Fischer »für außergewöhnliche Führungsleistungen im Rahmen einer 24jährigen Dienstzeit«; die Aufzählung der Gründe für die Dankbarkeit endete mit der Arbeit an der Spitze von Gruner + Jahr. Was war geschehen?

Fischer wollte ein ganzer Vorstandsvorsitzender sein, aber Mohn hatte sich mit seinem Rückzug von dieser Position in den Aufsichtsrat offenbar noch nicht abgefunden. Fischer hielt, vom Minderheitsgesellschafter Bucerius heftig angeschoben, die Konsolidierung des rapide gewachsenen Unternehmens für vorrangig; Mohn, gegen Kritik ohnehin empfindlich, wollte weiter expandieren. In diesem doppelten Konflikt fühlte sich der Eigentümer von seinem Chefmanager bedrängt und hintergangen.

Der *Spiegel* nannte einen weiteren Grund: Fischer habe seinen Dienstwagen hartnäckig auf jenem Parkplatz abgestellt, der für Frau Mohn vorgesehen war. Die Anekdote schreibt überdies den schwarzen Badezimmer-Kacheln in der Dienstvilla der Fischers eine Schlüsselrolle zu: Frau Mohn persönlich habe sie ausgesucht, aber Frau Fischer habe sie abscheulich gefunden und das auch noch gesagt.

So stürzte Manfred Fischer hinab von der Spitze des drittgrößten Medienkonzerns der Welt. Die Entfremdung zwischen ihm und Mohn war tief und wechselseitig; den Zaun zwischen ihren benachbarten Ferienhäusern auf Mallorca hat sie nie mehr überwunden. In der 400seitigen, opulent bebilderten Festschrift zum 150. Bertelsmann-Jubiläum anno 1985 war für ein Foto von Fischer so wenig Platz wie für eins von Manfred Köhnlechner. Fischer sagte dazu 1994: Köhnlechner mit keinem Wort zu erwähnen, das sei, als schriebe man die Geschichte der Bundesrepublik ohne Konrad Adenauer.

Fischers Nachfolger als Vorstandsvorsitzender von Bertelsmann wurde Dr. Mark Wössner, der bis dahin sein Stellvertreter gewesen war. Wössner übernahm demgemäß auch den Vorsitz im Aufsichtsrat von Gruner + Jahr; bei den Turbulenzen von 1983 spielte er dort eine Schlüsselrolle.

Aus der Werkstatt von Axel Ganz ging 1982 als dritte französische Zeitschrift das monatliche Frauenmagazin PRIMA hervor, und an seiner Geschichte läßt sich anschaulich machen, daß Erfolg innerhalb gewisser Grenzen planbar ist. Ganz hatte die Idee: die Hochglanzzeitschriften aus Paris vernachlässigen die Interessen der Hausfrau in der Provinz; wir bieten Vielfalt und Nutzwert an, und dies auch noch knapper und schicker als die Konkurrenz.

Schulte-Hillen – im Französischen so fließend wie im Englischen und im Spanischen – ist angetan, veranlaßt jedoch einen Regionaltest im Rhône-Tal, der vielen privaten Radiostationen wegen, mit denen man Werbedruck machen kann. Der Test berechtigt zu schöner Hoffnung. Reinhard Mohn staunt über den »Mut« des Gruner + Jahr-Vorstands, sich mit diesem Objekt auf einen, wie er meint, schrumpfenden Markt zu wagen, beruft sich jedoch auf seine »Philosophie der dezentralen Verantwortung« und will »den jungen Leuten« die Chance geben, ihre eigenen Fehler zu machen. Der Etat wird genehmigt. Nach einem Jahr verkauft PRIMA eine Million Exemplare.

Es ist eben etwas wert, wenn ein Verlag so viele Eisen im Feuer hat, daß er gut überleben kann, auch wenn eines fast geschmolzen wäre.

Das Desaster 1. Akt

1983

Am 8. März 1983 beginnt der Karren mit den sogenannten Hitler-Tagebüchern auf den Abgrund zuzurollen, in den er im Mai hinunterdonnern wird: Die STERN-Chefredaktion und der Verlag beschließen, im April mit dem Abdruck anzufangen; zum Auftakt die Geschichte, wie die Tagebücher gefunden worden sein sollen. Da ist es Heidemann, der dringend warnt: Das würde nur die Lieferung weiterer Dokumente erschweren! Winken denn nicht noch Hitlers unveröffentlichte Bücher über seine Frauengeschichten, über Friedrich den Großen und Ludwig II. von Bayern sowie Memoiren sonder Zahl? (Kujaus Fleiß scheint unerschöpflich.)

28. März: Der Chemiker Dr. Louis-Ferdinand Werner, Leitender Wissenschaftlicher Direktor beim Bundeskriminalamt, hinterlegt einen Sprengsatz – bei Heidemann. Er bestellt den STERN-Reporter zu sich, und in Gegenwart zweier Vertreter des Bundesarchivs eröffnet er ihm: Von den neun ihm zur Begutachtung überlassenen Blättern mit Hitlers angeblicher Handschrift seien mindestens drei gefälscht; das Papier enthalte Weißmacher, die man erst seit den fünfziger Jahren kenne. Die anderen Blätter – darunter eine »Tagebuch«-Seite – seien vermutlich ebenfalls Fälschungen. Um das zu klären, bedürfe es jedoch einer Material-Analyse, und die könne eine Woche oder länger dauern.

Da telefoniert Heidemann mit seinem Ressortleiter Thomas Walde; der läßt sich den Chemiker ans Telefon geben, fragt nach einem endgültigen Beweis und sagt auf Dr. Werners

Auskunft, der fehle noch: »Danke, das genügt.« Heidemann bekommt von Walde den Auftrag, die Tagebuchseite nicht zur Prüfung dazulassen, sondern sie wieder mitzubringen.

Da rächt sich nun die Fehlkonstruktion, die von Anfang an den Kollaps begünstigt hat: Keiner in der Hierarchie – Jan Hensmann (Vorstandsmitglied für die Zeitschriften), Peter Hess (Verlagsleiter STERN) und Wilfried Sorge (dessen Stellvertreter) – überwacht die Prüfungen der Tagebücher, auch nicht die Chefredakteure des STERN, die doch seit Mai 1981 eingebunden sind; sondern Heidemann und Walde überwachen sich selbst – jene beiden Redakteure also, die ein millionenschweres Interesse daran haben, daß die Tagebücher als echt angesehen werden. Gerade hat Heidemann wieder 600 000 Mark kassiert, für weitere »Tagebücher«, und 1,5 Millionen sowieso, als Abgeltung für seinen Verzicht, an den Lizenz-Erlösen beteiligt zu werden, wie Manfred Fischer es ihm vertraglich zugesichert hatte.

Andrerseits: Entweder ist die Auskunft des Dr. Louis-Ferdinand Werner doch nicht so eindeutig, oder auch die beiden Bundesarchivare haben ihm nicht genau zugehört. Jedenfalls schließen sie gleich anschließend mit Heidemann und den Rechtsvertretern von Gruner + Jahr einen Vertrag über Auswertung und Verbleib der »Hitler-Tagebücher« nach ihrer Veröffentlichung durch den STERN. Der hat also, man vergißt es nach dem Kladderadatsch immer wieder, überaus potente und ebenso gutgläubige Verbündete. Noch am 14. April dankt der Archivdirektor Dr. Oldenhage dem Anwalt des STERN »und allen dort beteiligten Herren für das Verständnis, das Sie archivfachlichen Belangen gegenüber gezeigt haben«.

Und am 21. April bestätigt ein nachträglich hinzugezogener Papiergutachter, Dr. Arnold Rentz, die beiden ihm vorgelegten »Tagebuch«-Seiten seien echt – gefälscht indessen ein Mussolini-Telegramm aus Heidemanns Besitz. Aus dem *Spiegel* kommt ein Anruf beim STERN: »Ist es wahr, daß ihr die Hitler-Tagebücher habt?« Die Konkurrenz weiß schon Bescheid, höchste Eile ist geboten!

22. April: Chefredakteur Peter Koch und nach ihm der Vorstandsvorsitzende Gerd Schulte-Hillen bedrängen Heidemann, wenigstens *einer* Person im Verlag die Geschichte der Herkunft der Tagebücher in allen Einzelheiten zu schildern. Heidemann weigert sich immer noch. Gleichwohl – am selben Tag geht die Meldung an die Agenturen, die sich tags darauf so liest: »STERN: Hitler-Tagebücher gefunden« *(Süddeutsche Zeitung)*, »Bisher unbekannte Hitler-Tagebücher gefunden?« *(FAZ)*.

Sonntag, 24. April: Die Londoner *Sunday Times* beginnt vertragswidrig bereits mit dem Abdruck, unter der Überschrift: »Die Geheimnisse von Hitlers Krieg«. Und der *Spiegel* hat ja schon Wind bekommen, und morgen wird das amerikanische Nachrichtenmagazin *Newsweek* mit einer großen Tagebuch-Geschichte erscheinen, obwohl es die Lizenzverhandlungen mit dem STERN wegen eines zu hohen Preises abgebrochen hat – also müssen Redakteure und Techniker den ungeheuren Kraftakt vollbringen, die Auslieferung des STERN von Donnerstag auf Montag vorzuziehen.

Montag, 25. April: Der STERN ist da, mit den riesigen Lettern »Hitlers Tagebücher entdeckt« und dem Foto einer Kladde mit zwei verschnörkelten Frakturbuchstaben auf der Titelseite. AH – oder sollte das nicht eher FH heißen? fragen sich ein paar Redakteure – und trösten sich mit der selbsterfundenen Ausrede: »Wahrscheinlich bedeutet das *Führerhauptquartier*«.

»Was Heidemann zusammengetragen hat, ist schlicht unglaublich«, stellt Peter Koch in seinem doppelseitigen Editorial doppeldeutig fest. »Für Historiker und Laien kündigen sich Wochen, Monate und Jahre spannender Lektüre, erregter Diskussionen an.« Drei Serien werde der STERN veröffentlichen, mit Rücksicht auf die Fülle des Materials und die notwendigen Atempausen für die Leser. Und dann der Satz, der es zu trauriger Berühmtheit bringt: »Die Geschichte des Dritten Reichs muß teilweise umgeschrieben werden.«

Das schon gar nicht, denn Kujau ist ja nicht dumm und hat nicht riskiert, irgend etwas zu erfinden: Abgeschrieben hat er, vor allem aus dem zweibändigen Schinken »Hitler – Reden und Proklamationen 1932 bis 1945«, von dem Archivar Max Domarus überwiegend aus dem *Völkischen Beobachter* zusammengestoppelt und 1965 im Süddeutschen Verlag erschienen. Wo die Nazi-Zeitung schweigt, schweigen auch Domarus und Kujau; wo der Kompilator zitiert »Am Abend besuchte der Führer eine Aufführung der Operette Die lustige Witwe«, schreibt Kujau: »Am Abend sehe ich mir die Lustige Witwe an.«

Eben deshalb sind die Tagebücher genauso langweilig, wie Henri Nannen das 1982 sogleich erschnuppert hat, und absolut *kein* Anlaß, die Geschichte umzuschreiben. Schon Manfred Fischer hatte Peter Koch ausdrücklich vor einer solchen Zuspitzung gewarnt – er mit der Begründung: »Alle Welt wird doch davon ausgehen, daß Hitler die Nachwelt belügen will!«

Am selben 25. April 1983 drängen Reporter zu Hunderten vielsprachig ins Verlagshaus von Gruner + Jahr an der Außenalster: Koch und Heidemann geben eine Pressekonferenz. Heidemann stellt sich mit seinem vorgeblichen Fund in Pose für die Fotografen; Koch streitet sich mit dem britischen Historiker David Irving, der die Echtheit der Tagebücher bezweifelt; und ein anderer britischer Historiker, Hugh Trevor-Roper, Kronzeuge des STERN, tritt nicht mit jener Gewißheit auf, die die Gastgeber von ihm erwartet hatten: Ja, die Beweiskette für den Fund sei nicht ganz lückenlos, man sei auf die Behauptungen eines einzelnen Reporters angewiesen, und der STERN hätte besser daran getan, namhafte deutsche Historiker an den gesamten Fund heranzulassen.

Die *Süddeutsche* vom 26. April meldet ebenfalls Zweifel an, zögert aber, »Echtheit von vornherein für unmöglich zu halten: Wenn es eine Fälschung wäre, müßte man sie schon des Arbeitsaufwands wegen als irre bezeichnen. Eine Rembrandt-Imitation wiegt gering im Vergleich dazu.«

Die STERN-Redaktion versucht es unterdessen mit »business as usual«, aber sie kennt kaum ein anderes Thema. »Wir haben gebetet, daß es stimmt«, erzählen welche, die dabeigewesen sind: »Gespannte Ruhe. Begeisterung nirgends.« Kann man denn dem Heidemann die Räuberpistole über die Herkunft der Bücher glauben? Andrerseits: Kann es denn sein, daß ein STERN-Redakteur es schafft, die gesamte Redaktion zu täuschen? Auch gibt es Anrufer, die dem STERN ihre Hochachtung ausdrücken.

Am 26. April, einen Tag nach der STERN-Pressekonferenz, räumt das ZDF sein Abendprogramm zugunsten der »Tagebücher« aus. Erst zeigt es einen PR-Film von STERN-TV, in dem Klaus Harpprecht (früher GEO) und die STERN-Redakteurin Barbara Dickmann für den STERN Reklame machen dürfen; dann haben Peter Koch und vier namhafte Historiker fast zwei Stunden Zeit, sich die Köpfe heiß zu reden. Keiner von ihnen gibt Koch auch nur ein bißchen recht, ja der ursprüngliche Kronzeuge Trevor-Roper, aus London zugeschaltet, macht eine Kehrtwendung: Die Tagebücher müßten als Fälschung betrachtet werden, bis ihr Wahrheitsgehalt bewiesen sei.

Mittwoch, 27. April: Panik bei der *Sunday Times*, die sich ausdrücklich auf Trevor-Roper gestützt hatte. In der Redaktionskonferenz des STERN wird Peter Koch mit einer standing ovation empfangen, denn wacker hat er in der Tat gekämpft für seine falsche Sache. »Es war eine Art trotziger Hoffnung«, sagt einer. »Die Tagebücher *durften* nicht falsch sein – egal, wie blöde sie waren.« Ermutigung aus den Zeitungen vom 27. April. Mehrere drucken die Reuter-Meldung: »Das Bundesarchiv in Koblenz hat nach den Worten seines Präsidenten keinen Zweifel an der Echtheit der ihm vom Magazin STERN zur Prüfung vorgelegten mutmaßlichen Dokumente Adolf Hitlers.«

30. April: Peter Koch fliegt in die USA, um in verschiedenen Fernsehsendungen die Geschichte von Hitlers Tagebüchern zu erzählen. In Siegerpose tritt er an – als ein Geschlagener wird er heimwärts fliegen.

Der *Spiegel* vom 2. Mai haut den STERN nicht in die Pfanne, sondern referiert säuberlich den unklaren Stand der Dinge. Am Schluß zitiert er Peter Koch, der gesagt habe: »Wenn das schiefgeht, chartert die Redaktion die Carin II, fährt damit nach Helgoland und zieht die Ventile.«

Donnerstag, 5. Mai: Folge 2 der Tagebücher, »Der Fall Heß«, kommt an die Kioske. Von Folge 1 sind mehr als zwei Millionen Hefte verkauft worden. Der amerikanische Satiriker Art Buchwald läßt in seiner Kolumne einen Hitler im Altersheim auftreten, der nicht mehr weiß, wer Churchill war, aber von seinem Agenten bedrängt wird, weitere Tagebücher zu schreiben (»Den Idioten vom STERN ist alles egal, solange es nur deine Handschrift ist«).

Und im New Yorker STERN-Büro bekommt Peter Koch an diesem 5. Mai einen Hieb in die Magengrube: Der berühmte amerikanische Schriftsachverständige Kenneth Rendell weist ihm mit Hilfe einer 80fachen Vergrößerung nach, daß die Hitler-Unterschriften aus den Tagebüchern und solche, die zweifelsfrei echt sind, nicht vom selben Menschen stammen können.

Koch wird kreideweiß. »Das war's dann wohl«, sagt er und läßt sich mit Gerd Schulte-Hillen verbinden. Der sagt: »Bringen Sie Rendell so schnell wie möglich nach Hamburg, damit er alle Bände prüfen kann!« Obwohl noch keineswegs überzeugt – denn vorläufig steht einfach *ein* Schriftexperte gegen die drei Schriftsachverständigen, die Gruner + Jahr die Echtheit bestätigt haben –, stoppt Schulte-Hillen unverzüglich den Druck des STERNs mit der Folge 3 der Tagebücher. Folge 2, »Der Fall Heß«, ist seit heute früh unwiderruflich im Handel.

Freitag, 6. Mai. STERN-Redaktionskonferenz. Felix Schmidt, der Ko-Chefredakteur, wehrt die Ungeduld und den Unmut der Redakteure ab und riskiert den Satz: »Die Echtheit der Tagebücher ist heute morgen gewisser denn je.«

Wenig später gibt es im Bundestag ein schadenfrohes Feixen auf der Regierungsbank. Bundesinnenminister Friedrich Zimmermann (CSU) flüstert den Kollegen zu, was ihm ein Bote soeben aufs Pult gelegt hat: Das Bundeskriminalamt, das Bundesarchiv und die Bundesanstalt für Materialprüfung sind, unabhängig von Kenneth Rendell, zum selben Ergebnis gekommen wie er: Die Tagebücher sind gefälscht. Um 13.28 Uhr wird die Meldung von der Deutschen Presseagentur verbreitet.

Ein Redakteur aus der Nachrichtenredaktion des STERN rennt damit in die Konferenz.

Binnen Sekunden geht es darin zu wie in einem Hühnerstall, in dem der Fuchs wütet. Einige sind wie gelähmt vor Entsetzen. Die meisten brüllen und toben. »Wir sind ruiniert!« hört man schreien und »Unser Lebenswerk ist kaputt!« Einer weint. Sie fühlen sich wie auf der »Titanic«, und noch dazu glauben sie nun, daß der Kapitän ein Wahnsinniger ist. In Sydney hat der STERN-Reporter Sepp Ebelseder vom großen Coup seines Blattes gelesen und den langen Heimflug gutgelaunt verbracht – im Hamburger Taxi hört er die schreckliche Wahrheit aus dem Autoradio.

14.30 Uhr am 6. Mai: Neue Redaktionskonferenz. Felix Schmidt nimmt die Redaktion ins Gebet, sie müsse nun umgehend die Folge 3 der Tagebücher durch einen neuen Beitrag ersetzen und dem schon angedruckten Heft einen anderen STERN hinterherschicken, Titel: »Geburt ohne Risiko«. 17 Uhr: Redaktionsvollversammlung in der Kantine. Gerd Schulte-Hillen und Henri Nannen stellen sich der Empörung und versprechen ein Scherbengericht über die Schuldigen – aber zuerst geht es darum, daß auch der nächste STERN erscheint!

Der Gruner + Jahr-Vorstand tritt zusammen und tagt drei Tage und drei Nächte lang. Aus Gütersloh sind Reinhard Mohn und Mark Wössner angereist, der neue Vorstandsvorsitzende von Bertelsmann als Nachfolger von Manfred Fischer. Die Angst geht um, der STERN könnte untergehen. Schulte-Hillen bietet seinen Rücktritt an – Mohn lehnt ab. »Das stehst du durch«, sagt er. Am Abend in der *Tagesschau* stellt sich Henri Nannen und sagt: »Wir haben Grund, uns vor den Lesern zu schämen.«

Samstag, 7. Mai: Peter Koch und Felix Schmidt erklären ihren Rücktritt (Abfindung pro Kopf: 3 Millionen). Heidemann wird fristlos entlassen (Summe der an ihn geflossenen Gelder: 9,3 Millionen). Henri Nannen zeigt Heidemann an wegen Betrugsverdacht. Rolf Gillhausen bleibt Chefredakteur,

Nannen kehrt in die Redaktion zurück und führt zusammen mit ihm die Geschäfte.

Die Kommentare der deutschen Tageszeitungen schäumen über vor Entrüstung, oft verbunden mit der kaum verhohlenen Genugtuung, daß dieses linke, reiche, mächtige, arrogante Blatt nun endlich in die Knie gezwungen sei. »Die Seifenblase des Jahrhunderts!« schreibt die *Stuttgarter Zeitung,* »Selten hatte eine so große Lüge so kurze Beine« die *Frankfurter Rundschau,* »Die Gier nach dem Millionengeschäft war haushoch größer als die zeitgeschichtliche Sachkompetenz« die *Welt.*

Sonntag, 8. Mai: Redaktionsvollversammlung in der G + J-Kantine, mit Nannen und Gillhausen, der amtierenden Chefredaktion. STERN-Korrespondenten aus allen Winkeln des Globus sind angereist. Die Redaktion wählt einen vorläufigen Beirat. Das alte Redaktionsstatut hat der Verlag ja 1978 gekündigt, auf Betreiben Nannens, der sich über den Widerstand der Redaktion gegen den Rauswurf Manfred Bissingers geärgert hatte.

Keine Mehrheit findet sich für drei Anträge: den nächsten STERN ausfallen zu lassen als Demonstration des Protests, Gerd Schulte-Hillen zum Rücktritt aufzufordern und Henri Nannen auch. Nannen motiviert die Redakteure, zusammen mit ihm »den Karren aus dem Dreck zu ziehen«. Die Redaktion beschließt, sich vor der Öffentlichkeit zu entschuldigen und selber alles Erdenkliche zur rückhaltlosen Aufklärung der Hintergründe des Debakels beizutragen.

Montag, 9. Mai: Erster regulärer Arbeitstag der STERN-Redaktion nach dem Schwarzen Freitag. Die Telefone klingeln Sturm: Höhnische Anrufe zu Hunderten von Lesern und Kollegen, Mitleidsbekundungen, echte und scheinheilige, und wenn ein STERN-Redakteur irgendwo um eine rein sachliche Auskunft bittet, muß er auf die Rückfrage gefaßt sein, wieviel Millionen ihm die denn wert sei. Es ist das Fegefeuer.

In der Konferenz verabschiedet die Redaktion eine Erklärung für das Heft vom 11. Mai, in der es heißt: »Der Abdruck der gefälschten Hitler-Tagebücher ist ein schwerer Schlag gegen die in 35jähriger Arbeit erworbene Glaubwürdigkeit des STERN. Wir schämen uns dieser Veröffentlichung vor unseren Lesern, auch wenn nur wenige von uns damit befaßt und darüber informiert waren.« Die Redaktion setzt eine Arbeitsgruppe ein, die die Geschichte des Desasters recherchieren und im STERN publizieren soll.

Der vorläufige STERN-Beirat hinterlegt bei Gerd Schulte-Hillen: Erstens, am 26. Mai werde die Wahl eines ordentlichen Beirats stattfinden, mit oder ohne Redaktionsstatut; zweitens, die Redaktion verlange, daß eine Neubesetzung der Chefredaktion nur unter Mitwirkung dieses Beirats stattfinden kann. Der Betriebsratsvorsitzende Rudolf Herbers sucht Gerd Schulte-Hillen auf und fordert die Einberufung einer außerordentlichen Betriebsversammlung. Sie wird für den 17. Mai anberaumt. Und noch ahnt niemand in den G + J-Redaktionen, daß dabei über *zwei* Katastrophen geredet und geschrien werden wird.

Das Desaster 2. Akt

1983

Himmelfahrt, 12. Mai 1983: Die nächste Katastrophe bahnt sich an. Gerd Schulte-Hillen, Henri Nannen, der übriggebliebene Chefredakteur Rolf Gillhausen und Victor Schuller (stellvertretender Chefredakteur von 1963 bis 1975 und von 1978 bis 1981) haben mögliche Kandidaten für eine neue Chefredaktion Revue passieren lassen: Günter Gaus, einst Chefredakteur des *Spiegel,* dann Leiter der Bonner Vertretung in Ostberlin; Klaus Bölling, Regierungssprecher von Helmut Schmidt; die Fernsehjournalisten Peter Merseburger, Dieter Kronzucker, Peter Scholl-Latour. (In den Printmedien ist es ja Usus, aus Bildschirm-Prominenz die Eignung zum Chefredakteur abzuleiten.) »Scholl-Latour!« ruft Schuller. »Das wäre der prominente, integre Journalist, wie der STERN ihn jetzt braucht. Er wäre die Idealbesetzung.« Den kann ich ja mal anrufen, sagt Schulte-Hillen.

Nun, in der Wohnung von Gerd Bucerius am Hamburger Leinpfad, versammeln sich der Vorstand, die Verleger Reinhard Mohn und John Jahr, der Bertelsmann-Vorstandsvorsitzende Mark Wössner und das Aufsichtsratsmitglied Dr. Robert Ehret (Deutsche Bank). Der Vorschlag »Scholl-Latour« findet Beifall, doch mehrere fordern eine Doppelspitze – einer allein könne »eine so mörderische Aufgabe« nicht bewältigen. Schulte-Hillen warnt: Das führt zu Rivalitäten, die Erfahrung haben wir schon. Doch Bucerius bringt Johannes Gross ins Gespräch, Jahr und Ehret unterstützen ihn. (Es darf vermutet werden, daß diese drei die Chance nutzen wollten, den STERN ein Stück nach rechts zu schieben.)

Zwar, über ein paar Nachteile ist man sich einig: Scholl-Latour, 59 Jahre alt, hat wenig Erfahrung im Führen einer Redaktion und überhaupt keine im Zeitschriftengeschäft. Zehn Jahre lang war er Afrika-Korrespondent der ARD, zwei Jahre Fernsehdirektor beim WDR, seit zwölf Jahren ist er Chefkorrespondent des ZDF mit Sitz Paris; eine Goldene Kamera und zwei Bambis hat er bekommen und 1979 mit seinem Vietnam-Buch »Tod im Reisfeld« einen Weltbestseller geschrieben.

Und der 51jährige Johannes Gross, wiewohl als Zeitschriftenmacher ausgewiesen, hat gewiß nicht jenen Schuß Zirkusblut, ohne den man ein Massenblatt nicht zum Erfolg führen kann. Aber er ist Herausgeber der G + J-Wirtschaftsmagazine CAPITAL und IMPULSE, Leitartikler der *FAZ* und seit 1977 ebenso bekannt wie brillant als Moderator der ZDF-Sendung »Bonner Runde«. Prominenz! Seriosität!

Freilich: Scholl-Latour gilt als konservativ, und rechts von Gross ist aus der Sicht der STERN-Meinungsführer nur noch die Wand. Zumindest gehört er zur seltenen (und für alle Linken provokanten) Spezies der Rechtsintellektuellen, mit dem zusätzlichen Makel, daß er seinerseits zu provozieren liebt und daß kaum ein Linker ihm rhetorisch je gewachsen war.

Gross, sagt Nannen in die Runde, der wäre für diese gebeutelte Redaktion ein zweiter Tort! Schulte-Hillen pflichtet ihm bei und geht noch weiter: Gross – das bedeutet Krieg! sagt er. Was heißt das? fragt der alte Jahr. Es könnte heißen, daß vier bis sechs Wochen kein STERN erscheint.

Ist das Gremium nun aufgerüttelt? Nicht genug. Die Verleger sind fasziniert von den beiden großen Namen und am Rand der Panik, und die zwei, die sie vielleicht noch hätten umstimmen können durch einen dramatischen Schritt – die tun ihn nicht. Gerd Schulte-Hillen und Henri Nannen haben Jahre später beide in offenem Gespräch bekundet, sie bereuten es, in jener schwarzen Stunde nicht ihren Rücktritt verkündet zu haben. »Im nachhinein«, sagt Schulte-Hillen, »verzeihe ich mir das nicht. Ich wußte ja, was passieren würde.«

Es passiert tags darauf, am 13. Mai. Er wird der zweite

Schwarze Freitag eine Woche nach dem ersten. Der Krieg bricht aus um 11 in der überfüllten Redaktionskonferenz: Schulte-Hillen und Nannen kommen herein, um jenen Beschluß zu verkünden, gegen den sie gestern halbherzig opponiert haben.

Nannen greift zum Mikrofon und verliest die Erklärung: »Der Vorstand von Gruner + Jahr hat beschlossen, die Redaktionsleitung des STERN neu zu besetzen. Herausgeber werden Henri Nannen, Johannes Gross und Peter Scholl-Latour.« (Unruhe.) »Chefredakteure werden Rolf Gillhausen, Johannes Gross und Peter Scholl-Latour.« Und nur im Tumult kann Nannen weiterlesen: »Der Vorstand wird dem Aufsichtsrat vorschlagen, die Herren Gross und Scholl-Latour zusätzlich zu Vorstandsmitgliedern zu bestellen.«

Rufe, Stöhnen, Wutgeschrei: »Das ist ein Putsch von oben!« »Wie die Machtergreifung von 1933, noch dazu ohne Ermächtigungsgesetz!« »Eine größere Katastrophe als die Hitler-Tagebücher!« »Herr Nannen, jetzt erst haben Sie das Vertrauen der Redaktion verloren!« »Herr Nannen, Sie haben den STERN nicht allein groß gemacht – ich will meinen Anteil zurück!«

Warum hat keiner die Redaktion gefragt, wen *sie* will? Rolf Winter war im Gespräch, 1977/78 stellvertretender Chefredakteur des STERN, jetzt Chefredakteur von GEO. Gerhard Gründler wurde vorgeschlagen, langjähriger Ressortleiter »Politik« im STERN, dann Chefredakteur des *Vorwärts*, jetzt Direktor des Landesfunkhauses Hamburg des NDR. Heinrich Jaenecke wurde bedrängt, ein hochgeachteter und stets kompromißloser Meinungsführer der Redaktion. Der Vorstand wollte es nicht hören.

»Wir mußten eine schnelle Entscheidung fällen, um das Ansehen des Blattes wiederherzustellen!« ruft Schulte-Hillen. »Deshalb sind wir froh, diese beiden angesehenen Journalisten für den STERN gewonnen zu haben.« Eisiges Schweigen. Zwei Redakteure fordern Nannen und Schulte-Hillen auf, den Konferenzraum zu verlassen. Sie gehen. Für 17 Uhr wird eine Vollversammlung der Redaktion einberufen.

Dort erstens der Beschluß: Der STERN erwartet, daß Gross und Scholl-Latour ihre Ämter nicht gegen den erklärten Widerspruch der Redaktion antreten. Zweitens der Beschluß: Die Redaktionsbüros werden Tag und Nacht besetzt. Drittens das Ultimatum: Kampfmaßnahmen, wenn der Verlag seine Entscheidung nicht bis übermorgen, 15. Mai, 14 Uhr, zurücknimmt.

In der Redaktion wird diskutiert, Skat gespielt, geschlafen. Psychologisch ist ihre Situation dramatisch viel besser als in der Woche zuvor: Vom lauthals ausgelachten Opfer eines Betrugs ist sie zum bewunderten Hort der inneren Pressefreiheit aufgestiegen. Sie kann kämpfen, und sie tut es. Andere G + J-Redaktionen, Kollegen aus anderen Blättern, die Setzer, die Gewerkschaften solidarisieren sich mit ihr. Günter Grass und Martin Walser schicken aufmunternde Telegramme, sogar Reinhold Messner und Udo Lindenberg.

Samstag, 14. Mai. Die *Süddeutsche Zeitung* spottet in ihrem »Streiflicht«, die Geschichte der Fälschung der Hitler-Tagebücher müsse nun wohl umgeschrieben werden. Irgendwie sei es logisch, daß der Gigantismus dieser Dummheit »jetzt auch noch mit der ganz großen politischen Wende im STERN bestraft zu werden scheint«.

Um 13 Uhr setzten sich Gross und Scholl-Latour mit dem vorläufigen Redaktionsbeirat zusammen. Zwar vernehmen sie verwundert, daß ihre Berufung weder mit der Redaktion noch mit ihrem Chefredakteurs-Kollegen Rolf Gillhausen abgesprochen worden ist; aber sie beharren darauf, ihre Ämter anzutreten. Die Redaktion zieht Juristen und Gewerkschaftler zu Rate, um bei den angedrohten Kampfmaßnahmen keinen Fehler zu machen.

Sonntag, 15. Mai: Um 14 Uhr läuft das Ultimatum ab, ohne daß der Vorstand reagiert hätte. Die Vollversammlung stellt fest: Der Betriebsfrieden ist gestört, die Abberufung von Schulte-Hillen und Nannen wird gefordert. Am Abend veranstaltet die Deutsche Journalisten-Union vor dem »Affenfelsen« an der Außenalster einen Fackelzug.

Montag, 16. Mai. Das amerikanische Nachrichtenmagazin *Newsweek* streut mit seiner Titelgeschichte über die Fälschung der Hitler-Tagebücher Salz in die Wunden der Redaktion. Den Fälscher kennt auch *Newsweek* noch nicht; es zitiert den Nazi-Jäger Simon Wiesenthal mit der Vermutung, reiche Altnazis in Südamerika hätten Hitler damit verharmlosen wollen. Der Spekulation, die Tagebücher könnten in der DDR fabriziert worden sein, zur Devisenbeschaffung und zur Schwächung des Ansehens der Bundesrepublik, hält ein Experte das Urteil entgegen: »Dann wären sie besser gefälscht.«

Am Nachmittag empfängt Reinhard Mohn eine Delegation des STERN. Er beharrt auf Gross und Scholl-Latour. Die Redaktion hält ihre Büros weiter besetzt und schleift die Messer für die morgige Betriebsversammlung.

Dienstag, 17. Mai. Die G + J-Kantine wäre viel zu klein gewesen: die 321 STERN-Redakteure fast vollzählig, dazu Hunderte von Redakteuren aus anderen G + J-Zeitschriften, Verlagskaufleute, Anzeigenvertreter, Buchhalter, Setzer, Betriebsräte, Gewerkschaftsfunktionäre – selbst die 1800 Sitzplätze im Auditorium Maximum der Hamburger Universität reichen nicht, viele hocken sich auf Treppenstufen. Das Scherbengericht kann beginnen.

Rudolf Herbers, Vorsitzender des Gesamtbetriebsrats von Gruner + Jahr, schlägt den Grundton der Debatte an: Der Verlag habe die STERN-Chefredakteure Peter Koch und Felix Schmidt »mit Schweigegeld neutralisiert«, um das eigene Fell zu retten, und dann der Redaktion im Handstreich zwei »Rechte« vor die Nase gesetzt. Rainer Fabian, Sprecher des vorläufigen STERN-Redaktionsbeirats, spricht von dem »Alptraum« der beiden letzten Wochen. Um die falschen Tagebücher gehe es längst nicht mehr; die Glaubwürdigkeit des STERN könne nur wiederhergestellt werden, indem der Vorstand die designierten Chefredakteure Gross und Scholl-Latour zurückziehe.

Inmitten von Zwischenrufen, Gelächter und Gejohle ergreift Gerd Schulte-Hillen das Wort. Wenn Redakteure und Betriebsräte seinen Rücktritt und den von Henri Nannen forderten, beginnt er, so sei dies in bezug auf Nannen ein Fehler: »Alles, was dieses Unternehmen ist, verdanken wir diesem Mann. Wenn Sie *meinen* Rücktritt verlangen, dann haben Sie alles Recht dieser Welt dazu.« (Das Protokoll verzeichnet Bravo-Rufe und rasenden Beifall.) »Jeder, der schwache Nerven hätte, würde gehen, so ist es«, fährt der Vorstandsvorsitzende unbeirrt fort. »Ich habe vorhin schon Lügner und Schwein gehört – ich werde auch das ertragen können.«

Dann referiert Schulte-Hillen die Vorgeschichte der Hitler-Tagebücher, weist auf die hochqualifizierten Gutachter hin und betont: »Von der Redaktionsseite kamen keine anderen Signale als Begeisterung.« In die anschwellende Welle der Protestrufe hinein ruft er: »Meinen Sie, das läßt mich unbeeindruckt, wenn hier mein Rücktritt gefordert wird? Aber glauben Sie mir: Die Nerven reichen noch, um mich hier hinzustellen, Ihnen ins Gesicht zu sehen und zu erzählen, was passiert ist.«

Und über die neuen Chefredakteure: »Ich weiß, daß die Redaktion sich überfahren, vergewaltigt fühlt.« Der Verlag sei jedoch in einer Notlage gewesen, und an eine Änderung der fortschrittlich-liberalen Haltung des STERN sei nicht gedacht. Demgemäß werde die Präambel des alten STERN-Statuts in die Arbeitsverträge von Gross und Scholl-Latour aufgenommen. Keine vorherige Konsultation des Redaktionsbeirats? »Aber Sie kriegen doch keinen Mann von Rang, wenn Sie ihm sagen: Das muß vorher noch im Haus beraten werden! Er weiß doch, daß in diesem Haus nichts vertraulich bleibt.«

»Wenn wir alle unseren Verstand gebrauchen«, schließt Schulte-Hillen – Zwischenruf: »Wo war der denn vorher?« Beifall – »Wenn Sie meinen Verstand in Zweifel ziehen, das kann ich Ihnen nicht verwehren. Aber Sie sollten deshalb nicht vergessen, den eigenen zu gebrauchen.« Als Rainer Fabian erwidert: »Es ist ein ehrenhaftes Verhalten zu sagen: Ich habe Schuld, ich trete zurück, dieser Rücktritt ist keine Schande« – da tobt der Saal vor Begeisterung, und im Rhythmus ertönt der Ruf: »Rück – tritt, Rück – tritt!«

Emanuel Eckardt, Mitglied des Beirats, betont: »In dieser Redaktion gibt es keine Revolutionäre, die das Betriebsverfassungsgesetz umstoßen wollen. Aber wir sind auch keine Versuchskaninchen für zwei Chefredakteure, die noch nie bewiesen haben, daß sie ein Massenblatt machen können.« Und an Nannen gewandt: »Sie haben ein Lebenswerk aufgebaut und den Ruhestand wirklich verdient. Aber was ich Ihnen übelnehme, ist, daß Sie die Redaktion zum Spielball inkompetenter Verleger gemacht haben.«

Über Johannes Gross sagt Eckardt, er habe Kommentare geschrieben, »in denen er den Faschismus verherrlicht«, und er zitiert aus dem »Notizbuch« im *FAZ-Magazin:* Wenn einmal die Geschichte der Juden geschrieben werde, »wird nicht die Verfolgung hervorragen, sondern die Duldung, die dem Volk zuteil wurde, das allen andern sagte, daß es das auserwählte sei«. Und zu Schulte-Hillen: »Ich würde nie sagen, daß Sie ein Schwein sind oder ein Lügner. Aber Sie haben bewiesen, daß Sie ein Stümper sind. Treten Sie bitte ab.«

Nun reden zwölf STERN-Redakteure, zwei Mitglieder der Text-Dokumentation, ein Sprecher der IG Druck und Papier, der Betriebsratsvorsitzende der Druckerei in Itzehoe und ein Journalistenschüler, der Schulte-Hillen vorwirft, er habe sich bei dem Versuch, die Hitler-Tagebücher im Ausland zu vermarkten, »übers Ohr hauen lassen wie ein Kaufmannslehrling im ersten Lehrjahr«.

Einer sagt, der Gigant von Gütersloh führe einen Angriff auf die STERN-Redaktion, »der die politische Umsetzung der Wende ist, die wir mit der Regierung Kohl bekommen haben«. Ein anderer spricht von »Mist«, »Sauerei« und »Scheiße« und schließt, sich überschlagend: Dem Vorstandsvorsitzenden solle man verminderte Zurechnungsfähigkeit zubilligen; »Herr Mohn wird kapieren, daß er Ihnen Ruhe und ein Sanatorium verschaffen muß.« Das Protokoll verzeichnet »zögernden Beifall«, und Rudolf Herbers ermahnt die Redner, sich so zu benehmen, »daß es nicht an die Ehre geht, soweit sie vorhanden ist«.

Schulte-Hillen erwidert: Arbeitet der Kollege, der von »Sauerei« und »Sanatorium« sprach, nicht in eben der STERN-Dokumentation, die die »Tagebücher« verifiziert hat? (Wobei sie Kujau deshalb nicht überführte, weil er ja sauber abgeschrieben hatte.) Und hat nicht der prominente STERN-Redakteur Erich Kuby der Redaktion per Postkarte zu ihrem »Scoop« gratuliert?

Der STERN-Reporter Jürgen Petschull sagt: »Henri Nannen ist ein großer Mann. Aber seit Freitag letzter Woche möchte ich das korrigieren: Henri Nannen ist ein großer Mann, der von kleinen Leuten, die das große Geld haben, kleingekriegt worden ist.« (Bravo-Rufe, rasender Beifall.)

Da geht, drei Stunden wird schon diskutiert, zum erstenmal Nannen ans Mikrofon. »Damit Sie wissen, mit wem Sie es zu tun haben«, beginnt er: »Ich habe diesen STERN erfunden, und ich habe ihn mit den Mitarbeitern von Redaktion, Verlag und Druckerei zu der Lokomotive gemacht, die nicht nur den Zug, sondern den ganzen Bahnhof zieht. Das ist mein Lebenswerk.« (Riesenbeifall, auch dazu.)

Reinhard Mohn sei ein liberaler Mann mit großem sozialen Verantwortungsgefühl, fährt Nannen fort, und Gerd Schulte-Hillen habe jeden Angriff auf die Unabhängigkeit der Redaktion – von Bucerius und von anderen – entschlossen abgewehrt. Wer Schulte-Hillens Rücktritt fordere, müsse sich fragen lassen: »Was nützt eine solche Deklamation? Was ist denn die Alternative? Wer kommt denn danach?« Seine, Nannens, Schuld sei, in der Tagebuch-Affäre nicht erkannt zu haben, »daß ich da hätte eingreifen müssen. Diese Schuld nehme ich auf mich, und ich bin bereit, sämtliche Konsequenzen daraus einschließlich des Rücktritts zu tragen.« (Riesenbeifall.)

Noch dreimal geht Nannen in der letzten Stunde dieses turbulenten Vormittags ans Mikrofon: »In einer Diskussion hätten Sie jeden Kandidaten für die Chefredaktion kaputtgemacht.« »Scholl-Latour halte ich nach wie vor für einen Liberalen. Was Sie da über Johannes Gross sagen, nehme ich mit großem Interesse zur Kenntnis.« Wenn das mit den beiden nicht funktioniere, »dann muß doch diese Redaktion nicht scheitern. Dann scheitern halt die Chefredakteure.«

Rudi Laatsch, der Betriebsratsvorsitzende von Itzehoe, sagt, eigentlich gehöre Reinhard Mohn auf die Anklagebank. Der Versuch, bei ihm die Forderung nach dem Rücktritt Schulte-Hillens durchzusetzen, sei völlig hoffnungslos. Beide Seiten forderte er zum Kompromiß auf, keine solle den vollen Sieg anstreben.

Schulte-Hillen verwahrt sich zunächst gegen den Vorwurf der Unzurechnungsfähigkeit und die Demontierung seiner Ehre; er betont, daß er am 6. Mai seinen Rücktritt angeboten habe, unverzüglich und bedingungslos, aber von Mohn gebeten worden sei, an Bord zu bleiben (Zwischenruf: »Er darf nicht – habt ihr das denn nicht verstanden?«). Und das Wort »Kompromiß« greift er auf: »Lassen Sie uns versuchen, heute sofort weitere Gespräche zu führen mit denen, die die Redaktion zu ihrer Vertretung gewählt hat.«

»Meinen Sie denn«, fügt Schulte-Hillen hinzu, »daß eine solche Versammlung die Meinungsbildung unbeeinflußt läßt, glauben Sie das? Aber um eines bitte ich dabei: Werfen Sie mir nicht vor, ich hätte meine Ehre verloren. Wir haben Schuld auf uns geladen, jawohl. Aber es ist nichts Unehrenhaftes passiert. Und das kann ich mir nicht in der Öffentlichkeit sagen lassen.« (»Kämpft um Fassung«, verzeichnet das Protokoll.) Er kündigt eine Vorstandssitzung direkt nach der Versammlung an, »und dann sollten wir überlegen, welche Lösungsansätze und welche Kompromisse sich anbieten.« (»Rasender Beifall«.)

Die STERN-Redakteurin Dr. Barbara Beuys reißt alle Wunden noch einmal auf (das ist ja die Tücke der langen Rednerlisten): »Herr Nannen, Sie haben offensichtlich nichts begriffen und nichts dazugelernt … Sie haben Ihre Glaubwürdigkeit verloren.« Zu den zwei Herren, »die uns da aufgezwungen worden sind«: Johannes Gross sollte sich schämen, nun mit der Präambel des STERN-Statuts das Gegenteil von dem zu unterschreiben, was er jahrelang geschrieben habe.

Und zu Schulte-Hillen: »Sie sind nicht nur ein Stümper, sondern Sie haben bewußt Schaden über dieses Haus gebracht.« Und noch einmal zu Nannen: Den STERN erhalten? Das geht nicht »mit Männern, die bewiesen haben, daß sie alles getan haben, um dieses Blatt kaputtzumachen«. (»Riesenbeifall, kaum zu überbieten«.)

Nannen, in höchster Erregung: »Scheinheilig!« (Pfui-Rufe, er schreit zurück.) »Wir müssen einen Kompromiß finden ...« Zuruf: »Hören Sie auf, sich weiter zu demontieren, mir zuliebe.« Nannen: »Kompromiß heißt, daß beide Seiten aufeinander zugehen müssen. Das ist die einzige Möglichkeit, wenn wir den STERN retten wollen ... Lassen Sie mich zu Ende reden, Mensch! Ich komme mir fast vor wie bei Löwenthal.« (Gelächter.) Im STERN vom 26. Mai wird Nannen lesen müssen: »Er wirkt wie ein Box-Champion in seinen letzten Kämpfen, die er besser nicht mehr bestritten hätte.«

Um 13.30 Uhr muß das Audimax geräumt sein. Das Schlußwort spricht Rudolf Herbers, der Betriebsratsvorsitzende: »Die Belegschaft verlangt nun wirklich klare Lösungen, die ihr zeigen, daß ihr Kooperationsangebot aufgegriffen wird und nicht nur immer an ihr Verständnis für falsche Entscheidungen appelliert wird.« Schulte-Hillen noch einmal: »Glauben Sie denn, daß hier jemand unbeeindruckt hinausgeht, glauben Sie das wirklich?« Der Vorstand werde sich mit dem Beirat zusammensetzen.

Schon zwei Stunden später wird die außerordentliche Betriebsversammlung fortgesetzt, im Gewerkschaftshaus, dem Besenbinderhof. Es sprechen vierzehn STERN-Redakteure, ein Vertreter der Deutschen Journalisten-Union in der IG Druck und Papier, ein Mitglied des Gesamtbetriebsrats von Axel Springer und ein Mitglied des Vertrauenskörpers der IG Druck und Papier im selben Verlag; die beiden solidarisieren sich mit den STERN-Redakteuren, fordern, Pressefreiheit müsse mehr sein als Verlegerfreiheit, und verwahren sich gegen den Versuch, »den STERN in eine rechtskonservative Zeitschrift zu verwandeln«.

Schulte-Hillen und Nannen sind nicht dabei, denn zur selben Stunde tagt der Vorstand, um über den Gang der Dinge nach diesem Vormittag zu beraten; sie lassen sich durch Jan Hensmann vertreten, Vorstandsmitglied für die Zeitschriften und Geburtshelfer der »Tagebücher«.

»Man kann doch bei einem liberalen Blatt nicht auf einmal eine ganz andere Fahne hissen«, sagt der altgediente STERN-Redakteur Winfried Maaß. »Es geht dann eine Stimme unter, die ganz wichtig ist, wo es darum geht, daß Arbeit gerechter verteilt wird und daß uns hier nicht noch mehr Atomraketen ins Land gestellt werden. Und bei diesen Fragen stehen Gross und Scholl-Latour auf der anderen Seite.«

Weitere Diskussionsbeiträge: »Diese beiden Herren können keine Probefahrt auf der Teststrecke STERN machen.« »Wir wehren uns dagegen, daß wir wie Leibeigene behandelt werden.« »Ich habe immer gedacht, der Vorstand sitzt im 9. Stock und trifft wichtige Entscheidungen. Aber ich glaube, Sie haben Schiffeversenken gespielt.« Die STERN-Redakteurin Uta König: »So, wie die Redaktion im Moment ist, könnten wir ohne die Chefredaktion sehr lange ein sehr gutes Blatt machen.« (Riesenbeifall.) »Wir sind endlich selbstbewußt geworden. Und ich muß Ihnen sagen: Ich habe keine Lust, meine Kraft in Auseinandersetzungen mit zwei konservativen Chefredakteuren einzusetzen.«

Klaus Liedtke, später einer der STERN-Chefredakteure, verliest weitere Zitate aus dem »Notizbuch« von Johannes Gross und fragt: »Glauben Sie, daß dieser Mann seine politische Überzeugung an der STERN-Garderobe abgibt?« Die Zitate, sagt Jan Hensmann, seien ihm im Wortlaut nicht bekannt gewesen. (Hohngelächter.)

Jürgen Petschull hakt nach: Wären Sie bereit, das jetzt zu lesen und in einer halben Stunde noch mal etwas über Johannes Gross zu sagen, den Sie bisher ja offenbar für einen Liberalen halten? Schließlich Uta König: »Sie haben nur Angst, uns hier offen zu sagen, daß Sie im STERN die Wende einleiten wollen. Wäre es nämlich nicht so, dann könnte man nur zu dem Schluß kommen, daß Sie unfähig sind, eine Chefredaktion für den STERN auszusuchen, weil Sie gar nicht wissen, was die Chefredakteure geschrieben haben.« (Bravo, Beifall, Gelächter.)

Rudolf Herbers resümiert: »Es fällt mir nicht schwer, diesen Abend zu beenden, weil ich weiß, daß wir hier in einer Weise zusammenstehen, die dieses Haus noch nicht erlebt hat.«

Die Musik aber spielt inzwischen anderswo: im Affenfelsen an der Außenalster.

Nannen und die Ratten

1983

Um 17.30 Uhr an diesem 17. Mai 1983 ist die Betriebsversammlung abgebrochen worden; um 18 Uhr will der Vorstand sich mit dem vorläufigen STERN-Beirat zusammensetzen. Schulte-Hillen bittet um Aufschub. Das Gespräch beginnt um 21.45 Uhr. Teilnehmer: Reinhard Mohn, Mark Wössner (Vorstandsvorsitzender von Bertelsmann), Gerd Schulte-Hillen, Rudolf Herbers (Vorsitzender des Gesamtbetriebsrats und Aufsichtsratsmitglied) sowie die neunköpfige Vertretung der STERN-Redaktion.

In zähem zweistündigen Gespräch gibt die Arbeitgeberseite zu verstehen, Johannes Gross habe angedeutet, er sei zum Verzicht bereit; dafür akzeptiert ihr Peter Scholl-Latour. Aber habt ihr überhaupt die Vollmacht, eine Vereinbarung abzuschließen? Die STERN-Vertreter haben sie nicht. Holt sie euch! sagt Reinhard Mohn. Doch unser Angebot gilt nur, wenn ihr vor der Redaktion über den Inhalt des Angebots eisern schweigt. Schweren Herzens sagt der Beirat zu.

0.15 Uhr, nun schon am 18. Mai: In der Kantine versammeln sich 127 STERN-Redakteure, die meisten übermüdet vom Schichtdienst bei der anhaltenden Redaktionsbesetzung. Um 2 Uhr sprechen sich, »aus Überzeugung oder aus Übermüdung«, wie der STERN später berichtet, 89 Redakteure – knapp siebzig Prozent – dafür aus, dem Beirat das Mandat blind zu erteilen.

Um 2.15 Uhr ziehen sich die neun nunmehr Bevollmächtigten zur Beratung zurück. Um 4 werden sie wieder in die Kantine gerufen – »eine Gruft, in der sich die Trauergäste versammelt haben«, wie ein Beiratsmitglied erzählt: Manche Redakteure bereuen ihre Zustimmung, andere sind nach der Abstimmung dazugekommen. Ein neuer Beschluß kommt nicht zustande. Reinhard Mohn ist schlafen gegangen. Draußen wird es hell.

Es ist 9.30 Uhr, als die beiden Kommissionen sich wieder versammeln. Der Vorstand erklärt den Verzicht von Johannes Gross als Chefredakteur und Herausgeber. Der Kompromiß sickert durch, bevor er unterschrieben ist; in der Redaktion brodelt es erneut. Doch es bleibt dabei: Der STERN wird zwei Chefredakteure haben, Rolf Gillhausen und Peter Scholl-Latour; der und Johannes Gross werden Vorstandsmitglieder.

Der STERN vom 19. Mai – drei Wochen nach dem Titel »Hitlers Tagebücher entdeckt« – erzählt bereits, »wie die Blamage mit den Hitler-Tagebüchern zustande kam«. Er entlarvt dabei den Fälscher: den Militaria-Händler Konrad Kujau, »eine Stuttgarter Halbwelt-Größe«. Heftig schlägt der STERN sich an die Brust: Er beschuldigt sich »der größten journalistischen Fehlleistung aller Zeiten«.

Und an diesem 19. Mai wird die ganztägige Betriebsversammlung vom 17. noch einmal aufgenommen – und zu einem Exzeß getrieben, wie er auch zwei Tage zuvor nicht vorgekommen war. Das Wort ergreifen elf STERN-Redakteure, eine Redakteurin der BRIGITTE, ein Vertreter der Leitenden Angestellten, drei Mitglieder des G + J-Betriebsrats, zwei Betriebsräte der Howaldtswerke-Deutsche Werft und Detlef Hensche, der Chefideologe der IG Druck und Papier.

Die »Tagebücher« bleiben dabei ein Thema, auch der Rückzug des Johannes Gross – im Mittelpunkt aber steht die Frage, ob der STERN-Beirat genügend herausgeholt habe, als er sich mit Peter Scholl-Latour als verbleibendem Chefredakteur abfand. Ingrid Kolb, Mitglied des Beirats, sagt dazu: »Ein Funke hat gezündet, und heute sind viele enttäuscht, daß keine Flamme daraus geworden ist. Aber ich kann Ihnen sagen: Die Flamme hätte auch das Haus in Brand stecken können.«

»Wenn das Haus brennt, dann brennt es eben«, habe Reinhard Mohn ausgerufen, berichten zwei STERN-Redakteure, und das Beiratsmitglied Emanuel Eckardt fügt hinzu: »Man hat uns gesagt, die Familie Jahr wird auch dann noch Sekt trinken können, wenn der STERN kaputt ist.« Immerhin habe der Beirat etwas in der Geschichte der deutschen Presse Einmaliges erreicht: daß ein Verlag über eine bereits eingestellte Führungskraft neu verhandeln mußte.

Fünfmal ergreift Gerd Schulte-Hillen das Wort. Zuvor hat der STERN-Redakteur Klaus Liedtke ihm zugerufen: »Respekt vor dem Mut, mit dem Sie in den letzten Tagen vor eine Belegschaft getreten sind, die Ihren Kopf fordert. Aber dann möchte ich Sie auch beglückwünschen zu einer Belegschaft, die in diesen Tagen die Glaubwürdigkeit des Unternehmens, die Moral in diesem Unternehmen allein gerettet hat.«

Schulte-Hillen dankt dem (schweigend anwesenden) Johannes Gross dafür, daß er den Weg freigegeben habe. Auf eine Frage von Rudolf Herbers versichert der Vorstandsvorsitzende, selbstverständlich werde keinem G+J-Mitarbeiter irgendein Nachteil entstehen aus allem, was er in den letzten Tagen getan oder gesagt habe. »Lassen Sie uns versuchen, jetzt nach diesen schlimmen Ereignissen einen Weg zu finden, der unserer gemeinsamen Verantwortung gerecht wird!«

Mehr als zwei Stunden ist die Betriebsversammlung ohne Gebrüll und Beschimpfungen verlaufen, als Henri Nannen ans Mikrofon tritt und, von Ausrufen eines Vorredners wie »Katastrophe« und »Unverschämtheit« provoziert, mit dem Satz beginnt: »Man sieht wieder einmal, daß Ideologie und Intelligenz nur den Anfangsbuchstaben gemeinsam haben.« (Pfui-Rufe.) Nach dem neuerlichen Zwischenruf »Unverschämt!« pulvert Nannen los: »Nun hören Sie doch mit Ihrer Schreierei auf, Mensch! Ich weiß genau: Hier ist eine zutiefst getroffene und besorgte Redaktion – aber hier gibt's auch die Ratten, die aus den Löchern kommen und ihre alten Rechnungen begleichen.«

In den Tumult hinein ruft Rudolf Herbers: »Liebe Kolleginnen und Kollegen, ich bitte Herrn Nannen Gelegenheit zu geben, den Ausdruck Ratten sofort zurückzunehmen.« Nannen: »Ich habe gesagt, es gibt Ratten …« Herbers: »Nein, Sie haben gesagt, es gibt *hier* Ratten, die aus den Löchern kommen, und das nehmen Sie bitte zurück.« Nannen: »Ich denke gar nicht daran.«

Da ist die Hölle los. »Raus, raus, raus!« ertönt es in Sprechchören. Rudolf Herbers verkündet: »Herr Nannen, ich entziehe Ihnen das Wort, und als Inhaber der Hausmacht verweise ich Sie aus dem Saal.« (Bravo-Rufe) Herbers: »Ich darf Herrn Nannen bitten, dieser Aufforderung Folge zu leisten.« Nannen: »Nein!« Herbers: »Folgen Sie jetzt dieser Aufforderung, oder ich lasse Sie von der Polizei rausbringen.« Der Saal tobt.

Schulte-Hillen will sich des Mikrofons bemächtigen, Herbers hindert ihn daran – nicht, ehe Nannen den Raum verlassen hat! Nannen geht. Napoleon ist mit der Verbannung nach St. Helena nicht tiefer gedemütigt worden als Henri Nannen in dieser Betriebsversammlung.

Nun erhält Schulte-Hillen das Wort. »Ich habe am Dienstag alles ertragen«, sagt er, »Beleidigungen, Ehrabschneidung – aber haben Sie denn kein Erbarmen mit so einem Mann?« (Nein!-Geschrei, verzeichnet das Protokoll.) »Wo sind denn die denkenden Menschen hier? Wo sind denn die Leute, die mit Nannen gute Journalisten geworden sind?« (Protest!) »Was ist das für eine Atmosphäre … Mit mir nicht, mit mir nicht!« (»Bricht in Tränen aus.«)

Herbers empfiehlt zu unterscheiden zwischen dem großen Journalisten Henri Nannen und dem Mann, der soeben Kollegen als Ratten bezeichnet hat. Wieder Schulte-Hillen: »Ich hoffe, daß ich meine Fassung wiedergewonnen habe … Sie müssen nicht diesen Mann zerstören.« (Geschrei.) »Wo ist denn hier noch Barmherzigkeit?« (Gebrüll.) »Sie haben ihn doch bewundert – wo ist das alles geblieben?«

In die Proteste mischt sich plötzlich »aufkommender Beifall«. Der STERN-Redakteur Jürgen Petschull schlägt vor, nach einer halben Stunde solle jemand versuchen, mit Nannen Kontakt aufzunehmen; dann solle der wieder hereinkommen, sich entschuldigen und seinen Rücktritt erklären. (Wieder Protest und Beifall durcheinander.) Als Petschull seinen Vorschlag zehn Minuten später wiederholt, überwiegt die Zustimmung, und der Versammlungsleiter bittet Nannen herein.

Der beginnt mit einem Hochseilakt der Satzbaukunst: »Ich bin nicht feige genug, nicht zuzugeben, wenn ich mich habe hinreißen lassen«, und fährt fort: »Ich bitte die Versammelten für diesen Ausbruch um Entschuldigung.« Da rast der Beifall los, und einer, der noch mal »Rücktritt!« ruft – also nur das, was Jürgen Petschull gerade vorgeschlagen hat –, wird zurückgepfiffen. (»Hör' doch auf!«)

»Ich bitte nicht um Erbarmen für einen Siebzigjährigen«, fügt Nannen hinzu: »Das brauche ich nicht, ich bin noch ganz gut beieinander. Aber wenn *diese* Redaktion meinen Rücktritt fordert, dann müssen Sie verstehen, daß mir das unter die Haut geht.« Er weint. Auch einige alte Hasen vom STERN bekommen feuchte Augen; ein verhaltener Beifall rettet die Situation.

Dann geht es noch fast eine Stunde weiter. Hier darf ja keiner schweigen, der in seiner Redaktion das große Wort führt – oder umgekehrt die Chance sieht, sich erstmalig als aggressiv zu profilieren. In einer so aufgeheizten Atmosphäre sind die typischen gruppendynamischen Wirkungen unvermeidlich: Der Beifall schaukelt sich hoch, das Wutgeschrei auch; und wie der sprichwörtliche Schmetterling den Hurrikan, so können wenige Worte einen Stimmungsumschwung auslösen – zumal dann, wenn das Gefühl »Jetzt haben wir wohl ein bißchen überzogen« schon an der Schwelle des Bewußtseins gelauert hat.

Rudolf Herbers sagt zum Schluß: »Lassen Sie uns alle an den Versuch gehen, uns das Leben nicht unnötig schwer zu machen. Ich vertraue auf unser aller Lernfähigkeit – und das schließt alle ein, auch Leitende und Vorstände. Ich danke allen für die Ernsthaftigkeit, mit der wir diesen Tag bestanden haben.«

Tags darauf, am 20. Mai, ist im *FAZ-Magazin* im »Notizbuch« von Johannes Gross zu lesen: »Wir sind eine echte Demokratie geworden. Das Gesindel darf nicht nur überall mitreden, es führt das große Wort.« (Der Redaktionsschluß lag aber mit Sicherheit *vor* der Betriebsversammlung.)

Das Gastspiel Scholl-Latour

1983

Etwas dermaßen Turbulentes wie diesen Mai 1983 im »Affenfelsen« an der Außenalster hat es in der deutschen Presse nie zuvor und nie danach gegeben; doch auch mit der dreiteiligen Betriebsversammlung, bei der sich Wut, Begeisterung, Peinlichkeit, Verzweiflung mischten, sind die Affären »Hitler« und »Gross/Scholl-Latour« noch lange nicht ausgestanden.

Am 26. Mai trägt der STERN sein Markenzeichen, den asymmetrischen Stern auf rotem Grund, als seitenfüllendes Titelbild und dazu die Riesenlettern »Betrifft: Stern«. Die Redaktion hat die versprochene Aufklärungsarbeit grimmig vorangetrieben, legt auf sieben Seiten alle recherchierten Einzelheiten auf den Tisch, druckt Karikaturen aus aller Welt, die zu ihren Lasten gehen, und schwelgt in Selbstbezichtigung: »Vom Nordkap bis zum Feuerland lacht die Welt über den STERN«.

»Garantiert kein Auflagenrenner«, schreibt der *Kress-Report* unter demselben Datum, eher ein Sammelstück für Journalisten und Studenten der Publizistik. Die Auflage – an ihr, nur an ihr würden sich die Inserenten orientieren, von falschen Tagebüchern so wenig tangiert wie vom Aufstand der Redaktion. Aber wie Auflage machen? »Knüller« werde dem STERN doch vorläufig niemand abnehmen, schreibt *Kress*.

Am 27. Mai stellt Peter Scholl-Latour sich der Redaktion vor. Gegen den Vorwurf, er wolle den politischen Kurs des STERN ändern, verwahrt er sich, konservativ sei er nicht, und bei vielen Detailfragen muß er passen: Schließlich hat er noch nie eine Zeitschrift von innen gesehen. Viele Redakteure trösten sich mit dem Satz ihrer Kollegin Uta König in der Betriebsversammlung: »Ohne Chefredaktion könnten wir sehr lange ein sehr gutes Blatt machen.« Auf den Korridoren bekommt man den Spottvers zu hören:

Wie geht's dem STERN? sprach Scholl-Latour.
Und schaut in Bombay auf die Uhr.

15. Juni: Der Neue tritt sein Amt an. Mit der Redaktion hat er sich auf nicht weniger als vier Stellvertreter geeinigt: aus den eigenen Reihen Rainer Fabian und Arnim von Manikowsky, von der BRIGITTE deren stellvertretenden Chefredakteur Peter Gimm; und die Überraschung: Dieter Gütt, früher Chef der *Tagesthemen* der ARD, zuletzt Kommentator beim WDR – ohne Zeitschriftenerfahrung, doch mit der günstigen Eigenschaft, von seinem Freund Scholl-Latour vorgeschlagen worden und dabei der Redaktion als bekennender Linker willkommen zu sein.

Im STERN vom 30. Juni – Titelgeschichte: »Kann Kohl das Wettrüsten noch stoppen?« – steht Scholl-Latours Einstands-Editorial, unter der Überschrift: »Warum ich zum STERN gegangen bin«. Für ihn sei das eine Ehre und zugleich die Herausforderung, das Blatt aus dem tiefen Tal herauszuführen, in das es durch die Tagebuch-Affäre geraten sei. Die ändere indessen nichts daran, »daß der STERN auf der ganzen Welt das erste und beste Organ seiner Art ist«.

Daß der Gang nach Hamburg schwer sein würde, habe er gewußt – nicht jedoch, daß er »spannungsgeladener« gewesen sei als ein Trip nach Vietnam zum 17. Breitengrad, schreibt der Chefredakteur. Inzwischen habe er Anlaß zu der Hoffnung, daß sich zwischen ihm und den Redakteuren »ein vertrauensvolles, vielleicht freundschaftliches Verhältnis« entwickeln werde. Wenn er sich zur liberal-fortschrittlichen Grundhaltung des STERN bekenne, fügte er hinzu, so müsse man freilich bedenken, daß der Begriff »Fortschritt« sich mit dem Zeitgeist wandle; einst als Wissenschaftsgläubigkeit verstanden, scheine sich der Fortschrittsbegriff heute

»an eher romantischen Stimmungen und an Naturverbundenheit« zu orientieren.

Scholl-Latours weitere Editorials handelten überwiegend von den Weltgegenden, die er bereist hatte; und wo sie die deutsche Politik streiften, ärgerten sie die Redaktion. Im Januar 1984 verschlechterte sich die Stimmung, im März war das Gastspiel Scholl-Latours beendet. Als Vortragsreisender hatte er bei Meinungsführern gut Wetter für den STERN gemacht; zum erstenmal seit drei Jahren *stieg* das Anzeigen-Aufkommen.

In Gütersloh, auf seiner ersten Bilanzpressekonferenz als Vorstandsvorsitzender von Bertelsmann, sagte Mark Wössner: »Selbstverständlich wird der STERN wie bisher linksliberal bleiben – aber die neue Chefredaktion soll die rot-grüne Gedankenwelt zurückdrängen und die Öko-Freaks im Zaum halten.« (Was Redakteure »sollen«, hören sie von Nichtredakteuren nicht besonders gern, zumal wenn die auch noch ihre Arbeitgeber sind.) Mit einem Umsatz von 6,2 Milliarden war Bertelsmann inzwischen dreimal so groß geworden wie der Springer-Verlag.

Am 9. September verlasen Mitglieder des Redaktionsbeirats in der STERN-Konferenz den 316seitigen Untersuchungsbericht über die »Hitler-Tagebücher«, zehn Stunden lang. Geschrieben hatten ihn vier Redakteure unter dem Vorsitz des ehemaligen Hamburger Justizsenators Professor Ulrich Klug. Der Bericht enthielt keine wesentlichen Neuigkeiten über die öffentlichen Selbstbeschuldigungen vom Mai hinaus; immer mehr Redakteure verließen entnervt die Konferenz; auf drei Seiten veröffentlichte der STERN vom 22. September eine Quintessenz. Das Branchenblatt *Horizont* sprach von einem »müden Purgatorium«.

Was ist dem STERN geblieben von der schrecklichen Blamage? Ein auf Jahre tief gestörtes Selbstgefühl der Redaktion – und eine Rufschädigung, die den Versuch, an öffentlicher Geltung mit dem *Spiegel* gleichzuziehen, durchkreuzt hat bis heute.

Mit der verkauften Auflage aber ist, einer offenbar unausrottbaren Deutung entgegen, fast nichts passiert. Wohl sank sie beim STERN vom II. Quartal 1983 – dem Zeitraum des Hinausposaunens wie auch der Beschämung – zum II. Quartal 1984 um 125 000 Stück (und man sollte immer nur die entsprechenden Vierteljahre vergleichen, weil sonst die Saison-Einflüsse zu stark durchschlagen). Aber bei der *Quick* fiel die Auflage im selben Zeitraum um 96 000, prozentual also noch stärker – und was ist zwischen 1981 und 1989 insgesamt mit den drei großen Illustrierten passiert? (Verkaufte Auflagen, jeweils im II. Quartal.)

	1981	1989	minus absolut	minus in Prozent
STERN	1 660 000	1 311 000	349 000	21 %
Bunte	1 351 000	956 000	395 000	29 %
Quick	982 000	734 000	248 000	25 %

Der STERN hat also in Prozenten deutlich *weniger* verloren als seine Konkurrenten, sogar in absoluten Zahlen weniger als die *Bunte*, während die *Quick* sich schon aus dem großen Geschäft zu verabschieden begann. Wo findet man in der Auflage die »Hitler-Tagebücher«? Es sei denn, man wollte behaupten, ohne diese hätte sich der STERN abkoppeln können von der allgemeinen Tendenz der Illustrierten. Dann aber dürfte man auch spekulieren, wie es dem Blatt ergangen wäre, hätte Gruner + Jahr die Chance gehabt, einen neuen Henri Nannen aus der Taufe zu heben.

In vielen Tageszeitungs-Kommentaren war zu lesen, die »Hitler-Tagebücher« seien *keine* einmalige Entgleisung gewesen, sondern der entlarvende Ausdruck einer permanenten, gierigen Sensationshascherei, die für solche Pleiten die Weichen stelle. Diese Einbindung des Einmaligen ins Dauernde und Typische sollte die Verurteilung offenbar besonders schimpflich machen. Sie trifft auch durchaus den Kern der Sache – aber unter falschen Vorzeichen.

Die aktuellen Wochenzeitschriften, vor allem also der STERN, der *Spiegel* und später *Focus*, können nur existieren, wenn ihnen Jahr für Jahr 52 Themen einfallen, die der Anforderung genügen: Obwohl wir hinter den Zeitungen hoffnungslos herhinken, haben wir etwas Neues und Aufregendes zu bieten, und sechs Tage nach Erscheinen müssen wir uns damit immer noch sehen lassen können, denn so lange hängen wir am Kiosk. Hascherei muß also einfach sein, Sensationen sind das größte – aber wer findet sie 52mal im Jahr? Folglich kann unser Alltag nur darin bestehen, daß wir Themen von latenter Aktualität entdecken, zuspitzen, schaffen, besetzen.

Diese überlebensnotwendige Grundgesinnung ist selbst hochkarätigen Journalisten aus anderen Medien schwer zu vermitteln, der STERN hat das mehrfach erlebt; und gar nicht paßt sie in die Köpfe jener vielen Redakteure, die, durch ein lokales Monopol geschützt, ihren Arbeitsplatz auch dann nicht gefährden, wenn sie drei Jahre lang keinen einzigen journalistischen Einfall haben, sondern nur das verwursten, was ihnen auf den Tisch kommt.

Also: Die »Tagebücher« waren der verwerfliche Exzeß einer journalistischen Denkweise, die ihrerseits nicht verwerflich ist, sondern die Lebensgrundlage aktueller Wochenmagazine. Wer das nicht wahrhaben will, *weiß* entweder zu wenig von einer der wichtigsten Sparten des Journalismus – oder er wünscht sich ihren Tod.

Nun bestand Gruner + Jahr schon 1983 nicht nur aus dem STERN. Die BRIGITTE, weiter einsame Marktführerin unter den Frauenzeitschriften, verkaufte 1,27 Millionen Hefte, ELTERN mehr als, GEO fast eine halbe Million. In Amerika brachte es die Zeitschrift PARENTS auf 1,7 Millionen verkaufte Exemplare. Auslandsumsatz: 561 Millionen Mark; Weltumsatz: 1,9 Milliarden.

Im November legte Dr. Jan Hensmann, 42 Jahre alt, seine Ämter als stellvertretender Vorstandsvorsitzender und Leiter des Unternehmensbereichs Zeitschriften vorzeitig nieder. Er wurde freischaffender Unternehmensberater und blieb Honorarprofessor für Verlags- und Kommunikationsmarketing an der Universität Münster. »Das Gespann Schulte-Hillen – Hensmann *war* keins«, schrieb der *Kress-Report,* von »unterschiedlichen Temperamenten« sprach die *FAZ*. In einige – nicht alle – seiner Funktionen rückte der 38jährige Rolf Wickmann auf, bis dahin Leiter des Fachbereichs »Vertrieb«, den nun Hartmut Bühne übernahm. Den Auslandsbericht unterstellte Schulte-Hillen sich selber.

Bei der Verlagsgruppe Sebaldus in Nürnberg machte Helmut Markwort wieder kräftig von sich reden: Im Vorjahr hatte er die Zeitschrift *Ein Herz für Tiere* gegründet, die bald die größte Tierzeitschrift Europas wurde; 1983 mischte er die Programmpresse auf, indem er eine neuartige und sogleich erfolgreiche Mixtur zwischen Programm- und Unterhaltungszeitschrift auf den Markt warf: *Die 2*, für 90 Pfennig, 10 Pfennig weniger als die bis dahin billigsten bloßen Programmblätter.

Bauer und Springer fühlten sich aus Nürnberg bedroht und setzten unverzüglich mit ihrer vollen Marktmacht dagegen: Springer die *Bildwoche* für 80 Pfennig, Bauer für 60 Pfennig *Auf einen Blick*, das bald weit an der Spitze lag (1984: 1,66 Millionen verkaufte Exemplare, mehr als doppelt soviel wie Markworts Original).

Das war ein klassischer Verdrängungswettbewerb, unter Inkaufnahme der »Selbstkannibalisierung«: Mit seinem neuen Billigprodukt schädigte jeder Verlag die anspruchsvollere, anzeigenschwere Schwester aus dem eigenen Haus. So sank *Hörzu*, immer noch Marktführer, zwischen 1982 und 1985 von 3,78 Millionen auf 3,33 Millionen – und dies, obwohl Springers *Bildwoche* unter den drei »Billigheimern«, wie der Branchenjargon sie taufte, dritter Sieger blieb. Ein anderer Ableger der Bildzeitung brachte es dagegen zu einem Riesenerfolg: *Bild der Frau* – Mode, Klatsch und guter Rat für 70 Pfennig die Woche. Schon 1984 hatte das Blatt mit 2,2 Millionen verkauften Exemplaren Bauers ähnlich angelegte *Neue Post* weit hinter sich gelassen. *Bild*, das Mutterblatt, verzeichnete unterdessen die Rekordauflage von 5,5 Millionen, Tag für Tag.

In der ZEIT setzte Gerd Bucerius ein neues Redaktionsstatut durch. Das alte hatte er 1982 gekündigt aus Protest gegen die Weigerung der Redaktion, der von ihm angestrebten Fusion mit Gruner + Jahr zuzustimmen. Nun ließ er zwar nach der Tagebuch-Affäre jede Hoffnung fahren, daß die Redaktion Gruner + Jahr akzeptieren werde, benutzte aber die Gelegenheit, im neuen Statut den Redakteuren das Vetorecht gegen die Berufung eines neuen Chefredakteurs zu entziehen. Mit Erfolg machte er geltend, daß man ihm nicht zumuten könne, mit einem Redaktionsleiter zusammenarbeiten zu müssen, der nicht sein Vertrauen genieße.

Und noch einmal gelang es dem alten Fuchs, einen Coup zu landen: Neben Gräfin Dönhoff berief Bucerius Helmut Schmidt zum Herausgeber, den weltweit geachteten Staatsmann und im Vorjahr durch Helmut Kohl gestürzten Bundeskanzler. Zwar fürchteten manche Redakteure, ihr Blatt könnte nun mit der SPD identifiziert werden, und jüngere hielten Schmidt für *zu wenig* links und vor allem für zu wenig »grün« – aber zusammen mit der gesamten Branche bewunderten sie den Handstreich des Verlegers.

Am 6. März 1983 hatte die vorgezogene Bundestagswahl stattgefunden, die sich Helmut Kohl durch ein fiktives Mißtrauensvotum ertrotzt hatte, um nicht bloß als Sieger in einem Putsch dazustehen. Und obwohl er die Nachrüstung auf seine Fahnen geschrieben hatte und obwohl die Zahl der arbeitslos Gemeldeten auf 2,3 Millionen geklettert war, höher als je seit 1948, belohnten ihn die Wähler mit 48,8 Prozent der Stimmen. Die SPD – mit Hans-Jochen Vogel als Kanzlerkandidat – fiel auf 38,2 Prozent, die FDP auf 7,0 Prozent – und die Grünen schafften mit 5,6 Prozent zum erstenmal den Einzug in den Bundestag. Mit Grünpflanzen marschierten sie ins Parlament.

Präsident Reagan kündigte die Errichtung eines Schildes zum Abfangen sowjetischer Atomraketen an (SDI, weltraumgestütztes Raketenabwehrsystem); deutsche Zeitungen sprachen alsbald vom »Krieg der Sterne«. Die Kommentare schwankten zwischen »Der Gipfel des Rüstungswahnsinns« und »Grotesk und völlig aussichtslos«. Für die sowjetischen Strategen aber war SDI das Signal, daß sie den Rüstungswettlauf endgültig verloren hatten und irgendwann würden kapitulieren müssen.

Wie man Leser fängt

Zeitschriften

Unangefochten von den Hochs und Tiefs der Politik und von den Aufregungen im STERN zog die Mehrzahl der deutschen Zeitschriften ruhig ihre Bahn. Aktuell sind sie ja allenfalls in dem Sinn, daß sie über die Jahre hin auf wechselnde Moden reagieren müssen oder ihren Stoff in ihnen finden, wie die Frauen- und die Wohnzeitschriften – oder daß gar nur die Entwicklung in Jahrzehnten auf sie abfärbt oder von ihnen eingefärbt wird, wie dies bei Gruner + Jahr zumal für ELTERN gilt und für ESSEN & TRINKEN.

Da stellen sich zwei Probleme: schärfer als bei anderen Zeitschriften das der interessanten Aufbereitung, die auf dem eng begrenzten Feld immer noch und immer wieder Lust zum Lesen machen soll; und das Aufspüren von Themen und Aspekten, die auch nach 29 Jahren (ESSEN & TRINKEN, gegründet 1972) oder gar nach 35 Jahren (ELTERN, gegründet 1966) noch nicht oder nicht so dagewesen sind – denn nichts würde treue Leser mehr vergraulen.

Wie aber schreibt man 35 Jahre lang jeden Monat über Schwangerschaft? Das muß man ja: Die Frau, die zum erstenmal zu ELTERN greift, ist zumeist eine werdende Mutter, die als Käuferin sofort wieder verloren wäre, wenn sie nichts über ihre Sorgen fände und sich nicht innerhalb weniger Monate rundum informiert fühlte über alle Probleme ihres Zustands und der bevorstehenden Geburt. Natürlich! Nur: Wie kann die Redaktion es gleichzeitig vermeiden, ihre treuen Leserinnen im dritten oder vierten Jahr mit den immer selben Ratschlägen für die Schwangeren zu langweilen?

Also heißt die ständige Frage der Redaktion: Gibt es zu diesem zentralen Thema neue Informationen? Wenn nicht: Finden wir einen neuen Ansatz? Und wenn auch dies nicht: Wie bereiten wir das immer Gleiche wenigstens neu auf? So hießen die entsprechenden Überschriften in den zwölf Heften des Jahres 1994:

Endlich! Sanfte Mittel im Kreißsaal

So habe ich den Kaiserschnitt erlebt

Was die Geburt für Sie leichter macht

Die aufwühlenden Träume der Schwangeren

Das mache ich anders bei der nächsten Geburt

Die beste Betreuung für werdende Mütter

Die letzten Tage vor der Geburt

So kommen werdende Mütter vom Rauchen los

Wie nimmt man Kontakt zum Ungeborenen auf?

Schwanger mit 35, 40 oder sogar 45?

Warum sind werdende Mütter ständig müde?

Wenn die Geburt nicht vorangeht

Also ist in der Redaktion der Satz »Das hatten wir doch gerade im Heft!« tabu: Monat für Monat kommen Leserinnen hinzu, die sich enttäuscht abwenden würden, wenn nicht *ihr* Interesse in jedem Heft bedient wird.

Während der Baby-Jahre bleiben die meisten ELTERN-Leserinnen ihrer Zeitschrift treu; im Durchschnitt nach vier Jahren ist ihr Interesse erschöpft. Die Leserin weiß entweder alles, was sie braucht, oder glaubt es zu wissen; spätestens bei dreijährigen Kindern differenzieren sich die Erziehungsprobleme so stark, daß es kaum noch möglich ist, praktikable Ratschläge für den Einzelfall zu geben. ELTERN muß also in relativ kurzen Abständen seine gesamte Leserschaft erneuern.

Was sind das für Journalisten, die solche Aufgaben meistern und die Plage akzeptieren, die daraus folgt? Zunächst: Es müssen *Journalisten* sein – nicht Gynäkologen, Hebammen, Pädagogen, Kinderärzte. Für den journalistischen Denkansatz sind die so schwer zu gewinnen wie für das allgemeinverständliche Schreiben. Journalisten also, die sich mühselig einarbeiten, sich bei Experten rückversichern und dann bereit sind, über Windeln und Windpocken mit demselben Eifer zu recherchieren und zu schreiben wie ihre Kollegen über Erdbeben und Kanzlerstürze.

Überwiegend sind das Frauen, naheliegenderweise. Wenn sie Mutterschaftsurlaub nehmen, ist das für das Blatt vorzüglich, denn sie bringen dann ihre eigenen Erfahrungen mit; bei zufälliger Häufung aber ist es für die anderen Redakteure eine Plage – denn die für ELTERN selbstverständliche großzügige Arbeitsplatzgarantie macht Neueinstellungen, mit denen die zeitweilige Personalnot überbrückt werden könnte, unmöglich.

Obwohl in der Chorionzottenbiopsie allmählich fast so zu Hause, als ob sie Gynäkologen wären, müssen die Redakteurinnen dasselbe schaffen, was einst Martin Luther leistete: so zu schreiben, daß die Leserin mit Hauptschulabschluß sie versteht, die Akademikerin aber sich nicht unter ihrem Niveau angesprochen fühlt. Und noch dazu läßt der rare Journalistentyp, der all dies kann und mag, sich von keiner anderen Zeitschrift abwerben, denn ELTERN hat keine Konkurrenz.

Und noch ein kritischer Punkt: Gift in der Muttermilch – das darf weder verschwiegen noch einfach angeprangert oder als Katastrophe beschrieben werden, wie der STERN oder der *Spiegel* dergleichen häufig tun. Die ELTERN-Redaktion muß nicht nur der Gefahr nachrecherchieren, sondern die Zusatzarbeit leisten herauszufinden, wo und wie die Gefahr überwunden werden kann. Also nicht: »Muttermilch macht Babys krank«, sondern »Was Mütter beachten müssen, um unbesorgt zu stillen«. Denn: »Ohne einen Funken Hoffnung können Eltern nicht durchhalten«, sagt Norbert Hinze, Chefredakteur seit 1986.

Nicht einmal belehrend darf ELTERN auftreten – nur beratend. Von Besserwissern ist die junge Mutter ohnehin umstellt: »Tu dieses – laß jenes – das machst du ja ganz falsch!« Stieße sie in ELTERN auf den gleichen Ton, sie würde das Heft nie wieder anfassen.

Und schließlich: die Titelbilder! Nur ein Baby spricht die werdende oder junge Mutter an – kein zweijähriges Kind, und wäre es noch so niedlich. Ein Baby also, zwölfmal im Jahr. Gesund muß es sein, eher blond als dunkel, so oder so nicht mit zu vielen Haaren; nicht mager und nicht allzu pummelig; weinen darf es nicht, obwohl es von fremdartigen Fotografen und Assistenten umringt ist, und nicht einmal die Augen schließen, um dem Rummel zu entgehen.

»In natura sind alle Babys süß – als Foto nur wenige«, ist die Erfahrung des Chefredakteurs. Und diese sich zwangsläufig immer ziemlich ähnlichen Menschenkinder müssen am Kiosk zwei Signale ausstrahlen: Erstens, ich bin auf der Zeitschrift ELTERN – kauft sie, ihr Mütter und ihr Schwangeren! Doch dazu das zweite Signal: Übrigens bin ich ein völlig anderes Heft als die zehn oder zwanzig, die du kennst, laß dich nicht täuschen von der Ähnlichkeit – ich bin neu, gerade mich mußt du kaufen!

Auch das schaffen sie in dieser Redaktion. Ihre Zielgruppe – Schwangere und Mütter – schöpfen sie in einem Umfang aus, wie dies keine andere große Zeitschrift im deutschen Sprachraum mit den Lesern schafft, die sie erreichen will. Der unmittelbare Nutzen, den sie ihren Leserinnen bietet, wird sowieso von keinem Periodikum auf Erden übertroffen. Und so bleibt als ihre größte Sorge, daß in dem Maße, in dem immer weniger Kinder geboren wurden, auch ihre Auflage schrumpfen mußte.

Während ELTERN eine klar umrissene Zielgruppe hat, muß ESSEN & TRINKEN heftig darum werben, überhaupt zur

Kenntnis genommen zu werden bei der Allgegenwart von Kochrezepten; aber während ELTERN nur selten eine Leserin länger als vier Jahre an sich binden kann, schafft ESSEN & TRINKEN dies bei denen, die einmal gewonnen sind, durchaus. Was für ELTERN die unvermeidliche Schwangerschaft, sind für ESSEN & TRINKEN im Mai der Spargel, im Juni die Erdbeeren, im November das Weihnachtsgebäck – die gesamten 29 Jahre wieder, denn so wollen es die Leser, und unerträglich fände es die Redaktion, gerade ihre treuesten Abonnenten zu enttäuschen, indem sie jemals ein Rezept wiederholte.

Erdbeeren also! Von Juni 1991 bis Juni 1997 zum Beispiel gab es nicht weniger als achtzehn Vorschläge für Erdbeerzubereitungen, darunter: Kalte Erdbeersuppe mit Erdbeerbaisers, marinierte Erdbeeren, Erdbeer-Mango-Chutney, Erdbeeren mit Vanillejoghurt und Pinienkernen, Erdbeer-Melonen-Salat mit Bündnerfleisch, ja einen Erdbeer-Tomaten-Salat mit Schafskäse.

Nein, sagt Peter Ploog, Chefredakteur von ESSEN & TRINKEN seit 1991: Rezepte zu finden ist das geringste Problem. Gehe man von zwanzig Grundzutaten und zwanzig Gewürzen aus und wandle sie ein bißchen ab, so werde klar, warum es der Zeitschrift nicht schwergefallen sei, bisher fast 50 000 Rezepte zu veröffentlichen. Die eigentliche Schwierigkeit bestehe darin, dem Leser Lust zu machen auf das Neue.

Der durchschnittliche Spargel-Esser gebe sich ja mit Katenschinken und zerlassener Butter völlig zufrieden, sagt Ploog. Wie bringt man ihn dazu, ein heißes Verlangen nach *gebratenem* Spargel zu entwickeln, bloß weil das Rezept dafür in ESSEN & TRINKEN steht? Indem die Zeitschrift insgesamt ein rundum appetitliches, ja »verfressenes« Klima schafft und den gebratenen Spargel durch Raffinement und Liebe in Bild und Text so anbietet, daß dem Leser das Wasser im Munde zusammenläuft.

»Wir müssen ihm ständig neue Aspekte seiner gewohnten Küchen- und Genußwelt eröffnen. Einen Zirkus müssen wir ihm bieten mit Feuerwerk und drei Manegen. Und was dabei den ganzen Redakteur fordert: die Übersetzung vom Topf aufs Papier und vom Papier auf die Zunge.« Wem dazu nur einfiele, daß so viel Aufwand für die Nahrungsaufnahme übertrieben sei, der würde in Frankreich oder Italien ebenso ausgelacht wie in China oder Indien. Mehr als eine Viertelmillion unserer Mitbürger, die allmonatlich ESSEN & TRINKEN beziehen, relativieren ohnehin das Vorurteil über die lieblose deutsche Küche.

Daß die Zeitschrift den Lesern so gut schmeckt – dazu hat in ihren ersten neunzehn Jahren keiner mehr beigetragen als der Orientalist Dr. Hansgeorg Bergmann, der fließend Arabisch, Türkisch und mehrere polynesische Sprachen sprach, sich als Hauslehrer und Reiseleiter verdingt hatte, bevor er den Journalismus entdeckte, und den Märchen aus 1001 Nacht, die er selbstverständlich alle kannte, mit leichter Hand ein zweites Tausend hinzuerfand, wenn es ihm für die Anpreisung von Wodka oder Kohlrabi nützlich schien. Von 1972 bis 1991 verfaßte er sämtliche Überschriften, Bildunterschriften, Seitentitel und Vorspänne in ESSEN & TRINKEN, und die Vorspänne zumal hatten unter ihresgleichen einen Rang wie das »Streiflicht« der *Süddeutschen Zeitung* unter den Satiren. Das las sich so:

> Pfirsich ist das totale sinnliche Erlebnis, ganz Rundung, ganz Duft, ganz Süße, ganz Saft und obendrein noch in die berühmte Pfirsichhaut verpackt, von der die Kosmetikindustrie gern wüßte, wie sie zustande kommt.

Oder so:

> Ereignislos vergehen die Tage und Jahre der Muskatnuß: Einsam sitzt sie in ihrem kleinen Glas auf dem Gewürzbord, und wenn mal jemand am Schraubverschluß dreht, denkt sie: »Aha, es gibt mal wieder Blumenkohl« – und meist hat sie damit recht.

Über ungarische Restaurants in Deutschland:

> Ein Ungar in der Fremde ist laut Vorschrift aller besseren Operetten ein unglücklicher Ungar, der ohne Unterlaß in seine Gulaschsuppe weint, wobei ihm ein Stehgeiger gegen überhöhtes Trinkgeld behilflich ist.

Immer in der ersten Reihe

Da mogelt sich 1955 Henri Nannen, der Chefredakteur der noch völlig unpolitischen Illustrierten STERN, *doch wirklich neben Adenauer und Bulganin auf die Kreml-Treppe!* (Ernst Grossar *im* STERN)

Mit einer Stimme Mehrheit

Bonn, 15. September 1949: Konrad Adenauer mit dreien seiner sieben Kinder nach der Wahl zum Bundeskanzler. 73 ist er, und niemand glaubt, daß seine Ära 14 Jahre dauern wird. (Hilmar Pabel *im* STERN)

Das Volk übt Lynchjustiz

Budapest, Oktober 1956: Volksaufstand. Stalin-Denkmäler werden gestürzt, Geheimpolizisten an den Füßen aufgehängt. Nach zwei Wochen walzen Panzer die Volkserhebung nieder. (Rolf Gillhausen *im* STERN)

Richard Gruner

Mit dem STERN *zusammen wuchs seine ererbte Druckerei. 1965 verband er sich mit Jahr und Bucerius, 1969 verkaufte er seine Anteile.*

John Jahr sen.

Geboren 1900 als Sohn eines Feuerwehrmanns, 1965 Mitbegründer des Verlags, 1991 als Milliardär gestorben. Seine vier Kinder halten 25,1 Prozent.

Gerd Bucerius

Streitbarer Jurist, Verleger von STERN *und* ZEIT, *Teilhaber von Bertelsmann, »idealistischer Irrwisch«, Panik verbreitend, Freiheit gewährend.*

Reinhard Mohn

Der Mann, der einen Trümmerhaufen vorfand, daraus den größten Medienkonzern Europas machte und Deutschlands meistbewundertes Unternehmen.

Auf diesen Bayern schaute man

Am 4. Juni 1957 heiratete Bundesverteidigungsminister Franz Josef Strauß die Brauereibesitzerstochter Marianne Zwicknagl (Ernst Grossar *im* STERN). *Sie kam 1984 bei einem Autounfall um, er starb 1988.*

Axel Cäsar Springer, 1912 bis 1985

Mit drei Ideen – Hörzu, Bildzeitung *und* Hamburger Abendblatt *– schwang er sich zum größten Verleger Europas auf. Er war charmant, sensibel, unberechenbar, ein Missionar, zum Schluß ein Mystiker.*

Peter Tamm

Einst Schiffahrtsredakteur beim Hamburger Abendblatt, *23 Jahre lang zunächst Alleinvorstand, später Vorstandsvorsitzender des Axel-Springer-Verlags.*

Franz Burda

Gründer und Chefredakteur der Bunten Illustrierten, *»König von Offenburg« genannt. »Ich bin autoritär, aber ich mach's lustig«, verkündete er gern.*

Elvis in Deutschland

Längst weltberühmt, muß Elvis Presley zur Armee. Seine Ankunft in Bremerhaven führt zu einem Volksauflauf. Siebzehn Monate bleibt er in Hessen – für die US Army ein PR-Schlager. (Fred Ihrt *im* STERN)

Mit Kinderaugen gesehen

Berlin, August 1961: Ein Wachtposten an der gerade errichteten Mauer erlaubt einem Kind, durchs Fernglas in den Westen zu sehen. Mit dem Teleobjektiv sieht Thomas Höpker *in den Osten hinüber.* (STERN)

Der Höhe des Ruhms entgegen

Quickborn bei Hamburg, 1963: Henri Nannen hat die deutschen Hersteller von Fertighäusern dafür gewonnen, eine Modellsiedlung hochzuziehen. Unter den Besuchern Willy Brandt, Bürgermeister von Berlin.

Manfred Köhnlechner

Mit 32 wurde er Mohns Generalbevollmächtigter. 1970 fädelte er den Kauf eines Drittels von Springer ein, Mohn zuckte zurück, Köhnlechner ging.

Ernst Naumann

1968 Springers Geschäftsführer für Zeitschriften und Druckereien, 1971 bis 1973 Vorsitzender der Geschäftsführung von G+J und Vorstandsvorsitzender.

Manfred Fischer

Vorstandsvorsitzender von Gruner + Jahr von 1974 bis 1981. 1981/82 Vorstandsvorsitzender von Bertelsmann, 1984/85 der Dornier-GmbH.

Rudolf Augstein

Mit 23 Jahren gründete er den Spiegel. *1974 schenkte er die Hälfte des Verlags seinen Mitarbeitern. 1999: »Journalist des Jahrhunderts«.*

Die hölzerne Hantel

Stemmt man sie, wirft man sie? Stefan Moses *gewann 1964 prominente Bonner dafür, sich beim Umgang mit dem Leichtgewicht fotografieren zu lassen – hier: der* FDP*-Vorsitzende Erich Mende.* (STERN)

Rolf Gillhausen

STERN-*Fotograf, stellvertretender Chefredakteur, 1981 bis 1984 Chefredakteur; Vorgesetzter der Fotografen, Grafiker und Bildredakteure. Erfinder von* GEO.

Fred Ihrt

Die STERN-*Bilder von seinem Sturzflug auf das* KZ *der griechischen Obristen hinab machten ihn 1967 weltberühmt. Ein Draufgänger und ein Weltmann zugleich.*

Robert Lebeck

Henri Nannen nannte ihn »Easy Bob«, die FAZ *1999 einen »Glücksfall unter Deutschlands Fotoreportern«. Lebeck sagt: »Ein gutes Foto macht unsterblich«.*

Uwe George

Der Globetrotter, GEOS *populärster Redakteur, berühmt für waghalsige Expeditionen in die entlegensten Gegenden der Erde.*

Die Frauen dieser Welt

Eine STERN-*Serie von 1965/66. Bei den Murias in Indien fand* Gordian Troeller *die völlig freie Liebe, und so nannte er – hoppla, Sexualaufklärung! – die Murias das glücklichste Volk der Welt.*

Henri Nannen beim Regieren

Sein Büro war ein Taubenschlag, seine Redaktion ein Chaos voll überschäumender Produktivität. Rechts von Nannen Egon Vacek, Ressortleiter Ausland, und Wolf Schneider, Chef vom Dienst. (STERN *1967*)

Per Beischlaf zur Revolution!

So lautete 1967 die Parole der Berliner »Kommune 1«. Rainer Langhans wurde ihr prominentestes Mitglied, das Fotomodell Uschi Obermaier entblößte sich mit ihm für den Sieg. (Werner Bokelberg *im* STERN)

Peter Brasch

Chefredakteur der BRIGITTE *von 1957 bis 1984. Sein Leitsatz: »Wir machen eine Zeitschrift für Frauen, wie sie sind, und nicht, wie einige von uns sie sich wünschen«.*

Anne Volk

Chefredakteurin der BRIGITTE *von 1985 bis 2001. Was sie vorfand, nannte sie »ein bißchen spießig«. Sie versprach: »Die* BRIGITTE *wird nie zu spät kommen.«*

Angelika Jahr

Die einzige Tochter des Verlegers. Chefredakteurin, Herausgeberin, Verlagsgeschäftsführerin für acht Zeitschriften über Wohnen, Essen und Lebensstil.

Marion Gräfin Dönhoff

Die große alte Dame des deutschen Journalismus; Chefredakteurin der ZEIT *von 1968 bis 1973, seitdem Herausgeberin, jetzt 91 Jahre alt.*

Das Ende des »Prager Frühlings«

Wie 1956 in Budapest, so trampelte 1968 in Prag die Rote Armee die Freiheit nieder. 90 Menschen starben, ein Verwundeter stützt sich auf seinen Freund. (Volker Krämer *im* STERN. *Er starb 1999 im Kosovo)*

Gerd Schulte-Hillen

Vorstandsmitglied von Gruner + Jahr seit 1973, Vorstandsvorsitzender von 1981 bis 2000. In seine Ära fiel der Aufstieg zum größten deutschen Presseverlag und zum internationalsten Pressehaus der Welt.

John Jahr jr.

Ältester Sohn des Mitbegründers von Gruner + Jahr, Vorstandsmitglied von 1972 bis 2000, zuständig für »Handel« und das heißt: für den Papier-Einkauf.

Jochen Frangen

Chef der Druckereien von Gruner + Jahr in Deutschland und Amerika und Vorstandsmitglied von 1981 bis 1998; jetzt Mitglied des Aufsichtsrats.

Ein Schiff aus Glas und Stahl

Zusammen mit den Bullaugen sollte das neue Bürohaus von G+J an der Elbe, bezogen 1990, eine »Schiffsmetapher« sein – so wollten es die Architekten. Eines ist es: ohne Vorbild und Gegenstück auf Erden.

Peter Koch

STERN-*Chefredakteur von 1981 bis 1983, Vorkämpfer der »Hitler-Tagebücher«, Autor einer respektablen Adenauer-Biographie. Mit 50 Jahren gestorben.*

Felix Schmidt

STERN-*Chefredakteur von 1981 bis 1983, mit Peter Koch über die »Tagebücher« gestürzt. Später Chefredakteur der* Hamburger Morgenpost *und von* Hörzu.

Johannes Gross

Chefredakteur von CAPITAL, *1983 für ein paar Tage Titularchefredakteur des* STERNS, *bis 1994 Vorstandsmitglied von Gruner + Jahr. Gestorben 1999.*

Peter Scholl-Latour

Fernseh-Star, Bestseller-Autor, elf Monate Chefredakteur des STERN, *Vorstandsmitglied von Gruner + Jahr von 1983 bis 1988.*

Jugend forscht und reist

»Jugend forscht«, Europas größter Wettbewerb für den Nachwuchs von Naturwissenschaftlern. Die Gewinner von 1969 winkten in New York aus der Freiheitsstatue. (Kurt Will *im* STERN)

Beifallssturm für Willy Brandt

Als der Bundeskanzler 1970 in Erfurt mit dem DDR-*Ministerpräsidenten Willi Stoph zusammentraf, verfolgte ihn der Jubel der Menge bis auf den Balkon des Hotels.* (Max Scheler *im* STERN)

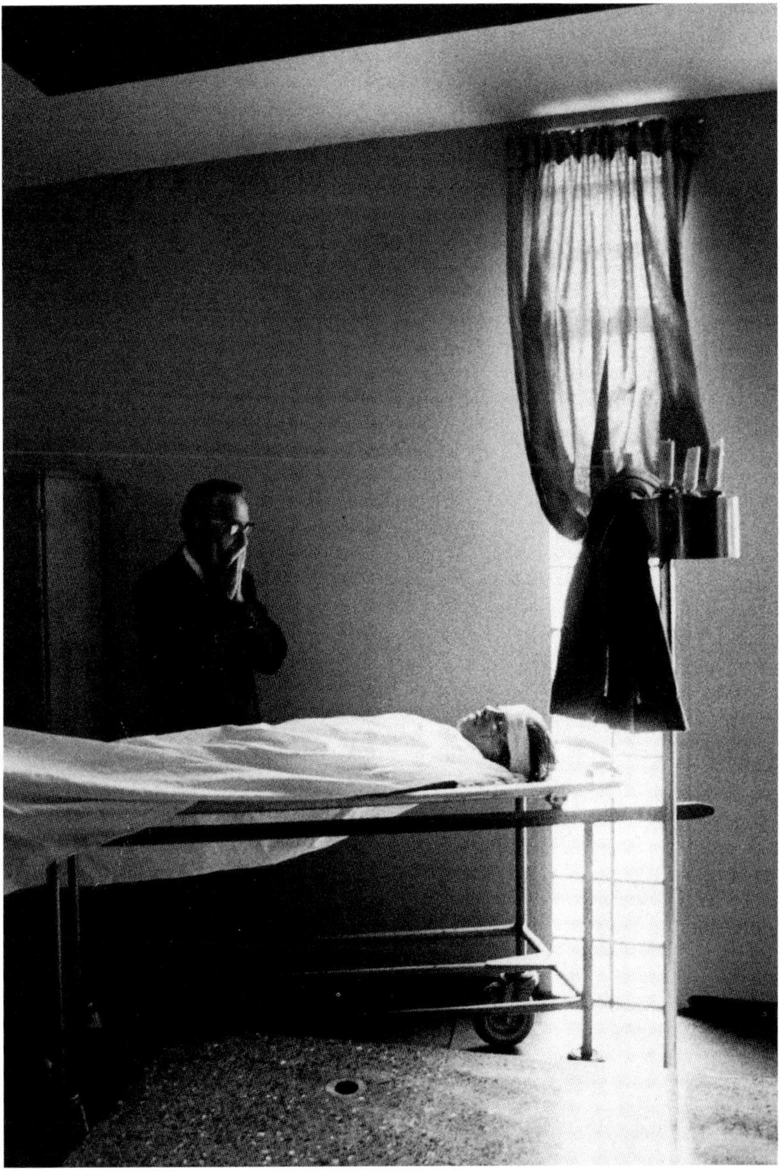

Bei der erschossenen Tochter

Die 20jährige Petra Schelm, Mitglied der Baader-Meinhof-Bande, durchbricht 1971 eine Straßensperre der Polizei und wird von deren Kugeln getroffen. Ihr Vater nimmt Abschied. (Eberhard Seeliger *im* STERN)

Rolf Winter

STERN-*Reporter, von 1976 bis 1984 Chefredakteur von* GEO, *1984 bis 1986 Chefredakteur des* STERNS *– der fünfte nach Henri Nannen.*

Michael Jürgs

STERN-*Chefredakteur von 1986 bis 1990 – mal als einer von dreien, mal als einer von zweien, zwei Monate sogar allein. 1999 war er erneut im Gespräch.*

Heiner Bremer

STERN-*Chef von 1986 bis 1988. Dann in jäher Wende Pressesprecher des Axel-Springer-Verlags. Seit 1994 Moderator des* Nachtjournals *bei* RTL.

Klaus Liedtke

STERN-*Chef von 1986 bis 1988. 1991 Chef der Ostberliner Illustrierten* EXTRA, *seit 1999 Chefredakteur des deutschen* NATIONAL GEOGRAPHIC.

Im Kreml wieder obenauf

1973 setzte sich Henri Nannen wie selbstverständlich auf den Schreibtisch des Sowjetherrschers Leonid Breschnew. Mit ihm beim Interview: Manfred Bissinger.
(Fred Ihrt *im* STERN)

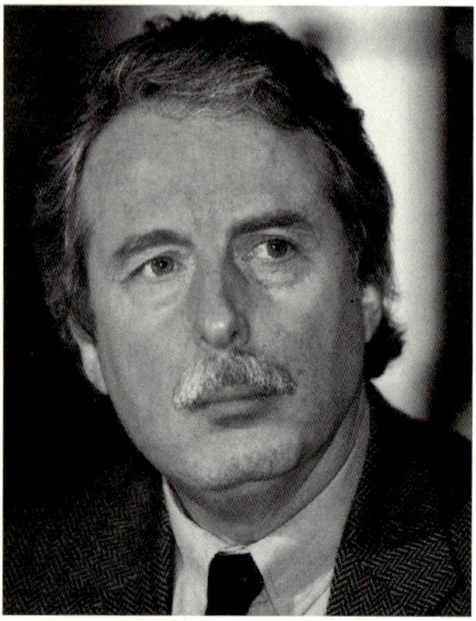

Rolf Schmidt-Holtz

STERN-*Chef von 1989 bis 1994, auch Herausgeber (mal gleichzeitig, mal statt dessen). Dann Fernseh-Chef bei Bertelsmann, seit 2000 Vorstandsmitglied.*

Herbert Riehl-Heyse

STERN-*Chefredakteur 1989, der zehnte nach Henri Nannen. Kehrte nach vier Monaten zur* Süddeutschen Zeitung *zurück (»Zu viel Aggression gegen Zier-Fische«).*

Werner Funk

Chefredakteur des Manager-Magazins, *des* Spiegels *(1986–1991), von* GEO *(1992–1994) und vom* STERN *(1994–1998). Seitdem Herausgeber.*

Michael Maier

1995 Chefredakteur der Wiener Presse, *1996 bis 1998 der* BERLINER ZEITUNG, *1999 des* STERNS, *der zwölfte nach Henri Nannen – für sechs Monate.*

Nackt dem Himmel nah

Beim Bhagwan, dem Herrn über die Seelen von Zehntausenden und über eine Flotte von 93 Rolls-Royce, 1981 im US-Staat Oregon. Eine Jüngerin demonstriert den Weg zur Erleuchtung. (Jay Ullal *im* STERN)

Günter Wille

1987 Vorsitzender des Verbandes der Zigarettenindustrie, 1990 Vorstandsmitglied bei Springer, 1991 Vorstandsvorsitzender, 1993 gestorben, 50 Jahre alt.

Günter Prinz

Erfinder von JASMIN, *1971–1981 Chefredakteur der* Bildzeitung *(Auflage über 5 Millionen), Vorstandsmitglied bei Springer 1985–1987 und 1991–1994.*

Jürgen Richter

1994 Vorstandsvorsitzender des Springer-Verlags. Er machte sich Helmut Kohl, Leo Kirch und Bild-*Chef Claus Larass zum Feind und mußte 1997 gehen.*

August Fischer

Schweizer Manager in Amerika, 1989–1995 in leitender Position bei dem Medienriesen Rupert Murdoch, seit 1998 Vorstandschef bei Springer.

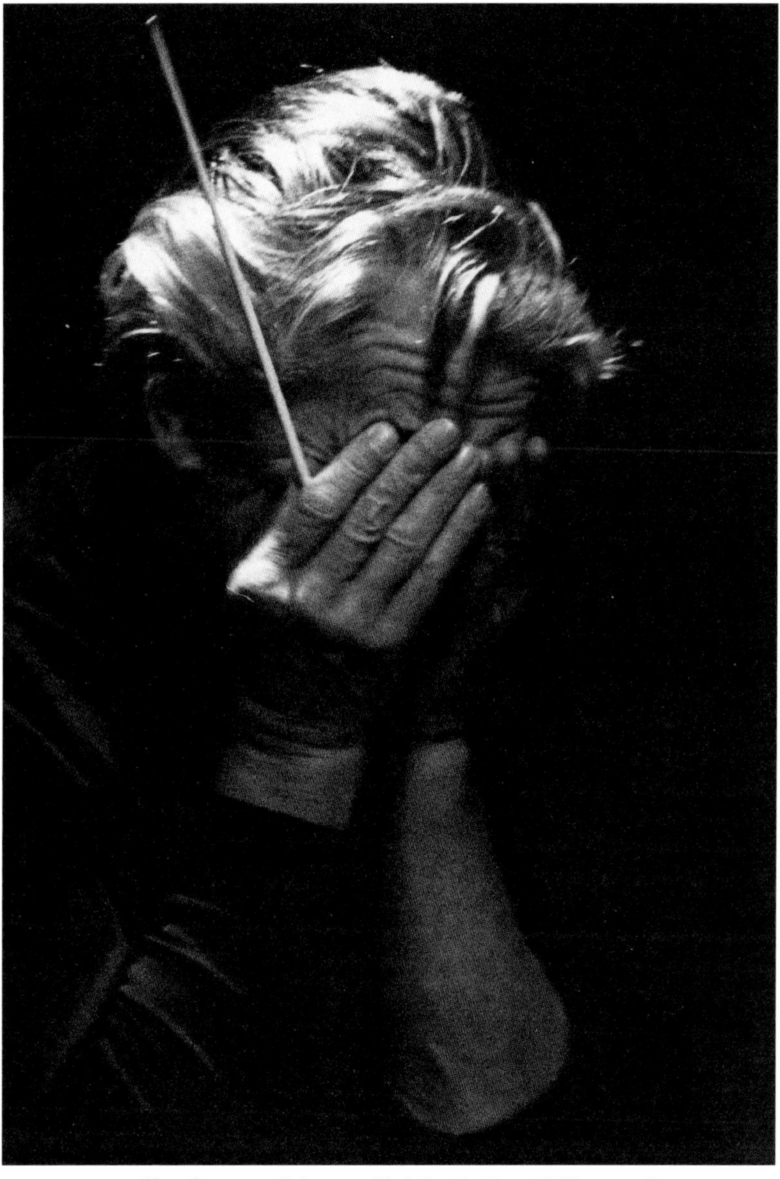

Herbert von Karajan *Seit 1954 Chef der Berliner Philharmoniker, dann Leiter der Salzburger Festspiele und außerdem Chef der Wiener Staatsoper. Kurz vor seinem Tod entstand dieses Bild.* (Robert Lebeck *im* STERN)

Rolf Wickmann
Vorstandsmitglied seit 1985 für die Zeitschriften in Deutschland, das Kerngeschäft von Gruner + Jahr – und das schwierigste im eisenharten Wettbewerb.

Axel Ganz
1978 von Gruner + Jahr für Frankreich angeworben und dort zum »As der Asse« aufgestiegen. Seit 1991 Vorstandsmitglied für die 48 Auslandszeitschriften.

Martin E. Süskind
1997 Chefredakteur des Kölner Stadt-Anzeigers, *seit 1999 der* BERLINER ZEITUNG *– auf Deutschlands am härtesten umkämpften Zeitungsmarkt.*

Bernd Kundrun
Seit 1997 Gruner+Jahr-Vorstandsmitglied für die Zeitungen; designierter Nachfolger von Gerd Schulte-Hillen als Vorstandsvorsitzender seit 1. Nov. 2000.

Ein streitbarer Mann *Ignatz Bubis, der Vorsitzende des Zentralrats der Juden in Deutschland. 1999, in den letzten Monaten vor seinem Tod, war er an den Rollstuhl gefesselt.* (Karin Rocholl *im* STERN)

Helmut Markwort

1980 als Nachfolger Henri Nannens im Gespräch. Seit 1993 gelingt ihm, was fast keiner für möglich gehalten hatte: dem Spiegel *Konkurrenz zu machen.*

Mathias Döpfner

Chefredakteur der Wochenpost, *der* Hamburger Morgenpost *und der* Welt, *seit 2000 Vorstandsmitglied des Axel-Springer-Verlags, designierter Vorsitzender des Vorstands.*

Thomas Osterkorn

Chefredakteur des STERNS *seit 1999. Daß Michael Maier, sein Vorgänger, ihn nicht als Stellvertreter haben wollte, trug bei zu Maiers Sturz.*

Andreas Petzold

Chefreporter der Quick, *Chefredakteur der Frauenzeitschrift* Allegra, *1997 Chefredakteur von* Hörzu, *seit 1999 Ko-Chefredakteur des* STERN.

Und dies:

> Er gehört zum Besten, wonach man sich zwischen Juni und Oktober bücken kann, und er hat auch nicht, was mancher andere Edelpilz hat, nämlich einen teuflischen Doppelgänger, der in der Maske des Biederpilzes mit Mordinstinkten unterm breiten Hut im Grase lauert. Kein Wunder also, daß der Pfifferling…

Und nun erst folgt die Kochanleitung. Es kam auch vor, daß Angelika Jahr, Chefredakteurin bis 1991, den Hahn zudrehte, wo Bergmanns Fantasie ihr zu hoch zu sprudeln schien; dann ging er türenschlagend nach Hause und gewann so die Zeit für seinen zweiten Beruf, den des Werbetexters.

1994 ist Hansgeorg Bergmann gestorben, 68 Jahre alt. Erreicht hat sein Tänzeln auf den Speisen keiner mehr. Aber die Schule der leichten Hand ist geblieben (»Kann man mit Pommes frites im Bauch die Auferstehungssymphonie dirigieren? Kann man sich vor einem großen Konzert mit Rotwein ruhigstellen? Fragen an Christoph Eschenbach…«) – die Kunst also, zu den Lesern nett zu sein und sie zur Lektüre zu verführen; jene Kunst, von der man in vielen sonst durchaus honorigen Zeitungen so wenig versteht und so wenig hält.

Man beherrschte sie im *FAZ-Magazin*, dem 1999 unsanft entschlafenen; zu einem Bild vom Silvester-Feuerwerk hieß es:

> Zu Risiken oder Nebenwirkungen fragen Sie ihren Notarzt oder Frank Weber-Picard. Der macht Feuerwerkskörper und schießt dem neuen Jahr Salut, daß es nur so kracht.

Spitzenleistungen auf diesem Feld vollbringt das *SZ-Magazin:*

> Eine Hochzeit ist immer etwas Besonderes. Erst recht, wenn die eigene Mutter heiratet. Aber nach ein paar Malen hat man sich daran gewöhnt.

Oder:

> Die Mikrowelle – fünf Minuten bevor der Hunger kommt, ist das Essen fertig.

Oder:

> Wie muß sich denn ein tiefgefrorenes Huhn vorkommen, das

nicht mal drei Mark kostet? War sein Leben gar nichts wert? Ein strenger Blick auf die ungerechte Welt der Preise.

Auch bei GEO versteht man es, den Leser einzufangen – zum Beispiel so:

Mögen Sie fette Fritten? Mittelmäßige Showmaster? Künstliche Gebirge? Tierquälerei? Abgestandene Zaubertricks? Zuckerwatte? Bier aus Plastikbechern? Bei Tempo 80 auf dem Kopf stehen? Gut. Kommen Sie mit. Wir gehen uns amüsieren: in deutsche Freizeitparks.

Eine ungewöhnliche Art, den Blätterer zum Lesen anzureizen, hatte sich Gerhard Moosleitner ausgedacht, Erfinder der populärwissenschaftlichen Zeitschrift P.M. und ihr Chefredakteur von 1978 bis 1994 – nämlich nicht um Witz bemüht wie in den bisherigen Beispielen, sondern in schlichten Wörtern mit der Verblüffung operierend. Über ein Foto, das zwei Eskimos Schlitten ziehend in düsterer Schneewüste zeigte, schrieb er:

Verstehen Sie, *warum dieses Volk nie ausgewandert ist?*

Und in das schwierige Thema »Hieroglyphen« ließ er seine Leser hineingleiten wie auf Kugellagern:

Es hat 15 Jahre gedauert, dem Geheimnis der ägyptischen Schriftzeichen auf die Spur zu kommen. Hier erfahren Sie in 15 Minuten, wie das geschah. Anschließend können Sie in 15 Sekunden eine Hieroglyphen-Inschrift entziffern.

Das ist Zeitschriftenjournalismus vom Feinsten. Der Redakteur hat sich zugunsten des Lesers geplagt – der Leser hat geschmunzelt, gelesen und entscheidet halbbewußt: Ja, dieses Blatt kann man wieder kaufen – und alle sind zufrieden. Nicht nur der Verlag, wie man dann gern zu hören kriegt: Ist es denn nicht auch eine Genugtuung für den Redakteur, Nutzen gestiftet zu haben wie mit ELTERN oder fröhlich gelesen worden zu sein, womit auch immer?

»Zwei Löffel Hitler, bitte!«

1984

Wie setzen sich Journalisten sprachlich mit dem Tod von Prominenten auseinander? 1984 gab es dafür zwei bemerkenswerte Beispiele. Die indische Ministerpräsidentin Indira Gandhi wurde von einem ihrer Leibwächter ermordet; die Überschrift in der *Neuen Zürcher Zeitung* hieß »Ermordung Indira Gandhis« – der in dieser Redaktion regierenden Zwangsvorstellung folgend, daß ein Verbum in der Überschrift nichts verloren habe (mit Aufweichungs-Erscheinungen im neuen Jahrtausend). Bei Schweizer Kollegen läuft der Spott um, die *NZZ* würde die Leistung einer Henne unter der Überschrift »Legung eines Eis« verzeichnen.

In Moskau starb nach nur zwei Jahren im Amt Jurij Andropow, der Nachfolger Leonid Breschnews als Generalsekretär der KPdSU. Der Korrespondent der *Süddeutschen Zeitung* bei den Olympischen Winterspielen im (noch friedlichen) Sarajevo schrieb darüber, mit Interesse habe er in einer frisch eingetroffenen deutschen Boulevardzeitung gelesen, die Nachricht vom Tode Andropows habe bei den Teilnehmern der Spiele »*wie eine Bombe eingeschlagen.* Hier in Sarajewo hat man von diesem Einschlag überhaupt nichts bemerkt.«

Da war mit schöner Klarheit eine klassische Versuchung des Journalismus aufgespießt: Pseudo-Ereignisse zu schaffen und sie in schreiende Bilder umzusetzen, die sich jeder Überprüfbarkeit entziehen. Manchmal wünscht man sich für die Presse einen Ombudsmann, der allen Redakteuren, die hurtig mit Bomben, Skandalen, Katastrophen hantieren, mit der eiskalten Frage entgegentritt: »Können Sie plausibel machen, daß und warum der von Ihnen geschilderte Sachverhalt nur mit einem so bombastischen Wort beschrieben werden kann? Wenn nicht, dann machen Sie's bitte eine Nummer kleiner.«

In Sarajevo triumphierte die DDR vor der Sowjetunion und den USA. Die Sommerspiele in Los Angeles wurden von der Sowjetunion boykottiert und in ihrem Schlepptau von allen Staaten des Ostblocks außer Rumänien – mit der Begründung, die Sicherheit ihrer Athleten wäre bei der aufgeheizten antisowjetischen Stimmung nicht gewährleistet; vermutlich jedoch als Vergeltung für den amerikanischen Boykott vier Jahre zuvor. Das ergab den verzerrten Medaillenspiegel: 83 goldene für die USA, 20 für Rumänien, 17 für die Bundesrepublik.

Richard von Weizsäcker wurde zum Bundespräsidenten gewählt (als Nachfolger von Karl Carstens), Willy Brandt erneut zum Vorsitzenden der SPD, Ronald Reagan zum zweitenmal und triumphal zum Präsidenten der USA. Nachfolger Andropows wurde der 72jährige Konstantin Tschernenko – nach allen Fernsehauftritten zu urteilen ein hinfälliger Greis, ein Stück sichtbaren Verfalls der sowjetischen Macht.

Rainer Barzel beschloß mit seiner vierten Niederlage seine schmerzliche politische Karriere: im April 1972 mit dem Mißtrauensvotum gegen Willy Brandt gescheitert, im November die Bundestagswahl gegen ihn verloren, 1973 als CDU-Vorsitzender verdrängt von Helmut Kohl – und nun als Bundestagspräsident zum Rücktritt gezwungen wegen seiner Verstrickung in die von der Firma Flick ausgelöste Spenden-Affäre.

Auf dem Schlachtfeld von Verdun vollzogen Bundeskanzler Kohl und Staatspräsident Mitterrand eine Geste von ähnlich hoher Symbolkraft wie der Kniefall Willy Brandts in Warschau: Gemeinsam gedachten sie der Toten von 1916, gefallen in der blutigsten und unsinnigsten Schlacht der Weltgeschichte. Der deutsche Generalstab hatte die gewaltige Festung erobern, dadurch Frankreich moralisch erschüttern und die französischen Reserven in einer »Blutmühle« zerreiben wollen; gelungen war es ihm nicht. Und nun, 68 Jahre später, reichten Kohl und Mitterrand einander über den Gräbern die Hand.

Am 1. Januar 1984 wurde mit dem *Kabelpilotprojekt Ludwigshafen* das Privatfernsehen in der Bundesrepublik eröffnet; tags darauf begann Radio Luxemburg ein Fernsehprogramm namens RTL plus ins benachbarte Deutschland auszustrahlen. (SAT 1 folgte ein Jahr später.)

Der STERN bereitete sich inzwischen mit einigem Bangen auf das juristische Nachspiel zur Tagebuch-Blamage vor, und zugleich schwelte der Aufruhr gegen den ihm aufgenötigten Chefredakteur Peter Scholl-Latour. In einem Editorial hatte er der SPD nahegelegt, »sich möglichst bald und nachdrücklich mit der Bundeswehr zu solidarisieren« (was 1984 als eine erzkonservative Ansicht galt), und dann den Bogen zu einer »weltfremden Gleichheitstheorie« geschlagen, die die Unterschiede der menschlichen Rassen leugne.

Empörte Redakteure handelten ihrem Chef diese Passagen ab, als er, von Jerusalem kommend und vor dem Start nach New York, kurz in Hamburg Station machte. Sie erreichten auf diese Weise, daß die Deutschland-Ausgabe des STERN ohne die strittigen Formulierungen erschien; fürs Ausland und den Lesezirkel waren sie schon im Druck.

Am 3. Februar sagte Scholl-Latour der Redaktion ins Gesicht, sie sei nur zu feige, offen seinen Rücktritt zu fordern. Am 8. März vollzog er ihn selbst: Er entspreche der Bitte von Vorstand und Aufsichtsrat, künftig die Interessen von Gruner + Jahr und Bertelsmann im Fernsehen wahrzunehmen.

Gleichzeitig mit Scholl-Latour schied der andere Chefredakteur aus, Rolf Gillhausen. Mit Henri Nannen zusammen hatte er den STERN, in der Nachfolge von *Life* und *Paris Match,* an die Spitze aller Fotoreportage-Magazine der Welt geführt, und da er überdies der Erfinder von GEO war, wird man sagen müssen: In der ganzen Geschichte der Fotografie gab es keinen zweiten Bildjournalisten mit solchem Erfolg. Von chronischer Krankheit erschöpft, des Ärgers überdrüssig und als Redaktionsführer ohnehin nicht ganz am richtigen Platz, zog Gillhausen sich nun, 61 Jahre alt, ins Private zurück.

Der STERN also brauchte einen neuen Chefredakteur – und bekam, mit dem Redaktionsbeirat abgesprochen, einen seiner Wunschkandidaten vom vorigen Mai: den 56jährigen Rolf Winter, bis dahin Chefredakteur von GEO (wo Adolf Theobald ihm nachfolgte). Den Beirat hatte der Vorstand als Gesprächspartner akzeptiert, obwohl ein Redaktionsstatut ja seit 1979 nicht mehr existierte. Als Basis für alle Gruner + Jahr-Redaktionen, die einen Beirat haben wollten, diente ein Brief des ehemaligen Vorstandsvorsitzenden Manfred Fischer von 1975. Darin wurde die Bildung von Beiräten gebilligt und ihnen die Konzession gemacht: »Vor Berufung eines neuen Chefredakteurs wird der Verlag seine Entscheidung mit dem Redaktionsbeirat beraten.«

Seine Entscheidung! An ihr zu rütteln hatten die Beiräte also wenig Chancen, und selbst die Beratung war bei der Berufung von Johannes Gross und Peter Scholl-Latour unterlassen worden. Als der BRIGITTE-Redaktion 1983 fürs nächste Jahr der neue Chefredakteur Wolfhart Berg angekündigt worden war, gab es zwar verbreitete Entrüstung, aber keinen Beirat, der sie hätte artikulieren können; aus dem Fischer-Brief von 1975 hatten einige Redaktionen keine Konsequenz gezogen.

Das änderte sich unter dem Eindruck des doppelten STERN-Debakels und in der BRIGITTE durch den Wechsel an der Spitze über die Köpfe der Redaktion hinweg: In allen 13 deutschen G + J-Zeitschriften wurden Beiräte gewählt. Sie versammelten sich und forderten am 14. Februar in einem Offenen Brief den Vorstand auf, einen Chefredakteur weder zu berufen noch abzusetzen, wenn der Redaktionsbeirat mit Zwei-Drittel-Mehrheit widerspricht (wie einst im STERN-Statut von 1969 festgelegt).

Bis Juli 1984 wurde darüber in zähen Sitzungen verhandelt; das Ergebnis war eine »Zwischenvereinbarung«, die sich als höchst langlebig erwies: Ihr Einspruchsrecht bekamen die Beiräte nicht, wohl aber ein Beratungsrecht von solcher Intensität, daß es im Fall des Widerspruchs durch den Beirat »für den Verlag kaum möglich sein wird, einen Kandidaten zu finden«, wie

Gerd Schulte-Hillen formulierte. »Hierin liegt zwar kein Vetorecht, aber es kommt diesem doch sehr nahe.«

Wolfhart Berg also. Am 1. Juli 1984 trat der 40jährige die Nachfolge von Peter Brasch in der BRIGITTE an. Berg hatte sich als Chefredakteur der spanischen G + J-Zeitschrift DUNIA bewährt, und das zählte für den Vorstand mehr als Braschs Versuch, eine Frau als seine Nachfolgerin aufzubauen. Die meisten Redakteurinnen der BRIGITTE grollten und versuchten zunächst, Berg »rauszuekeln«; dann fanden sie ihn »eigentlich ganz nett«. Zu den ersten Neuerungen, die er einführte, gehörte ein Horoskop in jedem Heft. Bei Peter Brasch hatte es das seine ganzen 27 Jahre lang nicht gegeben; seiner Auffassung von seriösem Journalismus hätte das widersprochen.

Brasch war einer der beiden Männer von Gardemaß, die das Ansehen und den Wohlstand von Gruner + Jahr kräftiger und nachhaltiger gemehrt haben als jeder andere Chefredakteur: Henri Nannen ein polternder Hüne, Peter Brasch ein hagerer Herr, oft als »Generalstabsoffizier« beschrieben; »der eine laut, ohne zu reden, der andere leise, selbst wenn er spricht« – so schrieb die ZEIT unter der Überschrift »Ein Chefredakteur nimmt Abschied von der Frau seines Lebens«. Der Laute, Henri Nannen, hatte, 70jährig, am 31. Dezember 1983 auch die Funktionen des STERN-Herausgebers und des Vorstandsmitglieds abgegeben; der Leise, Peter Brasch, räumte, 64 Jahre alt, am 30. Juni 1984 sein Büro.

»Tüchtig, preußisch geschult, korrekt, fleißig – aber nicht fantasievoll genug«: Deshalb, erzählte der alte Jahr zum 20. Jubiläum der BRIGITTE, habe er 1957 gezögert, Peter Brasch zum Chefredakteur zu machen. Doch siehe da, dieser korrekte Herr verstand sich auf ein paar Dinge, deren Kombination sich als ideal erwies.

Er umgab sich alsbald überwiegend mit weiblichen Redakteuren (was in den Gründungsjahren noch ungewöhnlich war), hörte auf sie und ermutigte sie, »ein Blatt zu machen, das sie selber mochten«. Er war ein stets verständnisvoller, ausnahmsweise auch strenger Vater und dazu ein Moderator im ursprünglichen Wortsinn: ein Gesprächsleiter mit trockenem Humor und ein Anreger, der im Grenzfall mäßigend wirkte. Alles, was ihm exzentrisch schien, verhinderte er, ob in der Mode oder in den Äußerungen des Zeitgeists. »Wir machen eine Zeitschrift für Frauen, wie sie sind, und nicht, wie einige von uns sie sich wünschen«, hieß einer seiner Kernsätze.

Für den opulenten, jeweils das Heft eröffnenden Modeteil hieß das: jung, bequem, erschwinglich und schick – »chic« sein wollte die BRIGITTE nicht, alles Aufgedonnerte hatte keinen Platz in ihr. Eine ganze Modeproduktion ließ Brasch einmal sterben, weil sie ihm überkandidelt schien.

Mode und Kosmetik zusammen machten, als Brasch ging, nur noch gut 40 Prozent des redaktionellen Angebots aus. Fast 60 Prozent entfielen auf Haushalt und Wohnen, Lebenshilfe (Rat für Frauen in allen für sie typischen Lebenslagen), Unterhaltung, Reise – und seit den späten sechziger Jahren Reportagen mit journalistischem Anspruch, ein Novum auf dem Markt der Frauenzeitschriften. In den siebziger Jahren kamen Themen von gesellschaftspolitischer Brisanz hinzu: Emanzipation, Umwelt, Randgruppen. Die Ressorts Mode und Kosmetik waren davon nicht begeistert, und in der Sorge, von den politisch engagierten Kolleginnen nicht ernst genommen zu werden, prägten sie für die neue Themenpalette das Schlagwort *Elendsteil.*

Wiewohl dem kämpferischen Feminismus abhold, machte sich die BRIGITTE etwa seit 1970 zur Meinungsführerin für die Berufstätigkeit der Frau. 1973 forderte sie »einen neuen Beruf: Tagesmutter!« und rief ihn mit dieser Serie ins Leben. 1976 stellte sie vor der Bundestagswahl alle weiblichen Kandidaten vor und ließ zehn Millionen Aufkleber mit der Aufschrift »Wählt Frauen!« drucken.

Mit all dem stärkte Peter Brasch den Ruf der BRIGITTE, sympathisch zu sein, nützlich zu sein, kompetent zu sein und die Nase immer vorn zu haben. BRIGITTE vermittelte der Leserin das Gefühl: Die Redaktion kennt meine Probleme, nimmt mich ernst und hilft sie lösen. Unerbittlich war Brasch in seiner Forderung nach dem permanenten Bezug zur Welt der Frau: Er verbat sich Texte, die genau so im STERN stehen könnten. »Da war er weiblicher als wir«, sagt seine langjährige Stellvertreterin Hannelore Krollpfeifer.

Das Amt des Chefredakteurs, schrieb Gerd Bucerius 1983 (rücksichtslos wie immer gegen jeden, auch sich selbst) »verlangt mehr als jedes andere Bildung, Intelligenz und Durchsetzungsvermögen; der Verleger kommt schon mal mit weniger aus.« Seinem Nachfolger hinterließ Peter Brasch ein vor Gesundheit strotzendes Blatt mit einer verkauften Auflage von 1 293 000 Stück, auch darin weit vor den Mitbewerbern: *Für Sie* (Jahreszeiten-Verlag) 927 000, Burdas *Freundin* 851 000, Springers *Journal für die Frau* 502 000.

Für den STERN begannen im August 1984 die zehn schmerzlichen Monate des Betrugsprozesses gegen Konrad Kujau, den geständigen Fälscher der Hitler-Tagebücher, und Gerd Heidemann, der dem STERN 9,3 Millionen Mark entlockt hatte, obwohl Kujau ihn schon 1981 eingeweiht habe, daß die Tagebücher Fälschungen waren – so jedenfalls Kujaus Aussage. Die Vernehmungen der Angeklagten und der Aufmarsch der 37 Zeugen inklusive Henri Nannen und Peter Koch, Manfred Fischer und Gerd Schulte-Hillen: Das hielt die Wunde offen.

Kujau genoß den Prozeß ganz offensichtlich: die Zudringlichkeit der Fotografen, das unterdrückte Kichern, das er mit seinen Sprüchen provozierte. Den Journalisten, die ihn umdrängten, kündigte er weitere »Hitler-Tagebücher« an; er müsse schließlich davon leben. Dem Gericht schilderte er, wie er für ein Tagebuch im Durchschnitt viereinhalb Stunden gebraucht habe, dies aber nach zeitraubender Lektüre – »als Hitler mußte ich ja genau Bescheid wissen«. Heidemann habe ihm eines Tages in seiner Wohnung einen Schrein gezeigt, in den er die Urnen mit der Asche von Hitler und Eva Braun stellen wolle; und da habe er, Kujau, gesagt: »Wenn du die Urnen hast, könntest du mir ja zwei Löffel Hitler abtreten.«

Heidemann bezeichnete seinen Mitangeklagten als »raffinierten Lügenerzähler«. Bis zuletzt bestritt er, der Betrüger zu sein; er sei der, den Kujau betrogen habe. Von den 9,3 Millionen gab er 1,7 Millionen für sich aus (hatte die Staatsanwaltschaft ermittelt); 1,6 Millionen reichte er an Kujau weiter (versicherte der); 6 Millionen blieben verschwunden und sind es bis heute.

Fritz Stiefel trat als Zeuge auf, der ehemalige SS-Mann, der Heidemann zum erstenmal eines dieser Tagebücher zeigte; der Stuttgarter Historiker Eberhard Jäckel erläuterte, wie und warum er in sein wissenschaftliches Werk über Hitler 76 Fälschungen des Konrad Kujau aufgenommen habe; Dr. Thomas Walde, einst Heidemanns Vorgesetzter im STERN, räumte ein, daß er »in gewissem Maße« Mitverantwortung an dem Fiasko trage, erinnerte sich aber im übrigen »beklagenswert wenig«, wie der Vorsitzende der 11. Strafkammer des Landgerichts Hamburg resümierte.

Kurz vor Weihnachten ordnete das Gericht für Heidemann und Kujau Haftverschonung an; Fluchtgefahr liege nicht mehr vor. Kujau mußte trotzdem hinter Gittern bleiben, auf Antrag der Staatsanwaltschaft Stuttgart, wegen Steuerhinterziehung. Der STERN machte während des gesamten Prozesses insofern eine relativ gute Figur, als Heiner Bremer, Ressortleiter »Deutsche Politik«, Tag für Tag mit jeder gewünschten Auskunft zur Verfügung stand; Fortsetzung 1985.

In der Gruner + Jahr-Bilanz für das Geschäftsjahr 1983/84 waren die Hitler-Tagebücher so wenig auszumachen wie in der STERN-Auflage: Inlandsumsatz plus 4 Prozent, Auslandsumsatz plus 30 Prozent, Gesamtumsatz 2,15 Milliarden, Jahresüberschuß vor Steuern 190 Millionen Mark. »Wir können nur Gutes berichten,« sagte Gerd Schulte-Hillen auf der Bilanzpressekonferenz; für die Realisierung neuer Ideen sei das Haus gut gerüstet. Neu auf dem Markt: im Inland die Strickzeitschrift SANDRA, in Frankreich Axel Ganz' nächstes Geschoß, FEMME ACTUELLE.

»Außerordentlich zufrieden« äußerte sich auch Peter Tamm, Vorstandsvorsitzender der Axel-Springer-AG: Konzernumsatz 2,36 Milliarden (immer noch mehr als Gruner + Jahr), *Bild-*

Auflage auf Rekordniveau, *Bild der Frau* ein Renner. In die Holding, die Axel-Springer-Gesellschaft für Publizistik, hatte sich 1983 die Burda-Verwaltungs-GmbH mit 24,9 Prozent eingekauft (nicht mit 51 Prozent, wie das *Handelsblatt* drei Jahre zuvor vermutet hatte).

Die Journalistenschule von Gruner + Jahr und der ZEIT verzeichnete im Herbst die Rekordzahl von 5378 Bewerbern (für inzwischen 36 Plätze in zwei Lehrgängen, die zeitlich ineinander verschachtelt sind). Rund 2000 – die übliche Quote – meinten es dann ernst genug, um Reportage und Kommentar über vorgegebene Themen (je fünf zur Auswahl) einzusenden; in dreifacher anonymer Beurteilung wurden 100 ausgesiebt und nach Hamburg eingeladen.

Da gab es zunächst einen Bildertest (wer weder das Straßburger Münster noch die Oper von Sydney erkannte, sollte durchaus ein Handikap haben) und den oft zitierten und oft kritisierten Wissens-Fragebogen. Da sollte es schon hineinhageln in die Chancen von Bewerbern, die behaupteten, das Wasser in einem drei Meter hohen Würfel wiege drei Kilo (der eine) oder 81 Tonnen (der andere), und nicht Peter Handke habe »Die Angst des Tormanns beim Elfmeter« geschrieben, sondern Helmut Schön, und Rainer Barzel habe es 1972 eben doch geschafft, Willy Brandt zu stürzen.

Das waren echte Beispiele von 1984, und eindeutig geht es seit dem Gründungsjahr der Schule bergab mit dem Wissen, bis hin zu der Behauptung, der Dreißigjährige Krieg habe im 19. Jahrhundert stattgefunden und 28 Jahre gedauert. Da unser Bildungssystem offensichtlich imstande ist, den ungebildeten Akademiker hervorzubringen, sollte eine Journalistenprüfung künftige Leser davor schützen, daß solcher Unsinn in die Zeitung kommt.

Trotzdem zählt bei der Gruner + Jahr-Prüfung weit mehr als der Fragebogen die Reportage, zu der die 100 ausschwärmen. Bei der Themenfindung steht die Schule jedesmal vor dem Problem: Die Recherche soll am Vormittag stattfinden können; alle 100 müssen über das gleiche Thema schreiben, aber sich dabei nicht auf die Füße treten; und die Hamburger Prüflinge dürfen keinen Standortvorteil haben. Thema 1984: Besuch in einer der vier Hamburger Trabantenstädte. Mit vier Omnibussen wurden sie hingekarrt, und dort sollten sie so oft klingeln, bis sie die Frage beantworten konnten: Wie lebt ihr hier?

Den Abschluß der zweitägigen Prüfung bildet ein halbstündiges Geplauder einer zwölfköpfigen Kommission mit jeweils drei Kandidaten, zwanglos, zum Kennenlernen. Jeder Prüfer notiert dann umgehend eine von vier Noten (keinesfalls nehmen – eher nicht nehmen – eher nehmen – unbedingt nehmen), absichtlich ohne jede Aussprache, denn nicht die Eloquenz eines Kommissionsmitglieds soll sich durchsetzen, sondern das spontane Urteil mal zwölf, Subjektivität relativiert durch Menge, in das vorgegebene Punktsystem eingesetzt.

In ihrer Schlußsitzung agiert die Prüfungskommission nur noch als neugieriger Notar: Ach, das also haben wir angerichtet? Im Gegensatz zu manchem, was über andere Journalistenschulen behauptet wird, ist es in Hamburg niemals vorgekommen, daß ein prominentes Mitglied der Kommission seinen durchgefallenen Liebling doch noch in den Lehrgang zerrte. Und so groß ist der Ruf der Prüfung, daß Redaktionen und Werbeagenturen sich schon oft nach Nr. 37 bis 40 erkundigt haben, den Besten unter denen, die die Schule nicht mehr aufnehmen konnte.

Zum 70. Geburtstag von Henri Nannen (am 25. Dezember 1983) hatte die Schule als Ober- und Ehrentitel zusätzlich seinen Namen bekommen. Und in der Tat wurde niemand in der Schule so oft zitiert wie er: mit der Härte, mit der er auf bohrende Recherche und glasklare Lesbarkeit drängte, auch mit seinen Rezepten für typische Situationen, die er zu trefflichen Merk-Floskeln verdichtet hatte.

Eine hieß: »Und wo bleibt der bekannte Schiller?« Das bedeutet: Ob einer aus dem Kosovo oder aus Afghanistan berichtet – immer läuft er Gefahr, den Leser durch eine Häufung exotischer Namen zu verwirren, also ihn zu verlieren. Daher die Faustregel: Spätestens nach zwei fremdartigen Namen muß einer auftauchen, der das strapazierte Vertrauen des Lesers wieder herstellt: Schiller zum Beispiel, aha, den kenne ich!

Hätte sich das doch herumgesprochen unter deutschen Journalisten! Als die ZEIT 1998 aus Thailand berichtete, begann sie so: »Thirawat Wattanajiamwong war 25 Jahre alt, als er …« Da wäre schon jetzt der bekannte Schiller überfällig gewesen. Statt dessen traten weitere 11 Siamesen mit 22 Namen in 65 Silben auf. Keiner mag das – keiner, absolut keiner, kann die 12 Personen auseinanderhalten – warum wird es dann gedruckt?

Noch anschaulicher ist Nannens Forderung nach dem »Küchenzuruf«. Jede STERN-Geschichte sollte in ihn münden. Und das hieß: Wenn der Mann im Sessel sitzt und den STERN liest, dann muß ihn in jedem Text mindestens ein Faktum so aufregen, daß es ihn drängt, es seiner Frau zuzurufen, die in der Küche steht und kocht (natürlich ein schrecklich obsoletes Rollenverständnis, das hier ausnahmsweise hinter die journalistische Ergiebigkeit des Bildes zurücktreten sollte); und der STERN muß ihm dafür auch eine Formel anbieten, die sich zum In-die-Küche-Rufen eignet.

An nichts erkennen die 330 von mir betreuten Absolventen der Schule, die einander ja überwiegend nie begegnet sind, sich leichter als daran, daß irgendwann das Wort »Küchenzuruf« fällt, als Richtschnur für die Vorbereitung, die Dramaturgie, die Formulierung jedes Textes, der gelesen werden möchte; und umgekehrt: Nichts macht einen Leitartikel trauriger, als daß sein Leser bis zur letzten Zeile niemals den Drang verspürt, seinem Gegenüber am Frühstückstisch etwas daraus zuzurufen.

Der Schulleiter fügte als Merk-Floskel noch den »Feldwebel Kunze« hinzu. Er war es, der am 25. Februar 1916 das Fort Douaumont der Festung Verdun, das stärkste Panzerwerk der Welt, mit genau zwei Mann eroberte, indem er nachsah, ob die vorn aus allen Rohren feuernde Besatzung *hinten* überhaupt abgeschlossen hatte; sie hatte nicht. Journalistische Nutzanwendung: Es lohnt sich immer zu prüfen, ob hinten abgeschlossen ist.

Springers Tod

1985

1985 – das war das Jahr, in dem der Grüne Joschka Fischer in Turnschuhen als hessischer Umweltminister den Eid auf die Verfassung leistete, Oskar Lafontaine zum erstenmal Ministerpräsident des Saarlands wurde und Robert Ballard das Wrack der »Titanic« fand. In Wimbledon triumphierte der 17jährige Boris Becker, als erster Deutscher und als jüngster Spieler überhaupt. Es war das Jahr, in dem Heinrich Böll starb, der Nobelpreisträger 1972, und der vergreiste Konstantin Tschernenko nach nur dreizehn Monaten im Amt.

Zu seinem Nachfolger als Generalsekretär der KPdSU wurde der 54jährige Michail Gorbatschow bestimmt; der Westen horchte auf. Zwar verkündete Gorbatschow unverzüglich seine unerschütterliche Treue zum bolschewistischen Prinzip und forderte »strenge Arbeits-, Partei- und Staatsdisziplin«; aber alsbald ließ er verbotene Bücher zu und ausgewiesene Dissidenten wieder ins Land. Das war ein Stück »Glasnost«, Transparenz, die er für die sowjetische Gesellschaft forderte, ebenso wie wenig später »Perestroika«, die Umgestaltung von Staat und Partei – nicht in der Absicht, das Sowjetsystem abzuschaffen oder auszuhöhlen, sondern offenbar in dem Glauben, daß es noch reformierbar wäre. So verjüngte Gorbatschow die Parteikader, und zur Erhöhung der Arbeitsdisziplin eröffnete er eine »Kampagne zur Überwindung der Trunksucht«, gestützt auf eine drastische Preiserhöhung für das »Wässerchen«, den Wodka. Nichts aber hätte mehr Wut und Widerstand provozieren können als diese Attacke auf das russische Lebenselixier.

Während Gorbatschows Popularität im Westen wuchs und wuchs, hatte er sie im Osten schon verspielt.

Unter den Journalisten hießen die beiden Verlierer des Jahres Peter Boenisch und Fritz J. Raddatz, der Feuilleton-Chef der ZEIT. Der Öffentlichkeit hatte Raddatz ganz neue Einsichten über das Verhältnis Goethes zum Frankfurter Bahnhofs-Areal vermittelt (mit der Feinheit, daß Goethe 1832 gestorben, die erste deutsche Eisenbahn aber 1835 gefahren ist, während Frankfurt das erste Dampfroß 1838 sah). Die entsprechende Passage hatte der Autor hurtig aus der *Neuen Zürcher Zeitung* abgeschrieben, ohne zu merken, daß er einer Satire aufgesessen war – dazu hätte er ja gründlich oder bis zu Ende lesen müssen, und wer hat schon so viel Zeit.

Vorlaut und mit den meisten Kollegen überworfen, wie Raddatz nun mal war, schlug die Schadenfreude über ihm zusammen. Die *FAZ* nannte ihn den »Oberscharlatan des deutschen Feuilletons«, die ZEIT druckte eine Rüge der beschämten Gräfin, Raddatz verlor sein Ressort und wurde Kulturkorrespondent. Und in der STERN-Redaktion wurde gerätselt: Hatte Theo Sommer, der Chefredakteur, den Text vorher gelesen – und nichts gemerkt? Oder hatte er ihn gelesen, die Falle entdeckt – und nichts gesagt?

Der STERN stöhnte unterdessen weiter unter dem zähen Fortgang des Prozesses um die gefälschten Hitler-Tagebücher. Gleich am 2. Januar 1985 wurde die Verhandlung wieder aufgenommen, und die Journalisten drängten sich: Denn nun kamen die prominenten Zeugen.

Als erster Manfred Fischer, der als Vorstandsvorsitzender von Gruner + Jahr 1981 die Weichen für das Desaster gestellt hatte, indem er beschloß, mit Heidemann zu arbeiten und damit gegen die STERN-Redaktion. 1982 durch Reinhard Mohn als Chef von Bertelsmann abgelöst, war Fischer 1984 Vorstandsvorsitzender der Dornier-Flugzeugwerke geworden. Der STERN, nicht zimperlich, schrieb über den Zeugen, er habe gewirkt »wie ein Stahlklotz, der sprechen kann« – wogegen man dem nächsten Zeugen, Fischers Nachfolger Gerd Schulte-

Hillen, immerhin ansehen könne, daß er leide. Sein entscheidender Fehler, sagte der Vorstandsvorsitzende aus, sei gewesen, daß er die ihm hinterlassene Geschichte einfach habe weiterlaufen lassen.

Peter Koch, bei den Tagebüchern federführender Chefredakteur, rechnete es sich als Versagen an, daß er sich mit der Geheimhaltung der angeblichen Quelle abgefunden habe. Dem Herausgeber Henri Nannen habe er eines Tages erklärt: »Heidemann bescheißt uns.« Das sei aber kein Zweifel an der Echtheit der Tagebücher gewesen, sondern der Verdacht, daß der Reporter in die eigene Tasche wirtschaftete. Er, Koch, stehe nun »auf dem totalen Trümmerhaufen« seiner Arbeit. Berichte über den Prozeß lese er nicht, denn um überhaupt arbeiten zu können, müsse er die ganze Geschichte »verdrängen«. Die *FAZ* schrieb: Wer Peter Koch vor Gericht erlebt habe, »dem bleibt Schadenfreude im Hals stecken«.

Die Arbeit, mit der Koch sich offenbar seelisch über Wasser zu halten versuchte, war eine politische Biographie von Konrad Adenauer – geplant als Serie im *Spiegel* mit anschließender Buchveröffentlichung. Das Buch erschien (bei Rowohlt) – die Serie nicht. Die *Spiegel*-Ressortleiter protestierten im Mai gegen den Vertrag, den der Chefredakteur Erich Böhme mit Koch geschlossen hatte: von diesem Koch nicht *noch* ein zeitgeschichtliches Thema!

Zu seinem Buch sagte der ehemalige STERN-Chefredakteur, er hoffe, mit ihm »bei den Kollegen in den Redaktionen ein neues Urteil über mich in Gang zu setzen«. Die ZEIT schrieb über die Biographie: Langeweile komme nicht auf, »und die Fakten – das ist bei diesem Autor wichtig anzumerken – sind sorgfältig recherchiert«.

Im Prozeß trat, im Blitzlichtgewitter der Fotografen, als nächster Zeuge Henri Nannen auf. Den Verdacht von Peter Koch habe er an Schulte-Hillen weitergegeben: »Ich glaube, der bescheißt uns ganz schön« – aber auch er, Nannen, habe dabei nur an das Abfließen der Millionen gedacht. Obwohl als Herausgeber bloß ein »Grüß-August«, hätte er doch »in die

Küche gucken müssen, ob alles sauber ist«. Als nach Folge 1 der Serie die Zweifel an der Echtheit lauter wurden, habe er Heidemann angebrüllt: »Entweder gehörst du ins Gefängnis oder in die Irrenanstalt.«

Im Juni 1985 endlich kam es zu den Plädoyers. Staatsanwalt Dietrich Klein forderte sieben Jahre Freiheitsstrafe für Heidemann und sechs Jahre für Kujau für einen extrem schweren Fall von Betrug. Mit einem »ungeheuren Potential an krimineller Energie« hätten sie dem STERN erheblichen Schaden zugefügt. »Die öffentliche Meinung, man hätte die Fälschung schnell bemerken müssen, trifft nicht zu«, betonte der Staatsanwalt. »Alle sind reingefallen: renommierte Gutachter, kompetente Wissenschaftler und auch staatliche Stellen.«

Die Verteidiger von Kujau und Heidemann plädierten auf Freispruch für ihre Mandanten. Der Verlag Gruner + Jahr habe zu seiner »Opfersituation« selber kräftig beigetragen; sein Mitverschulden verschwiegen zu haben sei eine grobe Unterlassung der Staatsanwaltschaft. Kujau habe nicht aus Geldgier gehandelt, sondern aus Lust an der Demonstration seiner Fähigkeiten. Und Heidemann sei von Gruner + Jahr zu kriminellen Handlungen förmlich angestiftet worden; nun werde er zum Sündenbock gemacht.

Am 8. Juli, nach 96 Verhandlungstagen in zehn Monaten und der Vernehmung von 37 Zeugen und Sachverständigen, sprach die 11. Strafkammer des Landgerichts Hamburg ihr Urteil: Vier Jahre acht Monate für Heidemann, vier Jahre sechs Monate für Kujau. Heidemann habe Kujau von den 9,3 Millionen, die Gruner + Jahr ihm übergeben hatte, höchstens 2,7 Millionen ausgehändigt, also mindestens 6,6 Millionen Mark für sich behalten.

Als strafmildernd für beide Angeklagten wertete das Gericht »das erhebliche Mitverschulden des Geschädigten«, des Hauses Gruner + Jahr. Von einer »Explosion krimineller Energie«, wie die Staatsanwälte sie unterstellt hatten, könne keine Rede sein – die Fälschungen seien Kujau ja »aus der Hand gerissen worden«.

Der STERN seinerseits zog am 11. Juli das Fazit: Es sei kaum vorstellbar, daß Heidemann, dieser hartgesottene Rechercheur, nicht im Lauf der Zeit gemerkt haben sollte, »daß er beim Betrügen betrogen wurde«. Für den STERN aber gelte nun, nach dem Ende des Prozesses, »was Adolf Hitler alias Konrad Kujau unter dem 7. Dezember 1936 in sein Tagebuch schrieb: Die Schmerzen lassen etwas nach.«

Manfred Fischer sah sich im Februar, kurz nach seinem Zeugen-Auftritt, als Vorstandsvorsitzender der Dornier-GmbH fristlos entlassen. Die *Süddeutsche Zeitung* vermutete als Grund, Fischer habe sich gegenüber der Mehrheit des zerstrittenen Familien-Clans der sechs Dornier-Erben »nicht als der unkritische Vasall erwiesen, als der er gedacht war«. Gegen die Entlassung protestierten der Gewerkschaftsvertreter im Aufsichtsrat, der Betriebsratsvorsitzende und Tausende von Mitarbeitern.

Im April hob das Oberlandesgericht Stuttgart die Entlassung per Einstweiliger Verfügung auf, weil der Aufsichtsrat in Abwesenheit der Arbeitnehmer-Vertreter nicht beschlußfähig gewesen sei. Die ZEIT jubelte: »Es gibt noch Richter in Stuttgart!« Sie hätten ein Zeichen gesetzt, »daß die Rechte der Arbeitnehmer nicht einfach mit dem Bulldozer beiseite geschoben werden dürfen«. Im alten Preußen würde der für diese Blamage Verantwortliche die Pistole genommen haben.

Fischer nahm seine Arbeit wieder auf und bekam im Juni auch im Hauptsache-Verfahren recht. Inzwischen aber hatte Daimler-Benz den Erben 66 Prozent ihrer Anteile abgekauft; Fischer wurde von den neuen Herren zunächst in seinem Amt bestätigt – und im Dezember entlassen, nun rechtswirksam und endgültig. Nicht nur die Presse ist ein rauhes Gewerbe.

In der BRIGITTE kündigte nach nur 13 Monaten im Amt der Chefredakteur Wolfhart Berg. »Von der Redaktion fühlte er sich nie geliebt, und ein überzeugendes Erfolgserlebnis wollte sich nicht einstellen«, schrieb der *Kress-Report*. Die Auflage war in seiner Amtszeit um 72 000 gesunken, auf nunmehr 1,22 Millionen; aber auch Peter Brasch hatte sie nicht auf ihrer Spitzenhöhe von 1976 (1,55 Millionen) halten können; auf dem Markt der Frauenzeitschriften gab es ja immer mehr Gedränge.

Berg wurde Chefredakteur der Münchner *Abendzeitung.* An die Spitze der BRIGITTE rückte Anne Volk – 41 Jahre alt, zuvor Chefredakteurin der *Neuen Mode* (Heinrich-Bauer-Verlag), dann stellvertretende Chefin der *Petra,* dann der *Freundin* (der BRIGITTE-Konkurrenz aus dem Hause Burda). Seit 1984 hatte sie bei Gruner + Jahr München die Entwicklungsredaktion geleitet, aus der die Zeitschrift PRIMA hervorging. Nach 28 Jahren Brasch und Berg regierte nun endlich eine Frau – für die 65 Redakteurinnen ein Grund zum Feiern, und auch die 15 Redakteure fühlten sich nicht unterdrückt.

Gruner + Jahr rief 1985 in Deutschland drei neue Magazine ins Leben: die Gartenzeitschrift FLORA; PRIMA eben, die monatliche Hausfrauenzeitschrift, die sich auf praktische Ratschläge konzentriert (Bauer setzte unverzüglich die ähnlich konzipierte Zeitschrift *Maxi* dagegen); und SCHÖNER ESSEN, in Preis und Anspruch unter dem erfolgreichen ESSEN & TRINKEN angesiedelt. Warum diese »Selbstkannibalisierung«? Weil der Bauer-Verlag ein ähnliches Produkt plante, und da schien es besser, die Konkurrenz im eigenen Haus zu haben.

Einige Chefredakteure der bewährten Gruner + Jahr-Zeitschriften äußerten gegenüber dem Vorstand die Sorge, die Neugründungen – zusammen mit SANDRA, der Strickzeitschrift seit 1984 – könnten das Image des Hauses verwischen: nämlich nur Zeitschriften mit Niveau zu produzieren und auf jedem Feld der Marktführer zu sein; das sei bekanntlich für das Anzeigengeschäft genauso günstig wie für das Lebensgefühl der Redakteure.

Gerd Schulte-Hillen hielt dagegen: Sauberes Handwerk und seriöse Ware müßten bei Gruner + Jahr auf jedem Niveau ihren Platz haben. PRIMA verkaufte schon nach einem halben Jahr 650000 Hefte, und überhaupt war PRIMA ein Stück Genugtuung, mindestens für den Verlag: ein Re-Import aus Frankreich nämlich, dort von Axel Ganz entwickelt und in einen Markt gedrückt, den die französischen Verleger für gesättigt hielten.

Von seinen beiden Frauenzeitschriften – PRIMA und FEMME ACTUELLE – verkaufte Ganz mehr als 1,4 Millionen Exemplare, bei insgesamt nur sechs Auflagen-Millionären in Frankreich. Der französische Branchen-Informationsdienst *Médias* nannte Ganz »das As der Asse« auf dem Zeitschriftenmarkt. Elf Millionen Franzosen, jeder vierte Erwachsene, lasen ein Magazin, das Axel Ganz eingefallen war.

Auf der Bilanzpressekonferenz im September 1985 konnte Gerd Schulte-Hillen mitteilen: Umsatz auf 2,36 Milliarden gestiegen. Aufs Auslandsgeschäft entfielen schon 41 Prozent des Gesamtvolumens, von der Steigerung gegenüber dem Vorjahr sogar 91 Prozent. In Deutschland überschritt die GEO-Auflage zum erstenmal die halbe Million. In London wurde eine weitere Gruner + Jahr-Tochter gegründet, in Hamburg der Bau eines Verlagshauses an der Elbe beschlossen. G + J erwarb 24,9 Prozent vom *Manager-Magazin,* einer Tochter des *Spiegels,* an dem G + J wiederum mit 24,7 Prozent beteiligt ist.

Peter Boenisch, von 1961 bis 1971 Chef von *Bild* und seit 1983 Sprecher der Regierung Kohl, trat 1985 von diesem Amt zurück. In der Öffentlichkeit belastete ihn der Vorwurf der Steuerhinterziehung, die sich mit einem Strafbefehl über mehr als eine Million erledigte; unter Journalisten nahm man ihm weit übler, für welches Einkommen er die Steuern hinterzogen hatte: für einen »Berater«-Vertrag mit Daimler-Benz, von 1973 bis 1981.

Im Juni 1985 ließ Axel Springer, 73 Jahre alt, seine Entscheidung verkünden, 49 Prozent des Grundkapitals seiner AG in Form gebundener Namensaktien zu verkaufen (was bedeutet: Nicht nur ist jeder Aktionär namentlich erfaßt – er darf auch ohne Genehmigung der AG keine Aktien abstoßen). So werde durch den Verkauf »weder ein unternehmerischer noch ein medienpolitischer Einfluß« entstehen, versicherte Peter Tamm. Von den verbleibenden 51 Prozent blieben 26,1 Prozent bei Springer und 24,9 Prozent bei Burda.

Ein Vierteljahr danach, am 22. September, starb Axel Springer in einem Berliner Krankenhaus an Herzversagen. Er war ein Mann, »dem aufrichtige Bewunderung bis zu haßerfüllter Ablehnung« entgegengeschlagen sei, schrieb die ZEIT. Die *taz* begann ihren Nachruf mit den Worten: »Die populärste Forderung der deutschen Studenten hat sich erfüllt: Springer ist endgültig enteignet.« Der israelische Ministerpräsident Shimon Peres würdigte Springer, den Ehrenbürger Jerusalems, als »großen Freund des jüdischen Volkes«; der SPD-Fraktionsvorsitzende im Bundestag, Hans-Jochen Vogel, schrieb, zwei Verdienste Springers seien unbestritten: sein Kampf für die Aussöhnung mit Israel und sein Engagement für Berlin.

Springer! Sänger hatte er werden wollen. Seine Stimme war samten, seine Erscheinung glanzvoll, sein Auftreten überaus charmant – sofern man ihm nicht widersprach: Ein Gefühlsmensch wie er zuckte zurück vor logischer Argumentation, präziser Formulierung und korrekten Konjunktiven. Mit dem Singen wurde es nichts – sein Vater holte ihn in den kleinen Zeitungsverlag in Altona. 1946 erzielte Axel Springer, 34 Jahre alt, den ersten seiner drei großen Treffer: *Hörzu* – »hör« zu, in der Tat, denn das Fernsehen gab's noch nicht. Im folgenden Winter traf er beim Skilaufen im Kleinen Walsertal auf Gerd Bucerius, und der erzählte später darüber, Springer sei einer der Frechsten in der Bande gewesen, »mit Erfolgen bei allen hübschen Mädchen, auch bei den Freundinnen seiner Freunde«.

1948 folgte das *Hamburger Abendblatt* mit der Einführungskampagne »Seid nett zueinander« (was damals, kurz nach Ende der Schwarzmarktzeit, noch nicht so abgedroschen klang wie heute): eine gut gemachte Familienzeitung, die, gegen alle Sitten der Zeit, die Lokalberichterstattung gleichberechtigt mit der Politik auf die erste Seite hob. Fast vierzig Jahre später begannen viele deutsche Regionalzeitungen diesem Konzept nachzueifern, in der Einsicht, daß man sich so der Konkurrenz des Fernsehens am wirksamsten erwehren kann.

1952 dann *Bild,* zunächst für 10 Pfennig das Stück; und als Springer den Preis auf 15 Pfennig erhöhen wollte, fand er im

Bundestag Fürsprecher, jedoch keine Mehrheit für seinen Wunsch, das deutsche Hartgeld-Angebot um eine 15-Pfennig-Münze zu erweitern. Schließlich 1959: Kauf des Ullstein-Verlags in Berlin, mit der *BZ*, der *Berliner Morgenpost* und den Buchverlagen Ullstein und Propyläen.

Aber da, 1959, war schon eine Wende im Weltbild und im Verleger-Engagement des Axel Springer eingetreten. In seinen Gründerjahren ein völlig unpolitischer Mensch mit einem genialischen Spürsinn für die Wünsche und Sorgen eines Massenpublikums, beschloß er 1958, Chruschtschow für die Wiedervereinigung Deutschlands zu gewinnen – und als ihm das mißlang, ja er nicht einmal zu einem Interview empfangen wurde, da war er geboren, der Wiedervereinigungs-Fanatiker und der Kommunistenfresser Axel Springer. Dem bis dahin instinktsicheren Erfolgsmenschen pfuschte von nun an der politische Missionar ins Geschäft.

Gegen seine vier »Grundsätze« war dabei wenig zu sagen: Daß der Verleger sie aufstellte und publizierte, war eine alte Forderung der SPD für ihr nie verwirklichtes Presserechts-Rahmengesetz (»Vierteljährlich ist die publizistische Haltung des Blattes öffentlich zu machen«) – zum Schutz der Redakteure, die wissen sollten, bei wem sie unterschrieben, und die jede Abweichung von den Grundsätzen hätten einklagen können.

Nichts einzuwenden war eigentlich auch gegen den Inhalt der Springerschen Selbstverpflichtung: Eintreten gegen den Extremismus von rechts und von links, für die Wiedervereinigung, die soziale Marktwirtschaft und die Lebensrechte des israelischen Volkes. Das hatten alle Redakteure in ihrem Vertrag, und einen Grund zu zögern fanden sie nicht.

Das Schlimme war nur, daß Axel Springer selber in der dritten Phase seines Verleger-Lebens – nach dem Sensationserfolg beim Massengeschmack und dem jäh entwickelten politischen Engagement – immer häufiger gegen einen seiner vier Grundsätze verstieß: Gegen den Extremismus von rechts hatte er, um das Mindeste zu sagen, wenig einzuwenden. Als Chefredakteur der *Welt* 1973/74 bekam ich jedesmal Ärger, wenn ich mich über die damals amtierenden mehr oder weniger faschistischen Regime kritisch geäußert hatte: über die griechischen Obristen, über Franco in Spanien, über Salazar in Portugal und über Pinochet in Chile.

Ärger, in welcher Form? Nicht Springer – ein Vorzimmer-Herr, der den Titel eines Chefredakteurs führen durfte, im STERN aber auf gut jiddisch als »Schlattenschammes« bezeichnet worden wäre: Der also rief mich an nach der Morgenlektüre und sprach etwa so: »Sie wissen ja, Herr Schneider, daß wir Sie in keiner Weise beeinflussen wollen. Aber Herr Springer wäre schon sehr glücklich, wenn Sie über Chile auch mal die begeisterten Berichte deutscher Kaufleute zitieren würden, die wir Ihnen doch laufend zuschicken.« (Und so traf mich des großen Verlegers Tritt in der Tat, nachdem ich einen Kommentar *gegen* Pinochet zwar nicht geschrieben, aber für gut befunden und zum Druck freigegeben hatte.)

Aus dem politischen Missionar mit noch akzeptablen Ansichten war in den siebziger Jahren ein Verblendeter geworden. Zur Lektüre hatte er mir 1971, bei unserer ersten Begegnung, den spanischen Diplomaten und Staatsrechtsphilosophen Juan Donoso Cortés (1809–1853) empfohlen; ob er selbst ihn gelesen hatte, weiß ich nicht – ich weiß nur, daß ich auf die Lektüre verzichtete, nachdem ich in den Nachschlagewerken belehrt worden war: Donoso Cortés war ein Angstneurotiker, der das Volk für unregierbar hielt, so daß die Zivilisation nur von der Armee und von der Kirche gerettet werden könne; Liberalismus führe zum Ruin der Gesellschaft, und der eigentliche Feind der Wahrheit sei die Vernunft.

Schon in den siebziger Jahren wurde es einsam um Axel Springer. Er neigte zu Melancholie und scheute Entscheidungen. Umgeben habe er sich nur noch mit »seinem Butler, seiner Frau und drei, vier ausgesuchten Chefredakteuren«, erzählte Günter Prinz 1994 dem STERN. »Er lebte in einer Art Isolationshaft: Kein Schritt vor die Tür, ohne daß fünf Leute vorweg- und hinterhermarschierten.«

Sein Sohn – unter dem Namen Sven Simon ein hochgeachteter Fotoreporter – verübte 1980 Selbstmord; und nun lebte Axel Springer noch entrückter, immer stärker wurde sein Hang zur Meditation. Mehr noch als ein souveräner Verleger sei Axel Springer »zeit seines Lebens zuallererst ein Mann auf der Suche nach Gott gewesen«, schrieb sein langjähriger Wegbegleiter Ernst Cramer in der *Welt*, und in der *Süddeutschen Zeitung* fügte Claus Heinrich Meyer hinzu: »Er war religiös bis über jene Grenzen hinaus, wo selbstquälerischer Mystizismus beginnt.«

Die Menschheit wollte er beglücken, aber nicht einmal seine Mitmenschen liebten ihn. Auch hatte, ein besonders wunder Punkt, die feine Hamburger Gesellschaft ihn nicht aufgenommen – obwohl er doch mehrere seiner fünf Ehefrauen eben in dieser Hoffnung derselben entnommen hatte und selbstverständlich seine Anzüge in London machen ließ: Denn erstens kam Axel Springer aus »Altona!« (und das war bis 1867 dänisch, dann preußisch, erst 1937 wurde es Hamburg zugeschlagen); und zweitens hatte er seinen Reichtum, pfui, erworben, statt ihn nur zu mehren als Eigentümer einer Bananendampferflotte in der dritten Generation.

Einen späten politischen Triumph konnte Axel Springer nicht mehr erleben: Seine Weisung, die »DDR« habe, als gleichsam nichtexistent, in Gänsefüßchen gesetzt zu werden, war der künftigen Entwicklung näher als die damals regierende Meinung, die Wiedervereinigung komme sowieso nicht, und sie auch nur zu wollen sei schon falsch.

Was hat Springer hinterlassen? Deutschlands zweitgrößten Presseverlag mit 11 500 ziemlich sicheren Arbeitsplätzen und der größten Boulevardzeitung der Welt.

Was hatte ihn groß gemacht? Daß er in den frühen Nachkriegsjahren *drei* Raketen zündete *(Hörzu, Bild, Hamburger Abendblatt)*, wo andere Könner es auf *eine* brachten: Augstein den *Spiegel*, Nannen den STERN.

Woran werden sich die, die ihn kannten, erinnern? Viele wohl an einen Charmeur mit wunder Seele, der zuviel Macht anhäufte und die Tugenden seiner Gründerjahre zu früh verlor.

Was im Verlag nach Springers Tod geschah, läßt sich nur so beschreiben: ein verbreitetes Aufatmen, dem Schatten dieses allzu mächtigen, immer weniger berechenbaren Mannes endlich entronnen zu sein, zumal dem »bis an die Schmerzgrenze ausgedehnten Byzantinismus«, den er, der *Süddeutschen Zeitung* zufolge, gefördert oder zumindest geduldet hatte – ja ein Vitalitätsschub: Kraft haben wir, wir werden's zeigen!

Challenger und Tschernobyl 1986

Am 26. April 1986 explodierte Block 4 des Leichtwasser-Graphitreaktors von Tschernobyl in der Ukraine und spie zehn Tage lang heiße Asche und radioaktive Gase in den Himmel. Michail Gorbatschow ließ zunächst nicht Glasnost walten, sondern verharmloste und beschönigte nach alter Sowjetmanier, schon um die Feiern zum 1. Mai nicht zu gefährden. Aber zusammen mit den radioaktiven Wolken schlich sich die schreckliche Wahrheit in den Westen und erzeugte teils Panik, teils berechtigte Angst: keinen Salat essen – keine Milch trinken – Kinder nicht im Sandkasten spielen lassen!

Die Grünen und andere Atomkraftgegner hatten es ja schon immer gewußt und forderten die sofortige Stillegung aller deutschen Atomkraftwerke. In der *FAZ* stritt sich die Seite 1 der Politik mit der Seite 1 des Feuilletons über Ursachen und Folgerungen: Das Feuilleton hatte sich unter dem Herausgeber Joachim Fest einen politischen Freiraum erkämpft und machte geltend, mit Tschernobyl sei die Atomkraft widerlegt; der Politik aber galt nur das Russische an den Atomkraftwerken als blamiert: unzulängliche Bauweise, leichtfertige Handhabung – beides also ganz anders als in der Bundesrepublik. (In der Tat schrieb auch der STERN noch 1998: »Dummheit und Schlamperei bei Wartungsarbeiten hatten eine atomare Kettenreaktion ausgelöst.«)

Umstritten wie die Gewichtung der Ursachen des Unglücks ist bis heute auch die Zahl derer, die durch Tschernobyl umgekommen sind: Von 48 Toten sprach die Internationale Atomenergie-Behörde in Wien 1996 – von mehr als 30000 sprechen die Atomkraftgegner; der Tod durch Krebs oder durch Immunschwäche ist eben nicht immer eindeutig einer einzigen Ursache zuzuordnen.

In Westeuropa aber ging in jenem Mai die Angst um und in Westdeutschland mehr als anderswo: Wie gefährdet waren wir? »Der Atomschock und die Folgen/In Tschernobyl verglühte die Illusion sicherer Kernkraft« stand auf dem ersten STERN danach; auf dem zweiten: »Bonn verharmlost die Tschernobyl-Folgen«; auf dem dritten: »Atom-Angst: So verseucht ist unser Boden – so geschockt sind unsere Kinder – so ist der Ausstieg möglich«.

Der *Spiegel* schrie am 12. Mai viermal »Angst!« von den Kiosken und drohte dazu mit drei Gasmasken, die man auch für Totenköpfe hätte halten können. Wer aber die elfseitige Titelgeschichte studierte, konnte herauslesen, daß zu der Angst, die ohne Zweifel herrschte, kein zureichender Grund bestand: »Nach dem Meßstand vom Ende letzter Woche war die Bundesrepublik, was die radioaktive Gesamtbelastung anlangt, offenbar noch glimpflich davongekommen«, las man leicht irritiert, und: »Die Gefährdung der deutschen Bevölkerung war eingetreten, war jedenfalls zum Greifen nahe« (also eingetreten oder nicht?), »tönte aus allen Funkkanälen, sprach die Menschen an von jeder Zeitungsschlagzeile« (das wiederum war richtig).

Geblieben ist in jedem Fall: in Tschernobyl ein Beton-Sarg, der längst Risse zeigt, eine Zeitbombe; in der Ukraine eine radioaktiv verseuchte Wüste; in Deutschland der verbreitete Impuls, sich mit der Atomkraft niemals auf Dauer abzufinden; und überall ein tiefes Erschrecken über die Katastrophe einer Technik, von der in den fünfziger Jahren alle Parteien, alle Völker geglaubt hatten, sie würde das Unheil von Hiroshima und Nagasaki vergessen machen, Wüsten zum Blühen bringen und alle Energieprobleme lösen für immer.

In GEO war der zunächst befremdlich scheinende Wunsch zu lesen, Tschernobyl hätte viel früher passieren müssen. Würde sich die Katastrophe schon bei einem der ersten Atomkraftwerke ereignet haben – »unsere Energieforschung und -versorgung hätte vermutlich eine ganz andere Entwicklung genommen«. Der Gentechnik wünschte der Autor, der Wissenschaftsjournalist Jürgen Neffe, daß sie *ihr* Tschernobyl »früh genug« erlebe – bevor nämlich Wirtschaft und Gesellschaft sich in totale Abhängigkeit von ihr begeben hätten. Nur aus Katastrophen lerne die Menschheit, aus noch so gut gemeinten Risiko-Experimenten nicht; denn wenn die ohne dramatische Folgen blieben, dann wage die Wissenschaft sich immer weiter vor. (Ein schönes Stück Journalismus, ein klassischer »Küchenzuruf«.)

Auch Bundeskanzler Kohl hatte unter dem Eindruck von Tschernobyl eine gute Idee: Er erfand ein »Bundesministerium für Umwelt, Naturschutz und Reaktorsicherheit«, machte den Frankfurter Oberbürgermeister Walter Wallmann zum Minister – und hatte damit wahrscheinlich einen Grundstein zu seinem Wahlsieg vom Januar 1987 gelegt. Und unverdrossen ging das Atomkraftwerk Brokdorf, Ort der Krawalle von 1976, nun ans Netz.

Die andere Katastrophe des Jahres 1986: Siebzig Sekunden nach dem Start der Raumfähre »Challenger« explodierte eine der beiden Trägerraketen (weil, wie sich später herausstellte, zwei Dichtungsringe, kaum größer als Schnürsenkel, dem unvermuteten leichten Frost in Florida nicht gewachsen gewesen waren). Während die Antriebsaggregate kreuz und quer durch den Himmel schossen wie die Silvesterraketen, wurde die siebenköpfige Besatzung im unversehrten Cockpit noch bis in zwanzig Kilometer Höhe geschleudert; eineinhalb Minuten lang hörte die Bodenkontrolle sie schreien, schluchzen und beten.

Über Gorbatschow und seine enormen Erfolge in der öffentlichen Meinung des Westens äußerte sich Helmut Kohl 1986 gegenüber dem amerikanischen Nachrichtenmagazin *Newsweek* in einer Weise, die nicht ahnen ließ, daß die beiden vier Jahre später im Kaukasus die Wiedervereinigung ausschnapsen würden: »Gorbatschow versteht was von PR«, sagte Kohl.

»Goebbels, einer der Verantwortlichen der Hitler-Ära, verstand auch was davon.«

Da gab es einen Aufschrei von Moskau bis Washington, und sogleich dementierte Kohls Pressesprecher Friedhelm Ost, daß der Bundeskanzler das gesagt habe. Hatte er, oder hatte er nicht? Er hatte. Vor dem Abdruck lag Friedhelm Ost die redigierte Fassung des Interviews zu Korrektur oder Absegnung vor, wie dies üblich ist. Nun hätte Ost die Gelegenheit, ja die Pflicht gehabt, die offensichtliche Entgleisung seines Chefs zu streichen – und nie hätte der amerikanische Journalist diesen Passus dann zitieren dürfen. Gestrichen hatte Ost aber nicht, sondern unter dem Anprall der Kritik die Lüge verbreitet, daß der Satz gar nicht gesprochen worden sei. Nun erst berief sich der *Newsweek*-Korrespondent darauf, daß er mit seinem Tonband den Gegenbeweis führen könne.

Olof Palme, schwedischer Ministerpräsident von 1969 bis 1976 und seit 1982 wieder, wurde an der Seite seiner Frau auf offener Straße ermordet; nach den Tätern fahndet die Polizei bis heute. Eines natürlichen Todes starben 1986 Wjatscheslaw Molotow, Außenminister unter Stalin und Chruschtschow, genannt »der eiserne Hintern der Weltrevolution«; auch Joseph Beuys, Cary Grant und der König von Offenburg, Franz Burda. »Mein Vater«, sagte Hubert Burda 1996, »hat einen großen Schatten geworfen. Er war jemand, den man sehr lieb haben konnte, unter dem aber alle drei Söhne auch gelitten haben.« Sie hätten sich »in einer Galeere gefühlt«.

Gruner + Jahr tat im August den mutigen Schritt, sich einer maroden Boulevardzeitung zu erbarmen: der *Hamburger Morgenpost*. Mutig, denn im Zeitungsgeschäft hatte das Haus nicht die geringste Erfahrung; doppelt mutig, denn der Hamburger Zeitungsmarkt wurde zu 83 Prozent von den Springer-Blättern *Bild, Welt* und *Hamburger Abendblatt* beherrscht; dreifach mutig, denn das seit Jahrzehnten hinkende Blättchen mußte sich an der erfolgreichsten Boulevardzeitung auf Erden messen lassen, der *Bildzeitung* – und die verkaufte in ihrer Hochburg Hamburg viermal so viele Exemplare.

Von ihrer Gründung 1949 bis zum Verkauf an zwei Schweizer Verleger 1981 hatte die *Morgenpost* der SPD-Presse-Holding gehört, deren Zeitungen Anfang der sechziger Jahre einmal eine Gesamtauflage von 2,6 Millionen hatten; die *Morgenpost* und der Berliner *Telegraf* waren daran mit je 400000 beteiligt. Aber dann zeigte sich, wie recht Gerd Bucerius hatte mit seinem Satz: »Wozu Verleger? Weil Funktionäre keine Zeitung machen können.«

Dem Schatzmeister der SPD unterstellt, also kaufmännisch schlecht geführt und zugleich politisch weisungsgebunden, ging es mit den Blättern bergab. 1972 wurde der *Telegraf* dichtgemacht, 1979 waren nur noch die *Morgenpost* in Hamburg, die *Frankenpost* in Hof und zwei kleine Lokalzeitungen in Bayreuth und Coburg übrig – Gesamtauflage: 360000, ein Siebentel des einstigen Erfolgs.

1981 gelang es der SPD, ihr krankes Blättchen mitsamt seiner demoralisierten Redaktion an die Brüder Greif loszuschlagen, Verleger von Anzeigenblättern in der Schweiz und Baden-Württemberg. Als erstes bestellten die Greifs drei von vier Nachrichtenagenturen ab. Als Chefredakteur gab Felix Schmidt ein Gastspiel bei ihnen, von Februar bis Dezember 1984; immerhin hatte er zehn Monate nach seinem Sturz beim STERN wieder was gefunden (1985/86 war Schmidt dann Chefredakteur von *Hörzu* als Nachfolger von Peter Bachér.)

Und nun also, 1986, entschloß sich Gruner + Jahr, die *Morgenpost* zu retten. Gütersloh war heftig dagegen – Schulte-Hillen zog sein Vorhaben durch. In Hamburg, schrieb die *FAZ*, »werden große Erwartungen in das G + J-Engagement gesetzt«: endlich ein liberales Blatt in Westdeutschlands größter Stadt, endlich Konkurrenz zu Springer! In der gebeutelten Redaktion teils Jubel, teils Angst: Die Arbeitsplätze sind gesichert – aber wird meiner dabei sein? Erster Chefredakteur: Jürgen Juckel, einst stellvertretender Chef bei *Bild*, dann Redaktionsdirektor beim Schweizer Großverlag Ringier, seit drei Jahren Chefredakteur der *Frankfurter Abendpost/Nachtausgabe*.

Um das verlegerische Risiko zu mindern und sich eines erfahrenen Zeitungsmannes zu versichern, nahm Gerd Schulte-Hillen Hans Dichand als Zehn-Prozent-Gesellschafter auf, den 50-Prozent-Teilhaber der *Neuen Kronen-Zeitung,* die für Österreich einen Rekord hält: Keine andere Zeitung der westlichen Welt hat in ihrem Land einen so hohen Verbreitungsgrad wie diese.

Schulte-Hillen stürzte sich mit Spaß und Vehemenz in das selbst provozierte Abenteuer, kommentierte täglich am Telefon die Schlagzeilen und feuerte den ersten Chefredakteur schon nach knapp sechs Wochen. Juckels Nachfolger wurde, nach einer Interimslösung, im Februar 1987 zur allgemeinen Überraschung der 46jährige Jurist Wolfgang Clement, vormals stellvertretender Chefredakteur der *Westfälischen Rundschau,* dann SPD-Sprecher, in Unfrieden geschieden. Daß dieser Clement 1998 Ministerpräsident von Nordrhein-Westfalen werden würde, darauf hätte wirklich keiner gewettet.

Der STERN bekam im Mai drei neue Chefredakteure: Heiner Bremer, Michael Jürgs, Klaus Liedtke – nun schon der vierte Versuch, das unlösbare Problem der Nannen-Nachfolge dennoch einer Lösung anzunähern, nach Gillhausen/Koch/Schmidt, Gillhausen/Scholl-Latour und Rolf Winter. Winter war gegangen, weil Gerd Schulte-Hillen den STERN unter ihm zu wenig aktuell gefunden hatte und schon gar nicht aggressiv genug. Überdies wurde Winter, schrieb der *Rheinische Merkur,* »in der Löwengrube seiner Redaktion zerfleischt«: Sie teilte Schulte-Hillens Vorbehalte und war überdies verärgert durch Winters Neigung zu einsamen Entschlüssen.

Seiner Deutschland-Ausgabe legte der STERN seit Januar ein 40seitiges Fernsehmagazin bei – ohne Aufpreis, trotzdem ohne erkennbaren Vertriebs-Erfolg. Die Auflage bröckelte weiter: von 1 332 000 verkauften Heften im ersten Quartal 1986 auf 1 256 000 drei Jahre später. Auf dem längst übersättigten Markt der Programmzeitschriften aber (auf dem Gruner + Jahr ja noch nicht mit einem eigenen Titel vertreten war) wuchs durch die STERN-Beilage das Gedränge.

Im Herbst 1986 startete Axel Ganz zum Angriff auf Frankreichs größte Zeitschrift, *Télé 7 Jours,* und setzte TELE LOISIRS dagegen (*loisir:* die Muße, also etwa: Fernsehen für die schönen Stunden). Unter den 250 Angestellten der Gruner + Jahr-Tochter »Prisma Presse« blieb Ganz der einzige Deutsche. So hatte Gruner + Jahr es auf 20 Zeitschriften in Deutschland und 16 im Ausland gebracht, und mit einem Umsatz von 2,45 Milliarden zog der Verlag mit Springer gleich. Er beteiligte sich überdies an *Radio Hamburg,* einem der ersten deutschen Privatsender; der ließ zu seinem Start plakatieren: »Lieber NDR, du mußt jetzt sehr tapfer sein.«

Der STERN-Redaktionsbeirat löste sich im Dezember 1986 auf – aus Protest dagegen, daß es ihm während des zweijährigen Stillhalte-Abkommens von 1984 nicht gelungen war, sein weitgehendes Beratungsrecht bei der Berufung eines Chefredakteurs in ein klares Vetorecht zu verwandeln. Einer seiner frühesten Weggefährten, der Redaktionsrat des *Mannheimer Morgens,* sah sich dann 1996 mit einer fristlosen Kündigung des Statuts konfrontiert – und prozessiert dagegen im fünften Jahr: Arbeitsgericht – Berufung zum Landesarbeitsgericht (»nicht zuständig«) – Bundesarbeitsgericht (»doch zuständig«) – Landesarbeitsgericht, Februar 2000: Nun vergleicht euch doch endlich! Mai 2000: Das Statut gilt! Doch die neuerliche Revision zum Bundesarbeitsgericht ist wahrscheinlich.

Auf der Springer-Bilanzpressekonferenz nannte Peter Tamm sein Haus »kerngesund und ertragsstark«. Springers Aktienangebot vom Vorjahr, »die größte private Neu-Emission der deutschen Nachkriegsgeschichte«, sei fünfmal überzeichnet worden. Die Neugründung *Auto-Bild* verkaufe schon nach wenigen Monaten mehr als eine Million, während es das *Bild der Frau* auf 2,4 Millionen gebracht habe. Preiswerte, hochauflagige Objekte zu verlegen, bleibe auch nach dem Tod des Verlegers die Philosophie des Hauses, sagte Tamm.

Im Finale der Fußballweltmeisterschaft in Mexiko lag Deutschland gegen Argentinien 0:2 im Rückstand, glich aus – und verlor doch noch 2:3, bezwungen von Diego Maradona, dem 1,66 Meter großen König der Bälle. Boris Becker, nun 18 Jahre alt, wiederholte in Wimbledon seinen Vorjahrssieg, mit dem zusätzlichen Triumph, im Endspiel die Nummer 1 der Weltrangliste geschlagen zu haben, Ivan Lendl.

Ein anderer Gewinner des Jahres 1986 war Henri Nannen. Seiner Geburtsstadt Emden hatte er seine stattliche Privatsammlung moderner Kunst geschenkt und ein Museum dazu, und am 3. Oktober kamen 900 Gäste – Politiker, Journalisten, Künstler, Galeristen, Museumsdirektoren und Bundespräsident Richard von Weizsäcker –, um die Kunsthalle in der ostfriesischen Provinz festlich zu eröffnen. Noch nie in seinem langen Leben hatte Nannen eine so gute Presse. »Er hat es geschafft«, schrieb die *Süddeutsche Zeitung:* »Alle Welt spricht gut von ihm und Emden.«

Auch als Chef einer Eisrevue wäre er ja ein großer Mann geworden, pflegte man einst im STERN zu sagen; und nun, mit 72 Jahren, knapp sechs Jahre nachdem er sich als Chefredakteur zurückgezogen hatte, war Nannen wieder ein großer Macher, Kurbler, Ideengeber – und Spenden-Eintreiber noch dazu, das Geld reichte ja vorn und hinten nicht.

Während der Feier, schrieb die ZEIT, habe »die Träne im blaßblauen Friesenauge« Nannen nicht gehindert, im Publikum einen potentiellen Spender auszumachen und gleich nach dem Festakt fordernd auf ihn zuzugehen. Das sei an Nannen das Schöne und das Schreckliche zugleich: »daß alles, was er tut oder was ihm widerfährt, planmäßig aus dem Rahmen fällt«.

Barschels Ende

1987

Gorbatschow – Mann des Jahres 1987! Das amerikanische Nachrichtenmagazin *Time* rief ihn dazu aus. Mit Präsident Reagan hatte er sich auf die Verschrottung von 2700 Mittelstrecken-Atomraketen geeinigt – noch nicht sehr beruhigend für die Menschheit in Anbetracht der Vorräte für die langen Strecken, aber doch endlich ein Schritt in Richtung Abrüstung, wie seit 1945 keiner mehr getan worden war. In der Sowjetunion ließ Gorbatschow Presseberichte über Versorgungsmängel, Fehlentwicklungen und Verbrechen zu und Kritik selbst an Ministern – freilich nicht an der Parteispitze und am Sozialismus. In der Wirtschaft versuchte er die Selbstverantwortung zu fördern und Schlamperei und Korruption zu beseitigen. Kleine Privatbetriebe konnten eröffnet werden.

Deutschlands Wiedervereinigung schien unterdessen in größere Ferne gerückt denn je. Im September 1987 wurde wer in Bonn mit allen Ehren empfangen? Erich Honecker, Staatsratsvorsitzender der DDR. (»Ohne Visum in den Westen«, nannte der STERN seine Geschichte darüber.) Was schrieb zu seiner Begrüßung der ehemalige Bundeskanzler Helmut Schmidt in der ZEIT? Honecker sei »einer unserer Brüder« – ein Deutscher, der seine Pflicht erfüllen wolle, »so wie er diese« (nun etwas verklausuliert), »so wie er diese als ihm auferlegt empfindet«. An eine Wiedervereinigung brauche man im 20. Jahrhundert nicht zu denken.

Gräfin Dönhoff und Theo Sommer gingen darüber hinaus: »Verzicht!« forderte die Gräfin. Wenn nur der Osten die Freiheit ganz Berlins garantiere und die Mauer systematisch immer durchlässiger mache – das würde den Bürgern der DDR »wesentlich mehr Freiheit bringen als weitere Jahrzehnte vergeblichen Wartens auf die Wiedervereinigung«. Der Chefredakteur plädierte dafür, die Einheit gegen die Freiheit zu tauschen, also Zustände zu schaffen, »in denen es auf die Wiedervereinigung nicht ankommt«. (Ob und wie der DDR die Herstellung solcher Zustände zuzutrauen wäre, erwähnte Sommer nicht.)

Gerd Bucerius, der Verleger, schrieb, wie so oft in der ZEIT, das Gegenteil: »Ich bestreite, daß ein Westdeutscher das Recht hat, die endgültige Trennung der beiden Teile Deutschlands zu betreiben. Das verletzt unsere Pflichten gegenüber unseren Mitbürgern in der DDR.« Und öffentlich fragte er seinen Chefredakteur: »Was sagt sein Herz, wenn er den deutschen Bürgern drüben kühl den Kündigungsbrief schickt?«

Helmut Kohl aber stürmte dem Gipfel seines Erfolgs entgegen. Bei der Bundestagswahl im Januar verlor die CDU/CSU zwar 4,5 Prozentpunkte, doch da die SPD ebenfalls verloren und die FDP hinzugewonnen hatte, konnte er seine Koalition fortsetzen. Und im Landtag von Hessen kippte im April nach 40 Jahren die linke Mehrheit um: Die SPD, die 1966 noch 51 Prozent der Stimmen errungen hatte, fiel auf 40,2 Prozent, und die CDU konnte mit der FDP eine Regierung bilden, wenn auch nur auf eine Mehrheit von zwei Mandaten gestützt.

Ministerpräsident wurde Walter Wallmann, früherer Oberbürgermeister von Frankfurt und seit Tschernobyl Bundesminister für Umwelt und Reaktorsicherheit; zu seinem Nachfolger in Bonn berief Kohl Klaus Töpfer, bis dahin Umweltminister von Rheinland-Pfalz. Der STERN fragte auf der Titelseite: »Nach Kohls Triumph in Hessen: CDU-Herrschaft bis ins Jahr 2000?« Das war um zwei Jahre zuviel, aber nicht ganz schlecht geschätzt.

Und dann natürlich: Der tote Uwe Barschel in der Badewanne, von einem STERN-Reporter am 11. Oktober 1987 aufgefunden. Am 12. September, dem Samstag vor der Landtagswahl in Schleswig-Holstein, hatte der *Spiegel* seine Titelgeschichte (vom Montag danach) mit der sensationellen Schlagzeile »Barschels schmutzige Tricks« vorab an die Presse gegeben, die *Tagesschau* sendete sie: eine Katastrophe für die CDU und Uwe Barschel, Ministerpräsident seit 1982 – ein Segen für die SPD; sie gewann die Wahlen, natürlich.

Von den beiden Presseskandalen in Sachen Barschel blieb dieser der weit weniger beachtete – zu Unrecht. Worauf hatte sich denn der *Spiegel* bei seinem Alarmruf stützen können? Zunächst nicht auf eigene Recherchen, das gab er selber zu, sondern ausschließlich auf die Behauptungen eines Zeugen von schon damals katastrophalem Leumund: des Tunichtguts und ehemaligen Beerdigungsredners Reiner Pfeiffer, der sich bei Barschel als »Medienreferent« hatte verdingen können.

Von Barschel habe er den Auftrag gehabt, erzählte Pfeiffer dem *Spiegel,* dem SPD-Kandidaten für das Amt des Ministerpräsidenten, Björn Engholm, Steuerhinterziehung nachzuweisen oder Bisexualität und Aids-Infizierung. Der *Spiegel* wollte ihm das gerne glauben, und jahrelang glaubte die Öffentlichkeit es auch. (Heute aber ist völlig offen, ob Pfeiffer wirklich im Auftrag Barschels handelte – oder auf eigene Initiative, weil er so die Tätigkeit eines »Medienreferenten« verstand – oder gar in Absprache mit der SPD.)

Nach aller journalistischen Vernunft hätte diese ungeheuerliche und noch ungeprüfte Behauptung in der Redaktion liegen bleiben müssen, bis der *Spiegel* selber nachrecherchiert hatte – aber dann hätte er die Wahlen in Schleswig-Holstein verpaßt, und die Chance, sie mit einer *Spiegel*-Schlagzeile zu entscheiden, wie es geschah, muß den Chefredakteur Erich Böhme gejuckt haben. Wer den Abdruck einer ungeprüften Behauptung von solchem Gewicht überhaupt erwägen wollte, hätte ja das hinschreiben können, was beweisbar war: »Schwere Vorwürfe gegen Barschel« zum Beispiel – statt das völlig Unbewiesene hinauszuschreien. Das wäre sogar vor der DDR-Definition des Journalismus durchgefallen: »Agitation durch Tatsachen«, denn die waren nicht bekannt.

Rudolf Augstein – an den fraglichen Tagen nicht in Hamburg – distanzierte sich öffentlich von der Schlagzeile seines Chefredakteurs; Theo Sommer las in der ZEIT dem *Spiegel* die Leviten; der STERN fragte: »Affäre Barschel oder Affäre *Spiegel?*« Wenn dieser journalistische Skandal dennoch rasch in Vergessenheit geriet, so deshalb, weil der *Spiegel* Glück hatte: Sechs Jahre lang sah es ja so aus, als hätte das Magazin eine unstrittige Wahrheit nur voreilig ausposaunt.

Seit den STERN-Recherchen von 1991 bis 1993 aber ist erwiesen: Sechs Tage vor der Wahl war Pfeiffer mit dem schleswig-holsteinischen SPD-Politiker und Engholm-Vertrauten Günther Jansen zusammengetroffen (wer hat also hier gegen wen konspiriert?), und 1989 steckte Jansen, nun Sozialminister, dem Pfeiffer 50 000 Mark zu. Jansen mußte als Minister zurücktreten, Engholm als schleswig-holsteinischer Ministerpräsident, Bundesvorsitzender der SPD und bis dahin ihr mutmaßlich nächster Kanzlerkandidat.

Pech für Uwe Barschel, daß er das nicht mehr erleben konnte. Am 18. September 1987 hatte er vor der Presse erklärt: »Ich gebe Ihnen mein Ehrenwort, daß die gegen mich erhobenen Vorwürfe haltlos sind – erstunken und erlogen.« Aber alle Indizien schienen gegen ihn zu sprechen, auch der *Spiegel* kam der Wahrheit über die dubiose Rolle von Engholm nicht auf die Spur, der Landtag beschloß, einen Untersuchungsausschuß einzusetzen, die CDU drängte Barschel zu vorzeitigem Rücktritt.

Er flüchtete mit seiner Frau zu einem Kurzurlaub nach Gran Canaria, flog von dort allein nach Genf und wurde am 11. Oktober in Zimmer 317 des Hotels Beau-Rivage gefunden, tot in der Badewanne. Es war der STERN-Reporter Sebastian Knauer, der unbefugt die Zimmertür geöffnet hatte (Hausfriedensbruch) und das berühmte Foto machte (Verletzung der Intimsphäre).

Für seine Handlungsweise, die juristisch in der Tat bedenklich war, wurde Knauer auch moralisch niedergebügelt: Den Vertrag mit der ZEIT, den er in der Tasche hatte, kündigte die

Gräfin in einer ihrer berüchtigten öffentlichen Züchtigungen auf; dafür bekam er bald ein Angebot vom *Spiegel* – worin sich mal wieder zeigte, daß *Spiegel* und STERN miteinander verwandt sind, keiner von ihnen aber mit der ZEIT.

Das Foto gemacht zu haben war ja nur das eine Problem; nun standen die STERN-Chefredakteure Bremer, Jürgs und Liedtke vor der Entscheidung, ob sie es veröffentlichen sollten. Daß sie es taten, zweimal sogar – im ersten Heft nach dem Fund im Inneren des Blattes, im zweiten noch einmal auf der Titelseite –, rief in vielen Zeitungen Empörung hervor; andere aber druckten das Foto nach, das Fernsehen zeigte es, und der Presserat entschied salomonisch: Also *zweimal* hätte der STERN das Bild nicht bringen dürfen.

Anders als bei den »Hitler-Tagebüchern« – an die zu erinnern sich natürlich viele Kommentatoren nicht entgehen ließen – lag hier kein hochnäsig verkaufter Irrtum vor, sondern eine klare Entscheidung über einen unstrittigen Sachverhalt: Ja, juristisch und moralisch sprach eine Menge dagegen, das Foto gemacht zu haben und, wenn schon, es dann auch noch zu publizieren.

Nur daß in der anderen Waagschale zwei ebenfalls gute Gründe lagen, dies doch zu tun: Hätte man tausend Deutschen das Foto (ungedruckt) gezeigt und sie gefragt: »Wo könnte das erschienen sein?« – mindestens 800 würden geantwortet haben: »Im STERN.« In ihm und nur in ihm erwartet man die ganz aufregenden Bilder, und dieses Image ist Teil seines Erfolgs und seines Ansehens ebenso.

Und zweitens war hier ein zeitloses, an die Nieren gehendes Dokument entstanden, geeignet, als Bild und Mahnung ins kollektive Bewußtsein einzugehen. »Barschel in der Badewanne« – diese Wörter hätten jene Tafeln ergänzen können, mit denen der STERN auf dem Hamburger »Intermedia-Kongreß« von 1985 die Macht der Bilder demonstrierte: »Einstein streckt die Zunge raus« war da zu lesen (und kein Bild zu sehen) oder: »Marilyn Monroe über dem U-Bahn-Schacht«.

Daß Barschels Tod alsbald zum Selbstmord erklärt wurde, schien der Öffentlichkeit einleuchtend, gleichsam als letztes, dramatischstes Schuldeingeständnis. Nach und nach jedoch häuften sich die Zweifel, die Widersprüche, die Indizien für eine gewaltige Schlamperei der Genfer Ermittlungsbehörden. 1991 verbissen sich drei STERN-Reporter in den rätselhaften Fall, stießen auf Spuren in Zürich, England, Griechenland, Südafrika und Singapur, bekamen Andeutungen über einen Mord durch die Stasi, die Mafia, den israelischen Geheimdienst Mossad zu hören und konnten nur beweisen: Ein Selbstmord kann der Tod Barschels nicht gewesen sein, jedenfalls nicht ohne fremde Hilfe.

Seit 1993 aber stellt sich zusätzlich die Frage: Welches Motiv zum Selbstmord hätte Barschel haben, welche Schuld mit ihm eingestehen sollen – da wir es doch seither für möglich halten müssen, daß im Zentrum des Schmutzes die Kieler SPD agierte? Immerhin leitete 1994, nach sieben ungenutzten Jahren, die Staatsanwaltschaft Lübeck ein Ermittlungsverfahren ein – das sie 1998 einstellte, weil es für ein Kapitalverbrechen zwar »zureichende tatsächliche Anhaltspunkte«, jedoch keine gesicherten Erkenntnisse gebe, so wenig wie für die Selbstmordthese. Nur der Rufmord, schrieb die *FAZ*, war Barschel sicher.

Nicht viel zu klären gab es 1987 beim Tod eines anderen Prominenten: Rudolf Heß, einst Hitlers Stellvertreter, starb, 93 Jahre alt, in der Festung Spandau – Selbstmord, eindeutig, stranguliert nach 40 Jahren Haft. Nicht nur sein Sohn und rechtskonservative Organisationen in der Bundesrepublik, auch Menschenrechtsverbände in den westlichen Siegerstaaten hatten seit vielen Jahren versucht, die Begnadigung des Greises durchzusetzen und seine groteske Existenz als letzter überlebender Häftling in einem Riesenbau, mit einer aufwendigen Bewachung im Wechsel der vier ehemaligen Besatzungsmächte, zu beenden – vergeblich: Die Sowjetunion beharrte darauf, ihre Rache bis zur letzten Stunde auszukosten. Kaum war Heß tot, wurde die Festung abgerissen.

Ein Tod, der vielen Menschen naheging, war der von Rita Hayworth: Weltstar der vierziger Jahre aus Hollywood, im

Zweiten Weltkrieg die Königin der amerikanischen Soldatenspinde, nun seit Jahren von der Alzheimer-Krankheit verwüstet, die damit zum erstenmal ins öffentliche Bewußtsein drang; sie starb mit 68 Jahren.

In Deutschland trat 1987, nach 23 wechselvollen Jahren, Willy Brandt als SPD-Vorsitzender zurück. Sein eigenmächtiger Führungsstil hatte Unwillen erregt und seine nachlassende Führungskraft Besorgnis. Brandts Nachfolger wurde Hans-Jochen Vogel, einst Oberbürgermeister von München, später Justizminister in der sozialliberalen Koalition, zuletzt Vorsitzender der SPD-Bundestagsfraktion.

Neues vom Pressemarkt: Gruner + Jahr gründete in Spanien die zweite GEO-Tochter, in England die Zeitschrift BEST, in Deutschland SPORTS und die Reihe GEO-Wissen, ein anspruchsvolles Themenheft zweimal im Jahr. GEO bekam einen neuen Chefredakteur: Auf Adolf Theobald, der als Geschäftsführer in den *Spiegel*-Verlag eintrat, folgte Hermann Schreiber, der 1979 vom *Spiegel* zu GEO herübergewechselt war. Rolf Wickmann, Vorstandsmitglied für die Zeitschriften, beklagte auf der Bilanzpressekonferenz die zunehmende »Verstopfung der Regale« bei gleichzeitig nachlassender Bindung der Käufer an »ihre« Zeitschrift; es werde also immer schwerer, im Inland den Umsatz noch zu steigern. Der Patriarch John Jahr, Jahrgang 1900, legte nun, mit 87 Jahren, den stellvertretenden Vorsitz im G + J-Aufsichtsrat nieder.

Vom Pech verfolgt blieb Peter Koch, 1983 der Promoter der »Hitler-Tagebücher«. Der Springer-Verlag nahm – nach *Auto-Bild* – seinen zweiten Anlauf in der Springer-losen Ära und warf 1987 *Ja* auf den Markt, eine wöchentliche »Zeitungs-Illustrierte«, so genannt, weil sie auf schlechterem Papier gedruckt und billiger war als die Magazine. Chefredakteur: Peter Koch. Schön, daß er noch einmal eine Chance bekam! Aber schon nach vier Monaten wurde *Ja* wieder eingestellt.

Warum? Hatte der Informationsdienst *Kontakter* nicht noch kurz zuvor geschrieben, *Ja* gewinne »klammheimlich, aber unzweifelhaft an journalistischer Qualität«? Erstens wohl darum, weil es, wie später TANGO ebenfalls erfahren mußte, für eine zusätzliche Illustrierte, auf welchem Niveau auch immer, keinen Markt zu geben scheint. Zweitens, in den Worten Peter Kochs, wegen »des irgendwie beknackten Titels«, der junge Leute abgestoßen habe, und eines Inhalts, von dem typische Springer-Leser vielleicht irritiert gewesen seien. In der Tat: Koch brachte Artikel gegen den Rüstungswahnsinn, gegen den Schnellen Brüter in Kalkar und druckte die DDR ohne Gänsefüßchen.

Hitler wurde er bei alldem nicht los. An der Freien Universität Berlin beschwerte sich Koch in einem Vortrag »Journalismus und Ethik« über Kollegen, die ihm keine Ruhe ließen: »Da ist über eine Sache Gras gewachsen, und schon kommt ein Kamel, das das Gras wieder wegfrißt!« Anderthalb Jahre später, 50 Jahre alt, starb Peter Koch an Krebs.

Wie man Millionen vertreibt

1988

Wer ist die stärkste Kraft auf Österreichs Zeitungsmarkt? Seit 1988 ein deutscher Großverlag mit Sitz in Essen. Die »Zeitungsgruppe WAZ«, die sich 1987 schon mit 45 Prozent in die *Neue Kronen-Zeitung* eingekauft hatte, übernahm nun auch noch 45 Prozent des konkurrierenden *Kuriers,* Österreichs zweitgrößter Tageszeitung, und damit der Nachrichtenmagazine *profil* und *trend,* die zum Kurier-Konzern gehören. Gesamtpreis: 345 Millionen Mark; Umsatz der *WAZ* in Österreich 1999: eine Milliarde Mark.

In Wien war und ist »das Ungeheuer KROKUWAZ« ein heißes Thema. In Deutschland wurde zwar groß über den Deal berichtet, und die Zeitschrift der IG Druck, *Die Feder,* warnte vor dem »Kraken aus Essen«; aber der Verlag blieb ziemlich unbekannt außerhalb der Branche und des Kohlenpotts. Anders als die Hamburger Riesen Springer und Gruner + Jahr war er scheinbar uninteressant, jedenfalls aber sehr verschwiegen.

Angefangen hatte der Aufstieg 1948 mit einer gemeinsamen Lizenz der britischen Militärregierung für den Sozialdemokraten Erich Brost und den Konservativen Jakob Funke, die *Westdeutsche Allgemeine* herauszugeben, *WAZ* genannt und alsbald aufgestiegen zur größten Regionalzeitung der Bundesrepublik. 1974 kaufte die *WAZ* die CDU-nahe *Westfalenpost* und die große SPD-eigene *Westfälische Rundschau,* 1976 die *NRZ* (was, je nach Erscheinungsort, für »Neue Rhein-Zeitung« oder »Neue Ruhr-Zeitung« steht). Da deren langjähriger Chefredakteur Jens Feddersen in vielen Fernsehrunden aufgetreten war, erregte dieser Zukauf zum erstenmal öffentliches Aufsehen.

Die Geschäftsführung teilten sich Erich Schumann und Günther Grotkamp, jeder für eine der beiden Inhaberfamilien. Grotkamp war der strategische Kopf, dem *Manager-Magazin* zufolge ein Mann »mit Advokatenschläue, Geschick und einer gehörigen Portion Brutalität«. Wenn er ein Konkurrenzblatt übernehmen wollte, habe er es mit Dumpingpreisen sturmreif geschossen und dann gesagt: »Leute, verkauft jetzt! Wenn wir euch noch mehr an die Wand gespielt haben, kriegt ihr nichts mehr.«

Beide Manager, Grotkamp und Schumann, hätten sich »einen bunten Fächer an Beschimpfungen redlich erarbeitet und ehrlich verdient«, schrieb das *Manager-Magazin.* Immerhin: Verschmolzen wurden nur Verwaltung, Druck, Vertrieb und Anzeigenverkauf der Zeitungen unter dem Dach der *WAZ*; den Redaktionen wurde Unabhängigkeit versprochen.

Bei Springer konnte Peter Tamm auf der Bilanzpressekonferenz das beste Ergebnis der Verlagsgeschichte verkünden: Umsatz 2,78 Milliarden, Jahresüberschuß 96 Millionen Mark. Gruner + Jahr meldete für das Geschäftsjahr 1987/88 einen Jahresüberschuß von 240 Millionen bei einem Umsatz von 2,72 Milliarden, wovon schon mehr als 40 Prozent auf das Auslandsgeschäft entfielen.

Das Sorgenkind blieb die HAMBURGER MORGENPOST: Die Auflage war zwar auf 142 000 gestiegen, aber erst bei rund 200 000 würde das Blatt aus den roten Zahlen sein. Zum Chefredakteur (in Nachfolge von Wolfgang Clement, der die Leitung der Düsseldorfer Staatskanzlei übernahm) wurde Ernst Fischer berufen, langjähriger stellvertretender Chef der Münchner *Abendzeitung.*

In seiner Geburtsstadt Emden beging Henri Nannen seinen 75. Geburtstag. Willy Brandt schrieb ihm: »Sie haben geholfen, die deutsche Ostpolitik ehrlich zu machen.« Rut Brandt gehörte zu den Überraschungsgästen, mit denen Gruner + Jahr den Jubilar zwei Wochen später im Stadttheater feierte, auch Hildegard Knef, Walter Scheel und der 70jährige russische Schriftsteller Wladimir Dudinzew, dessen sowjetkritischer

Roman »Der Mensch lebt nicht vom Brot allein« 1957 zuerst im STERN vorgestellt worden war; die beiden alten Männer sanken sich auf der Bühne weinend in die Arme.

Michail Gorbatschow kündigte 1988 eine einseitige Abrüstung um 500000 Mann an, begann mit dem Rückzug der Sowjettruppen aus Afghanistan und schlug vor der Vollversammlung der Vereinten Nationen vor, alle Großmächte sollten sich zu absolutem Gewaltverzicht verpflichten. Über die Zukunft des Sozialismus sagte er, alle sozialistischen Staaten sollten denjenigen Weg dorthin einschlagen, den sie für richtig hielten; er widerrief also die Breschnew-Doktrin von 1968.

Zum Nachfolger von Präsident Reagan wurde nach dessen achtjähriger Amtszeit George Bush gewählt, ebenfalls Republikaner. Franz Josef Strauß, seit 10 Jahren bayerischer Ministerpräsident, seit 27 Jahren Vorsitzender der CSU und seit fast drei Jahrzehnten der meistgefürchtete, meistgehaßte, meistbewunderte Politiker der Bundesrepublik, erlag bei einem Jagdausflug einem Herzanfall. Es starb auch Kurt Georg Kiesinger (CDU), von 1966 bis 1969 Bundeskanzler der Großen Koalition.

Auf der US-Luftwaffenbasis Ramstein in der Pfalz kollidierten vor 300000 Zuschauern drei Düsenjäger einer italienischen Kunstflugstaffel, explodierten und rissen 70 Menschen in den Tod. »Schluß mit dem Wahnsinn!« schrieb der STERN. Über dem schottischen Dorf Lockerbie wurde eine Boeing 747 von einer Bombe zerrissen; alle 259 Menschen an Bord und dazu 11 Dorfbewohner kamen um.

In Gladbeck (nördlich von Gelsenkirchen) überfielen zwei Gangster eine Bank, riefen beim Fernsehen an, denn sie wollten gefilmt werden, fuhren mit zwei Bankangestellten als Geiseln nach Bremen, kaperten dort einen Omnibus, erschossen einen 14jährigen und griffen sich als neue Geiseln zwei Frauen. Mit einem Mercedes fuhren sie nach Köln, parkten in der Innenstadt direkt vor der Redaktion der Boulevardzeitung *Express* – und genossen es, von den Reportern umringt und mit Essen und Trinken, ja auf Wunsch mit einer Jogginghose von Karstadt versorgt zu werden. »Kollektiv durchgeknallt« nannte die *Süddeutsche Zeitung* diese Journalisten.

Am schlimmsten trieb es der stellvertretende Chefredakteur des *Express,* Udo Röbel: Er setzte sich zu den Gangstern ins Auto, lotste sie zur Autobahn »und machte sich damit zur alleinigen Symbolfigur für verkommenen Journalismus«, wie die *Süddeutsche* schrieb. Als die Polizei bei Bad Honnef den Fluchtwagen schießend stoppte, ermordete einer der Gangster die 18jährige Silke Bischoff, eine der Geiseln. Udo Röbel, der Lotse von Köln, war von 1998 bis 2000 Chefredakteur von *Bild.*

Olympische Winterspiele in Calgary (Kanada): 10 Goldmedaillen für die Sowjetunion, 9 für die DDR, 2 für die Bundesrepublik. Sommerspiele in Seoul (Südkorea): Steffi Graf, schon seit 1987 die Nummer 1 der Weltrangliste, holte sich nun auch Olympisches Gold, nachdem sie in Wimbledon den ersten ihrer sieben Titel gewonnen hatte. Sechs Goldmedaillen gewann die Schwimmerin Kristin Otto aus der DDR und trug damit dazu bei, daß die DDR die USA um eine Goldmedaille schlug (37:36). Dem Sieger über 100 Meter und Weltrekordläufer Ben Johnson wurde die Goldmedaille nachträglich aberkannt, nachdem in seinem Urin ein verbotenes Hormonpräparat gefunden worden war. Die dreifache Goldmedaillen-Sprinterin Florence Griffith-Joyner dagegen fiel zwar durch eine tiefe Stimme und einen leichten Schnurrbart auf, aber nachgewiesen wurde ihr nichts – so wenig wie Kristin Otto, der Muskelfrau aus der DDR. Der STERN sprach von »Doping-Spielen«.

Im Olympia-Quartal wurden vom STERN Woche für Woche im Durchschnitt 1 391 000 Hefte verkauft. Das waren zwar eine halbe Million weniger als im Rekordjahr 1967 – aber was für ein gewaltiges Volumen war da immer noch zu bedrucken, zu bewegen und an den Mann/die Frau zu bringen – vergleichbar nur mit *Hörzu* (3,1 Millionen) und *TV Hören und Sehen* aus dem Heinrich-Bauer-Verlag (2,5 Millionen).

Denn die wenigen anderen Zeitschriften mit noch höheren Auflagen als der STERN – wie die 2-Millionen-Objekte *Auf einen Blick* und *Fernsehwoche* – waren ja verhältnismäßig magere Blättchen; und quasi außer Konkurrenz erschienen *ADAC-Motorwelt* (8,7 Millionen) und das Bausparer-Magazin *Das Haus* (2,5 Millionen): Mitgliederzeitschriften nämlich, die um ihre Käufer nicht zu werben brauchen.

Wenn aber vom STERN fast 1,4 Millionen Hefte verkauft werden sollten, mußten 1 626 000 gedruckt werden, 680 Tonnen bedruckten Papiers. Nur ein knappes Viertel davon ging an bekannte Adressen, die Abonnenten; drei Viertel der Auflage mußten sich, mit Hilfe von 83 Grossisten über 93 000 Einzelhändler ausgestreut, ihre Käufer erst suchen. (Seit der Wiedervereinigung sind es 95 Großhändler und mehr als 100 000 Verkaufsstellen.) Einen ähnlich geringen Abonnentenanteil hat die BRIGITTE; rund die Hälfte verkaufen CAPITAL, ELTERN und P.M. im Abonnement, drei Viertel oder mehr ART, GEO und IMPULSE.

Nicht nur Laien, auch die meisten Journalisten haben kaum einen Begriff davon, welcher Aufwand an Organisation und unbedingtem Willen zum Erfolg da getrieben werden muß – liefern, mit eiserner Pünktlichkeit, selbst bei Pannen, Glatteis, Ferienstau und versaubeutelten Redaktionsterminen, an Orte, von denen man erahnt zu haben glaubt, daß dort Menschen, die man nicht kennt, den STERN sehen und ihn kaufen werden.

Was dabei immer wiederkehrt, ist zwar kompliziert, aber noch am leichtesten zu bewältigen: die Versandpläne, das pannensichere Ineinandergreifen von LKW, Flugzeug und Post – nach Mallorca zum Beispiel so: LKW-Transport ab Itzehoe durch ganz Frankreich nach Barcelona, Ankunft dort am Donnerstag um 4 Uhr morgens, Umladen ins Flugzeug nach Palma, dort auf die Lieferwagen des Grossisten, um 10 am Kiosk. Und so nach New York: LKW von Itzehoe nach Frankfurt, Flug über den Atlantik, vier Stunden im Zoll und schon um 7 Uhr früh im Angebot, zur selben Zeit wie in Berchtesgaden.

Auch die Abonnenten unter den STERN-Beziehern erfordern zwar viel Aufwand, aber einen berechenbaren: sie zu werben, pünktlich zu beliefern, höflich zu betreuen und auf möglichst lange Treue einzuschwören.

Die große Kunst indessen, das Jonglieren mit zwanzig Reifen wird dort verlangt, wo es gilt, sich auf jene heute rund 650 000 STERN-Käufer einzustellen, die Woche für Woche eine individuelle Kaufentscheidung fällen – aber niemand weiß vorher, ob, niemand weiß, wo, und keiner kennt sie, außer als eine wogende statistische Masse. Der eine kauft den STERN fünfzigmal im Jahr, der zweite dreißigmal, der dritte fünfmal, der vierte nur ein einziges Heft, der fünfte gar nicht mehr; einer kauft aus alter Gewohnheit, ein anderer wird vom Titelbild animiert, ein dritter rafft einfach Lesestoff für eine lange Bahnfahrt zusammen.

Wie viele Exemplare also soll man drucken und sie in welcher Menge wohin liefern, damit einerseits der Kaufwillige seinen STERN zuverlässig findet und andrerseits nicht Hunderttausende von teuer produzierten Heften an den 100 000 Kiosken vergammeln? Im Zeitungs- und Zeitschriftengewerbe muß der Verlag ja alle nicht verkauften Exemplare zurücknehmen (die *Remission*); der Einzelhändler trägt kein Risiko.

Wohl und Wehe einer Zeitschrift, die wie der STERN zu 75 Prozent auf spontane Kaufentschlüsse angewiesen ist, hängen also in erheblichem Grade davon ab, ob die Vertriebsabteilung imstande ist, der Druckerei trotz so vieler unbekannter Größen die angemessene Druckauflage vorzugeben. Kalkuliert sie zu knapp, so finden vielleicht Zehntausende von Kaufwilligen schon am Samstag ihren STERN nicht mehr; kalkuliert sie aber zu reichlich, so wird sie von der Remission erschlagen. Da schon jedes *verkaufte* Heft weniger einbringt, als seine Herstellung gekostet hat (bei der Mehrzahl der Zeitschriften sind es ja die Anzeigen, die den Überschuß ermöglichen) – welch unsinnigen Verlust kann da ein Verlag einfahren, der auf Hunderttausenden von unverkauften Exemplaren sitzenbleibt!

Wieviel Remission man in Kauf nimmt, ist in wichtigen Grenzfällen eine verlagspolitische Entscheidung. Für große Zeitschriften gilt ein Durchschnitt von etwa 35 Prozent als akzeptabel; der STERN schafft es, meist um 20 Prozent zu liegen. Doch ein Verlag kann natürlich beschließen: Da wir unsere verkaufte Auflage unbedingt erhöhen müssen (etwa weil sonst die Garantie für die Anzeigenkunden unterschritten würde oder die magische Million), drucken wir mehr als bisher, pumpen den Markt voll und kalkulieren die dadurch unvermeidlich höhere Fehlsteuerung ein – denn wenn am Mittwoch, bevor der neue STERN erscheint, der alte noch 100 000mal aushängt, dann kann es nicht ausbleiben, daß er mehr Käufer findet, als wenn er bei 80 000 Einzelhändlern schon vergriffen wäre. Also: Für viel hinausgeworfenes Geld können wir eine meßbare Steigerung der verkauften Auflage herbeiführen.

Aber das ist die Ausnahme. In der Regel lautet der Auftrag des Verlags an die Vertriebsabteilung: Risiken und Chancen, Kosten und Erlöse in eine vernünftige Relation setzen, also statt der maximalen Auflage die *optimale* anstreben. So muß der Vertrieb das scheinbar Unmögliche bewältigen: Zahl und Ort von Hunderttausenden noch gar nicht gefaßter Kaufentschlüsse mit mindestens 80prozentiger Wahrscheinlichkeit vorauszusagen. Wie schafft er das?

Etliche Daten lassen sich realistisch schätzen. Liegt ein Feiertag im Verkaufsraum oder gar mehrere wie zu Weihnachten oder Ostern? (Das senkt die Chancen.) Wie viele Exemplare wurden vom selben Heft des Vorjahrs verkauft? (Damit kommen die Saison-Einflüsse ins Spiel.) Was ist der aktuelle Verkaufstrend: Hat sich die Auflage in den letzten Wochen freundlich/unfreundlich entwickelt? Findet zur Zeit eine Werbekampagne für den STERN statt? Wird speziell für dieses Heft geworben – wo, in welchem Umfang? Hat die Konkurrenz gerade eine verwandte Zeitschrift auf den Markt geworfen oder eingestellt? Weiß die Redaktion schon, ob sie ein attraktives Angebot machen kann – läuft zum Beispiel eine Serie, die zusätzliche Käufer zu binden verspricht?

Das geschieht zehn Tage vor dem Erscheinen. Neun Tage davor muß der Vertrieb bereits eine Vorentscheidung über die Druckauflage fällen: Dicke Zeitschriften mit Millionenauflage werden ja nicht in einem Arbeitsgang hergestellt – mit dem Druck der ersten Produkte muß schon jetzt begonnen werden.

Sechs Tage vor Erscheinen, am Freitagmorgen, bekommen die Großhändler einen Liefermengen-Vorschlag; bis zum Mittag können sie im Licht ihrer eigenen Einschätzung mit Zustimmung oder Gegenvorschlag reagieren. Inzwischen hat der STERN-Vertriebschef das geplante Titelbild und die vorgesehenen Anreißzeilen für weitere Themen in Augenschein genommen – und nun kommt es zu der berühmten Daumenpeilung über den mutmaßlichen Kaufanreiz durch den Titel; gestützt auf Instinkt und Erfahrung, doch mit einer unvermeidlichen Zutat von Kaffeesatzleserei und überdies in Abhängigkeit von der »Fortüne«: Denn wie, wenn *Spiegel* oder *Focus* drei Tage vor dem STERN dasselbe Titelthema hätten oder die *Bunte* am selben Tag vielleicht dasselbe Titelbild?

Nun bleibt nichts, als inmitten von so viel Ungewißheit die vorläufig endgültige Druckauflage festzulegen – vorläufig: Denn was kann sich nicht noch alles ereignen am Samstag, Sonntag und Montag, ehe in der Nacht zum Dienstag die aktuellen Seiten an die Druckmaschinen gehen! Morde, Kriegsausbrüche, Katastrophen können die Redaktion zum Umdisponieren zwingen, den Titel ändern, die Verkaufschancen erhöhen. Und noch wenn der Wetterbericht am Dienstagmorgen für den entscheidenden Verkaufstag – den Donnerstag – ein Sauwetter wahrscheinlich macht, bei dem viele Leute zu Hause bleiben werden, läßt sich ein Einfluß auf die Verkaufschancen vorhersehen.

Das alles war nur die *Gesamtprognose,* die die Höhe der Druckauflage bestimmt. Diese Schätzung wird nun mit Computer-Hilfe »heruntergebrochen« auf die Grossisten und die Einzelhändler. In welchem Bundesland sind gerade Ferien, so daß ein Teil der Auflage an die beliebtesten Reiseziele verlagert werden muß, und welche sind das, gemessen am Vorjahr und den Buchungen der Reisebüros? Wie viele Hefte sollten zusätzlich nach Niedersachsen gehen, wenn der STERN groß über einen Skandal in Hannover berichtet? Findet irgendwo ein Kirchentag, eine Messe, eine Ausstellung mit Massenandrang statt? Und inwieweit müssen wir den Lieferplan für die

100 000 Kioske, Supermärkte, Tankstellen, Tabakläden korrigieren, weil der eine Händler schon am Samstag ausverkauft war, während der andere von zehn Heften sechs remittiert hat?

Wenn am Dienstag um 18 Uhr die Schwerlaster mit den STERN-Paletten vom Hof der Druckerei in Itzehoe zu rollen beginnen, wird im Vertrieb längst an der Prognose für das Heft gebastelt, das in neun Tagen erscheint. Manchmal aber kann es passieren, daß noch für den laufenden STERN alle Vertriebspläne in letzter Minute über den Haufen geworfen werden müssen, weil die Redaktion unter dem Eindruck eines Großereignisses ihr Titelthema in der Nacht zum Dienstag umgestoßen hat.

Kurz: Den Vertrieb kann der STERN unmöglich gemeint haben, als er 1988 in Heft 11 auf die Titelseite schrieb: »So verspielen wir unsere Zukunft / Die Deutschen: zu satt, zu lahm, zu teuer«.

Die Mauer birst

1989

1989: Herbert von Karajan gestorben, Ayatollah Komeini gestorben, Alfred Herrhausen, Chef der Deutschen Bank, ermordet. Und Erich Honecker gestürzt: Die Mauer wird gesprengt, der Zerfall der DDR hat begonnen. Noch am 19. Januar 1989 hatte Honecker wohlgemut verkündet, die Mauer werde »auch in fünfzig oder hundert Jahren noch bestehen, wenn die dazu vorhandenen Gründe nicht beseitigt sind«. Seit Jahren waren Planungen für einen High-Tech-Neubau mit elektronischen Bewegungsmeldern im Gange – um das Dilemma zu zerbrechen: Schüsse an der Mauer schadeten der Gier der DDR nach westlichen Krediten, aber auch ohne Schüsse sollte die Grenze undurchdringlich sein.

Am 4. Juni rollten die Panzer der chinesischen Volksarmee auf den »Platz des Himmlischen Friedens« im Zentrum von Peking. Tausende der Studenten und Arbeiter, die dort seit sieben Wochen für Menschenrechte und Pressefreiheit demonstrierten, wurden niedergemäht oder niedergewalzt. Die Welt war empört. Selbst unter den kommunistischen Staaten gab es nur drei, die Beifall spendeten: Cuba, Nordkorea und die DDR.

In Bonn wurde Michail Gorbatschow bei seinem ersten Staatsbesuch umjubelt. In der ZEIT schrieb Theo Sommer: »Wer heute das Gerippe der deutschen Einheit aus dem Schrank holt, kann alle anderen nur in Angst und Schrecken versetzen.« Und im Axel-Springer-Verlag durften die Redakteure vom 1. August an »DDR« ohne Gänsefüßchen schreiben – zu einer Zeit also, in der es am ehesten plausibel gewesen wäre, die Gänsefüßchen *einzuführen.*

Denn nun beginnt der Todeskampf der DDR. Am 8. August verriegelt die Bundesrepublik ihre Ständige Vertretung in Ostberlin, weil 130 Menschen in sie hineingeflohen sind. Am 13. August geschieht dasselbe mit der Botschaft in Budapest (181 Flüchtlinge). Am 19. August findet die größte Flucht von Ostdeutschen seit dem Bau der Mauer statt: Mit schweigender Duldung der ungarischen Grenzsoldaten gehen Hunderte einfach nach Österreich hinüber.

Am 20. August steigert sich der Andrang auf die deutsche Botschaft in Prag zum Sturm. Die tschechischen Polizisten greifen gelegentlich ein – meist schauen sie weg. Als auch hier, wie zuvor in Ostberlin, Budapest und Warschau, die Flüchtlinge in Büros, Abstellkammern und Korridoren schlafen, 140 an der Zahl, wird am 22. August die Botschaft ebenfalls verschlossen.

Und nun entfaltet sich in Prag unter den Augen der Fernsehkameras das Drama, das die DDR aus den Angeln hebt: In Panik klettern Ostdeutsche zu Hunderten über den mehr als zwei Meter hohen Zaun in den Garten der Botschaft, ihre Koffer, ihre Rucksäcke, ihre Kinder stemmen sie hoch und schieben sie hinüber, in der DDR verfolgen es Millionen im Westfernsehen, fünf Wochen lang – bis mehr als 3500 Flüchtlinge im Garten kampieren, vom Roten Kreuz notdürftig versorgt, sich in den und vor den Zelten drängend in Schlamm, Kot und Urin.

»Ein Staat verliert sein Volk«, schreibt der STERN. Die Daheimgebliebenen erzählen sich Witze wie diesen: »Wer ist der größte Feldherr aller Zeiten? Honecker! Siebzehn Millionen hält er gefangen, Hunderttausende hat er in die Flucht geschlagen.« Aber noch im Oktober hat ein Lehrgang der Henri-Nannen-Schule, zu Besuch in Ostberlin, gläubige junge Kommunistinnen weinen sehen vor Verzweiflung – über die Tränen der Begeisterung in den Augen derer, die den Zaun zur Residenz des Klassenfeindes überwunden hatten.

Dann kommt der 10. September 1989. An ihm setzt der ungarische Außenminister Gyula Horn jene Kettenreaktion in Gang, der nicht nur die DDR zum Opfer fällt – sondern, schrieb die *FAZ* rückschauend, »die am 8. Dezember 1991 mit der Auflösung der Sowjetunion endete«. Horn verkündet, von morgen an werde die Grenze nach Österreich, längst durchlöchert, nun offiziell für alle Deutschen offen sein. 57000 DDR-Bewohner, überwiegend eben deshalb nach Ungarn eingereist, nehmen in den folgenden Wochen diesen Weg in die Freiheit.

»Westwärts – größter Flüchtlingstreck seit dem Mauerbau!« ruft der STERN. Aber Rolf Schmidt-Holtz, der neue Herausgeber, warnt: »Wir müssen das händereibende Wunschdenken bekämpfen, der ostdeutsche Staat könnte uns bald, zerbrökkelt, in den Schoß fallen.« (Warum müssen wir eigentlich?)

In der Nacht zum 30. September fliegt Bundesaußenminister Genscher von New York nach Bonn zurück und weiter nach Prag. Zwischen der Sowjetunion, der DDR und der Bundesrepublik ist in New York der Kompromiß ausgehandelt worden: Die DDR-Flüchtlinge in der deutschen Botschaft dürfen nach Westdeutschland ausreisen, jedoch nur in plombierten Sonderzügen, die über das Territorium der DDR geleitet werden – ein letzter Hoheitsakt des sterbenden Staates. Und so kann Genscher vom Balkon der Botschaft aus verkünden: »Liebe Landsleute, ich bin heute zu Ihnen gekommen, um Ihnen mitzuteilen, daß heute Ihre Ausreise …« Da bricht der Jubelschrei des Jahrhunderts los, und in ihm geht der Rest des Satzes unter.

Und nun, während sich die DDR auf die Feiern zum 40. Jahrestag ihrer Gründung vorbereitet, rollen die Züge mit denen, die da nichts zu feiern finden, aus Prag und Warschau in den Westen. Am 4. Oktober spricht sich in Dresden herum, daß ein solcher Zug hier durchfahren wird, 5000 Demonstranten stürmen den Hauptbahnhof, einige versuchen aufzuspringen, Handgemenge mit der Volkspolizei auf dem Bahnsteig und auf dem Bahnhofsvorplatz, ein Funkwagen brennt aus.

Am 7. Oktober fühlt die bankrotte, ausblutende DDR sich aufgerufen, mit Festansprachen, Aufmärschen, Transparenten ihren 40. Jahrestag zu feiern. Gorbatschow ist gekommen, bekräftigt das Ende der Breschnew-Doktrin, mahnt Reformen an, legt Honecker vermutlich einen ehrenvollen Rücktritt nahe und spricht mehr oder weniger wörtlich den berühmt gewordenen Satz: »Wer zu spät kommt, den bestraft das Leben.« (Im STERN schrieb Gorbatschow darüber 1998: »Alle begriffen den Sinn – außer Honecker. Er tat genau das Gegenteil von dem, was er hätte tun müssen.«)

Schon zwei Tage danach, am 9. Oktober, versammeln sich in Leipzig 70000 Demonstranten. 8000 Mann der »Sicherheitsorgane« hat Honecker gegen sie aufgeboten – doch Egon Krenz, jüngstes Mitglied des Politbüros, hat ihnen die Weisung mitgegeben, sie dürften nur eingreifen, wenn sie angegriffen würden. Das werden sie nicht, das Blutbad ist verhindert. Am 13. Oktober ruft Krenz den Sowjetbotschafter Kotschemassow in seiner protzigen Residenz Unter den Linden an und teilt ihm mit, daß Ministerpräsident Stoph im Politbüro den Antrag stellen werde, Erich Honecker abzusetzen. Krenz stößt nicht auf Widerspruch.

Am 17. Oktober ist es so weit: »Ich schlage vor«, sagt Stoph, »erster Punkt der Tagesordnung: Entbindung des Genossen Erich Honecker von seiner Funktion als Generalsekretär und Wahl von Egon Krenz zum Generalsekretär.« Honecker ist völlig überrascht, bleibt aber gefaßt und sagt »fast gleichgültig« (so Krenz): »Gut, dann eröffne ich die Aussprache.« Keiner verteidigt ihn. Alle stimmen Stophs Vorschlag zu – auch Honecker selbst, denn Einstimmigkeit gehört nun mal zum Stil des Politbüros.

77 Jahre ist er alt. Von 1937 bis 1945 saß er als Kommunist im Zuchthaus Brandenburg, vor 18 Jahren war er Walter Ulbricht nachgefolgt als zweiter und als letzter an der Spitze von Partei und Staat (falls man Egon Krenz nicht dazurechnen will, weil er nur den Zusammenbruch verwaltete). Krenz verspricht: »Mit dem heutigen Tag werden wir eine Wende einleiten.« Aber die sie wirklich herbeiführen, das sind die Demonstranten, die sich Montag für Montag in Leipzig versammeln: mehr als 300000 am 23. Oktober, sie fordern »Freie Wahlen ohne Wahlbetrug« und halten auf Transparenten die Zeile »Deutschland, einig Vaterland« aus der DDR-Hymne vor die Kameras des Westfernsehens.

Wieder 300000 in Leipzig am 30. Oktober, und nun steht schon »Wir sind das Volk« auf den Transparenten. Das Ostfernsehen sendet zum letztenmal den »Schwarzen Kanal« des begabten Demagogen Karl-Eduard von Schnitzler, genannt »Sudel-Ede«. Wie soll das alles weitergehen? Sorgen in Ostberlin, Paris und London, in Westdeutschland Verwunderung, Ratlosigkeit und oft die Hoffnung, die DDR könnte ein ganz normaler dritter deutscher Staat wie Österreich werden.

Am 4. November demonstrieren auf dem Ostberliner Alexanderplatz fast eine Million Menschen für freie Wahlen und eine freie Presse. Der Dramatiker Heiner Müller gehört zu den Rednern, kein Vopo mischt sich ein, das DDR-Fernsehen ist live dabei. Die Staatsmacht liegt auf der Straße, und keiner hebt sie auf.

Am 9. November 1989, dem dritten denkwürdigen 9. November der deutschen Geschichte, nach der Ausrufung der Republik im Jahre 1918 und dem Judenpogrom von 1938 – an diesem 9. November beschließt das Politbüro der SED unter Egon Krenz eine »Übergangsregelung«, wonach Privatreisen ins Ausland von jedermann ohne Begründung beantragt werden können und kurzfristig genehmigt werden müssen, außer »in besonderen Ausnahmefällen«; das Ganze schon ab morgen.

Doch es geschieht bereits in der Nacht. Günter Schabowski verläßt die Sitzung des Politbüros vorzeitig, um sich den Hunderten von Journalisten zu stellen, die für 18 Uhr eingeladen sind. Es ist 18.53 Uhr, als ein italienischer Reporter ihn fragt, wie es denn mit den Auslandsreisen stehe. »Mit betonter Beiläufigkeit« (wie Schabowski später erzählt) sagt er: »Wir haben uns entschlossen, heute eine Regelung zu treffen, die es jedem Bürger der DDR möglich macht, über Grenzübergänge der DDR auszureisen.« Auf die Frage, ab wann diese Regelung gelte, fügt Schabowski hinzu: »Wenn ich richtig informiert bin, ab sofort.«

Das ist der Irrtum, der die Lawine lostritt. Die Millionen an den Fernsehschirmen in Ost und West trauen ihren Ohren nicht, und die Ossis rätseln: Dürfen wir nun oder dürfen wir nicht – ab wann, wo, mit Paß, mit Visum oder ohne? Gegen 22 Uhr läuft ein Gerücht durch Ostberlin, Taxifahrer haben es verbreitet: Der Übergang Bornholmer Straße soll offen sein! Und rasch entsteht eine endlose Kolonne von Fußgängern, Radfahrern und Trabbis, die sich an den verdutzten und entmutigten Vopos vorbei in den Westen wälzt.

Sie glauben es nicht, sie lachen, weinen und umarmen einander, sie rufen »Wahnsinn!« und prosten sich zu mit Rotkäppchen-Sekt, sie verbrüdern sich mit den Wessis, die auf die Straßen strömen. Auf dem Kurfürstendamm ein Hupkonzert von Trabbi bis Mercedes. Am Brandenburger Tor klettern Hunderte auf die Mauer, kurz spritzt noch ein Wasserwerfer – dann wird es »die Nacht, in der die Vopos lächeln lernten«, wie der STERN-Reporter Erich Follath schreibt. In Ostberlin läuft der Satz um: »Wer jetzt noch schläft, ist tot!«

Erich Mielke, der Stasi-Chef mit seiner eisern disziplinierten Geheimpolizei von 92000 Mann, hat Egon Krenz alarmiert und verlangt eine sofortige Entscheidung. Die lautet: »Keine Konfrontation – Schlagbäume hoch!« Auch die 170000 Soldaten der Nationalen Volksarmee bleiben in den Kasernen. Der Nationale Verteidigungsrat der DDR informiert die »Westgruppe der sowjetischen Streitkräfte«, 365000 Mann auf deutschem Boden mit 600 Hubschraubern und 4100 Panzern; bei der wird »erhöhte Gefechtsbereitschaft« angeordnet, sonst nichts.

»Moskau war auf diese Entwicklung der Dinge gefaßt«, berichtete Gorbatschow im nachhinein. Und daß die Rote Armee die DDR nicht retten würde wie einst am 17. Juni 1953 – das hatte Gorbatschow mit seiner mehrfachen öffentlichen Absage an die Breschnew-Doktrin längst klargemacht. Ja er *wünschte* den Zusammenbruch der DDR, schrieb der Osteuropa-Experte Ekkehard Kuhn: weil dies der Sowjetunion den Weg nach Europa öffnen würde.

Auf den Autobahnen beginnen die Trabbis gen Westen zu tuckern. Die Grenzsoldaten drücken einen Stempel auf jedes Papier, das ihnen einer aus dem Fenster streckt, und bald geben sie auch das auf und winken die Fahrer nur noch durch. »Deutschland im Rausch«, schreibt der STERN – aber auch: »Wie soll es mit den Deutschen weitergehen?«

Am Morgen des 10. November fliegt Westberlins Bürgermeister Walter Momper nach Bonn zur Sitzung des Bundesrats und eröffnet seine Rede mit dem Satz: »Heute nacht sind wir das glücklichste Volk der Welt.« Am Abend finden in Berlin zwei Massenkundgebungen statt: im Osten eine selbstkritische der SED; vor dem Schöneberger Rathaus spricht Westberlins ehemaliger Bürgermeister Willy Brandt das bald geflügelte Wort: »Wir sind jetzt in der Situation, wo wieder zusammenwächst, was zusammengehört.« Soll das denn heißen: Wiedervereinigung? Daran denken viele, daran glauben wenige, viele Deutsche wollen sie gar nicht, und den meisten Nachbarländern macht sie Angst.

Zwei Tage später, am 12. November, beginnt die SED-Führung selber damit, Bagger auf die Berliner Mauer anzusetzen, das Monstrum von 165 Kilometern Länge, drei Meter hoch, das mindestens 110 Flüchtlingen zur Todesfalle wurde. Und auch in die Grenzbefestigungen mit ihren Scharfschützen, Schäferhunden, Minenfeldern und Selbstschußautomaten, in denen 140 Menschen oder noch mehr ums Leben kamen, läßt die SED nun provisorische Löcher reißen.

Bei Helmstedt wird am 12. November eine Trabbi-Schlange von 65 Kilometern Länge gesichtet. »Abgaswolke am Horizont – das müssen sie sein!« schreibt die *Bildzeitung*. Verbrüderungen zwischen Ost und West nun auch in Lübeck, Braunschweig, Hof, mit Sekt und Bier, Kuchen und Bananen – und die ersten Trabbi-Witze (an der Tankstelle: »Ich möchte einen neuen Tankdeckel für meinen Trabbi.« »Okay«, sagt der Tankwart, »ist ein fairer Tausch.«)

Im Rückblick auf die dramatische Entwicklung seit jenem 9. November sagte Klaus Bresser, Chefredakteur des ZDF, bei den »Mainzer Tagen der Fernsehkritik« im Mai 1990, er wolle einen Verdacht aussprechen: »Konnten die Ereignisse auch deshalb eine so große Wirkung entfalten, weil sie fernsehgerecht waren – so ganz nach Geschmack und Gesetzen des Mediums? Das Freiheitsdrama als Fortsetzungsserie! Mit allen Zutaten erfolgreicher Fernsehdramaturgie: Umarmung und Tränen, Massenszenen und Tyrannensturz, Helden und Schurken, der Untergang eines Imperiums, die Wiedergeburt einer Nation – und am Ende: der Sieg des Guten über das Böse.«

Das Fernsehen habe die Revolution weder provoziert noch gemacht, fuhr Bresser fort – »aber als sie da war, haben wir sie beschleunigt… Daß das Brandenburger Tor tagelang rund um den Erdball so gezeigt wurde, wie es eben war, noch immer verschlossen, hat beigetragen, es zu öffnen… Die DDR-Regierung hatte am Ende keine Macht mehr, das Tor, Symbol der Einheit, geschlossen zu halten.«

Der ZDF-Chefredakteur übte auch Selbstkritik: »Hätten wir Journalisten nicht deutlicher sehen und vermitteln müssen, wie die Menschen in der DDR dachten und empfanden? Wir waren zu stark ausgerichtet auf die Sichtweisen der Politik und die Lehrmeinungen der Wissenschaft. Wir trauten den Autoritäten, aber unseren eigenen Augen nicht.«

Zehn Punkte, die die Welt verändern

1989

Am 13. November 1989 wählte die Volkskammer der DDR Hans Modrow zum Ministerpräsidenten, der innerhalb der SED als Reformer galt, aber keinesfalls als ein Anwalt der deutschen Einheit. Bundespräsident Richard von Weizsäcker sagte am 22. November vorsichtig: »Wir hoffen auf einen Zustand, in dem die Menschen hüben und drüben in Würde und Freiheit miteinander leben können.« Die israelische Zeitung *Jediot Achronot* schrieb: »Vielleicht ist Deutschlands Wiedervereinigung unvermeidlich – aber bitte nicht in dieser Generation!« Sie alle hatten die Rechnung ohne Helmut Kohl gemacht. Der verkündete am 28. November im Bundestag aus heiterem Himmel ein Zehn-Punkte-Programm, das eine Soforthilfe für die DDR vorsah; unter Punkt 3 auch eine umfassende Zusammenarbeit, »wenn ein grundlegender Wandel des politischen und wirtschaftlichen Systems in der DDR verbindlich beschlossen und unumkehrbar in Gang gesetzt wird«; und unter 5 die Sensation: Bonn sei bereit, »konföderative Strukturen zwischen beiden Staaten in Deutschland zu entwickeln, mit dem Ziel, eine Föderation, das heißt eine bundesstaatliche Ordnung in Deutschland zu schaffen«.

Ein solches »Zusammenwachsen« (die Worte Willy Brandts) liege in der Kontinuität der deutschen Geschichte, heißt es in Punkt 5 weiter. »Wie ein wiedervereinigtes Deutschland schließlich aussehen wird, weiß heute niemand« – eine Formulierung, in der die Unterstellung mitlief, *daß* die Wiedervereinigung kommen werde.

Der Bundestag hörte atemlos zu, nicht einmal seinen Außenminister Genscher hatte Kohl vorher informiert. »Aus der Hüfte« habe er geschossen, schrieb die *Süddeutsche Zeitung*, »und wundert sich nun, daß Europa zusammenzuckt«. In Ost und West dränge sich der Eindruck auf, »der große Fisch öffne das Maul, um den kleinen zu schlucken«. Egon Krenz sagte in einem ARD-Interview, von einer Konföderation könne man reden – falls sie aus zwei souveränen deutschen Staaten bestehe. Der Pariser *Figaro* sah in Kohls Vorstoß das Vorspiel »zu einer wahren Wiedervereinigung des ehemaligen Dritten Reiches«, und die westdeutschen Jusos warnten vor einer »um sich greifenden nationalen Besoffenheit«.

Außenminister Genscher, in der Sache mit Kohl einig, reiste erläuternd und beschwichtigend nach London, Paris und Moskau – überall kritisiert für die Nichtabstimmung mit den Siegermächten und zugleich darauf hingewiesen, daß die Wiedervereinigung Deutschlands nicht auf der Tagesordnung stehe. Die britische Premierministerin Margaret Thatcher erklärte, über Grenzänderungen in Europa könne man in zehn oder fünfzehn Jahren diskutieren. Der sowjetische Außenminister Schewardnadse rügte vor allem das »Diktat« in Punkt 3: daß Kohl sich unterfange, der DDR eine unumkehrbare Veränderung ihres Systems abzuverlangen.

Am 2. Dezember trafen sich Gorbatschow und der amerikanische Präsident George Bush auf Malta. »Wir erklärten«, schrieb Gorbatschow 1998 im STERN, »daß wir uns von nun an nicht mehr für Gegner hielten.« Tags zuvor hatte der deutsche Bundestag Kohls Zehn-Punkte-Plan zugestimmt, gegen die Stimmen der Grünen; die SPD enthielt sich, weil dem Plan die ausdrückliche Anerkennung der polnischen Westgrenze fehle.

Am 3. Dezember trat das Zentralkomitee der Sozialistischen Einheitspartei Deutschlands zum letzten Mal zusammen – gebeutelt von dem Bericht über Amtsmißbrauch und Korruption, der in der vorangegangenen Sitzung der Volkskammer erstattet worden war. Egon Krenz fühlte sich, wie er in seinen Memoiren schreibt, »am Sterbebett der Partei« und weinte.

Und während bei den Leipziger Montagsdemonstrationen die Transparente »Wir sind das Volk« mehr und mehr durch »Wir sind *ein* Volk« ersetzt werden, trifft der französische Präsident Mitterrand am 20. Dezember zu einem Staatsbesuch in der DDR ein – ohne vorherige Absprache mit Helmut Kohl, eine Art Strafexpedition. Für engere Beziehungen zwischen Frankreich und der DDR setzt er sich ein, fünf Abkommen über politische, wirtschaftliche und kulturelle Zusammenarbeit werden unterzeichnet, wirksam bis 1994.

Als Mitterrand abreist, am 22. Dezember, fällt das letzte Stück der Mauer am Brandenburger Tor. In der Silvester-Ausgabe der ZEIT ficht ihr Chefredakteur wacker weiter gegen ein vereintes Deutschland: Einigen müßten sich die Deutschen, nicht vereinigen – das würde nur das Zusammenwachsen Europas stören. Willy Brandt sieht das, wie er der ZEIT erzählt, ganz anders: »Nirgends steht geschrieben, daß die Deutschen auf einem Abstellgleis zu verharren haben, bis irgendwann ein gesamteuropäischer Zug den Bahnhof erreicht hat.« Und im *Spiegel* setzt Rudolf Augstein, unter dem Stöhnen vieler Redakteure, seine Kampagne für die Wiedervereinigung fort.

In den großen Zeitungs- und Zeitschriften-Verlagen, in Hamburg, in Essen, in Köln, auch in Koblenz und in Passau werden mittlerweile Analysen vorgenommen und Pläne geschmiedet, wann, wo, wie man in den ostdeutschen Markt, ja in die Länder diesseits der Sowjetunion wird eindringen können; denn der Zerfall des Imperiums schreitet voran.

Der Springer-Verlag meldet fürs abgelaufene Geschäftsjahr 2,84 Milliarden Mark Umsatz und 93 Millionen Mark Überschuß – Gruner + Jahr 2,94 Milliarden und 240 Millionen. Springer hat in Frankreich *Auto Plus,* in Großbritannien *Auto Express* gestartet (zwei Ableger von *Auto-Bild*), in Ungarn eine Tochtergesellschaft gegründet, in Österreich sich am *Standard* beteiligt, einer Qualitätszeitung, die der betagten Wiener *Presse* Konkurrenz machen will.

Bei Gruner + Jahr entfallen schon 46 Prozent des Umsatzes auf das Auslandsgeschäft. In Spanien kommt die siebente

G + J-Zeitschrift auf den Markt, ESTAR VIVA, in Mailand tritt die Tochter »Gruner + Jahr Italia« ins Leben, in Hamburg die Reisezeitschrift GEO SAISON, zunächst zweimonatlich; dazu gedacht, das grüne GEO gegen Reisemagazine wie *Merian, Globo, Holiday* abzuschirmen. Die HAMBURGER MORGENPOST hat in der Auflage um 11 Prozent, im Anzeigengeschäft um 28 Prozent zugelegt und befindet sich damit laut Gerd Schulte-Hillen »im letzten Drittel« des notwendigen Aufstiegs.

Der STERN traut sich, mehr als sechs Jahre nach den »Hitler-Tagebüchern«, zum erstenmal wieder eine Preiserhöhung zu: von 3,50 auf 3,80 Mark am Kiosk, bescheiden genug. Die Auflage bröckelt zwar weiter (auf 1,34 Millionen im III. Quartal), aber weniger als bei der *Bunten* und der *Neuen Revue,* die beide unter die Million gesunken sind (von der die *Quick* sich immer weiter nach unten entfernt); doch nun hat der *Spiegel* die Million überschritten.

Am 1. Juli 1989 tritt Herbert Riehl-Heyse, Star-Schreiber der *Süddeutschen Zeitung,* als Chefredakteur des STERN neben Michael Jürgs; die bisherigen Ko-Chefredakteure Heiner Bremer und Klaus Liedtke sind abberufen worden. Unter den 14 STERN-Chefs, die bis zur Drucklegung dieses Buches auf Henri Nannen folgten, war keiner so kurz im Amt wie Riehl-Heyse – weg nach vier Monaten.

»Scheiterte der sensibel-satirische Topjournalist am rauhen Illustrierten-Klima?« fragte die *Welt.* Auf seinem »hochdotierten Schleudersitz« habe er etwas betreiben müssen, was er nicht konnte: das Blattmachen, und im Editorial habe er nicht seine subtile Satire spielen lassen, sondern den Lesern »abgehobene Kolumnen aufgetischt«.

Riehl-Heyse selbst nahm zehn Jahre später die Entlassung eines seiner STERN-Nachfolger, Michael Maier, zum Anlaß für einen kleinen Racheakt. Der STERN sei nicht, wie man in der Branche sage, ein Haifisch-Becken, schrieb er in der *Süddeutschen Zeitung* – schon weil die Redakteure keine Haifische seien. »Nicht die Fische sind das Problem, es ist das Becken, in dem sie nach Luft schnappen müssen: zu viel Futter, zu wenig Platz, zu viel Lärm am Beckenrand, zu viel Aggression deshalb gegen neue Zier-Fische, die sich bei anderen Magazinen einen Namen gemacht haben.« So sei der STERN im Lauf der Jahre »eine veritable Journalisten-Vernichtungsmaschine« geworden.

Es hat dem Riehl-Heyse also nicht gefallen beim STERN. Das leuchtet ja ein: Gute Autoren und gute Chefredakteure sind selten dieselbe Person; Riehl-Heyse hat immer geschrieben und Peter Brasch zum Beispiel nie. Schon als Chef einer Tageszeitung kann ein glänzender Schreiber in allen Ehren versagen; Chef des STERN zu sein aber ist einer der zwei, drei schwierigsten Jobs im deutschen Journalismus, vielleicht der schwierigste überhaupt.

Riehl-Heyse war einfach am falschen Platz, und einer von beiden – er selber oder Rolf Schmidt-Holtz, der Herausgeber – hätte das eigentlich voraussehen können. Verständlich, daß auch das Gedränge am Beckenrand ihn irritierte: Da ging und geht es ja nicht so komfortabel zu wie in der *Süddeutschen Zeitung,* wo die großen Autoren in Ehren gehalten und mit stetem Vergnügen gedruckt werden. Wer sich aber dem Hai verwandter als dem Zierfisch fühlt, für den war und ist der STERN ein Becken von einigem Reiz.

Gorbatschow übrigens: Vom amerikanischen Nachrichtenmagazin *Time* schon für 1987 zum »Mann des Jahres« ausgerufen, wird nun, zwei Jahre später, mit dem nie zuvor verliehenen Titel »Mann des Jahrzehnts« geehrt. In der Tat, es wird noch fast zwei Jahre dauern, bis die Sowjetunion zerfällt.

Tod einer Armee

1990

Am 19. Januar 1990 starb, 83 Jahre alt, Herbert Wehner, stellvertretender SPD-Vorsitzender von 1958 bis 1973, Fraktionsvorsitzender im Bundestag von 1969 bis 1983, Zuchtmeister, Kanzlermacher, Kanzlerstürzer – und einer jener zahlreichen Bundesminister für gesamtdeutsche Fragen (er von 1966 bis 1969), die für die deutsche Einheit nichts bewirkten, sie ohnehin nicht kommen sahen und sie zum Teil wohl nicht einmal wollten. Den Zusammenbruch der DDR hatte Wehners verfallener Geist vermutlich nicht mehr registriert.

Neun Tage später schied der STERN-Autor Dieter Gütt aus dem Leben, der von 1983 bis 1986 stellvertretender Chefredakteur gewesen war. »Den Deutschen ist nicht zu helfen«, schrieb er in seinem Abschiedsbrief. »Sie überstehen jede Anmaßung. Ich selbst bin ihr Teil. Ich habe nichts mehr zu sagen.« Gegen die drohende Wiedervereinigung predigte im Osten als einer unter vielen Stefan Heym, im Westen als einer unter wenigen Günter Grass. Auschwitz, schrieb Grass in der ZEIT, »schließt einen zukünftigen deutschen Einheitsstaat aus. Sollte er, was zu befürchten bleibt, dennoch ertrotzt werden, wird ihm das Scheitern vorgeschrieben sein.«

In der DDR begannen der SED die Genossen davonzulaufen, und 40 000 Übersiedler zog es allein im Januar in die Bundesrepublik, fast 400 000 im ganzen Jahr. Viele davon waren Facharbeiter, von westdeutschen Firmen abgeworben. In den Fabriken sank die Produktion, auch durch allgemeine Ratlosigkeit und die neue Verzweiflungstat: den Streik.

Helmut Kohl, im Februar in Erfurt zu Besuch, sprach vor Hunderttausend das berühmte Wort von den »blühenden Landschaften«, in die der Osten Deutschlands sich alsbald verwandeln werde. Dem DDR-Ministerpräsidenten Hans Modrow schlug Kohl zum 1. Juli eine Wirtschafts- und Währungsunion der beiden deutschen Staaten vor.

Vorher aber, am 18. März, würde es Wahlen geben, die ersten freien in vierzig Jahren DDR. Der STERN druckte ein Sonderheft, das auf 72 Seiten die Wahlprogramme der zehn größten Oppositionsgruppen vorstellte, und am 2. Februar wurden in fünfzehn Städten der DDR eine Million Exemplare kostenlos verteilt. Der Sattelschlepper, der in Ostberlin mit 100 000 Heften vor dem Grand Hotel Unter den Linden parkte, verursachte ein Verkehrschaos und war in 42 Minuten leergeräumt; Volkspolizisten halfen, die Hefte in das unüberschaubare Gedränge zu werfen. Kein Wunder, daß solche Bilder bei Gruner + Jahr, aber auch bei Springer, im *Spiegel*, in der ZEIT und in anderen westdeutschen Verlagen die Hoffnung nährten, sie würden »drüben« ungeheure Chancen haben. Sie mußten erfahren, daß sie sich irrten.

Jedenfalls dann, wenn sie die Chancen nicht nutzten, wie der STERN sie nach seiner dramatischen Premiere gehabt hätte: Mit zwei, drei weiteren Heften voll ähnlich heißer Themen hätte sich das Markenzeichen STERN ja vielleicht im Bewußtsein der Ostdeutschen verankern lassen. Der Vorstand drängte – die Redaktion verweigerte sich. Sie berief sich auf Arbeitsüberlastung. Doch vielleicht wirkten daran auch jene merkwürdigen Sympathien für die alte DDR mit, die Klaus Liedtke, Chefredakteur von 1986 bis 1989, im STERN vom 28. Juni seinen Kollegen nachsagte.

»Wenn die DDR«, schrieb Liedtke, »schon länger so schlimm war, wie sie nun dasteht – warum hat es der sogenannte kritische Teil der Öffentlichkeit der BRD erst so spät gemerkt? Wie konnten in einer Zeit, die sich das Informationszeitalter nennt, so viele so lange die Ruine für ein stabiles Gebilde halten? Warum haben wir, dieses Blatt eingeschlossen, mit dem, was dort geschah, nicht einmal als entfernte Möglichkeit gerechnet?«

Natürlich hätten die Menschenrechte in der DDR mit der gleichen Radikalität eingeklagt werden müssen wie in Chile, Südafrika und Israel, fuhr Liedtke fort. Aber die westdeutschen Intellektuellen seien »nachsichtig« und viele Journalisten »milde« gewesen: »Konnte nicht Kritik an den Verhältnissen da drüben als Identifizierung mit unserer Ellenbogengesellschaft mißdeutet werden? ... Intellektuelle sangen die DDR schön.«

Das Karussell der Chefredakteure drehte sich im STERN unterdessen so schnell wie noch nie: Es kam zur neunten Konstellation an der Spitze seit dem Ausscheiden Henri Nannens – eine Art Rekord in der deutschen Presse. Im Januar 1989 hatten Heiner Bremer und Klaus Liedtke gehen müssen; Jürgs blieb, und neben ihn trat der 40jährige Rolf Schmidt-Holtz, zuletzt Chefredakteur des WDR, schon seit September 1988 STERN-Herausgeber als Nachfolger von Peter Scholl-Latour.

Im Juli 1989 zog sich Schmidt-Holtz wieder auf den Posten des Herausgebers zurück; an die Seite von Jürgs rückte nun Herbert Riehl-Heyse. Nachdem Riehl-Heyse hingeworfen hatte, blieb Jürgs ein paar Wochen lang alleiniger Chefredakteur. Im Dezember 1989 lebte die Partnerschaft Jürgs plus Schmidt-Holtz wieder auf – für Jürgs die fünfte Gruppierung, und immerhin hatte er sich fast vier Jahre lang an der Spitze des STERN behauptet, länger als bis dahin jeder andere nach Nannen.

Nun aber, am 30. Januar 1990, teilte Schmidt-Holtz in seiner Eigenschaft als Herausgeber und Vorstandsmitglied seinem Chefredakteurskollegen mit, daß dessen Rolle als Chefredakteur beendet sei; Schmidt-Holtz blieb Allein-Chef bis 1994. Jürgs wurde Chefredakteur der »Zeitgeist«-Zeitschrift *Tempo* und später ein erfolgreicher Sachbuchautor (mit ansehnlichen Biographien von Axel Springer und Romy Schneider); und als der STERN 1999 wieder einmal einen Chefredakteur verschlissen hatte, kam Jürgs noch einmal ins Gespräch.

Über das Gruner + Jahr-Flaggschiff aber auch drei gute

Nachrichten. Die erste: Am 4. April 1990 startete RTL die Sendung STERN-TV mit Günther Jauch (im selben Jahr übrigens wie *Tutti Frutti,* das viel begaffte, viel glossierte Spätabend-Spiel, das den Deutschen mehr entblößte Brüste zeigte, als sie je gesehen hatten).

Die zweite: Noch am Montag, drei Tage vor Erscheinen, konnte der STERN nun eine aktuelle Farbstrecke von 16 Seiten produzieren (sogar 42 Farbseiten von 1994 an). Als 1963 die erste Farbseite erschienen war, mußte die Vorlage mehr als einen Monat zuvor abgeliefert werden; zuletzt, für maximal sieben Seiten, immer noch acht Arbeitstage vor dem Erscheinen.

Die dritte gute Nachricht: Mit einem Kraftakt schaffte es die Druckerei, den alten Zopf mit der Frühausgabe für Auslandsvertrieb und Lesezirkel endlich abzuschneiden. Die Redaktion hatte jedes Heft in zwei Versionen produziert, mit vier Tagen Abstand – also aus dem schon fertigen Heft mehrere Geschichten wieder rausgeworfen, um in der aktuellen Fassung für neuere oder bessere Platz zu schaffen. Leidige Doppelarbeit – und Verbitterung bei jenen Autoren, die sich dann »nur im Lesezirkel« gedruckt fanden.

Nach heißer Aktualität rief das Jahr 1990 ja wie nur wenige. Am 11. März erklärte die Sowjetrepublik Litauen sich für unabhängig und tat damit den ersten Schritt zur Demontage des Imperiums. Am 18. März wählte die DDR ihre Volkskammer neu – und zur allgemeinen Verblüffung siegte die CDU mit riesigem Vorsprung: 40,6 Prozent, gegen 21,8 der SPD und 16,3 der PDS. Der Rechtsanwalt Lothar de Maizière wurde Ministerpräsident einer Großen Koalition, und sofort legte er sich fest: Die DDR sollte ihren Beitritt zur Bundesrepublik nach Artikel 23 des Grundgesetzes erklären, das hieß: sich einfach eingliedern, sich übernehmen lassen – nicht etwa: zwei souveräne Staaten gleichberechtigt verschmelzen.

Am 23. April kam es am Gendarmenmarkt in Ostberlin zu einem kuriosen Zusammenprall der Welten: Im Haus der »Akademie für Gesellschaftswissenschaften beim ZK der SED« – die Korridore dunkelgrün, die Toiletten desinfiziert bis ins Jahr 2000 – hatte die Henri-Nannen-Schule einen Unterrichtsraum gemietet, in dem sie 20 jungen Bürgern der DDR, die Journalisten werden wollten, einen achtwöchigen Grundkurs im Journalismus des Klassenfeindes anbot, kostenlos und mit einem Unterhaltszuschuß; eine Weltpremiere.

Schon seit Dezember 1989 mit Anfragen aus der DDR überschwemmt, hatte die Schule entschieden: »Da machen wir was«. Binnen weniger Stunden war ein Plan aufgestellt, binnen weniger Minuten der Etat genehmigt, und so konnte in ostdeutschen Zeitungen alsbald ein Fortbildungslehrgang für junge Journalisten ausgeschrieben werden. 460 Bewerbungen gingen ein.

Eine Jury aus Journalisten-Ausbildern und STERN-Redakteuren verlieh eine A-Note (für die schreiberische Qualität) und eine B-Note für nichtlinientreues Verhalten, soweit sich die Juroren auf Indizien oder die Empfehlungen von Oppositionsgruppen stützen konnten. Da sich auch viele junge Leute ohne journalistische Vorkenntnisse beworben hatten, beschloß die Henri-Nannen-Schule, zwei Lehrgänge zu veranstalten: den ersten, acht Wochen lang, für 20 Anfänger im April und Mai in Ostberlin, den zweiten, fünf Wochen, für 15 Fortgeschrittene im Juli und August in Hamburg.

Auf den ersten Anfängerkurs folgten bis 1995 dreizehn weitere, auf vier Wochen reduziert und nach Schildow bei Berlin ausgelagert, einer Streusiedlung mit vielen Datschen und einem Erholungsheim der Stasi. An der Finanzierung der Kurse zugunsten junger Ostdeutscher beteiligte sich die Karl-Gerold-Stiftung, die, benannt nach dem ersten Chefredakteur, die *Frankfurter Rundschau* herausgibt.

Der Hamburger Lehrgang für die Vorgebildeten erwies sich als eine ungewöhnlich interessante Begegnung zwischen Ost und West: 15 engagierte, wißbegierige, faszinierte junge Leute – Einübung in die Sitten einer fremden Welt –, feurige Diskussionen in den Konferenzen des STERN, des *Spiegels,* der ZEIT. Für den von der Schule erbetenen Besuch auch im Hause Springer war der Pressesprecher des Verlags – Heiner Bremer, vor anderthalb Jahren noch Chefredakteur des STERN – nicht zu gewinnen.

Peter Tamm, Vorstandsvorsitzender des Axel-Springer-Verlags, kündigte auf der Bilanzpressekonferenz an, die Veränderungen in der DDR würden »die gesamte deutsche Medienlandschaft von Grund auf ändern«. Alle Großverlage würden dort »den Hebel ansetzen, um die Marktgewichte insgesamt zu verschieben«. (Und da war die Wiedervereinigung noch gar nicht vollzogen.) Springer hatte 3,01 Milliarden umgesetzt – Gruner + Jahr 3,06 Milliarden, mit einem dreimal so hohen Jahresüberschuß. Am Berliner Verlag, dem größten Medienhaus der DDR, zeigten sich beide Häuser interessiert; Gruner + Jahr gewann: Am 27. Juni unterzeichneten Gerd Schulte-Hillen und Rolf Wickmann einen Vorvertrag mit dem britischen Großverleger Robert Maxwell über eine Partnerschaft von je 50 Prozent, wobei G + J die Geschäftsführung im Verlag, Maxwell die in der Druckerei übernehmen sollte.

Ein Vorvertrag kam ebenso mit der *Sächsischen Zeitung* in Dresden und dem »Grafischen Großbetrieb Völkerfreundschaft« zustande, ausgehandelt von Dr. Jochen Frangen, dem Vorstandsmitglied für die Druckereien. Ab Juni wurde dort die DRESDNER MORGENPOST gedruckt, eine CHEMNITZER und eine MECKLENBURGER MORGENPOST erschienen schon (die letzte als Kopfblatt der HAMBURGER MORGENPOST). Die Zeitschrift SCHÖNER WOHNEN brachte zusammen mit dem DDR-Magazin *Kultur im Heim* die Zeitschrift NEUES WOHNEN heraus.

Dann kam der Juli 1990 mit seinen drei historischen Höhepunkten. Sonntag, 1. Juli, 0 Uhr: Am Alexanderplatz in Ostberlin wird der erste Bankschalter geöffnet, bei dem die Bürger der DDR ihr verrottetes Geld in die begehrte D-Mark umtauschen können, im Verhältnis 1:1 bis zu einer Obergrenze zwischen 2000 und 6000 Mark je nach Lebensalter; 2:1 für alle Guthaben, die über diesen Betrag hinausgehen. Schlangen, Volksfeststimmung und schon am nächsten Morgen Schaufenster, die sich wundersam gefüllt haben.

Die Bundesbank hatte gewarnt vor der Umtauschquote 1:1, der Kaufkraft nach hätten fünf Ostmark in eine D-Mark verwandelt werden müssen. Aber Helmut Kohl und Lothar de Maizière waren sich einig: Nur dieser Kurs schien geeignet, die Massenabwanderung aus der DDR in die Bundesrepublik zu stoppen. »Kommt die D-Mark nicht zu uns, gehen wir zu ihr!« hatten Demonstranten gerufen.

Der Pferdefuß zeigte sich bald: Schon nach wenigen Tagen kosteten Milch und Butter das Doppelte, der bis dahin hochsubventionierte Brotpreis vervierfachte sich sogar; da gab es Geschimpfe in den Läden, und alte Leute weinten. Überdies wurden für das östliche Europa, das Hauptabsatzgebiet der DDR-Wirtschaft, die ostdeutschen Waren über Nacht unerträglich teuer – und so begann »das große Schlachten der Industrie«, wie Lothar Späth es im Rückblick nannte, und damit die Welle der Arbeitslosigkeit.

Aber der 8. Juli! In Rom wurde Deutschland Fußballweltmeister durch einen kurz vor Schluß verwandelten Elfmeter gegen Argentinien – Triumph für Franz Beckenbauer nun auch als Teamchef, und die Sportjournalisten rechneten aus, daß in der 60jährigen Geschichte der Weltmeisterschaften die Deutschen die Größten waren: dreimal Weltmeister wie Brasilien und Italien, aber auch dreimal Vizeweltmeister, was die beiden Konkurrenten nur je einmal geschafft hatten.

Am 16. Juli gab Michail Gorbatschow im Kaukasus gegenüber Kohl und Genscher den Weg zur Wiedervereinigung frei, ja sogar zum Eintritt des ganzen Deutschland in die NATO – unter der Bedingung, daß auf dem Territorium der bisherigen DDR weder Atomwaffen noch ausländische Truppen stationiert werden dürften und daß die Bundeswehr auf 370000 Mann verkleinert wird; die Sowjettruppen würden Deutschland binnen vier Jahren räumen, wofür Kohl eine Umzugsbeihilfe von 12 Milliarden Mark versprach, außerdem 3 Milliarden an zinslosen Krediten.

Kohl hatte, wie der *Spiegel* zehn Jahre später schrieb, »eine der riskantesten Pokerpartien in der Geschichte der Diplomatie« gewagt – und gewonnen. Der STERN druckte nach dem Wunder vom Kaukasus aufs Titelblatt: »Kohl im Glück – Vom Aussitzer zum Kanzler der Einheit«. (»Kohl gefährdet die Einheit«, war im März an derselben Stelle zu lesen gewesen – weil er sich damals noch nicht zur Anerkennung der polnischen Westgrenze durchgerungen hatte, der von allen vier Siegermächten gestellten absoluten Vorbedingung.)

Am 12. September 1990 wurde in Moskau zwischen den vier ehemaligen Besatzungsmächten und den beiden deutschen Staaten der Vertrag unterzeichnet, der den Weg zur Wiedervereinigung nun auch juristisch öffnete. Durch Deutschland machte der Satz die Runde: »Wir leben in einer Zeit, in der einem das Wort im Munde veraltet.«

Am 2. Oktober um 24 Uhr hört die DDR auf zu existieren. In den Kasernen der Nationalen Volksarmee werden die Fahnen eingeholt – und ein militärisches Wunder hat sich vollzogen, ein Unikum der Weltgeschichte: Eine bis an die Zähne bewaffnete Armee von 170 000 Mann sieht zu, wie der Staat, den bis in den Tod zu verteidigen sie geschworen hat, zusammenkracht – und nicht einen Schuß feuert sie ab, sondern sie ergibt sich, zum Haß auf den Klassenfeind gedrillt, ebendiesem kollektiv, mit Waffen und Munition im Wert von 100 Milliarden DM (West), wie der *Spiegel* schätzte.

Während der gesamte Auswärtige Dienst der DDR von Bundesaußenminister Genscher sofort entlassen wird, bleibt die NVA formell zunächst bestehen, nun unter dem Oberbefehl des Bundesverteidigungsministers Gerhard Stoltenberg, und am 15. Oktober wird sie sogar in die Bundeswehr eingegliedert. Da müssen ja 767 Flugzeuge, 2760 Panzer, 134 000 Personen- und Lastkraftwagen geschützt werden vor Mißbrauch und Plünderung, dazu fast 1,4 Millionen Pistolen, Maschinenpistolen und Gewehre und mehr als 300 000 Tonnen Munition – die riesigen Vorräte der desolaten Sowjettruppen noch gar nicht gerechnet.

Sofort entlassen werden nur alle Generale, Admirale, Polit-Offiziere und Soldaten über 55. Alle anderen Berufssoldaten dürfen sich um förmliche Übernahme in die Bundeswehr bewerben. Das tun 12400. Die werden von einem »Bundeswehrkommando Ost« unter General Jörg Schönbohm überprüft (demselben, der 1999 Innenminister von Brandenburg wurde); 6000 werden auf zwei Jahre zur Probe übernommen, um ein oder zwei Dienstgrade herabgestuft und des Pensionsanspruchs beraubt, den sie sich in der NVA erdient hatten.

Nach Ablauf der zwei Jahre wurden 3100 NVA-Soldaten endgültig in die Bundeswehr integriert. Viele waren nachträglich als Stasi-Mitarbeiter entlarvt worden, andere hatten sich nicht bewährt. Von den gewaltigen Rüstungsvorräten der DDR übernahm die Bundeswehr nur 24 Kampfflugzeuge vom Typ MIG-29; was sich ins Ausland verkaufen ließ, verkaufte sie (womit Deutschland eine Zeitlang der zweitgrößte Waffenexporteur der Erde wurde, nach den USA); das meiste wurde verschrottet. Das dauerte sieben Jahre und kostete 1,4 Milliarden Mark.

Zunächst aber der 3. Oktober 1990 – »der glücklichste Tag der Deutschen«, sagte Sabine Bergmann-Pohl, die letzte Präsidentin der Volkskammer der DDR. Unter den Klängen der Freiheitsglocke wurde vor dem Reichstag die schwarzrotgoldene Flagge gehißt, und Hunderttausende feierten zwischen dem Brandenburger Tor und dem Alexanderplatz. »Es zeigt sich überall: Das Land wächst rasch zusammen«, schrieb die *FAZ*. (Aber da irrte sie.)

Bei einem Festakt in der Philharmonie erklärte Bundespräsident von Weizsäcker, die Deutschen erlebten den heutigen Tag als »Beschenkte« – diesmal habe die Geschichte es gut mit ihnen gemeint. Im Schauspielhaus am Gendarmenmarkt dirigierte Kurt Masur mit dem Leipziger Gewandhaus-Orchester Beethovens 9. Sinfonie mit der »Ode an die Freude«. Lothar de Maizière, der erste frei gewählte Ministerpräsident der DDR und der letzte auch, sprach von »einem Abschied ohne Tränen«; über den Sorgen vieler Bürger dürfe man nicht vergessen, daß das Ende der DDR »eine große Wende zum Positiven« sei, wie die Geschichte sie nur selten bereithalte.

Staatsmänner aus aller Welt gratulierten, Gorbatschow voran; im Oktober bekam er den Friedensnobelpreis zugesprochen. Der israelische Parlamentspräsident allerdings, Dov Schilanski, sagte im Fernsehen, der Tag der Vereinigung sei zugleich der Tag, an dem es Deutschland gelungen sei, seine Niederlage von 1945 aufzuheben, und folglich »ein Tag der Trauer für das jüdische Volk«. Die meisten Zeitungen auf Erden berichteten am 4. Oktober über Deutschland in einer Größe wie seit 1945 nicht mehr. Doch dem englischen *Daily Mirror* – verlegt von Robert Maxwell, dem vorgesehenen Partner von Gruner + Jahr in Berlin – war der Vollzug der deutschen Einheit keine Erwähnung auf der ersten Seite wert.

Am 14. Oktober wählten die fünf neuen deutschen Länder ihre Landtage. Außer in Brandenburg wurde die CDU durchweg die stärkste Partei. Am 2. Dezember, bei der ersten Wahl zu einem gesamtdeutschen Bundestag, siegte Helmut Kohl mit 43,8 Prozent, und da die FDP auf 11 Prozent der Zweitstimmen kam, konnte die Regierungskoalition ihren Vorsprung verdoppeln, auf 128 Sitze.

Die PDS brachte es auf 2,4 Prozent, zog jedoch mit 17 Abgeordneten in den Bundestag ein, weil die Fünf-Prozent-Klausel bei dieser Wahl für West- und Ostdeutschland getrennt angewendet wurde. Die SPD erzielte mit 33,5 Prozent ihr schlechtestes Ergebnis seit Adenauers Triumph von 1957. Ihr Kandidat, Oskar Lafontaine, am 25. April durch eine geisteskranke Messerstecherin lebensgefährlich verletzt, hatte vor dem Optimismus in Sachen deutsche Einheit gewarnt und zahlte nun den Preis dafür.

Am 12. Oktober war auch Wolfgang Schäuble, Kohls Innenminister, einem Attentat zum Opfer gefallen und ist seitdem querschnittgelähmt. Nelson Mandela wurde nach fast 28 Gefängnisjahren freigelassen, Margaret Thatcher, Britanniens »eiserne Lady«, mußte nach elf Jahren ihrem Parteifreund John Major weichen. In Wien starb Bruno Kreisky, Österreichs Bundeskanzler von 1970 bis 1983; in Neuchâtel Friedrich Dürrenmatt; in New York Greta Garbo, einst »die Göttliche« genannt,

84 Jahre alt geworden und vor 49 Jahren nach ihrem letzten Film geflohen aus Hollywood auf Nimmerwiedersehen. Und in Kuwait zeichnete sich schon der Golfkrieg ab.

Im Herbst 1990 begannen die Gruner + Jahr-Redaktionen seufzend mit dem Umzug von der schönen Außenalster an einen Industriestrom namens Elbe; dort war das eigenwillige neue Pressehaus entstanden. Von dem Wiener Architekten Gustav Peichl beraten (der auch als der Karikaturist »Ironimus« bekannt geworden ist), hatte Gerd Schulte-Hillen durchgesetzt, daß der Entwurf mit dem 2. Preis der Jury den Zuschlag bekam: Vier parallele Schiffe aus Zinkblech, Stahl und Glas, zur Elbe hin mit je zwei Bullaugen versehen, um, so dicht am Hafen, »die Schiffsmetapher« komplett zu machen, wie die Architekten sich ausdrückten. So sah Rolf Schmidt-Holtz zu seinem Ärger den großen Hafenblick auf das Bullauge eingeschränkt, das einzige Fenster in der Längswand seines Büros.

Auch sonst viel Schiff im Hause: 400 Treppen – vierhundert Treppen! – mit Handläufen aus bienenwachsgewienertem Buchenholz; dazu viel Licht, erstaunliche Durchblicke, unendliche Korridore mit Freiplätzen als »Kommunikationsflächen«, auf denen nur keiner so recht kommunizieren wollte. Bei alldem immerhin eine Genugtuung: Gruner + Jahr hatte es geschafft, ein Bürogebäude ohne Vorbild und Gegenstück hinzustellen, auf der ganzen Welt unverwechselbar wie die Münchner Frauenkirche oder die Oper von Sydney.

Die Ossis ticken anders

1991

Nein, das sollte der amerikanischen Armee nicht noch einmal passieren: daß sie den Journalisten ungehemmten Zugang zu allen Greueln des Krieges gewährte wie in Vietnam – womit sie in den Wohnzimmern der Nation jene Empörung hervorrief, die unstreitig ein Beitrag war zu Amerikas schmählicher Kapitulation. Als die USA – von Großbritannien, Frankreich und 28 weiteren Staaten unterstützt – am 17. Januar 1991 den »Wüstensturm« gegen den Irak entfesselten und die Truppen Saddam Husseins aus Kuwait zu verjagen begannen, bekam kein Journalist eine Leiche zu sehen oder gar ein brennendes Kind, und dem Fernsehen wurden Videofilme angedient, die den akkuraten Einschlag amerikanischer »smart bombs« in militärische Ziele faszinierend demonstrierten. Videos mit den vielen Bomben, die gar nichts oder Zivilisten trafen, wurden den Sendern nicht zugespielt, so einfach war das.

Erst nach dem Golfkrieg begann die Presse zu ahnen, wie perfekt sie gegängelt worden war, und noch viel später deckte sie auf, daß Kuwaits Botschafter in Washington die widerliche Geschichte von einem vielfachen irakischen Säuglingsmord – mitentscheidend für die Zustimmung des US-Senats zum »Wüstensturm« – erfunden hatte mit Hilfe einer amerikanischen PR-Agentur. Dies in den entscheidenden Wochen nicht aufgedeckt zu haben, war eine schlimmere Niederlage der freien Presse als jede andere nach 1945. Daß *die Regierenden* keinen Skandal auf Dauer vertuschen können, das hat die Presse geschafft; ihr neuer Gegner sind die PR-Strategen.

Der STERN machte den Golfkrieg in neun Heften nacheinander zum Titelthema – eine Serie, wie es sie nie zuvor und nie danach gegeben hat: von »Welt am Abgrund – Wer stoppt den Wahnsinn?« über »Saddams Terrorkrieg gegen die Welt« bis zum »Preis des Sieges«, den brennenden Ölfeldern, die Saddam Hussein in Kuwait hinterlassen hatte.

Am 1. März 1991 konnte Gruner + Jahr seinen Plan verwirklichen, zusammen mit Robert Maxwell den Berliner Verlag zu erwerben. Als der Bundestag am 20. Juni nach dramatischer Debatte mit 338 gegen 320 Stimmen beschloß, die Hauptstadt von Bonn nach Berlin zu verlegen, da war klar, auf welch heißes Pflaster die neuen Eigentümer sich begeben hatten.

Schon im Juni legte Gruner + Jahr als der geschäftsführende Teilhaber zwei Objekte des Berliner Verlags still: *Für Dich*, einst die führende Frauenzeitschrift der DDR, und das Wirtschaftsmagazin *Horizont;* denn beide hätten keine ausreichende Leserbasis finden können – bei *Für Dich* trotz »grundlegender Konzept-Anpassungen«. Eben da lag der Hase im Pfeffer. Unwillkürlich gingen die meisten westdeutschen Verlage davon aus, daß im Osten Hunger auf modern gemachte, kritische, bunte, dicke Zeitungen und Zeitschriften herrsche; aber er herrschte nicht. Die Zeitungen der DDR waren dünn (8 Seiten), billig (10 Pfennig), frei von Werbung, langweilig – und das eine vor allem: seit Jahrzehnten vertraut.

Nun rollten auf die Ossis plötzlich fünfmal so dicke, zehnmal so teure, von schriller Werbung überquellende Produkte zu, die obendrein Zweifel säten und zum Widerspruch ermunterten. Nicht genug damit, wurde bei ihrem Umfang offensichtlich unterstellt, daß der Leser *nicht* alles lesen würde – obwohl er doch für *alles* bezahlt hatte, teuer genug.

Da war Erich Böhme, der langjährige *Spiegel*-Chefredakteur, den Gerd Schulte-Hillen als Herausgeber der BERLINER ZEITUNG gewonnen hatte, schon ziemlich kühn, als er »großmäulig« ankündigte (so seine spätere Selbstkritik), er wolle sein Blatt zu »einer deutschen *Washington Post*« machen. Böhme sprach vom notwendigen »Spagat« zwischen dem

Prenzlauer Berg, an dem die Leser gehalten werden, und dem Kurfürstendamm, auf dem sie gewonnen werden sollten, und er verstand es, die *Beschreibung* eines Dilemmas als dessen Auflösung zu präsentieren.

Rascher als Sorgenkind erkennbar war die *Wochenpost* aus dem Berliner Verlag, die führende Wochenzeitung der DDR, konzentriert auf Politik, Kultur, Historie – und Rätsel, drei ganze Seiten voll. Die *Wochenpost* brachte kluge außenpolitische Analysen mit zart dosiertem Marxismus-Gehalt, sie hatte keinen Schaum vor dem Mund und im Text keinen Pfeffer; sie war gepflegt, behäbig und streckenweise durchaus gut geschrieben – wenn man eine Dramaturgie in Kauf nahm, die das eigentlich Interessante frühestens im elften Absatz brachte, lieber aber im siebzehnten in einem Nebensatz.

Die Partei durfte ja nicht geärgert werden, und die Leser – überwiegend deutlich älter und gebildeter als der Durchschnitt – lasen sowieso alles, haßten jedes Marktgeschrei und bekamen mit der *Wochenpost* das gerade noch erlaubte Quantum bourgeoiser Behaglichkeit ins Haus. Dieses Blatt konnte nur, wenn auch langsam, sterben: zusammen mit seinen treuen Lesern, wenn man es so ließ, oder ohne diese, wenn man es änderte. Gruner + Jahr entschied sich für den zweiten Weg. Heute sind natürlich alle schlauer; damals wußte keiner in den westdeutschen Verlagen, die sich im Osten engagierten, wie man mit ihm hätte umgehen müssen.

Schneller als die WOCHENPOST starb die *Neue Berliner Illustrierte.* Unter dem Namen EXTRA hatte G + J sie frisch auf den Markt geworfen, Klaus Liedtke wurde ihr Chefredakteur und steuerte sie, von westlichem Hochmut ebenso weit entfernt wie von plumper Anbiederung, auf einen gescheiten Vermittlungskurs. Da sich überdies eine Truppe junger Leute aus West und Ost mit ungeheurem Eifer in die Arbeit stürzte und ein pfiffiges Blatt produzierte, schien der Erfolg zu winken.

Nur war eben dies, der Pfeffer, der Pfiff, so ganz anders als alles, woran man sich in vierzig Jahren DDR gewöhnt hatte; und der Titel EXTRA, der beim Bekanntheitsgrad null hatte ansetzen müssen, gab dem Blatt den Rest: Nach 32 Ausgaben blies Gruner + Jahr ihm das Lebenslicht aus. Ja, die *Neue Berliner Illustrierte,* die kannten die Leute – aber diesen Namen beanspruchte der Ullstein-Verlag in Westberlin.

Die alten Bezirkszeitungen der SED mit ihrem regionalen Monopol überlebten ihre Umbenennung durch den neuen westdeutschen Eigentümer: Aus dem *Neuen Tag* wurde die *Märkische Oderzeitung,* aus der *Freiheit* die *Mitteldeutsche Zeitung,* aus dem *Volk* die *Thüringer Allgemeine.* Die Mehrzahl der »fetten Regionalgänse«, wie Michael Jürgs sie in der *Süddeutschen Zeitung* nannte, blieb gleich bei ihrem alten Namen, und der schadete ihnen nicht – so wenig wie der *Süddeutschen* der noch heute geführte Untertitel *Münchner Neueste Nachrichten,* mit dem sie schon unter drei Kaisern, zwei Reichspräsidenten und Hitler erfolgreich gewesen war. Ihrem Heimatblatt bleiben die Leser nun einmal treu, über alle Hitlers und Honeckers hinweg; bei der SÄCHSISCHEN ZEITUNG konnte und kann Gruner + Jahr davon kräftig profitieren und bei der BERLINER ZEITUNG auch ein bißchen.

Der Berliner Verlag allerdings sah sich am 5. November 1991 jäh vor eine neue Lage gestellt: Da wurde nämlich der Mitverleger Robert Maxwell tot aus dem Atlantik gefischt. Er war von Bord seiner Luxusjacht – gefallen? gesprungen? hinabgestoßen worden? Was davon, ist bis heute ungeklärt. »Feuchter Abschied vom Imperium« hieß die Überschrift der *taz* dazu.

Gruner + Jahr bemühte sich nun um die Maxwell-Anteile am Berliner Verlag, und 1992 bekam es sie auch. Der Vorstoß nach Ostdeutschland wurde teurer als erwartet: Schon vor dem Kauf der Maxwell-Hälfte hatte Gerd Schulte-Hillen auf der Bilanzpressekonferenz den Investitionsbedarf im Osten auf 700 Millionen geschätzt.

In den Vorstand von Gruner + Jahr berufen wurde Axel Ganz. Außer in Frankreich, wo er die Prisma-Presse zu sensationeller Höhe geführt hatte, war Ganz schon bisher in Italien und Großbritannien tätig; nun bekam er Spanien und die USA dazu und im Zuge der Expansion noch mehr – zuständig für

»Zeitschriftenverlage Ausland«, im Flugzeug so viel unterwegs wie nur wenige Deutsche und überall auf Erfolg abonniert.

In Hamburg endete am 8. November das 91jährige Leben des John Jahr – des ruppigen, geradlinigen Mannes, der als kleiner Leute Sohn ins Leben getreten war, sich mit unfehlbarem Instinkt den Weg nach oben gebahnt hatte und seinen vier Kindern 25,1 Prozent eines Milliarden-Unternehmens hinterließ. 1991 starben auch Max Frisch, Graham Greene und Karl-Heinz Köpcke, *Tagesschau*-Sprecher von 1959 bis 1987 und Deutschlands bekanntestes Fernsehgesicht; immer wieder hatten viele Bundesbürger ihn für den »Regierungssprecher« gehalten. Einem Terroranschlag fiel Detlev Karsten Rohwedder zum Opfer, Chef der Berliner Treuhandanstalt, die die Privatisierung der ehemaligen Staatsbetriebe der DDR zu steuern hatte.

Auf dem westdeutschen Zeitungsmarkt machte mittlerweile eine Erfindung des 36jährigen Dirk Manthey Furore: *TV Spielfilm*. Der Jungverleger hatte den richtigen Instinkt, daß die Leute im Fernsehen – außer Nachrichten und Sport – nichts so gern anschauen wie Kinofilme; und da es davon mit Hilfe des Privatfernsehens inzwischen ein Dutzend pro Abend gab (statt des einen, der einst bei der ARD nach dem *Wort zum Sonntag* lief), bestand ein Bedarf nach Bewertung und Übersicht.

Im Vorjahr als Monatszeitschrift eingeführt, wurde *TV Spielfilm* nun auf vierzehntägliches Erscheinen umgestellt – und damit erst brachte Manthey die alten Festungen *Hörzu* und *TV Hören und Sehen* mit ihrem Wochenrhythmus ins Wanken. Es gibt eben, kaum rational begründbar, ein für das jeweilige Genre optimales Erscheinungsintervall, und Manthey hatte für die Programmzeitschriften den Zwei-Wochen-Rhythmus entdeckt, der für die klassischen Frauenzeitschriften von jeher gilt.

Kaum zeichnete sich der Riesenerfolg von *TV Spielfilm* ab, da warf der Heinrich-Bauer-Verlag das sorgsam abgekupferte Gegenstück *TV Movie* auf den Markt: Manthey sprach von »dreistem Plagiat«. Bis heute liegen die beiden Doppelmillionäre Kopf an Kopf. *TV Movie* hat in der Auflage die Nase vorn,

TV Spielfilm, das Original, im Anzeigengeschäft – und der riesige Markt der Programmzeitschriften wurde nie wieder, was er vorher war.

Im Axel-Springer-Verlag verließ am 10. Juli 1991, nach 43 Jahren im Hause und 23 Jahren an seiner Spitze, der ehemalige Seekadett, Hobby-Boxer und Schiffahrtsredakteur Peter Tamm die Kommandobrücke, 63 Jahre alt, zwei Jahre vor Ablauf seines Vertrags als Vorstandsvorsitzender – »kaltgestellt« (CAPITAL), »ausgebootet« *(Kress-Report)* von seinem designierten Nachfolger und dem Aufsichtsratsvorsitzenden Bernhard Servatius.

Denn Tamm – Deutschlands höchstbezahlter Manager – hatte ein paar Fehler gemacht: einen Dauerzwist mit dem Springer-Großaktionär Leo Kirch heraufbeschworen, die Umsatzrendite auf 1,8 Prozent hinabgefahren, Servatius wissen lassen, daß er 1993 dessen Nachfolger im Aufsichtsrat werden wolle, und Günter Wille, den »Zigarettendreher«, mehrfach (laut CAPITAL) »bis aufs Blut gereizt«, als der am 1. September 1990 als Vorsitzender der Geschäftsführung der deutschen Philip-Morris-GmbH ausgeschieden und mit großen Sprüchen in den Springer-Vorstand eingetreten war.

»Vielen Dank, Peter!« rief Servatius in der Hauptversammlung seinem Intimfeind nach. In 23 Jahren Tamm war der Springer-Umsatz von 900 Millionen auf 3,5 Milliarden gestiegen; in der ehemaligen DDR hatte sich Springer an der *Leipziger Volkszeitung* und an der *Ostsee-Zeitung* in Rostock beteiligt, in Österreich am *Standard* und der *Tiroler Tageszeitung;* in Ungarn hatte der Verlag sieben Regionalzeitungen und die zweitgrößte Fernsehzeitschrift des Landes erworben und in Spanien im April die Boulevardzeitung *Claro* gestartet. Die mußte zwar nach kaum vier Monaten dichtmachen wegen totalen Mißerfolgs, doch war dies eher schon Willes erster Fehler.

Bei Burda wurde Helmut Markwort im Juni zum Geschäftsführer und zum obersten Journalisten des Hauses berufen. Er brachte die von Burda übernommene *Schweriner Volkszeitung* auf Vordermann, gründete im Osten die Zeitschrift *Super-TV* –

und begann mit den Vorarbeiten für seine Königsidee: das andere deutsche Nachrichtenmagazin.

Nicht beteiligt war Markwort an einem Unternehmen, das Burda zusammen mit dem australischen Medienriesen Rupert Murdoch im Sommer 1991 startete: *Super,* Boulevardzeitung für die Ostdeutschen in kalkulierter Konkurrenz zu *Bild,* schreiend aufgemacht und auf das Rezept vertrauend, daß die Ossis vor allem die Wessis geohrfeigt sehen wollten. Das führte bis zum tiefsten Punkt in der Geschichte des deutschen Nachkriegsjournalismus – dem Aufmacher:

Angeber-Wessi mit Bierflasche erschlagen
Er protzte mit seinem BMW herum, beschimpfte seine Mitarbeiter als doofe Ossis / Ganz Bernau ist glücklich, daß er tot ist

An manchen Tagen verkaufte *Super* mehr als eine halbe Million Exemplare. Aber das Blatt blieb ein Verlustgeschäft, in Zahlen ebenso wie im Burda-Image, und im Sommer 1992 wurde ihm der Garaus gemacht.

Die großen Dramen des Jahres 1991 ereigneten sich weit weg von Berlin: Auf den Golfkrieg folgte der mörderische Bürgerkrieg in Jugoslawien und der Zusammenbruch der Sowjetunion. Auf dem Balkan hatten sich Slowenien und Kroatien aus dem jugoslawischen Verbund gelöst und zu selbständigen Nationen ausgerufen; der serbisch geführte Reststaat antwortete mit militärischer Gewalt und wurde daraufhin von der EU mit Wirtschaftssanktionen bestraft – nicht mit Vergeltung wie 1999 im Kosovo.

In Moskau putschten am 19. August der sowjetische Verteidigungsminister, der KGB-Chef und weitere Altstalinisten gegen Gorbatschow, ließen ihn arretieren in seiner Datscha auf der Krim, holten Panzer in die Hauptstadt und beschossen das Weiße Haus, in dem Boris Jelzin sich verschanzt hatte, der Präsident der sowjetischen Teilrepublik Rußland.

Den Putsch konnte Jelzin nach drei Tagen niederschlagen; Gorbatschow durfte wiederkommen. Aber als er im Parlament das Wort ergriff, um mit den Verschwörern abzurechnen, da baute sich unter den Augen der Fernsehkameras Jelzin drohend vor ihm auf und bedeutete ihm mit ausgestrecktem Zeigefinger, von welchem seiner Zettel er abzulesen habe. »Ein Todesurteil«, raunten sich die Journalisten auf der Pressetribüne zu.

Mit Gorbatschow war es vorbei. Im eigenen Land nie auch nur annähernd so populär wie im Westen, hatte er nicht verhindern können, daß Mißwirtschaft, Korruption und die Mafia regierten, daß die Not wuchs, daß ein Hungerwinter drohte; und noch dazu hatte er durch »Glasnost«, die von ihm verkündete Freiheit der Information, das Volk über die Verbrechen Stalins und seiner Nachfolger mit verwirrender Gründlichkeit aufgeklärt – obwohl doch unter Stalin alles viel ordentlicher zugegangen war.

Am 8. Dezember beschlossen in einem Blockhaus bei Minsk die Präsidenten der Sowjetrepubliken Rußland, Weißrußland und Ukraine auf Betreiben Jelzins: Die Sowjetunion hat aufgehört zu existieren. Wir gründen stattdessen eine Gemeinschaft Unabhängiger Staaten (GUS) und laden die anderen Sowjetrepubliken zum Beitritt ein.

Das war das Ende des Imperiums, das einst die Zaren zusammengeraubt hatten – von Stalin noch erweitert, von Ronald Reagan als »das Reich des Bösen« angeprangert, von Gorbatschow verspielt. Am 25. Dezember 1991 verabschiedete sich der letzte Präsident der Sowjetunion und letzte Generalsekretär der KPdSU im sowjetischen Fernsehen von der Weltgeschichte, und nur wenige hörten ihm noch zu. Am 31. Dezember wurde die Sowjetfahne, die seit 1918 über dem Kreml geweht hatte, eingeholt für immer.

Viele, zumal ältere Russen weinten ihr manche Träne nach. Als sich ein paar tausend getreue Stalinisten eines Abends, mit Lichtern in der Hand, noch einmal vor dem Kreml versammelten, berichtete die *Neue Zürcher Zeitung* darüber unter der preiswürdigen Überschrift: »Anrufung der verstorbenen UdSSR bei Kerzenlicht«.

Das meiste ist vergebens

1992

Am 1. Oktober 1992 stand Gert Bastian, ehemaliger General der Bundeswehr, 69 Jahre alt, von seiner Arbeit am Schreibtisch auf (mitten im Satz), ergriff sein doppelläufiges Gewehr, ging ins Schlafzimmer seines Bonner Reihenhäuschens und erschoß seine 24 Jahre jüngere Lebensgefährtin Petra Kelly im Schlafzimmer; gleich darauf im Flur sich selbst.

Erst am 18. Oktober wurden die Leichen gefunden, und das Aufsehen war ungeheuer: Petra Kelly, die Galionsfigur der Friedensbewegung, einst die populärste Politikerin der Grünen, im Ausland bekannter als jede andere deutsche Frau – und der General, der aus Protest gegen die sogenannte Nachrüstung die Bundeswehr verlassen hatte, seitdem unzertrennlich an Petra Kellys Seite.

Über die Gründe der Tat gab es wilde Spekulationen und nie ein klares Indiz für sie. Der STERN hatte Petra Kelly als »eine Politikerin aus Betroffenheit« charakterisiert, »die sich atemlos im Netzwerk weltweiter Kampagnen einsetzt und darüber den Rückhalt der Basis verliert«. Die Grünen hatten die pausenlos eifernde Moralistin mehr und mehr als Last empfunden, sie nicht mehr für den Bundestag aufgestellt und ihr schließlich sogar den Zutritt zum Parteibüro verwehrt. Seit dem Zusammenbruch der DDR und dem Ende des Kalten Krieges war das Paar vollends isoliert. In ihren letzten Wochen seien die beiden »in einer Art Trutzbündnis enger zusammengerückt gegen die Außenwelt, mit der sie immer heftiger in Streit lagen«, schrieb Bastians Sohn im STERN.

Am 8. Oktober starb, 78 Jahre alt, Willy Brandt, Bundeskanzler von 1969 bis 1974, Friedensnobelpreisträger, Vater der Aussöhnung mit dem Osten, seit 1976 Vorsitzender der Sozialistischen Internationale. Zum Staatsbegräbnis kam auch Michail Gorbatschow. Es starben Karl Carstens, Bundespräsident von 1979 bis 1984, und Alexander Dubcek, der Held des »Prager Frühlings« von 1968, seit der Wende Parlamentspräsident jenes Staates, der später in Tschechien und die Slowakei zerfiel.

Hans-Dietrich Genscher, fünf Jahre Bundesinnenminister unter Willy Brandt, achtzehn Jahre Bundesaußenminister unter Helmut Schmidt und Helmut Kohl, trat, 65 Jahre alt, zurück; Klaus Kinkel wurde sein Nachfolger. Erich Honecker traf (nach achtmonatigem Asyl in der chilenischen Botschaft in Moskau) mit einem russischen Flugzeug in Berlin ein und wurde der Mitschuld für die Todesschüsse an der innerdeutschen Grenze angeklagt. Die amerikanische Präsidentenwahl gewann Bill Clinton gegen George Bush. Prinz Charles und Prinzessin Diana gaben nach elfjähriger Ehe ihre Trennung bekannt.

In Mölln in Holstein brachten jugendliche Brandstifter drei, im Jahr darauf in Solingen fünf Türkinnen um – heimlich, während ihre rechtsradikalen Brüder aus dem Osten öffentlich gewütet hatten in Hoyerswerda und in Rostock-Lichtenhagen, dort fünf Tage lang, von Nachbarn beklatscht und von der Polizei kaum behelligt.

Bei den Olympischen Winterspielen in Albertville holte sich das vereinigte Deutschland zehn Goldmedaillen – eine mehr als Norwegen und die Nachfolgestaaten der Sowjetunion. Die aber schöpften im Sommer in Barcelona wieder den Rahm ab. Deutschland lag hinter den USA auf dem dritten Platz; was viele enttäuschte, da doch nun die Weltspitze aus der DDR integriert war.

Was taten inzwischen die westdeutschen Großverlage im Osten? Bei Springer trug der zusätzliche Markt zu einem Ertrags-Einbruch bei; Günter Wille, der neue Vorstandsvorsitzende, sprach auf der Bilanzpressekonferenz von einem »einmaligen Ausrutscher«, veranlaßt durch die Investitionen in der ehemaligen DDR. Überdies, sagte Wille, sei nach der Ära Tamm eine konsequente Konsolidierung erforderlich gewesen. Die Auflage von *Bild* war auf 4,36 Millionen gesunken, um elf Prozent im letzten Jahr.

Der ostdeutschen Mentalität und Finanzkraft am nächsten kamen die Billig-Zeitschriften aus dem Heinrich-Bauer-Verlag. *Tina,* die *Neue Post,* die *Fernsehwoche* legten mit Hilfe des neuen Marktes kräftig zu, *Auf einen Blick* sogar um 700000 binnen zwei Jahren, auf mehr als 3 Millionen. Gruner + Jahr hatte in den letzten beiden Geschäftsjahren über 400 Millionen Mark in seine ostdeutschen Zeitungen investiert. Für diesen Markt wurden auch drei spezielle Ausgaben hergestellt: *Capital Ost,* der *Impulse-Unternehmerbrief* und *Eltern – Mein Kind und ich.*

Das zentrale Textarchiv von Gruner + Jahr erlebte 1992 seine vierte Revolution. Was ist ein positiver Dampfblasenkoeffizient? Welche Schuhgröße hat der Bundeskanzler? Ist es richtig, daß Goethe sich zu den englischen Eisenbahnen geäußert hat, und wenn ja: wann, wo, wie? Drei von etwa 120 Anfragen, die das Archiv Tag für Tag beantworten soll.

Die erste Revolution war der Siegeszug der Fotokopiergeräte Ende der sechziger Jahre. Nun endlich brauchten die Archivare nicht mehr die aufgeklebten Originale im Leitzordner herauszurücken, der sich im Lauf der Jahre langsam ausdünnte, durch Schlamperei oder unbefugte Aneignung; obendrein war der ganze Akt für jeden anderen Zugriff blockiert. Dazu die Befreiung aus dem Zwang, jeden Text nur unter einem Stichwort einordnen zu können, obwohl sich doch zum Beispiel eine Bundestagsdebatte mit elf Rednern zu drei Themen mindestens unter 14, vielleicht unter 33 Stichworten finden lassen müßte. Das war mit dem Fotokopierer noch nicht zu schaffen – aber bis zu sechsmal ins Regal stellen ließ sich ein wichtiger Text nun schon.

Die zweite Revolution fand bei Gruner + Jahr 1973 statt:

Während die meisten kleinen Redaktionen nach wie vor überhaupt kein Archiv unterhalten und das *Spiegel*-Archiv noch weitere 20 Jahre lang in seinen Papiermengen zu ersticken drohte, baute Gruner + Jahr eine elektronische Pressedatenbank auf, als erster Verlag in Deutschland und zweiter auf der Welt nach der *New York Times.* Alle neu eingehenden Texte wurden nun auf Mikrofiches verfilmt, mit zwei Sprüngen nach vorn: dramatische Verminderung des Platzbedarfs – und dazu die Chance, einen Text im Durchschnitt unter 30 Stichworten zu erfassen, zunächst durch eine Kartei und später durch den Computer.

1983 die dritte Umwälzung: Statt auf Mikrofilmen werden die Texte seither digital auf optischen Platten gespeichert, mit nochmals vervielfachter Kapazität und weiter erleichtertem Zugriff. Und nun, 1992, die vierte Revolution: Der Scanner, das Gerät, das Texte abtasten und in den Computer füttern kann, macht die saure Handarbeit überflüssig, in der bis dahin bei jedem Original, das größer als die erwünschte DIN-A4-Seite war, die Spalten zerschnitten und neu zusammengeklebt werden mußten.

Welche österreichischen Journalisten sind in Deutschland tätig? Haben Pflanzen Gefühle? Wie hat sich das Image der Bundeswehr verändert – seit ihrer Gründung, seit der Wiedervereinigung, seit dem Einsatz im Kosovo? 40 Prozent solcher Anfragen werden binnen einer halben Stunde beantwortet, im Durchschnitt mit 30 Seiten, die ausgedruckt oder per Computer abgerufen werden können; bei den Österreichern vermutlich weniger als 30, während die Frage nach dem Bundeswehr-Image zuvor im Zwiegespräch zwischen dem fragenden Redakteur und dem beratenden Dokumentar eingegrenzt werden muß, damit der Computer nicht tausend Blatt ausspuckt.

Und woraus entspringt solche Allwissenheit? Aus 240 Zeitungen und Zeitschriften, die regelmäßig gesichtet werden, von der *Bildzeitung* über die *Neue Juristische Wochenschrift* bis zur *Far Eastern Economic Review;* aus den 6,5 Millionen Texten, die inzwischen elektronisch gespeichert sind; aus dem

Zugriff auf alle namhaften internationalen Datenbanken; aus den zwei Millionen Artikeln des Papier-Archivs, die von 1949 bis 1973, bis zur Einführung der Mikrofiches also, aufgelaufen waren; aus den komplett gebundenen Jahrgängen von 240 Zeitschriften, in zwei Kellergeschossen auf fast zwei Regalkilometern aufgereiht.

Braucht man das denn alles, um Gotteswillen? Natürlich nicht. Nur ein Anteil zwischen 10 und 30 Prozent aller Dokumente wird jemals abgerufen; der Spielraum erklärt sich dadurch, daß die Schätzung des einen Archivleiters noch pessimistischer als die des anderen ist. 70 oder 80 oder noch mehr Prozent also sind vergebens gespeichert – wenn man nur vorher wüßte, welche!

Und werden die 240 Periodika denn Wort für Wort gelesen? Natürlich nicht – das wäre sinnlos und gar nicht zu schaffen. Also: Wie entscheiden die Dokumentare, was sich lohnt und was nicht? Zunächst anhand von ein paar Faustregeln: Komplett gelesen werden der STERN, der *Spiegel* und die ZEIT; überwiegend die *Süddeutsche Zeitung* als Leitmedium für die Politik. Die *FAZ* hat diese Funktion für alle Wirtschaftsthemen, und das heißt: Die Berichte über dasselbe Thema in den anderen großen Zeitungen werden nur noch darauf geprüft, ob sie zusätzliche Aspekte oder abweichende Gewichtungen enthalten; wenn nicht, kann man sie vergessen.

»Gelesen« heißt im übrigen noch lange nicht: ausgewählt zur Weitergabe. Nur etwa ein Fünftel des Gelesenen – rund 6000 Texte täglich – wird selektiert; von allem Gedruckten in den abonnierten Blättern ist das vermutlich nur der hundertste Teil. Die Auswahl bleibt immer ein Hochseilakt zwischen den Abgründen »Nur nichts verpassen« und »Nur nicht in totem Material ersaufen«. Beim Balancieren helfen ein schnelles Auge, ein sehr gutes Gedächtnis, die Erfahrung, was Kunden wünschen, und das Gespür, was sie morgen vermutlich wünschen werden.

Was der Lektor gelesen und für wichtig befunden hat, ordnet er einem von 40 Themenbereichen zu (zum Beispiel Medien, Medizin, Militär, Mode, Musik) – eine »Vorverschlagwortung«, die der »Feinverschlagwortung« vorhergeht: der Zuordnung zu den etwa 2000 Suchbegriffen; auch das eine Arbeit in stummer Konzentration auf den Text. Da wird dann die Sexualität in Erotik, Homosexualität und Sexualverhalten unterteilt, dieses wiederum in Exhibitionismus, Fetischismus, Frigidität, Promiskuität, Sexsucht, Verführung und 15 weitere Suchbereiche.

In regelmäßigem Rhythmus wechseln die Dokumentare zwischen diesen beiden einsamen Tätigkeiten, dem Selektieren und dem Indexieren – und dem Dienst am Kunden. Das hat zwei Vorteile auf einmal: Dem Dokumentar bietet es eine hochwillkommene Abwechslung, und wenn er wieder mit dem Lesen oder dem Zuordnen an der Reihe ist, fließen seine frischen Erfahrungen aus den Kundengesprächen in seine Arbeit ein.

Wie findet man nun das, was einer sucht, in dem Ozean der Wörter? Einerseits durch die Volltext-Recherche, die der Computer möglich macht: Auf Wunsch filtert er sämtliche Wörter aus allen Texten; gesucht wird vorwiegend nach Eigennamen, Substantiven und Verben. Wenn ich zusätzlich zu »Helmut Kohl« das Stichwort »Fußball« eingebe, dann ist Berti Vogts nicht weit und die Textmenge überschaubar geworden. Die Dokumentare versuchen es aber zunächst meist mit ihrem Schlagwort-Register, dem Index der 2000 Suchbegriffe, ihrem »Thesaurus«, der Bibel des Archivs. Binnen Sekunden tauchen die Fundstellen auf dem Bildschirm auf.

Was sind das für Leute, diese rund achtzig Archivare bei Gruner + Jahr? Überwiegend Akademiker der verschiedensten Fachgebiete, Volkswirte ebenso wie Mikrobiologen, oft durch ein Hobby von zusätzlichem Nutzen, von Archäologie bis Popmusik. Hoch konzentriert und hellwach müssen sie sein – und dabei zufrieden mit der Rolle des Dienstleisters, der seinen Namen manchmal als Fußnote gedruckt findet und meistens gar nicht.

Und wer sind ihre Kunden? Erstens die Redakteure der Zeitschriften und Zeitungen von Gruner + Jahr – auch aus denjenigen Redaktionen, die eine eigene aufwendige Verifikationsabteilung unterhalten wie der STERN, GEO oder CAPITAL. Dort wird in allen Manuskripten vor Erscheinen jeder Name, jede Zahl geprüft, für jede Behauptung des Autors der Beweis angefordert, jede falsche Zitierung unfehlbar entlarvt.

Im STERN sind acht Dokumentare tätig, von ähnlichem Zuschnitt wie die im Zentralarchiv. Anders als diese haben die Redaktions-Dokumentare zwei Genugtuungen: Ihre Arbeit wird ganz überwiegend verwendet und nicht zu höchstens 30 Prozent, und ihr Jagdeifer schafft so manchen Irrtum aus der Welt. Ihre Arbeitsgrundlagen sind einerseits eben das Archiv und zweitens eine STERN-eigene Bibliothek von 25 000 Bänden.

Und wer überhaupt *darf* den riesigen Wissensvorrat anzapfen, den Gruner + Jahr auf 2000 Quadratmetern versammelt hat? Jede Redaktion und auch jeder einzelne Journalist, falls er glaubhaft machen kann, daß er einer ist. Als *Focus* und die *Woche* Dauer-Abnehmer werden wollten, gab es noch eine Konkurrenz-Ausschlußklausel; seit 1997 gibt es die nicht mehr. Zu den Stammkunden zählen heute die ZEIT, das *SZ-Magazin*, RTL – und überraschend oft jene Talkshow-Moderatoren, die sich eine halbe Stunde vor der Sendung lieber doch noch über ihren Gast informieren wollen; die Einzelanfrage kostet im Durchschnitt 250 Mark.

So unterhält Gruner + Jahr einen der ganz großen Wissensspeicher auf Erden – den berühmten öffentlichen Bibliotheken mit ihren Millionen Bänden zwar weit unterlegen, wo immer eine ferne Vergangenheit ausgegraben werden soll; doch bei allem, was heute ist oder im letzten Vierteljahrhundert geschah, ihnen weit voraus.

»Focus« und »Die Woche« 1993

Wer ist »Hoffnung für Amerika, Hoffnung für die Welt«? Für den STERN im Januar 1993: Bill Clinton, zu seinem Amtsantritt. Und wer »die mächtigste Frau der Welt«, sechs Wochen später gefragt? Hillary Clinton. Der große Verlierer des Jahres aber hieß Björn Engholm (»Der tiefe Sturz – Warum Engholm scheitern mußte«). Wegen seiner peinlichen Verstrickung in die Barschel-Affäre, die wohl besser »Barschel-Engholm-Affäre« hieße, trat er zurück als Ministerpräsident von Schleswig-Holstein (Nachfolgerin: Heide Simonis, die erste Frau an der Spitze eines deutschen Landes) und als Bundesvorsitzender der SPD (Nachfolger: Rudolf Scharping).

Und so haben wir nie erfahren, ob Engholm, der mutmaßliche Kanzlerkandidat für 1994, gegen Helmut Kohl vielleicht gewonnen haben würde – Engholm mit seiner eindrucksvollen Ausstrahlung von deutscher Redlichkeit gegen Kohl, über den es in der *Spiegel*-Titelgeschichte vom 6. Dezember doch hieß: »Das Ende einer Ära – Kohls Macht verfällt«. (Dies allerdings schon seit fast fünfzehn Jahren: Denn im Januar 1979 hatte der *Spiegel* ja mit der Schlagzeile »Kohl kaputt« brilliert.)

Die Welt schaute 1993 vor allem auf zwei Länder, die in Flammen standen: Somalia und Bosnien-Herzegowina. In Bosnien führten die Serben, Jugoslawiens griechisch-orthodoxes Herrenvolk, Krieg gegen die katholischen Kroaten und die muslimischen Bosniaken, vertrieben Hunderttausende, mordeten, vergewaltigten und schossen von den Höhen um die bosnische Hauptstadt Sarajevo monatelang in Straßen und Häuser hinab. Und dann fielen die Bosniaken und die in Bosnien lebenden Kroaten übereinander her, weil diese ganz Bosnien zu einem Teil Kroatiens machen wollten.

In Somalia, an der Ostspitze Afrikas, kämpften seit drei Jahren zwei Dutzend Familienclans um die Macht, wobei sie Millionen ihrer Landsleute dem Hunger auslieferten. Die Vereinten Nationen wollten helfen, 30 000 Soldaten überwachten die Verteilung der Hilfsgüter. 132 Blauhelme kamen um, ein amerikanischer Soldat wurde im Triumph nackt durch die Hauptstadt Mogadischu geschleift. Nach zwei Jahren zog die UNO wieder ab und ließ das Land im selben Chaos schmoren wie zuvor.

Erich Honecker konnte nach Chile auswandern: Das Strafverfahren in Sachen Mitschuld an den Mauertoten wurde wegen seines Gesundheitszustands eingestellt. An die Spitze des VW-Konzerns trat Ferdinand Piëch, der vom Ehrgeiz zerfressene Enkel des »Käfer«-Konstrukteurs Ferdinand Porsche; und sogleich lotste Piëch einen der Vizepräsidenten von General Motors nach Wolfsburg, José Ignacio López, begleitet von vielen Kisten undurchsichtigen Inhalts sowie dem Ruf, der rabiateste Kostendrücker der Welt zu sein.

In der deutschen Presse gab es 1993 so viel Wirbel wie seit zehn Jahren nicht mehr, als der Schwindel mit den Hitler-Tagebüchern aufflog: *Focus* platschte auf den Markt, *Die Woche* betrat ihn, aus Österreich drang der Lock- und Drohruf von *News* herüber, und an der Springer-Spitze gab es schon wieder einen Wechsel.

Der noch von Günter Wille unterzeichnete Geschäftsbericht des Axel-Springer-Verlags wies einen Umsatz von 3,57 Milliarden auf, einen Rückgang um 3 Prozent; gleichzeitig war der Jahresüberschuß um 24 Prozent auf 57 Millionen gestiegen. Vier Wochen später, auf der Hauptversammlung, wurde Günter Wille schon von Günter Prinz vertreten, dem stellvertretenden Vorstandsvorsitzenden seit 1991; Prinz sprach von einer stürmischen Phase des Verlagsgeschäfts und einem »holprigen Weg« in die nahe Zukunft.

Kaum zwei Jahre stand Wille an der Springer-Spitze, schon unterbrochen von Krebsoperation und Chemotherapie. Im Oktober 1993 rückte Prinz förmlich zum amtierenden Vorstandsvorsitzenden auf, weil Wille die Geschäfte nicht mehr führen konnte. Am 12. November faxte er aus dem Krankenhaus an den Aufsichtsrat: Am 2. Januar 1994 gedenke er wieder an seinem Schreibtisch zu sitzen. Drei Tage später war er tot, 50 Jahre alt.

Das größte Presse-Ereignis des Jahres aber war, daß Hubert Burda – derjenige der drei Burda-Brüder, der das väterliche Verlagshaus 1987 alleinverantwortlich übernommen hatte – am 18. Januar das Magazin »für die Info-Elite« auf den Markt warf: *Focus*, erfunden und geleitet von dem 56jährigen obersten Journalisten des Hauses, Helmut Markwort.

Von Burda aus gesehen war das eine Initiative von doppelter Kühnheit. Was erschien denn sonst in diesem Haus? Die *Freizeit-Revue* mit 1,3 Millionen, die *Bunte* mit nur noch 830 000 verkauften Heften, die *Freundin, Burda-Moden, Glücks-Revue* und *Mein schöner Garten*, dazu in Ostdeutschland die *Super-Illu* und *Super-TV*. Und nun plötzlich der Anspruch, das *Spiegel*-Monopol zu brechen! Hatten das nicht schon viele versucht – und waren sie nicht alle gescheitert?

In seinem ersten »Tagebuch« auf der dritten *Focus*-Seite verwahrte sich Helmut Markwort gegen die Gewohnheit deutscher Journalisten, sein Blatt als »Anti-*Spiegel*« zu kennzeichnen; *Focus* sei so wenig ein Anti-*Spiegel* wie BMW ein Anti-Mercedes. Auch dementierte der Chefredakteur das Gerücht, den 18. Januar habe er als Starttermin gewählt, weil es der Jahrestag der deutschen Kaiserkrönung von 1871 ist.

Über das erste Heft ergoß sich ein voller Schwall der bekannten Journalisten-Häme. Häppchen-Journalismus, in Info-Grafiken ersäuft! Und unter der von *Focus* angepeilten »Info-Elite« habe man sich wohl diejenigen Deutschen vorzustellen, die ausgerechnet *Focus* läsen. Doch bald blieb den Spöttern der Spott im Halse stecken.

Schon im vierten Quartal des ersten Erscheinungsjahres verkaufte *Focus* 495000 Hefte. Die kalkulierte Auflage hatte es damit weit übertroffen und dem *Spiegel* gegenüber dem Vorjahr 122000 Käufer abgejagt. 1994 kletterte *Focus* auf 621000, der *Spiegel* sackte um weitere 54000 ab. Sogar in der Zahl der Anzeigenseiten überholte *Focus* den einstigen Monopolisten – und zugleich zog damit der Burda-Verlag im Anzeigenumsatz der deutschen Großverlage an Springer vorbei auf den zweiten Platz hinter dem Dauer-Primus Gruner + Jahr. In einer Umfrage der Fachzeitschrift *Horizont* unter Media-Experten über »die erfolgreichsten Innovationen der neunziger Jahre« siegte *Focus* vor *TV Spielfilm.*

Die Auflage des *Spiegels* stieg dann langsam wieder an – wohl auch deshalb, weil er, entgegen allen trotzigen Ankündigungen, erkennbare Anleihen bei der bunten Optik des dreisten Neulings machte. Seit einigen Jahren ist klar: Es gibt eine unangefochtene Spitzengruppe der aktuellen Magazine – STERN, *Spiegel, Focus;* und 1999 behauptete die *FAZ:* Der *Focus*-Stil habe längst auch die beiden anderen geprägt.

Die zweite vielberedete Neugründung des Jahres fand im Februar in Hamburg statt: *Die Woche,* gestartet von Thomas Ganske, Inhaber des Jahreszeiten-Verlags und des Buchverlags Hoffmann und Campe, geleitet von Manfred Bissinger, ehemaligem Chefredakteur von *Konkret, Natur* und *Merian;* diesem Produkt zuliebe brach er den Vertrag als künftiger Chefredakteur von GEO, den er schon unterschrieben hatte.

Aber die ZEIT (Auflage im vierten Quartal 1993: 491000) erwies sich als ein Gegner, der zäher war als für *Focus* der *Spiegel.* Obwohl alsbald beachtet und geachtet und 1997 in den USA als einzige deutsche Zeitung zu einer von 16 »World's best designed newspapers« ausgerufen, hat die *Woche* es bis heute nicht geschafft, aus den roten Zahlen und auch nur von fern an die Auflage der ZEIT heranzukommen (1999 meldete die ZEIT 439000, die *Woche* 129000 verkaufte Exemplare).

Einen Erfolg, der fast noch verblüffender als der von *Focus* war, legte von der ersten Woche an die österreichische Wochenillustrierte *News* vor. Die Brüder Wolfgang und Helmuth Fellner hatten sie erdacht und sie zusammen mit dem 50-Prozent-Teilhaber Axel Springer im Oktober 1992 aggressiv angeschoben; schon nach einem Jahr verkaufte *News* 208 000 Hefte, was auf dem fast zehnmal so großen deutschen Markt einer saftigen Millionenauflage entspräche.

Die *Welt* bezeichnete *News* als »politisches Magazin mit dem Design einer Modezeitschrift«; die Fellners selber sagten, sie hätten versucht, die Erfolgsformel des STERN der sechziger und siebziger Jahre auf die österreichische Gegenwart zu übertragen. Die großen Hamburger Verlage blickten auf *News* teils mit Hoffnung, teils mit Sorge: Wer würde dieses Rezept als erster nach Deutschland importieren?

Zumal bei Gruner + Jahr wurde darüber nachgedacht: Ob für den STERN ein deutsches *News* – jünger, flotter, billiger – ein Rivale werden könnte, ein Angriff auf das Kerngeschäft des Hauses? Und ob man dann nicht lieber, wie schon bei der selbstgemachten Konkurrenz für ESSEN & TRINKEN (SCHÖNER ESSEN), den Weg der »Selbstkannibalisierung« beschreiten – also eine Art *News* im eigenen Hause auf die Rampe schieben sollte, bevor es Springer oder Bauer taten?

Der Vorstand sprach sich einmütig dafür aus; überdies hatte die verstorbene *Quick* ja eine Marktlücke hinterlassen. Schulte-Hillen versicherte sich des vollen Rückhalts beim Aufsichtsrat. Wie es heißt, lud er Günter Prinz vom Springer-Verlag und den Verleger Heinz Bauer sogar zu sich ein und erläuterte ihnen die für Gruner + Jahr lebenswichtige Abwehrstrategie – ob nicht einfach alle drei Verlage auf eine deutsche *News* verzichten könnten? Die Gäste sollen geäußert haben, es sei besser, dem Wettbewerb seinen Lauf zu lassen.

Schon schwirrten durch die Kantine Gerüchte von der drohenden STERN-Konkurrenz im eigenen Haus und stifteten Unruhe in der Redaktion. Rolf Schmidt-Holtz, der Chefredakteur und Herausgeber, der im Vorstand noch dafür gewesen war, änderte unter diesem Eindruck seine Meinung, und in einer dreistündigen Protestversammlung verkündigte er kämpferisch: »Das kann sich die Redaktion nicht bieten lassen.«

Sonst lief ja alles glatt bei Gruner + Jahr: Jahresüberschuß im abgelaufenen Geschäftsjahr 365 Millionen, 48 Prozent mehr als im Jahr davor, sechsmal soviel wie bei Springer – und dies, obwohl der Siegeszug des Privatfernsehens die Anzeigenumsätze in den deutschen Gruner + Jahr-Zeitschriften, immer noch dem Rückgrat des Hauses, um 1,3 Prozent gedrückt hatte.

Der Verlag entschloß sich 1993 zu einer weitreichenden organisatorischen Neuerung: Der Unternehmensbereich Zeitschriften wurde in sechs Verlagsgruppen aufgeteilt, jede für ihr Betriebsergebnis verantwortlich und von einem Verlagsgeschäftsführer geleitet, der sich als »angestellter Verleger« fühlen sollte.

Das Nachdenken darüber hatte schon nach dem Desaster mit den falschen Hitler-Tagebüchern begonnen: Wie kann in einem so großen Haus die Verantwortung so gegliedert werden, daß der Mann an der Spitze nicht für *mehr* zuständig ist, als er überblicken kann? Zunächst wurden – das bot sich durch die räumliche Distanz ja an – die Gruner + Jahr-Niederlassungen in Köln (CAPITAL und IMPULSE) und in München (ELTERN, PRIMA, P.M. und MARIE CLAIRE) zu Profit-Centern erhoben; nun sollte auch Hamburg in vier eigenständige Verlagsbereiche unterteilt werden: STERN; BRIGITTE; die Eß- und Wohnzeitschriften; GEO, ART und SPORTS.

Darüber wäre im Haus und in der Branche wenig geredet worden, hätte der Vorstand nicht (1993/94) an die Spitze der drei erstgenannten Profit-Center *Journalisten* berufen: die Chefredakteure von STERN und BRIGITTE – und Angelika Jahr, Chefredakteurin von SCHÖNER WOHNEN, SCHÖNER ESSEN und SCHÖNER WOHNEN-DECORATION sowie Herausgeberin der Zeitschriften ESSEN & TRINKEN, NEUES WOHNEN, HÄUSER, FLORA und MARIE CLAIRE; sie rückte später (2000) in den Vorstand auf.

Journalisten nun plötzlich nicht mehr im Clinch mit der Anzeigenabteilung, sondern ihr vorgesetzt und zugleich für die Rendite ihrer Blätter verantwortlich – würde das nicht schlimme Verquickungen heraufbeschwören? Nicht, falls der

Verlagsgeschäftsführer, wie man es von ihm erwartet, unternehmerisch denkt und handelt, also den nachhaltigen Erfolg im Auge hat. Und welche Trümpfe hält er in der Hand! Gebündelte Zuständigkeit auf einem überschaubaren Feld, kurze Entscheidungswege, kaum Reibungsverluste – und ein ungeheurer Ansporn zur Initiative.

Das größte Aufsehen bei der Neuorganisation erregten die herausgehobene Position und die zunächst sechs, dann sogar acht Funktionen der Angelika Jahr. Wie schaffen Sie das nur? wurde sie oft gefragt – und zwei Kinder dazu! Sie nennt sich, und alle glauben es ihr, diszipliniert, organisiert, entscheidungsfreudig und geradeheraus, »Fitter als ich kann keiner sein«, sagt sie und: »Die Kombination von Kindern und Beruf ist toll. Man freut sich im Job auf die Kinder und umgekehrt«, und überhaupt seien zufriedene Frauen die besseren Mütter.

Ihre Zeitschriften liebt sie. Vier hat sie selbst entwickelt, die meisten sind Marktführer auf ihrem Feld, und in fünf von acht schreibt sie das Editorial. Da verspricht sie dann Aufklärung darüber, wie man einem Kinderzimmer »Entwicklungshilfe beim Erwachsenwerden leistet«; sie tadelt (»es mag hart klingen«) jene amerikanische Lehrerin, die sich von einem 13jährigen Schüler Kinder machen ließ; und wenn einem Leser zur Zeit gar nichts schmeckt, so belehrt sie ihn: »Dann essen Sie vielleicht das Falsche.« Zwischendurch geben sich bei ihr Redakteure, Fotografen, Köche und Stylisten die Klinke in die Hand, auch Vertriebschefs, Anzeigenleiter und Innenarchitekten, und nie verliert sie die Kunst aus dem Auge, über ein Sofa so zu schreiben, als ob es ein Erdbeben wäre.

Ihren Magazinen spricht sie einen doppelten Nutzwert zu: den klassischen, also Rezepte, Empfehlungen, Lösungen für typische Probleme – und den Nutzen für die Seele. Auch der Blätterer auf der Terrasse soll das Blatt genießen. »Alle meine Magazine sind so gestrickt«, sagt Angelika Jahr: »Keine pure Träumerei, aber auch nicht gnadenlos praktisch.«

Der Träumerei bereitete unterdessen Axel Ganz in Paris ein neues Lotterbett: GALA, Hochglanz-Zeitschrift nur über

Prominente – das zehnte Magazin der Gruner + Jahr-Tochter Prisma Presse, die es inzwischen zu Frankreichs zweitgrößtem Zeitschriftenverlag gebracht hatte: 44 Prozent aller Franzosen über 14 lasen mindestens ein Prisma-Produkt. Und nicht genug: Das französische GEO hatte sich, bei einer verkauften Auflage von 563 000, in der Lektüre der sogenannten Entscheidungsträger *(cadres actifs)* an die Spitze aller Periodika gesetzt, vor *Le Monde* also. Und CAPITAL, 1991 in einen scheinbar aussichtslosen Markt gedrückt, war Marktführer vom ersten Monat an und nun mit 336 000 Käufern die größte monatliche Wirtschaftszeitschrift Europas; bis 1997 stieg die Auflage sogar auf 440 000.

Es wurde fast alles zu Gold, was Axel Ganz anfaßte. Auf den Superlativ der *International Herald Tribune* von 1991 (»Der König der europäischen Magazinpresse«) setzte der *Spiegel* 1999 den nächsten: »die personifizierte deutsche Exportoffensive«. Worauf gründete sich sein Erfolg, über die schiere Tüchtigkeit hinaus? Zunächst darauf, daß Ganz jede Zeitschrift aus dem Kulturraum heraus entwickelte, in dem sie erscheint, durchweg mit einheimischen Redakteuren besetzt, die zu finden er noch dazu einen ungewöhnlichen Spürsinn besaß.

Aus der Pleite des amerikanischen GEO und den Startproblemen des französischen hatte Ganz, von Hamburg aus darin voll unterstützt, die radikale Konsequenz gezogen. Gerade dort, wo, wie bei GEO und später CAPITAL, deutsche Titel übernommen wurden, sollten sie nach Form und Inhalt der nationalen Zeitschriftenkultur Rechnung tragen, also die Freiheit haben, anders zu sein in jedem Land.

Gewiß, auch die Umsetzung nationaler in internationale Erfolge kann gelingen – wie bei *Reader's Digest* und *National Geographic, Vogue* und *Cosmopolitan.* Der Weg, den Gruner + Jahr als erster Verlag beschritten hat, zieht jedoch mindestens den gleichen Geschäftserfolg nach sich und paßt überdies besser in eine multikulturelle Welt. Hand in Hand damit ging stets eine klare Zurückhaltung in Sachen Politik: Auf dem französischen Markt zumal hatte die Macht des deutschstämmigen Verlags längst Neid auf sich gezogen; da wäre es nicht klug gewesen, mit einer Tageszeitung oder einem Nachrichtenmagazin auch noch in die politische Arena zu springen.

Zum Erfolg von Axel Ganz trug bei, daß der Vorstand in Hamburg ihm allen erdenklichen Freiraum gewährte, ihn bei anfänglichem Mißerfolg unterstützte und ihm den Rücken freihielt gegen den Widerstand der Verleger Mohn und Jahr. Von der *Süddeutschen Zeitung* süffisant gefragt, ob er nicht ein bloßer Nutznießer der Erfolge des Axel Ganz sei, erwiderte Gerd Schulte-Hillen: »Das läuft alles nicht von selbst«, das Auslandsgeschäft so wenig wie das Zeitungsgeschäft oder die Druckereien. »Es läuft nicht trotz Schulte-Hillen – das läuft auch wegen Schulte-Hillen.«

Axel Ganz füllte seine große Entscheidungsfreiheit und seine Witterung für die Bedürfnisse der fremden Märkte mit brillantem Handwerk aus und überdies mit einer Kunst, sich auf die Leser einzustellen, die mit der von Henri Nannen verglichen worden ist. Anders als Nannen aber war Ganz stets ein Meister der Motivierung und der geräuscharmen Menschenführung. »Er schreit auch mal, aber dann entschuldigt er sich«, sagte eine langjährige Kollegin. Der *Spiegel* faßte es böser: »Er lächelt, selbst wenn er jemanden hinrichtet.«

Als den eigentlichen Engpaß im Zeitschriftengeschäft bezeichnete Ganz den Nachwuchs an *Blattmachern* – jenen Leuten also, die über alle journalistischen Talente hinaus auch noch die Fähigkeit mitbringen, optisch zu denken und ihre Produkte marktgerecht zu präsentieren. So rief er 1994 eine Prisma-eigene Journalisten-Akademie ins Leben, die sich auf dieses Ziel konzentriert. Ihr Leiter – Robert Fiess, der bis dahin GEO bei seinem überragenden Erfolg geführt hatte – verlangt von seinen Studenten, sie müßten es genauso aufregend finden, die Titelseite von FEMME ACTUELLE zu gestalten wie eine politische Analyse für *Le Monde* zu schreiben oder im Fernsehen die *Tagesschau* zu präsentieren.

GEO übrigens verkaufte Lizenzen nach Japan und nach Südkorea. TANGO kam erst im nächsten Jahr.

»Tango« kommt

1994

Angriff! Nur durch neue Zeitschriften lassen sich Marktanteile sichern auf einem Markt, den in Deutschland nun schon 835 Publikumszeitschriften verstopfen (die Fachblätter gar nicht gerechnet und auch nicht die vielen Spezialtitel für Angler, Golfer, Tennisspieler usw.) – während unter den von allen umworbenen Inserenten nun auch noch das Privatfernsehen wildert.

So startet Gruner + Jahr 1994: ein deutsches GALA nach dem Vorbild, das Axel Ganz aufgestellt hat; TANGO nach dem Muster des österreichischen *News;* TV TODAY in Konkurrenz zu *TV Spielfilm* und *TV Movie* – und in Amerika kauft das Haus die sieben Frauenzeitschriften der *New York Times*-Company, darunter die Riesen FAMILY CIRCLE mit einer verkauften Auflage von 5,1 Millionen und MCCALLS mit 4,6 Millionen.

»Gruner + Jahr baut seine Position in der Spitzengruppe der internationalen Zeitschriftenverlage weiter aus«, erklärt dazu Gerd Schulte-Hillen, »und erzielt nunmehr knapp 50 Prozent seines Umsatzes mit Zeitschriften, Zeitungen und Druckereien in Sprachräumen außerhalb Deutschlands – eine von keinem anderen Verlagshaus erreichte Größenordnung.« Elf Zeitschriften allein in Frankreich, dazu neun in Spanien, fünf in Polen, drei in Großbritannien, zwei in Italien.

Und drei neue Zeitschriften also in Deutschland in diesem Jahr. TV TODAY: ein später Versuch, in den lukrativen Markt der vierzehntäglichen Programmzeitschriften einzubrechen, den *TV Spielfilm* drei Jahre zuvor eröffnet hat. Zielgruppe, dem Chefredakteur Andreas Schmidt zufolge, der Chef von

TV Movie gewesen und beim Heinrich-Bauer-Verlag abgeworben worden ist: »die TV-Elite – die große Zahl der Selektiv-Seher, die das TV-Angebot nicht unkritisch aufnehmen«.

GALA: mit zwei Monaten Verspätung gestartet, weil die designierte Chefredakteurin Beate Wedekind (zuvor Chefin der *Bunten*) vor Erscheinen aufgegeben hat. Chefredakteur nun: Klaus Freikamp, dann Stefan Lewerenz, vorher Chefredakteur von MARIE CLAIRE. Es wird natürlich gemunkelt in der Branche: Ist da wohl ein krankes Kind geboren worden?

TANGO aber! Im Januar 1994 unterschreibt der 44jährige Hans-Hermann Tiedje seinen Vertrag als Chefredakteur »einer neuen Informationsillustrierten«. Tiedje war ein Jahr lang Chefredakteur der *Bunten,* drei Jahre Chef von *Bild* gewesen und dort 1992 jäh entlassen worden, vermutlich weil erstens die Auflage sank und zweitens ein enger Freund des Hauses Springer, Helmut Kohl, es Tiedje nicht verzeihen konnte, daß der ihn, den Bundeskanzler, 1991 im Foto quer über die Schlagzeile »Der Umfaller« *gelegt* hatte (eines gebrochenen Steuerversprechens wegen).

Tiedje wurde dann Redaktionsleiter der Firma, die Thomas Gottschalks *Late Night Show* auf RTL produzierte. Gottschalk erzählte darüber sechs Jahre später dem STERN: Ihm, Gottschalk, habe die notwendige Härte gefehlt – »also mußte ein Großzyniker her … Ich war immer noch der Nette, aber der ist dann bei uns grölend durch die Gänge gerannt, hat zwischendurch ein Telefon aus der Wand gerissen und all die Sachen gemacht, mit denen du eine Truppe von 80 Leuten auf Trab hältst … Ich habe ihn zu einem besseren Menschen gemacht, aber er mich nicht zu einem schlechteren.«

Im März begann dieser Tiedje mit dem Aufbau einer Redaktion in Berlin. Im Juni verließ Rolf Schmidt-Holtz, Chefredakteur des STERN seit 1989 und Vorstandsmitglied, das Haus Gruner + Jahr und übernahm im Bereich »Bertelsmann Entertainment« die Zuständigkeit für das Film- und Fernsehgeschäft in Europa; im Jahr 2000 wurde er Vorstandsmitglied in Gütersloh. Warum ging er? Wegen TANGO, sagten die einen; die anderen: weil man im G + J-Vorstand zu spüren glaubte, daß er keine rechte Lust mehr hatte – während gleichzeitig Werner Funk, mit seiner Rolle als Chefredakteur von GEO nicht zufrieden, auf der Lauer lag.

Gruner + Jahr dankte Schmidt-Holtz, daß er die Marktführerschaft des STERN auf hohem Niveau behauptet und »die publizistische Wirkung des Blattes deutlich erhöht« habe. In der Tat, die Auflage war in seiner Ära nicht weiter abgeschmolzen. 1 274 000 im ersten Quartal 1990, als er die alleinige Chefredaktion übernahm, und vier Jahre später tausend mehr.

Funk, 57, war als Chefredakteur des *Spiegels* (neben Erich Böhme und Johannes K. Engel) ausgeschieden, weil er, wie es hieß, zum Mitgeschäftsführer neben Rudolf Augstein aufsteigen wollte, womit aber weder dieser einverstanden war noch die durch Funks rüden Führungsstil verprellten Redakteure (»Kim-Il-Funk« war der Spitzname, den er sich später im STERN verdiente). 1992 war Funk Chefredakteur von GEO geworden, wo ihm nun Peter-Matthias Gaede folgte – Absolvent der Henri-Nannen-Schule, erster Träger des Egon-Erwin-Kisch-Preises und zuvor Funks Stellvertreter.

Und TANGO? Gerd Schulte-Hillen ließ sich keine Gelegenheit entgehen, für die künftige »neuartige, informationsorientierte Wochenillustrierte« zu werben (wobei man rätseln durfte, warum denn der STERN plötzlich keine informationsorientierte Wochenillustrierte mehr sein sollte). Und Tiedje fiel durch große Sprüche auf – so laut, so oft, so öffentlich, daß die Branchen-Gurus sich fragten, ob das Ganze wohl vor allem ein Manöver sei, mit dem die potentiellen Konkurrenten veranlaßt werden sollten, ihre Projekte erschrocken zu begraben: Springer *News,* schon angekündigt für Anfang 1995 (nach dem gleichnamigen österreichischen Muster, an dem Springer ja mit 50 Prozent beteiligt war); Bauer *Ergo;* Burda eine neue Illustrierte unbekannten Namens.

Der STERN vom 8. September – drei Wochen vor dem ersten TANGO-Heft – demonstrierte wieder einmal, wie weit die innere Pressefreiheit bei Gruner + Jahr getrieben werden kann:

Er druckte die starke Meinung des langjährigen *Bild*-Chefs Günter Prinz, Hans-Hermann Tiedje sei ein Mensch von »unsagbarer Eitelkeit«, und deshalb würden Gerd Schulte-Hillen »mit TANGO noch die Haare ausfallen« (was, wie sich zeigte, metaphorisch zutraf).

29. September 1994: »TANGO ist da!« ruft die Pressestelle von Gruner + Jahr. Startauflage: über 800 000. Umfang: 196 Seiten, davon stattliche 73 Seiten Anzeigen. Preis: 3 Mark (das heißt eine Mark weniger als der STERN). Positionierung: neben und unter dem STERN. Zielgruppe: Leser, die bisher überhaupt keine Zeitschrift gelesen haben. Einführungswerbung: 12 Millionen Mark. Dazu ein Kraftakt des Vorstandsressorts »Papier« unter John Jahr jr.: 40 000 Tonnen Naturtiefdruckpapier zusätzlich heranschaffen – TV TODAY kommt ja noch hinzu!

Hans-Hermann Tiedje stellt in seinem ersten Editorial das Blatt als »neues illustriertes Kompetenzmedium« vor, gutgelaunt, ohne Weltschmerz und Betroffenheit, mit Themen zum Nachdenken und Träumen. Sie würden alle überrascht sein, schreibt Tiedje, die »Neider, Konkurrenten, Besserwisser und Mißgünstigen«, die den Start von TANGO begleitet hätten.

Nach vier Heften meldet Gruner + Jahr: 400 000 Stück verkauft – 500 000 binnen eines Jahres angepeilt. Doch im Haus gibt es schon viele lange Gesichter, dazu Anekdoten über die »Rambo«-Manieren des Chefredakteurs, und die Konkurrenz beginnt mit schadenfrohem Händereiben. »TANGO kommt – wenn auch nicht wie eine Feuerwalze«: selbstironischer Kommentar in dem Jubiläumsheft zu Gerd Schulte-Hillens 25 Gruner-Jahren, vier Jahre danach.

Auch sonst ist bei G + J 1994 eine Menge in Bewegung. Chefredakteurswechsel in der defizitären WOCHENPOST: Nach drei Jahren muß Mathias Greffrath wegen »unüberbrückbar unterschiedlicher Auffassungen« gehen, mit Dank für ein großes Engagement in der schwierigen Übergangsphase. Sein Nachfolger wird der 31jährige Dr. Mathias Döpfner, der vom Feuilleton der *FAZ* ins Vorstandsbüro von Gruner + Jahr gekommen war.

Wie soll es weitergehen mit der »einzigen Wochenzeitung aus Berlin mit gesamtdeutschem Anspruch«? G + J gibt sich fest entschlossen, sie zum Erfolg zu führen »und ihre Stellung als meinungsbildendes Qualitätsblatt zu stärken«.

Bei der BERLINER ZEITUNG scheidet Erich Böhme nach vier Jahren als Herausgeber aus. Daß er in der sonntäglichen Fernsehrunde *Talk im Turm* Ansehen und Popularität gewonnen hat, ist natürlich auch der Zeitung zugute gekommen. Sie sei auf dem besten Weg, sich zur führenden Zeitung in Berlin zu entwickeln, stellt Gerd Schulte-Hillen fest.

Aus dem Gruner + Jahr-Vorstand verabschiedet sich, 62 Jahre alt, Johannes Gross, bis dahin auch Herausgeber von CAPITAL und IMPULSE – »einer der profiliertesten Publizisten der deutschen Gegenwart«, wie es zum Abschied heißt; die Wirtschaftszeitschriften habe er in marktführende Positionen gebracht und dem Haus »im preußischen Sinne gedient«.

Bei P.M. in München – Auflage: 433 000 – übergibt der Erfinder Gerhard Moosleitner nach 16 Jahren die Chefredaktion an Hans-Hermann Sprado, einst bei der *Bunten* und der *Bildzeitung* und zuletzt Textchef von MARIE CLAIRE. Moosleitner, ruft die BERLINER ZEITUNG ihm nach, habe sein Blatt »mit einer Mischung aus Dinosaurier-Storys, Urknalltheorien und waffenstarrenden Bildstrecken zu einem publizistischen Renner gemacht«. Der Gründervater verabschiedet sich von seinen Lesern mit der Versicherung, am liebsten würde er jedem einzeln die Hand drücken – nur würde dies, bei 15 Sekunden pro Handschlag und einem täglichen Pensum von acht Stunden, leider zwei Jahre und 51 Tage dauern.

»Auf dem Heller« am Stadtrand von Dresden wird am 6. September in Anwesenheit des sächsischen Ministerpräsidenten Kurt Biedenkopf der Grundstein zur modernsten Tiefdruckerei Europas gelegt; ein Zeitungsdruckhaus und ein neues Verlagshaus sollen folgen. Vorbesitzer: die Rote Armee; neuer Eigentümer: die Dresdner Druck- und Verlagshaus-GmbH, die zu 40 Prozent der SPD und zu 60 Prozent Gruner + Jahr gehört, dem Alleinverantwortlichen für das operative Geschäft. Gesamthöhe der Investitionen: 560 Millionen Mark; Ergebnis: »mehr als tausend zukunftssichere Arbeitsplätze«. Sowjetische Granaten sind bei Beginn der Bauarbeiten auf dem Grundstück entdeckt, die ganzen 20 Hektar daraufhin vom Kampfmittelräumdienst abgesucht worden, ein Wachtturm steht unter Denkmalschutz.

Bei aller Bewegung geht es 1994 im Hause Gruner + Jahr verhältnismäßig friedlich zu, verglichen mit den Turbulenzen bei Springer und im *Spiegel.* Rudolf Augstein, der Gründer und Herausgeber, inzwischen 71 Jahre alt, löst einen mißliebigen Chefredakteur ab, Hans Werner Kilz, und versucht der Redaktion als Nachfolger seinen Ziehsohn Stefan Aust aufzunötigen, den Leiter von *Spiegel-TV,* einen »Kampfzwerg« im Spott der Redakteure. Aust ist einer, an dem Augstein schätzt, daß er mit ihm »von Arschloch zu Arschloch reden kann« (die *taz* zitiert das als weitere Bosheit aus der Redaktion). Die fünf gewählten Sprecher der Mitarbeiter-KG, der 50 Prozent vom *Spiegel* gehört, protestieren, aber unter dem Druck Augsteins kapitulieren sie schließlich – und dann treten sie zurück.

»Das Rückgrat der Redaktion ist krummer geworden«, schreibt die *Frankfurter Rundschau;* die *Süddeutsche Zeitung:* »Der *Spiegel* wird zerstört, indem sich die Mitarbeiter besiegen lassen.« Und die Branche vermutet, Aust, der vom Fernsehen kommt, sei gewiß der Mann, der den *Spiegel* dem bunten Bild des erschreckend erfolgreichen Konkurrenten *Focus* ähnlich machen werde.

Unruhe auch im Axel-Springer-Verlag: Nach dem frühen Tod von Günter Wille, der nur zwei Jahre an der Spitze des Hauses hatte stehen können, folgen 1994 gleich zwei neue Vorstandsvorsitzende, und der zweite ist ein anderer als der förmlich angekündigte. Der erste, ab 1. Januar, heißt Günter Prinz, der damit seine Karriere krönt: 1968 bis 1971 Chefredakteur von *Jasmin,* dann bis 1981 Chef von *Bild,* mit einer Auflagensteigerung von drei auf mehr als fünf Millionen; 1985, nach Axel Springers Tod, stellvertretender Vorstandsvorsitzender unter Peter Tamm.

Im Mai 1987 war Prinz überraschend zu Hubert Burda gewechselt, als Sonderbeauftragter des Verlegers. Was war geschehen? Den Machtkampf mit Peter Tamm gab Prinz, der sich für Axel Springers eigentlichen Nachlaßpfleger hielt, verloren. Für seine Gründung *Ja* (mit Peter Koch an der Spitze) fürchtete er zu Recht das Schlimmste, und so ging er lieber, ehe die Pleite offenkundig wurde. Und schließlich konnte er den Ein-Prozent-Anteil am Verlag, den Springer ihm wie Tamm kurz vor seinem Tod geschenkt hatte, in eine Abfindung von fast 17 Millionen Mark verwandeln.

»Waren Sie das Geld wert?« fragte ihn der STERN 1994. Prinz antwortete selbstbewußt: »Ich habe die Rendite von *Bild* vervierfacht. Ich habe dem Verlag eine Milliarde verdient. Dafür bin ich anständig bezahlt worden« – damals, 1987, als er zu Burda ging. Als erstes versuchte er die Talfahrt der *Bunten* zu bremsen, indem er sie in ein »Personality-Magazin« verwandelte. Nach dem Fall der Mauer entwickelte er *Super,* das auf die Ossis zielende Revolverblatt. Doch Prinz hatte Glück: Noch ehe *Super* erschien, machte der designierte neue Springer-Vorstandsvorsitzende Wille ihm das Angebot, als Stellvertreter in sein altes Haus zurückzukehren, und Wille schaffte es, Prinz aus seinem Vertrag herauszubrechen; Hubert Burda, tief verletzt, machte Helmut Markwort zum Nachfolger.

So kann Prinz bei Willes Erkrankung die Geschäfte übernehmen. Zum 1. Januar 1994 wird er förmlich zum Vorstandsvorsitzenden bestellt. »Bei Springer wachsen wieder Teamgeist und Optimismus«, schreibt der *Kress-Report.* Und Prinz bereitet *News* vor – für Springer das, was Gruner + Jahr mit TANGO erreichen will. »*News* hat alle Elemente für einen großen journalistischen Erfolg«, sagt Prinz dem STERN.

Am 20. Juli 1994 legt er, wie bei seiner Berufung vereinbart, den Vorstandsvorsitz nieder, zehn Tage, bevor er 65 wird. »Es war ein starker Auftritt zum Abschied«, schreibt die *Stuttgarter Zeitung* über die Hauptversammlung: »Braungebrannt und souverän präsentierte der Vorstandsvorsitzende den Aktionären in Berlin ein äußerst erfreuliches Ergebnis.«

Als Regierungssprecher war Prinz im Gespräch gewesen, mehrfach als Chefredakteur des STERN – und es läßt sich nicht bestreiten, daß er unter allen Journalisten der Nachkriegszeit in Deutschland nur zwei Brüder im Erfolg hatte: Rudolf Augstein und Henri Nannen. Mit Nannen verband ihn überdies der Ruf, ein Leuteschinder zu sein. »Wenn Sie 100 Prozent verlangen, kriegen Sie höchstens 80«, sagte er dazu. »Also habe ich immer 120 Prozent verlangt. Sie können keine *Bild*-Redaktion mit 700 Leuten führen und ein lieber Mensch sein.«

Nachfolger von Prinz im Vorstandsvorsitz hätte Dr. Horst Keiser werden sollen, das Vorstandsmitglied für Zeitschriften – ehe 1996 Dr. Jürgen Richter an die Spitze rückte, Vorstandsmitglied seit Mai 1994, zuvor Geschäftsführer der *Rheinpfalz*-Gruppe und des zu ihr gehörenden großen Schulbuch-Verlags Westermann, bei dem Richter sich den Ruf eines erfolgreichen Sanierers erworben hat. Doch Keiser wird ausgebootet und Richter schon 1994 der unmittelbare Nachfolger von Prinz. »Nun erst geht die Ära Springer zu Ende«, schreibt die *FAZ*.

Die Ära Kohl dauert fort. Hatte der *Spiegel* noch im Dezember 1993 mit der Zeile »Kohls Macht verfällt« aufgemacht, so erfahren die Leser im August 1994 auf dem Titelblatt: »Wie das System Kohl funktioniert: Die Macht-Maschine«, und dazu Kohls Kopf als Rammbock einer gewaltigen Dampflokomotive. (Nichts dagegen, daß eine Redaktion ihre Prognosen ändert – alles dagegen, daß der *Spiegel* sich niemals aufrafft, auf einen Wechsel seiner Meinung hinzuweisen und ihn zu begründen, oder sich zu zitieren mit einem Hauch von Selbstironie; denn da der *Spiegel* immer recht hat, muß er auch immer recht *gehabt* haben.)

Bei der Bundestagswahl vom 16. Oktober büßt zwar die CDU 2,3 Prozentpunkte ein, die FDP fällt sogar von 11 auf 6,9 Prozent, und zum erstenmal wird sie von den Grünen überholt. Doch es reicht zu einer Mehrheit von 10 Mandaten – statt der 134, die CDU/CSU und FDP zuvor besessen haben, und Rudolf Scharping ist nach Vogel, Rau und Lafontaine der vierte SPD-Kandidat, der an Kohl zerschellt. Johannes Rau erleidet 1994 eine weitere Niederlage: Bei der Wahl des Bundespräsidenten unterliegt er im dritten Wahlgang gegen Roman Herzog, den Präsidenten des Bundesverfassungsgerichts.

In Santiago de Chile starb Erich Honecker, in Kalifornien Richard Nixon, der 1974 das Weiße Haus in Schande verlassen hatte. Es starben Karl Schiller, 1971/72 »Superminister« der sozial-liberalen Koalition; Manfred Wörner, ehemaliger Bundesverteidigungsminister, dann Generalsekretär der NATO; Heinz Rühmann, 92 Jahre alt, einst der Mustergatte, Bruchpilot, Pater Brown und Hauptmann von Köpenick, jahrzehntelang der populärste Schauspieler deutscher Sprache.

Im norwegischen Lillehammer fanden die Olympischen Winterspiele statt – schon zwei Jahre nach denen von Albertville, weil das Olympische Komitee beschlossen hatte, Sommer- und Winterspiele um zwei Jahre gegeneinander zu versetzen. Deutschland auf Platz 3 hinter Rußland und Norwegen, Katja Seizinger im Abfahrtslauf mit der ersten ihrer drei olympischen Goldmedaillen, Markus Wasmeier gleich mit zweien (Riesenslalom und Super G) – was der *Bildzeitung* die Chance gab, den Doppelsieger als »Wasi Wahnsinn« vorzustellen. Bei der Fußballweltmeisterschaft in den USA scheiterte Deutschland im Viertelfinale an Bulgarien, 1:2. Weltmeister: Brasilien, im Elfmeterschießen.

Bei VW wurde die 28,8-Stunden-Woche eingeführt – ohne vollen Lohnausgleich und trotzdem mit dem Segen des Betriebsrats, weil Massenentlassungen auf diese Weise verhindert werden konnten. In der Ostsee soff das Fährschiff »Estonia« mit mehr als 900 Menschen ab. Königin Elisabeth II. und François Mitterrand eröffneten nach siebenjähriger Bauzeit den 50 Kilometer langen Eisenbahntunnel unter dem Ärmelkanal, der schon ein Traum Napoleons und lange Zeit ein Alptraum Englands gewesen war.

Mit einem Festakt unter dem Treptower Ehrenmal verabschiedeten Boris Jelzin und Helmut Kohl am 31. August die letzten 1500 von einst 365 000 sowjetischen Soldaten auf deutschem Boden. »Noch nie in der Geschichte«, schrieb dazu die

Süddeutsche Zeitung, »ist ein so gravierender Rollentausch vollzogen worden wie zwischen diesen beiden Staaten: Aus dem Eroberer wurde der Verlierer, aus dem Unterlegenen der Sieger.«

Am 31. Dezember 1994 übergab die Berliner Treuhandanstalt, im Juni 1990 noch von der DDR gegründet zur Privatisierung der bankrotten Staatsbetriebe, ihre Aufgaben an zwei Nachfolge-Gesellschaften und die »Bundesanstalt für vereinigungsbedingte Sonderaufgaben«. 14500 Betriebe hatte »die Treuhand« privatisiert und 3500 stillgelegt, stets von Verdächtigungen, Anwürfen und Protesten aus Ost und West begleitet. Nach eigenen Angaben hatte sie 1,5 Millionen ostdeutsche Arbeitsplätze gesichert – und 275 Milliarden Schulden zu Lasten des Steuerzahlers hinterlassen. »Hätte es eine bessere Alternative gegeben?« fragte zum Abschied die *FAZ.* »Es wird keine genannt.«

»Tango« geht

1995

Ein zähes Sterben. 15. Februar 1995: Hans-Hermann Tiedje muß »das inhaltliche und optische Konzept« von TANGO überarbeiten, teilt die Gruner + Jahr-Pressestelle mit. Die Auflage sei hinter den ursprünglichen Erwartungen zurückgeblieben (noch 280 000), der Einführungsrabatt für die Anzeigen werde verlängert; doch habe die »Info-Illustrierte« die angestrebte Positionierung im Markt erreicht. 20. Februar: »Der mißglückte Start von TANGO lag insbesondere daran, daß wir unbedingt vor der Bundestagswahl erscheinen wollten«, sagt Gerd Schulte-Hillen dem *Kontakter,* »und uns deshalb zu wenig Zeit genommen hatten, um uns einzuüben.«

2. Juni: Nach 36 Ausgaben wird TANGO eingestellt; immerhin hat es 25 Wochen länger gelebt als LEUTE, der G + J-Mißerfolg von 1977. Verkaufte Auflage: zuletzt 160 000; bis dahin aufgelaufene Verluste: 57 Millionen. Bitter für 110 Mitarbeiter, einen Chefredakteur und einen Vorstandsvorsitzenden, der sich dem Gespött der Branche ausgesetzt sah. Eine Jury von 85 Media- und Marketing-Experten, von der Fachzeitschrift *Horizont* befragt, stellte TANGO einsam an die Spitze einer Liste der »größten Flops« der letzten Jahre.

In einem Interview mit der *Süddeutschen Zeitung* sagte Gerd Schulte-Hillen vier Jahre später: »Beim STERN ist es uns dank TANGO immerhin gelungen, die Lufthoheit am Donnerstag zu behalten. Damit war unser Versuch, am Donnerstag eine zweite Illustrierte auf den Markt zu bringen, durchaus sinnvoll. Unsere Konkurrenten Springer und Bauer wollten mit *News* und *Ergo* eigene Magazine am Donnerstag an den Kiosk bringen und haben diese Pläne dann fallengelassen.« Intern zog Schulte-Hillen die Bilanz: »Unsere Strategie ist nur halb aufgegangen. Bingo wäre gewesen, wenn TANGO auch noch ein Erfolg gewesen wäre.«

Die verlorenen 57 Millionen also als Investition in den STERN! Daß es wirklich so gedacht gewesen sei, wollte die Branche nicht recht glauben. Eindeutig aber war der Effekt. Zum Projekt *News* sagte der Springer-Vorstandsvorsitzende Jürgen Richter im Juni auf seiner ersten Bilanzpressekonferenz, 1995 werde *News* noch nicht erscheinen. Auf einer Betriebsversammlung im November fügte er hinzu, es wäre töricht, »verlegerisches Können ausschließlich mit der Entwicklung neuer Objekte gleichzusetzen«; an die sollte man sich nur »mit gehöriger Besonnenheit und Vorsicht« wagen. Die Vorsicht war so groß, daß ein deutsches *News* bis heute nicht erschienen ist.

Während sich aber bei Springer die Vorarbeiten auf ein paar Nullnummern beschränkten, starb Bauers *Ergo* nach einer qualvollen zweijährigen Schwangerschaft. Mehr als hundert schon eingekaufte Redakteure hatten nicht weniger als zwanzig Testhefte produziert, auf ein halbes Dutzend bereits angekündigter Erscheinungstermine hatten sie gelauert, schon hatte eine Tournee mit Live-Show für die erhofften Anzeigenkunden stattgefunden – da verkündete Heinz Bauer, der Verleger, im Januar 1996 das Aus. »Ein Fall fürs Buch der Rekorde«, schrieb der *Kress-Report*.

Was hatte *Ergo* gekostet? Die Schätzungen der Branchendienste lagen zwischen 35 und 70 Millionen Mark – das nicht erschienene *Ergo* hatte also möglicherweise mehr verschlungen als der erschienene TANGO! Und woran war *Ergo* gescheitert? Laut *Kress* am Image des Bauer-Verlags mit seiner »seicht unterhaltenden Ware« und an Bauers Neigung, die Marktforschung regieren zu lassen – statt nach der bewährten Regel zu verfahren: »Ein Mann, eine Idee, die Finanzierung gesichert, die Mannschaft verpflichtet – und Zündung! So ist der STERN entstanden, *Bild, Hörzu,* GEO, *TV Spielfilm,* P.M.« Der *Spiegel* fügte hinzu: Heinz Bauer habe gefürchtet, »es könne ihm mit *Ergo* ergehen wie dem Erzrivalen Gruner + Jahr mit TANGO«, und die *Süddeutsche Zeitung:* Es sei wohl die TANGO-Pleite gewesen, »die den Verleger endgültig abgeschreckt hat«.

So hätte denn TANGO in der Tat neben seiner eigenen Unmöglichkeit auch die jeder anderen Konkurrenz zum STERN bravourös demonstriert – ein Beweis ähnlich dem, den ein Freund Heinrich Heines einst in Göttingen führte:

> Hat Immanuel Kant eben dadurch, daß er alle Beweise für das Dasein Gottes zerstörte, uns recht zeigen wollen, wie mißlich es ist, wenn wir nichts von der Existenz Gottes wissen können? Er handelte da fast ebenso weise wie mein westfälischer Freund, welcher alle Laternen auf der Grohnderstraße zu Göttingen zerschlagen hatte und uns nun dort, im Dunkeln stehend, eine lange Rede hielt über die praktische Notwendigkeit der Laternen, welche er nur deshalb theoretisch zerschlagen habe, um uns zu zeigen, wie wir ohne dieselben nichts sehen können.

Weniger Klarheit herrschte in Berlin. Dort verkaufte Gruner + Jahr 75 Prozent der WOCHENPOST an den Buchverleger Dietrich von Boetticher. Das einstige Zufluchts- und Intelligenzblatt der DDR hatte es, seinerzeit mit großzügiger Papierzuteilung gesegnet, auf eine Auflage von 1,3 Millionen gebracht; auf der vergeblichen Suche nach einer neuen zentralen Funktion war sie auf unter 100 000 gesunken.

Magerer wurden auch die ehemals »fetten Gänse«, die SED-Zeitungen mit dem lokalen Monopol. Die BERLINER ZEITUNG verlor von 1989 bis 1995 nicht weniger als 46 Prozent ihrer Käufer (Auflagenschwund von 439 000 auf 236 000), womit sie aber auf dem heißumkämpften Zeitungsmarkt Berlin die größte Abonnementszeitung blieb (vor Springers *Berliner Morgenpost* und Holtzbrincks *Tagesspiegel*).

Die SÄCHSISCHE ZEITUNG, Monopolblatt wie eh und je, gehörte mit einer Einbuße von 27 Prozent (auf nun 420 000 Käufer) zu den glimpflich Davongekommenen; die *Leipziger*

Volkszeitung hatte mehr als 40 Prozent verloren. Zu dick und zu teuer, diese neuen Blätter; dazu die Konkurrenz der Boulevardzeitungen (*Bild*, BERLINER KURIER, DRESDNER MORGENPOST); und das ungehemmte Fernsehen nun auch im »Tal der Ahnungslosen«, wie der Dresdner Raum vor dem Fall der Mauer geheißen hatte; und die vielen Arbeitslosen, bei denen sich oft zwei Familien auf *ein* Abonnement geeinigt hatten.

Der BERLINER ZEITUNG wurde für 1996 ein neuer Herausgeber und ein neuer Chefredakteur avisiert. In der Chefredaktion sollte auf Hans Eggert, einen wackeren Überlebenden der SED-Vergangenheit, der 37jährige Jurist, Kirchenmusiker und Designer Dr. Michael Maier folgen, der von der *Kärntner Kirchenzeitung* zum Wiener Prestigeblatt *Die Presse* gestoßen war, als Designer, dann als Chef vom Dienst und seit Anfang 1995 als Chefredakteur.

Herausgeber sollte nach Erich Böhme der dann pensionierte Chefredakteur der *Süddeutschen Zeitung* werden, der 64jährige Dieter Schröder. Während sich in der BERLINER ZEITUNG der Wechsel an der Spitze leise vollzog, zwischen Seufzen und Verwunderung, entstand in der *Süddeutschen* ein Aufruhr über die Frage, wer dort Schröders Nachfolger werden solle (neben dem Ko-Chefredakteur Dr. Gernot Sittner, der sein Amt behielt).

Die Redaktion favorisierte den langjährigen Leiter ihres Bonner Büros, Martin E. Süskind, und brachte diesen Wunsch in einem Brief an die fünf Gesellschafter zum Ausdruck. »Das Schreiben soll die Verleger beeindruckt haben,« schrieb die *Frankfurter Rundschau*, »mehr aber auch nicht.« Die hatten sich längst für Hans Werner Kilz entschieden, der bis vor einem halben Jahr einer der Chefredakteure des *Spiegels* gewesen war.

Kilz stellte sich der Redaktion, äußerte Verständnis für die Widerstände und versprach seinen Gegnern, er werde sie durch seine Arbeit überzeugen. Martin E. Süskind war dabei und mahnte alle zur Besonnenheit. Die Runde ging an Kilz. Dann führte er mit den Ressortleitern Einzelgespräche, enttäuschte aber die meisten, wie es hieß, durch Unkenntnis und Unbestimmtheit – und verlor so die zweite Runde.

Nun war es nach dem Redaktionsstatut an den 31 »Impressionisten« – den Ressortleitern und anderen Leitenden Redakteuren, die im Impressum aufgeführt sind –, ihr Votum abzugeben. Mit Zwei-Drittel-Mehrheit konnten sie einen unerwünschten Chefredakteur verhindern. 27 waren anwesend, einer enthielt sich, mit 18:8 Stimmen hätten sie Kilz blockieren können. Die Mehrheit gegen ihn lautete jedoch nur 17:9 – an zwei Dritteln fehlte also 1 Redakteur. Wer war's? Da wurde viel verdächtigt und geflucht, und Dieter Schröder, noch Chefredakteur, merkte an, er erinnere sich an Zeiten, in denen man nach einem solchen Votum das Amt nicht angetreten hätte. Kilz kam.

In Berlin-Lichtenberg ging Gruner + Jahrs neue Großdruckkerei für die BERLINER ZEITUNG und den BERLINER KURIER (Auflage 180000) in Betrieb; Investitionsvolumen: 100 Millionen. Auf der Bilanzpressekonferenz konnte Rolf Wickmann, Vorstandsmitglied für die Zeitschriften, darauf verweisen, daß der TANGO-Pleite vier neue Titel gegenüberstünden: TV TODAY, GALA, BRIGITTE YOUNG MISS und das wöchentliche Anleger- und Börsenmagazin BÖRSE ONLINE. Umsatz im abgelaufenen Geschäftsjahr: 4,38 Milliarden (knapp 10 Prozent mehr als Springer).

Der STERN glänzte 1995 unter seinem neuen Chefredakteur Werner Funk – bei weniger bloßen Brüsten als in den siebziger Jahren – mit so vielen Sex-Titeln wie noch nie:

Hat Ihre Liebe Zukunft? Wie Sie Ihre Beziehung retten

Sexualität 95: Warum uns die Lust vergeht

Vergewaltigt in der Ehe

Die jungen Verführer

Kirche und Sex

Erotik: Was Männer an sich sexy finden

Die Lust am anderen Geschlecht: Wenn die Natur irrt, wird der kleine Unterschied zum großen Problem

Erotische Träume: Warum wir im Schlaf hemmungslos sind

Ware Lust: Aus dem Tagebuch eines Zuhälters

Teenager-Sex – Zwischen Kuscheltier und Koitus

Hilfe für den kleinen Mann:
Neue Methoden der Penis-Vergrößerung

Auflagengewinn übers Jahr: tausend neue Käufer (nun 1251000). Aber natürlich gab es mehr als Sex auf der Titelseite: »Der Atomfluch« und »Die Regenbogen-Krieger« (über Greenpeace), Ulrich Wickert und Günter Grass, den Elektro-Smog und »Die teuflische Macht der Sekten«.

Am 29. September starb Gerd Bucerius, 89 Jahre alt, in seinen letzten Jahren fast ganz verlassen von der quecksilbrigen Vitalität, mit der er die ZEIT, den STERN, das Haus Gruner + Jahr und schließlich sogar Bertelsmann fast ein halbes Jahrhundert lang auf Trab gebracht und in Atem gehalten hatte. »Er war die Unruh im Uhrwerk der ZEIT«, schrieb Theo Sommer. »Er hat uns manchmal entgeistert, oft begeistert – gelähmt nie.«

Bei der Trauerfeier für den Hamburger Ehrenbürger sagte Richard von Weizsäcker: Mit seiner »vollkommen souveränen Unabhängigkeit« habe Bucerius ihm stets die höchste Achtung abgenötigt. In der ZEIT erinnerte Henri Nannen an seinen ewigen Streit mit Bucerius und dementierte ausdrücklich die Version der *Süddeutschen Zeitung,* Bucerius habe ihm damals, 1951, seinen STERN-Anteil bloß »abgeschwätzt«. Nein: »Das waren keine Schwätzereien, sondern gnadenlose Kämpfe. Ich habe dabei verloren und gewonnen. Buc war der gewieftere Kaufmann, aber mir ließ er die journalistische Freiheit, und am Ende haben wir beide davon profitiert.« Rudolf Augstein erinnerte im *Spiegel* an den unvergeßlichen Brief, den Bucerius ihm einst geschrieben habe: »Ihr Brief ist bei mir nicht angekommen, aber in der zweiten Zeile ist so gut wie alles falsch.«

Sein Milliardenvermögen vermachte der Verleger einer Stiftung, über die sein Testament ziemlich unklar sagte, was sie soll (»das demokratische Denken in Deutschland stärken«), aber verblüffend präzise beschrieb, was sie nicht soll: der ZEIT Geld zuschießen, nicht einmal in Krisenzeiten. Das Blatt mußte sich ohne Subventionen am Markt behaupten – also das leisten, was es in seinen ersten dreißig Jahren *nicht* geschafft hatte.

Deutschland 1995: Auf dem Mannheimer SPD-Parteitag kippt Oskar Lafontaine, der »Saar-Napoleon«, den Parteivorsitzenden Rudolf Scharping mit einer einzigen kämpferischen Rede aus dem Sattel. In Saulgau nördlich vom Bodensee kann Ernst Jünger als erster Schriftsteller, von dem wir wissen, seinen 100. Geburtstag feiern; unter den 160 Gästen befinden sich der Bundeskanzler und der Bundespräsident. Nur halb im Scherz pflegte Jünger zu erzählen, er wolle auch der erste Dichter sein, der in drei Jahrhunderten lebte; doch die Ankunft im Jahr 2000 blieb ihm verwehrt: Er starb, 102 Jahre alt, 1998.

In Tel Aviv wird der israelische Premierminister Jitzhak Rabin, der die Aussöhnung mit den Palästinensern suchte, von einem fanatischen Juden ermordet. Über die bosnische Enklave Srebrenica fallen serbische Soldaten her und bringen 6000 Bosniaken um. Im ersten Tschetschenien-Krieg kommt der STERN-Reporter Jochen Piest, Absolvent der Henri-Nannen-Schule, bei einem Partisanen-Überfall ums Leben.

Seit dem 26. März 1995 herrscht zwischen Deutschland, Frankreich, Spanien, Portugal und den drei Benelux-Staaten jener Zustand, an den Europa in zwei Weltkriegen absolut nicht hatte glauben können: Das Schengener Abkommen ist in Kraft getreten, es gibt keine Grenzkontrollen mehr.

Nannens Tod

1996

Die größte Medien-Überraschung des Jahres 1996 kam aus der alten »Hamburger Kumpanei«: Die ZEIT wurde an die Stuttgarter Verlagsgruppe Georg von Holtzbrinck verkauft mit Zustimmung der Herausgeber Gräfin Dönhoff und Helmut Schmidt sowie der Testamentsvollstreckerin des sieben Monate zuvor gestorbenen Gerd Bucerius, Hilde von Lang.

Holtzbrinck! Eigentümer oder Mehrheitsgesellschafter von zwölf Zeitungen, darunter *Handelsblatt, Tagesspiegel* und *Lausitzer Rundschau,* von *Wirtschaftswoche, DM, Spektrum der Wissenschaft* und zahlreichen Fachzeitschriften, von vier der angesehensten deutschen Buchverlage (S. Fischer, Rowohlt, Droemer/Knaur, Kindler) und dem Londoner Großverlag Macmillan, von Fernsehproduktionsgesellschaften, Online-Diensten, Datenbanken und dreizehn Radiostationen; kurz: eine gewaltige wirtschaftliche Macht, erstaunlich leise erworben – und neben der intellektuellen Macht fast nebensächlich, schrieb die *FAZ:* »Dergleichen hat es noch nie gegeben.«

Robert Leicht, Chefredakteur der ZEIT seit 1992, schrieb dazu »In eigener Sache«: »Wehmut darf die Redaktion schon tragen. Trotzdem hat sie Grund zur Zuversicht.« Eine Epoche sei unwiderruflich zu Ende, doch die Redakteure seien »selbstbewußt und neugierig genug, die Chance eines neuen Aufbruchs zu erkennen«. Noch einmal erinnerte Leicht an die Tugenden des Gerd Bucerius, der es sich eher mit seinen politischen Freunden, ja mit Anzeigenkunden verdorben habe als mit seiner Redaktion, und nie habe er verlangt, daß *sie* so schrieb, wie *er* dachte – anders als Axel Springer und Rudolf Augstein. Wer das Blatt im Sinne von Bucerius führen wolle, »wird es ihm darin gleichtun müssen«.

Die traurigste Nachricht des Jahres kam am 13. Oktober aus Hannover: Henri Nannen gestorben, 82 Jahre alt, an Krebs – der Krankheit, die er, der von Fläschchen und Pillen umringte Hypochonder, sein Leben lang am meisten gefürchtet hatte. »Wer den Chefredakteur oder den Museumsgründer Nannen gekannt hat, wer seine blauen Augen hat blitzen sehen, wer sein dröhnendes Lachen gehört hat, der konnte Zweifel haben, ob wirklich alle Menschen sterblich sind«, rief ihm Gerd Schulte-Hillen nach. »Er hat unser Haus geprägt und gleichzeitig die wirtschaftliche Grundlage für seine heutige Größe geschaffen.«

Theo Sommer schrieb in der ZEIT, sie schulde Nannen »ewigen Dank. Ohne Nannen hätte sie nicht überlebt. Auch ich habe ihn bewundert.« Für die *Bildzeitung* war Nannen »ein Mann, vor dem man sich verneigen muß«. Herbert Riehl-Heyse erinnerte in der *Süddeutschen* an die »heute kaum noch vorstellbare Wucht«, mit der sich Nannen einst in die öffentlichen Belange eingemischt habe; und er erzählte: Auf die Frage, ob es nicht schrecklich sei, seine Laufbahn mit der Katastophe der »Hitler-Tagebücher« zu beenden, habe Nannen geantwortet: »Besser als am Anfang.«

1983, noch ohne die verklärende Aura des Nachrufs, hatte Gerd Bucerius in der ZEIT über Nannen geschrieben: »Ob sie wollten oder nicht – die andern mußten zu ihm aufschauen. Sie sind dabei oft rasend geworden. Wer bewundert schon gern einen andern sein Leben lang? Ich habe es nie ertragen… Müßte ich Nannen aus meinem Leben streichen, würde meine Erinnerung um das Bitterste und Beklemmendste geringer werden. Aber auch um das Schönste.«

In Paris starb François Mitterrand. Auf dem Flughafen Düsseldorf kamen durch einen Schwelbrand siebzehn Menschen um. Bill Clinton wurde wiedergewählt, Kofi Annan aus Ghana zum Generalsekretär der UNO bestellt. Jan Philipp Reemtsma wurde entführt, Gerhard Schröder wieder mal geschieden. Bei den Olympischen Sommerspielen in Atlanta gab es 44 Goldmedaillen für die USA, 26 für Rußland, 20 für Deutschland. Endspiel der Fußballeuropameisterschaft in London: Deutschland schlägt Tschechien 2:1, Entscheidung in der 95. Minute. In Deutschland nun mehr als vier Millionen Arbeitslose.

Der Axel-Springer-Verlag warf die monatliche Frauenzeitschrift *Allegra* und das vierzehntägliche *Computer-Bild* auf den Markt. Das wurde, trotz des Überangebots an Computer-Zeitschriften, alsbald ein Renner – nicht zuletzt deshalb, weil die Macher die überwältigend vernünftige Idee hatten, aus dem überschäumenden englischen Kauderwelsch der Branche die Luft herauszulassen. Der Vorstandsvorsitzende Jürgen Richter konnte zum erstenmal einen Umsatz von mehr als vier Milliarden melden, sagte zum 50jährigen Verlagsjubiläum »Das Geburtstagskind ist kerngesund« und wurde vom Fachblatt *Horizont* zum »Medienmann des Jahres« gewählt.

Gruner + Jahr startete 1996 zugunsten von TV TODAY »eine Beschäftigungsoffensive für die Rechtsabteilung«, wie es hausintern selbstironisch hieß: Heft 5 wurde, statt für 2,30 Mark, zum Kampfpreis von 1 Mark angeboten – Heft 6 dann für 1,80 Mark, weil die Konkurrenz eine Einstweilige Verfügung gegen den Niedrigpreis erwirkt hatte. Außerdem wurden die 340 000 Abonnenten der Fernsehzeitschrift *F.F.dabei* unverlangt (und um ein Abonnement werbend) mit TV TODAY beliefert; Gruner + Jahr hatte *F.F.dabei* zusammen mit dem Berliner Verlag übernommen, dann an den Deutschen Supplement-Verlag in Nürnberg verkauft (der wiederum zu 75 Prozent Bertelsmann gehört), und der stellte nun das Programmblatt ein. Die Abo-Aktion und der Kampfpreis zusammen brachten TV TODAY den angestrebten Sprung über die Million – mit weiter hohem Abstand zu *TV Movie* und *TV Spielfilm* (etwas mehr und etwas weniger als 2,7 Millionen verkaufte Hefte).

Zum Chefredakteur der HAMBURGER MORGENPOST wurde am 1. April überraschend Dr. Mathias Döpfner berufen, 33 Jahre alt, zuvor Chef der WOCHENPOST, die im Vorjahr an

Dietrich von Boetticher verkauft worden war, der sie nun an die *Woche* weiterreichte. Im Geschäftsjahr 1995/96 setzte Gruner + Jahr 4,57 Milliarden um, wovon 1,51 Milliarden auf die Druckereien entfielen.

Die Technik des Druckens hatte inzwischen einen Grad der Perfektion erreicht, der den Laien mehr staunen als begreifen läßt. Da schneidet, beim Tiefdruck, ein Diamantstichel 7500 Näpfchen *pro Sekunde* in eine Kupferfolie, fast 5000 auf jeden Quadratzentimeter, jedes Näpfchen den 25. Teil eines Millimeters tief; und jeder der mit bloßem Auge nicht erkennbaren Millionen Näpfe wird mit Farbe gefüllt, die er auf eine Papierbahn drückt, die mit 50 Stundenkilometern über eine Walze jagt: So entstehen im holsteinischen Itzehoe der STERN und die BRIGITTE, der *Spiegel, Auto, Motor und Sport* und die Kataloge von Ikea und dem Otto-Versand.

Müßte die Farbe nur *einmal* aus den Näpfchen auf die Papierbahn wandern – der Ablauf wäre kompliziert genug. Aber der Vierfarbdruck heißt so, weil er *vier* Durchläufe erfordert – nach den mit Gelb gefüllten Näpfchen werden die roten, die blauen und die schwarzen von der »Presseur-Walze« aufs Papier gepreßt, zusammen bis zu 200 Farbpunkte auf jeden Millimeter im Quadrat. Die jedoch sind erst unter der Lupe zu erkennen; das geringere Auflösungsvermögen des Auges im Gehirn des Betrachters gaukelt uns einen einheitlichen Farbton vor. Natürlich nur, wenn die Druckzylinder auf den Zehntelmillimeter übereinstimmen beim zweiten, dritten und vierten Durchlauf der rasenden Papierbahn durch die vier Druckwerke. Sonst verliert das Bild seine scheinbar scharfen Konturen, es »schwimmt«, ja in den Farbdrucken der sechziger Jahre kam es vor (und in manchen Billigblättern sieht man es noch heute), daß die Farbpunkte um einen ganzen Millimeter durcheinandertanzen.

Noch immer gehört es zu den schwierigsten Präzisionsleistungen einer Druckerei, daß »die Passer stimmen« – und dies, obwohl Papier ein Stoff ist, der dazu neigt, sich je nach Wärme, Feuchtigkeit und Zug um weit mehr als einen Millimeter zu verformen. Die Passer, heute elektronisch geregelt, bedürfen noch immer der ständigen Überwachung durch einen Drucker von besonders hoher Qualifikation.

Ähnlich strenge Anforderungen stellen zwei andere Überwachungsaufgaben: die Kontrolle des sogenannten Farbstandes und die des gleitenden Wechsels der tonnenschweren Papierrollen. Entspricht das frische Druckprodukt in allen Farbnuancen den Vorlagen, die die Redaktion oder der Anzeigenkunde abgesegnet hat? Oder ist etwa zu wenig Rot in der Abendrobe? Dann kann der Drucker die Anzahl der Farbpigmente so lange heraufsetzen, bis die Robe leuchtet.

Die Papierrollen an den Rotationsmaschinen sind bis zu 3,18 Meter breit, bis zu fünf Tonnen schwer und bis zu 26 Kilometer Länge aufgewickelt. »Paster« heißt der Mann, der zu kontrollieren hat, daß auf dem letzten Kilometer der alten Rolle die neue, elektronisch gesteuert und hydraulisch gehoben, an ihre Stelle tritt und daß die Papierbahnen sich automatisch verkleben, ohne zu reißen und ohne daß die Geschwindigkeit auch nur für eine Sekunde gedrosselt wird – ein atemraubender Anblick.

Was die Besucher einst am meisten bestaunten, war die MAN-Rotationsmaschine von 1967 mit ihren sechzehn Druckwerken, vier Falzapparaten und sechs Rollenträgern in zwei Etagen mit einem Strombedarf von 1600 Kilowatt, mehr als dem 600fachen einer Haushalts-Waschmaschine. Zu dem dröhnenden Ungeheuer aufzublicken und Zeuge zu sein, wie es die Papierbahnen hektisch verschluckte und sechzehnfach lärmend ausspie – das war ein Eindruck von technischer Übermacht so stark wie bei den Dinosauriern unter den Dampflokomotiven: denen, die einst die Rocky Mountains überwanden.

Heute regiert der ICE, und die TR 8 B, die pro Stunde mehr als 3,5 Millionen Seiten für Zeitschriften oder Kataloge druckt, dröhnt nicht mehr, und daß auch sie zwei Stockwerke füllt, sieht man nicht, da ist eine Zwischendecke eingezogen. In Itzehoe ist die TR 8 B eine von zehn Maschinen mit 80 Druckwerken in einem Rotationssaal, der größer als zwei Fußballplätze ist.

Was aber muß geschehen, ehe eine von der Redaktion oder von der Anzeigenabteilung angelieferte Seite in Druck gehen kann? Als erstes wird sie auf der Abtastwalze des *Scanners* befestigt, der sie Punkt um Punkt erfaßt und ihre Farben in die vier Grundfarben gelb, rot, blau, schwarz zerlegt. Die so aufbereiteten Daten von Texten und Bildern gehen zur *Montusche,* einem Kunstwort aus Montage und Retusche, weil derselbe Operator die Seite zusammenstellt (»montiert«) und die Bilder korrigiert – zumeist die Farben (hier saftiger, da blasser, dort mehr blaugetönt, wie die Vorlage es verlangt); manchmal ändert er aber auch das Abgebildete selbst: Weg mit der Hochspannungsleitung hinter der alten Kirche!

Die Daten aus der Montusche werden auf laseroptischen Platten gespeichert, die später die Diamantstichel dirigieren. Die graben ihre Näpfchen in eine weiche Kupferschicht von 0,04 Millimeter Stärke, die ihrerseits mit einer harten, also druckbeständigen Chromhaut von weniger als einem Hundertstel Millimeter Dicke überzogen ist. Beide umschließen ein Stahlrohr, den Druckzylinder.

Der durchläuft in der Rotationsmaschine bei jeder seiner vierzehn Umdrehungen pro Sekunde eine Farbwanne, in der sich die Millionen Näpfchen auf ihm füllen. Ein scharfer Spachtel, das Rakelmesser, streift die überschüssige Farbe vom Zylinder ab, die Papierbahn wird mechanisch gegen die Walze gedrückt, und da das Papier zuvor statisch aufgeladen worden ist, *saugt* es die Farbe aus den Näpfchen – nur so läßt sich jenes Durchlauftempo halten, mit dem der 100-Meter-Weltrekordler nicht Schritt halten könnte.

Ist die Papierbahn viermal bedruckt, so wird sie getrocknet, die Lösemitteldämpfe werden abgesaugt und der Rückgewinnung zugeführt, damit sie die Umwelt nicht belasten. Die bedruckten Bogen werden zurechtgeschnitten, gefalzt und zur Zwischenlagerung auf einem Wickelrad gespeichert, das bis zu 1,5 Tonnen schwer und bis zu zweieinhalb Meter hoch sein kann, wenn es 35 000 Teilprodukte aufgenommen hat.

Zur gewünschten Zeit wird das Wickelrad an der Fertigungsstraße angedockt und zur Sammelheftung abgespult. Dann noch Leim für die Klebebindung (wie bei den Katalogen oder der BRIGITTE) oder ein Schuß in den Rücken (wie beim drahtgehefteten STERN) – Beschneidung der drei anderen Kanten durch den Trimmer – Sortieren nach den Grossisten und den Postleitzahlen der Abonnenten – rein in die Folienverpakkungsmaschine – und ab auf einen der dreißig Lkw, die im Innenhof warten.

Gruner + Jahr produziert außer in Itzehoe, nach wie vor der größten Druckerei, in den USA, in Berlin und auf halbem Weg zwischen Berlin und Prag, dazu nur fünfzig Kilometer von der polnischen Grenze entfernt – in Dresden. Zahl der Mitarbeiter: 6300; Papierverbrauch: 750000 Tonnen pro Jahr. Nur leider – hochkarätige Arbeit leisten ist nicht dasselbe wie Geschäftserfolg haben. Im Druckgewerbe gibt es Überkapazitäten, die die Preise drücken; wenn eine Druckerei profitabel bleiben soll, muß zur technischen Perfektion eine ständig steigende Produktivität hinzukommen und ein fantasievolles Kostenmanagement.

An Ideen war und ist da bei Gruner-Druck kein Mangel. Die eine: Drei Wochen hintereinander treten die Arbeitnehmer auch samstags an, sechsmal siebeneinhalb Stunden; auf diese drei 45-Stunden-Wochen folgt eine komplette Frei-Woche, so daß sich die durchschnittliche Wochenarbeitszeit auf 34 Stunden beläuft. So können alle Maschinen sechsmal 24 Stunden laufen, und die Mitarbeiter sind alles in allem zufrieden.

Eine zweite Idee: Keiner wird aus Rationalisierungsgründen entlassen – solange die Umsatzrendite mindestens fünf Prozent beträgt. Abfinden muß sich indessen jeder Arbeitnehmer mit der Zuweisung eines anderen Arbeitsplatzes oder mit einer kürzeren Arbeitszeit ohne Lohnausgleich oder mit der Versetzung in den Vorruhestand.

Ist auf diese Weise schon ein allgemeines Interesse an produktiver Arbeit zu niedrigen Kosten hergestellt, so kommt seit Anfang der achtziger Jahre eine dritte Idee hinzu, die in dieselbe Richtung wirkt: In jedem Produktionsbereich werden alljährlich die Stückkosten ermittelt. Sind sie gesunken, so erhält dieser Bereich einen Anteil an der eingesparten Summe. Der aber wird *nicht* gleichmäßig oder proportional auf die Mitarbeiter verteilt, sondern in Form einer Prämie oder einer Lohnerhöhung nur an die Tüchtigsten – nach dem Urteil des Schichtführers, das er mit dem Abteilungs- und dem Bereichsleiter durchzusprechen hat.

Da die Chance, sich eine Prämie zu verdienen, jedem winkt, aber keiner vorher weiß, wen sie trifft, sind alle daran interessiert, die Produktivität zu steigern und die Kosten zu senken – und dabei auch noch individuellen Ehrgeiz an den Tag zu legen.

Nach all dem muß ein Journalist wohl seufzend eingestehen: In einer solchen Druckerei ist mehr Professionalität, mehr Flexibilität und mehr Wille zur Leistung am Werk als in so mancher Redaktion.

Kein Friede bei Springer

1997

Das große Medienthema des Jahres 1997 lieferte der Axel-Springer-Verlag: Friede Springer (die Witwe mit 50 Prozent und einer Aktie) und Leo Kirch (mit 40 Prozent und dem kurzen Draht zu Helmut Kohl) sägten nach drei Jahren den Vorstandsvorsitzenden Dr. Jürgen Richter ab. Kohl und Kirch hatte er provoziert, indem er für das Wahljahr 1998 an seine Redaktionen die Parole ausgab: »Wir dürfen uns nicht vereinnahmen lassen«, und Friede Springer, zunächst seine Beschützerin, hatte er verärgert, indem er mehr Macht anhäufte, als sie ihm gewähren wollte.

Denn »der erfolgreiche Geldvermehrer« war zugleich ein Egomane, schrieb der *Kress-Report;* »verschroben-absolutistisch« agierte er dem *Manager-Magazin* zufolge; laut *Süddeutscher Zeitung* war er ein Solist, der niemandem vertraute und nach Dienstschluß sämtliche Türen am liebsten eigenhändig abgeschlossen hätte.

Zunächst mit der ausdrücklichen Zustimmung des Aufsichtsrats hatte Richter überdies die Vorstandsmitglieder für Zeitungen, Elektronische Medien und Personal entlassen und ihre Bereiche sich selber unterstellt.

Im Juni 1997 machte er dann »einen Anfängerfehler im Allmachtsrausch«, wie die *taz* aus dem Konzern zitierte: Er verfügte die Entlassung des 33jährigen stellvertretenden Chefredakteurs der *Bildzeitung,* Kai Diekmann, und dies unter zwei erschwerenden Umständen: Richter entschied über die Köpfe des Aufsichtsrats *und* über den Kopf des *Bild*-Chefredakteurs Claus Larass hinweg; und es waren Diekmanns

»Hymnen auf Kanzler Kohl und Frau Gemahlin« *(Kress)*, mit denen Richter den Rauswurf begründete.

Larass, aus seinem Urlaub empört zurückgekehrt, erreichte, daß Diekmann wieder eingestellt wurde, wenn auch nur als Autor. Richter hatte einen Machtkampf angezettelt und ihn unter dem Händereiben vieler Springer-Redakteure und dem Spott der Branche verloren. Aber siehe da: Am 19. August verkündete der Aufsichtsratsvorsitzende Prof. Dr. Bernhard Servatius (»für seine fintenreiche Geschmeidigkeit gerühmt«, schrieb das *Manager-Magazin*): »Für den Aufsichtsrat und aus der Sicht aller seiner Mitglieder sind die großen unternehmerischen Leistungen und die Führungsqualifikation des Vorstandsvorsitzenden unumstritten.«

Das blieben sie nach außen hin noch ein Vierteljahr. Aber, wenn die *Woche* recht hatte, vernahm Friede Springer in dieser Zeit am Telefon mehrfach die Mahnung Helmut Kohls: »Wir müssen das Problem Richter lösen!« Und als der nun seine Macht noch mehr vergrößern wollte, indem er forderte, Chefredakteure ohne Zustimmung des Aufsichtsrats bestellen und entlassen zu dürfen – da hatten Friede Springer und Leo Kirch die Nase voll: Am 30. Oktober beauftragten sie Servatius, mit Richter über die vorzeitige Auflösung seines Vertrags zu verhandeln.

Am 14. November wurde eine von Servatius und Richter unterzeichnete Erklärung veröffentlicht, wonach Richter seinen Sessel am 31. Dezember räumen werde, sechzehn Monate vor Ablauf seines Vertrags. Als Motiv seines vorzeitigen Ausscheidens nannte Richter die Ereignisse der letzten Wochen, ihre publizistische Behandlung und die damit einhergehenden Verunglimpfungen.

Finanziell war er, wie die *FAZ* bilanzierte, »der erfolgreichste Manager in diesem Konzern gewesen«: Den Unternehmenswert hatte er binnen drei Jahren annähernd verdoppelt. Nicht verstanden aber hatte er offenbar das schwierige Geschäft, die Machtstrukturen eines solchen Riesenunternehmens zu durchschauen und zu respektieren, einen Draht zur heiklen Spezies der Journalisten zu finden oder gar mit zehn Fingern zwanzig Korken unter Wasser zu halten, wie es sprichwörtlich zu einem großen Manager gehört.

»Der Nächste, bitte!« überschrieb die *Woche* ihren Abgesang: Nach Tamm, Wille, Prinz und Richter wurde binnen sieben Jahren der fünfte Vorstandschef gesucht – eine Unsicherheit an der Springer-Spitze fast wie an der des STERN (und doch fast nur ein Trainingslauf für die Turbulenzen, in die Springer wie der STERN 1999 gerieten).

Auf den nächsten hatte keiner getippt und schon gar keiner gewartet: August Fischer, ein Schweizer von 58 Jahren, der als Unternehmensberater in London lebte (August in »Gus« abwandelnd). »Who the hell is August Fischer?« fragte *Kress.* Fischers vorherige Stationen: Manager amerikanischer Firmen und von 1989 bis 1995 Managing Director, dann Chief Executive und schließlich rechte Hand des aggressiven australischen Medienkönigs Rupert Murdoch.

Ob Helmut Kohl sich durch den neuen Mann gerettet glaubte, weiß man nicht. Doch er kandidierte für 1998. Im April rief der STERN vom Titelblatt: »Treten Sie an, Herr Schröder! Kohls Kandidatur setzt die SPD unter Entscheidungsdruck«. Im Dezember zeigte der STERN Schröder und Lafontaine als zwei Hunde, die sich lauernd umschleichen.

Die Oder-Flut, der Elchtest und Dolly, das geklonte Schaf. Der Sieg von Jan Ullrich in der Tour de France, der Sieg des Tony Blair über John Major, der Tod des Deng Xiao-Ping, der Mutter Teresa und der Lady Di. Dem STERN war Prinzessin Diana vier Titelgeschichten wert, und die erste kam nur mit einem Kraftakt von Redaktion und Technik zustande: der tödliche Unfall in der Nacht zum Sonntag, dem 31. August; am Montag, dem Tag des Redaktionsschlusses, ein Sonderprodukt von 16 Seiten.

Gruner + Jahr erzielte im Geschäftsjahr 1996/97 ein Betriebsergebnis von 688 Millionen Mark, also eine Umsatzrendite von 14,3 Prozent (wovon die meisten Industrie-Unternehmen nur träumen können). Sorgenkind: weiter der STERN.

Die Auflage, einige Jahre lang leidlich stabil gehalten, wenn auch eine halbe Million unter der in Nannens besten Tagen – sie bröckelte wieder: von 1,25 Millionen Ende 1995 über 1,19 Millionen (1996) auf 1,16 Millionen; während der *Spiegel* sich schon unangefochten über der Million bewegte.

Die BRIGITTE, permanente Auflagen-Millionärin seit 1969, verkaufte 1997 zum erstenmal seit 28 Jahren wieder weniger als eine Million. Und wie wir den Anbruch des 3. Jahrtausends mathematisch ein Jahr zu früh gefeiert haben, am 1. Januar 2000, der drei Nullen wegen – so erscheinen uns die sechs Nullen der Million als eine »Grenze«. In Wahrheit hatte sich an den beiden entscheidenden Fakten nichts geändert: daß die drei »klassischen« Frauenzeitschriften ihre Auflage allesamt in ähnlichem Umfang schrumpfen sahen – und daß die BRIGITTE mit 981 000 weiter deutlich vor den beiden anderen lag (*Für Sie:* 704 000, *Freundin:* 610 000), im Anzeigengeschäft erst recht und in der Reputation sowieso.

Als die BRIGITTE 1976 ihre Spitzenauflage von 1,55 Millionen melden konnte, gab es in der Bundesrepublik 3 vierzehntägliche, 12 wöchentliche und 6 monatliche Frauenzeitschriften; heute drängeln sich 5 vierzehntägliche, 29 wöchentliche und 40 monatliche Frauenblätter auf dem Markt, zusammen also 74 statt 21 Frauen-Magazine, und parallel zu dem Überangebot läuft eine Änderung der Sitten: Drastisch gestiegen ist die Zahl der Käuferinnen, die nicht mehr nach »ihrer« Zeitschrift greifen, sondern nach der, die ihnen beim Blättern im Regal den stärksten Anreiz bietet.

»Ein bißchen spießig« fand Anne Volk die BRIGITTE, die sie 1985 übernahm nach 27 Jahren Peter Brasch und 13 Monaten Wolfhart Berg: die Sprache »altbacken«, die Fotos nicht modern, der »Elendsteil« oft wirklich allzu elend: in zwei Heften hintereinander eine Reportage über Ballspiele im Rollstuhl und über eine Frau, der die falsche Brust abgenommen worden war. Und dazu das allzu neckische Element, im Mai zum Beispiel: »Wir besticken alles mit Maiglöckchen«.

Doch dem stand ein ungeheures Kapital gegenüber: BRIGITTE hatte sich als *die* Instanz in Frauenfragen etabliert, als Basismedium rundum anerkannt bis ins Bonner Familienministerium, als glaubwürdig bis ins letzte Detail. Der Hausfrau hatte sie Mut gemacht, mit ihrem Los *nicht* zufrieden zu sein. Dabei behauptete sie nie, daß es einfach wäre, Familie und Beruf zu vereinbaren; aber sie gab Rat, wie man es schaffen könne.

Mit diesem Kapital versuchte Anne Volk zu wuchern. Zu revolutionieren war da nichts, aber vieles behutsam zu verbessern. In der Redaktion änderte sich vor allem das Klima: nach zwei eher zurückhaltenden Männern eine selbstbewußte Frau (»Es gibt vieles, das kann ich nun mal besser als andere«), mit einem ansteckenden Lachen begabt, aber durchaus imstande, ohne Umschweife Kritik zu üben. Lust an der Arbeit ist wichtig, sagt sie, aber noch wichtiger ist Qualität: »Ich pfeife auf euern Spaß – ich will einen guten Artikel!«

Ja, das lief gut – bis 1989. Da bekam Anne Volk erstens das Angebot, Chefredakteurin des neugegründeten *SZ-Magazins* zu werden – und sie wollte es! »Endlich mal keine Frauenzeitschrift!« frohlockte sie. Aber Gerd Schulte-Hillen beharrte ohne Erbarmen auf der Erfüllung des Vertrags, und sie war fair genug, dagegen nicht die wirksamste Waffe des lohnabhängigen Angestellten einzusetzen: das Muffen bis an den Rand der Unbrauchbarkeit. So blieb sie. Aber noch 1999 sprach sie: »Der journalistischen Chance traure ich bis heute nach.«

Und zweitens schaffte es 1989 die Konkurrenz *Für Sie* aus dem Jahreszeiten-Verlag mit einem Heft, die ewige Erste in der Auflage zum erstenmal zu überholen: mit 10000 verkauften Exemplaren vorn. Bei Gruner + Jahr schrillten die Alarmglokken. Wie hatte *Für Sie* das geschafft? Mit Rezeptkarten zum Sammeln! Der G + J-Vorstand: Dann machen wir das auch! Anne Volk: Wenn die Nummer 1 die Nummer 2 *kopiert,* dann wird *sie* die Nummer 2!

Stattdessen erfand sie das *Dossier:* eine Strecke von 12 bis 20 Seiten, die einem großen Thema gewidmet ist. 26 solcher

Frauenthemen pro Jahr: Wie lange wollt ihr – wie lange können wir das durchhalten? Drei Jahre oder vielleicht vier, dachte sich die Redaktion. Aber sie hat es nun seit elf Jahren geschafft, und schon nach wenigen Dossiers war die *Für Sie* weit abgeschlagen. Welche Themen? »Urlaub – die schönste Krise des Jahres« zum Beispiel oder »Was heißt schon *begabt?*« oder »Eifersucht – der ganz normale Wahnsinn« oder »Machen Sie das Beste aus Ihrem Chef«. Und 1999: »Haben Sie einen guten Arzt?« und »Scheidung – wie halten die Kinder das aus?« oder »Womit sind Sie zu verführen?«

Und dann gibt es die BRIGITTE-Specials, vier Sonderhefte pro Jahr: Kosmetik – Mode zum Selbernähen – Job und Karriere – Männer und ihre Gefühle. Und BRIGITTE-Bücher, und BRIGITTE-Berufsseminare mit Themen wie »Angst am Arbeitsplatz« oder »Habe ich das Zeug zur Chefin?« Nie aber, sagt Anne Volk, könne es dabei um »ein eingeengtes Bild der Frau« gehen: Eine Nur-Karrieristin sehe die BRIGITTE in der Frau so wenig wie die Nur-Hausfrau und Mutter.

Wie wird es weitergehen mit diesem Blatt, das mehr eine Institution als eine Zeitschrift ist, das Leitmedium für fast drei Generationen von Frauen? Die großen Themen der vergangenen Jahrzehnte sind passé: Das Stricken ist aus der Mode, die Emanzipation fast schon selbstverständlich, von Diät sind die meisten satt. Nur noch 21 Prozent der Leserinnen sind zwischen 14 und 29 Jahre alt, auf rund 40 ist das Durchschnittsalter gestiegen.

Revolution? Nein. Anpassen, wach bleiben, Einfälle haben! Das Layout modernisieren, den Serviceteil vergrößern, neue Ideen verwirklichen wie seit 1998 *Viva,* ein heraustrennbares Sonderheft von 24 Seiten mit den Themen Kochen, Wohnen, Reisen, Lebensart. Dafür sorgen, daß die BRIGITTE spannender bleibt als ihre Mitbewerber: mit den Reportagen, mit den Porträts, mit den bewegenden Themen, die sie früher zu finden und besser zu präsentieren versucht.

»Die BRIGITTE wird nie zu spät kommen, wenn sich gesellschaftliche Bedürfnisse, Werte oder Moden geändert haben«, sagt Anne Volk. »Und dabei bleibt uns die Mission, die Frauen richtig gut zu beraten für alle Lebenslagen. Die Frauen wollen sich auf die BRIGITTE als Partnerin verlassen können, und das können sie. Wir haben eine Haltung, und das wissen sie.« Sechzehn Jahre lang stand Anne Volk auf der Kommandobrücke eines Riesendampfers; so lange hat sich im STERN seit Henri Nannen kein Chefredakteur und bei Springer seit Peter Tamm kein Vorstandsvorsitzender mehr gehalten. 2001 übergab Anne Volk dann an die 36jährige Beatrix Kruse, bis dahin Chefredakteurin der Springer-Zeitschrift *Familie & Co;* doch blieb sie Verlagsgeschäftsführerin.

»Welche fünf Zeitschriften würden Sie auf eine einsame Insel mitnehmen?« wurden 1500 repräsentativ ausgewählte deutsche Frauen zwischen 14 und 64 im Vorjahr befragt. Siegerin: BRIGITTE – vor dem STERN (!), Burdas *Freundin,* Bauers *Tina* und Springers *Bild der Frau.*

Weiter kann man es nicht bringen.

Der Jahrhundert-Unternehmer

1998

Am 3. Juni 1998 sprang der ICE 884 in Eschede nordöstlich von Hannover mit 200 Stundenkilometern aus den Gleisen und brachte 101 Menschen um. Bei der Bundestagswahl überholte die SPD – zum erstenmal seit Willy Brandts Triumph von 1972 – die CDU/CSU und beendete damit die sechzehnjährige Kanzlerschaft von Helmut Kohl.

Und dann: 50 Jahre STERN! Das waren 2550 Ausgaben, insgesamt verkauft in 3,4 Milliarden Exemplaren; es waren 272 000 redaktionelle Seiten, das ergäbe 300 Bände eines großformatigen Lexikons. Chefredakteur Werner Funk schleuderte die Zahlen unter die 3000, die sich am 17. September 1998 zur Feier des Jubiläums versammelt hatten. Gerhard Schröder war dabei, noch als Kanzler*kandidat;* Harald Schmidt stellte die Ehrengäste vor.

»Der STERN ist wohl in der Welt ohne Beispiel«, sagte Funk. »Kein Nachrichtenmagazin mit seinem strengen Korsett, kein plüschiges People-Magazin und schon gar kein gedrucktes Fernsehen… Es gibt auf der ganzen Welt kein zweites Blatt mit dieser Mischung aus Wort und Bild, aus Emotion und Information, aus Engagement und Hulligully.« Die 50 STERN-Jahre waren 50 Wochen lang in einem beigelegten Sonderheft vorgestellt worden, das zusammen mit der Geschichte des Blattes auch die der Bundesrepublik erzählte und hohes Ansehen gewann; allein von Schulen wurden 50 000 Sonderlieferungen pro Ausgabe bestellt.

Dazu im Jubiläumsjahr der Existenzgründer-Wettbewerb

StartUp, vom STERN zusammen mit den Sparkassen und der Unternehmensberatung McKinsey ausgerufen in der Tradition von »Jugend forscht«, und START, ein Sonderheft für Ausbildung, Beruf und Karriere. »Der STERN bewegt«, hieß die neue Werbekampagne. An Anzeigenseiten gewann das Blatt 1998 erstaunliche 15,8 Prozent hinzu, womit es wieder dichter an den *Spiegel* (nur 4,7 Prozent plus) heranrückte. Im Bekanntheitsgrad unter allen Deutschen über 13 lag der STERN mit 86 Prozent weiter knapp *vor* dem *Spiegel* (84 Prozent). Der Heftpreis, sieben Jahre lang 4 Mark, wurde auf 4,50 Mark erhöht, so viel wie *Focus,* weniger als der *Spiegel.*

Acht Wochen nach Werner Funks Jubiläums-Auftritt geisterte durch den *Kölner Stadt-Anzeiger* ein Gerücht, das bald nach Berlin und nach Hamburg übersprang: Martin E. Süskind, Chefredakteur seit knapp zwei Jahren, sei von Gruner + Jahr abgeworben worden, um die BERLINER ZEITUNG zu übernehmen.

Wie das? Saß da nicht Michael Maier im Sattel, ziemlich fest sogar, da er zwar den Auflagenrückgang nicht aufhalten konnte, aber die BERLINER ZEITUNG in nur zwei Jahren mit Hilfe teurer und geschickter Personaleinkäufe »von einem drögen Plattenbau-Produkt zu einem der spannenderen Blätter des Landes« gemacht hatte, wie die *taz* schrieb? Also mußte Gruner + Jahr mit der Wahrheit herausrücken – erst gegenüber Funk, dann vor dem Redaktionsbeirat (der nicht widersprach), dann vor der STERN-Redaktion: Ja – Maier verläßt Berlin, Funk verläßt den STERN, Maier übernimmt ihn am 1. Januar 1999.

Großes Staunen in der Branche – über Funks jähe Ablösung als Chefredakteur und Verlagsgeschäftsführer ebenso wie über den Nachfolger: »Maier ist 40 Jahre alt, hat vier Kinder, einen Dr. jur, ein Diplom der Musikhochschule Graz und ein kleines Problem«, schrieb der *Kress-Report:* »Er ist kein Zeitschriftenmacher.«

Warum mußte Funk gehen? Sagte ihm nicht Gerd Schulte-Hillen in der *Welt am Sonntag* nach, er habe gute Arbeit geleistet und dem STERN wieder politische Relevanz gegeben – und die *Woche,* der STERN habe unter Funk zu seiner alten Tugend zurückgefunden, harte Politik und zeitgemäße Unterhaltung zu verbinden? Durchaus. Doch in Funks Vertrag von 1994 stand, er müsse binnen zwei Jahren einen potentiellen Nachfolger aufbauen. Funk versuchte es mit Andreas Lebert, den er als stellvertretenden Chefredakteur vom *SZ-Magazin* holte (wo er, statt Anne Volk, Chefredakteur geworden war) – zwar einem Zeitschriftenmacher von Geblüt, vielleicht geeignet, wieder Wunder in die Tüte zu bringen, doch ohne die Kraft, im »Haifischbecken« dieser Redaktion seinen Platz zu finden. Nach sieben Monaten ging er wieder.

Da Funk inzwischen 61 war, hielt Gerd Schulte-Hillen es für angezeigt, den fälligen Generationswechsel selber einzufädeln. Funk bekam das Angebot, Herausgeber zu werden; er lehnte ab – hatte er doch vor der Redaktion gesagt, es fehle Maier an der für den STERN notwendigen Härte. Was also sprach dafür, diesen wahrscheinlich schwierigsten Job im deutschen Journalismus dem Michael Maier anzuvertrauen? »So etwas Einzigartiges wie den STERN zu machen, wird einem auf keiner Schule beigebracht«, sagte Gerd Schulte-Hillen. »Aber Maier, davon bin ich überzeugt, hat alle Instrumente im Kasten, um das zu lernen.«

Die BERLINER ZEITUNG hatte, trotz des erheblich gestiegenen Ansehens und bedeutender Investitionen, den Auflagenrückgang nicht stoppen können (noch 210000 gegen 250000 vier Jahre zuvor); sie blieb aber die größte Abo-Zeitung der Hauptstadt, denn auch Springers *Berliner Morgenpost* schrumpfte (auf 180000); der *Tagesspiegel* hatte zwar in vier Jahren 3000 zugelegt, blieb aber mit nun 133000 weit abgeschlagen.

Trotz der hohen Investitionen in Berlin und der anhaltenden Verluste bei der HAMBURGER MORGENPOST erzielte Gruner + Jahr im Geschäftsjahr 1997/98 den höchsten Jahresüberschuß seiner Geschichte: 779 Millionen Mark, bei einem Umsatz von erstmals über 5 Milliarden. Am Gesamtumsatz von

Bertelsmann war Gruner + Jahr auf diese Weise mit 22 Prozent, am Betriebsergebnis des Konzerns jedoch mit 55 Prozent beteiligt. Die Milchkuh für Gütersloh stand weiterhin in Hamburg, wie immer seit 1981.

Die Anzeigen-Erlöse waren bei G + J um 12,5 Prozent gestiegen, mehr als in den anderen großen Häusern – die meisten Zeitschriften profitierten von einem »Trend back to print«, wie die Mediendienste schrieben. Gerd Schulte-Hillen sah darin eine Bestätigung, daß das gedruckte Wort sich gegen das Fernsehen behaupten werde. »All systems go«, sagte er.

55 Prozent des Umsatzes entfielen nun auf das Auslandsgeschäft. In Moskau startete Gruner + Jahr 1998 ein GEO in kyrillischer Schrift, in Mailand TOP GIRL; in Rumänien wurde eine 50prozentige Beteiligung am Zeitungsverlag Expres erworben; für China wurde in Paris eine Autozeitschrift produziert; in den USA las jede zweite Frau ein G + J-Produkt.

In Österreich erwarb Gruner + Jahr zum 1. Juli 75 Prozent der Fellner Media AG, in der seit 1992 *News* erscheint (das Blatt, das TANGO und *Ergo* nach sich gezogen hatte) und seit 1996 *TV Media,* ein Fernseh- und Medienmagazin, das rasch zur zweitgrößten Zeitschrift Österreichs aufgestiegen war – nach *News!* Der Coup erregte dreifaches Aufsehen. Denn damit war erstens der Springer-Verlag ausgebootet, der sich am Start von *News* mit 50 Prozent beteiligt und seinen Anteil 1995 auf 25 Prozent reduziert hatte; zweitens der WAZ-Gruppe in Essen die Stirn geboten, die ja 49,6 Prozent am *Kurier* hält, in dessen Verlag das Nachrichtenmagazin *profil* und das Wirtschaftsmagazin *trend* erscheint.

Diesen beiden hatte, zum dritten, *News* längst die Auflage und die Schau gestohlen, mit 270000 Käufern, 1,4 Millionen Lesern und damit einer Reichweite innerhalb Österreichs, wie sie in Europa kein anderes Nachrichtenmagazin in seinem Land erzielt. Das einst konkurrenzlose *profil* verkaufte noch 75000 Hefte, und dem *trend* setzten die Fellner-Brüder im Herbst 1998 auch noch ihr wöchentliches Wirtschaftsmagazin *Format* entgegen – wieder einfallsreich gemacht, mit Kampfpreisen, aggressivem Marketing und rücksichtsloser Abwerbung von Spitzenkräften bei der Konkurrenz. Gerd Schulte-Hillen kündigte an, die Mehrheitsbeteiligung an der Fellner Media AG solle zugleich ein Sprungbrett für jene Länder Osteuropas sein, in denen G + J noch nicht vertreten war.

Ein internationales Medienhaus wie Gruner + Jahr – das wollte der Axel-Springer-Verlag nun auch werden: nämlich den Auslandsanteil binnen zehn Jahren von 13 auf 30 Prozent erhöhen, sagte der neue Vorstandsvorsitzende Gus Fischer zu *Focus*. Vor den Leitenden Angestellten des Hauses kündigte er an, die *Welt* – jährlicher Verlust: 70 Millionen Mark – müsse besser werden als *FAZ* und *Süddeutsche Zeitung* zusammengenommen.

Zum neuen Chefredakteur der *Welt* wurde der 35jährige Mathias Döpfner berufen, zuvor Chefredakteur der Berliner WOCHENPOST und der HAMBURGER MORGENPOST (deren ehemaliger Chefredakteur Wolfgang Clement wurde am 27. Mai zum Ministerpräsidenten von Nordrhein-Westfalen gewählt.) Die Ernennung Döpfners war eine der ersten Handlungen von Claus Larass als stellvertretender Vorstandsvorsitzender, zu dem er unter Fischer vom Chefsessel der *Bildzeitung* aufgestiegen war. Den 34jährigen Kai Diekmann, den Jürgen Richter hatte kaltstellen wollen, machte Larass zum Chef der *Welt am Sonntag*.

Gus Fischer versicherte bei seiner ersten Bilanzpressekonferenz, weder sei er »ein Vorbote internationaler Medienkonzerne noch ein Übergangsvorsitzender«. Sein Vertrag war auf drei Jahre abgeschlossen. Akten ließ sich Fischer lieber auf Englisch als auf Deutsch vorlegen. Seinen Wohnsitz London behielt er bei, er kam Montag und flog Freitag nach Hause, was ihm bei Springer den Spitznamen »DiMiDo« eintrug. Das *Manager-Magazin* nannte ihn »Chef auf Durchreise«.

In Gütersloh übergab Mark Wössner am 30. Oktober 1998 nach 15 Jahren an der Spitze von Bertelsmann den Vorstandsvorsitz an den fünfzehn Jahre jüngeren Dr. Thomas Middelhoff und zog sich, dem Hausgesetz folgend, ins Amt des Aufsichtsratsvorsitzenden zurück. In Wössners Ära hatten sich Umsatz und Gewinn vervierfacht. Noch im Juli hatte er für 2,5 Milliarden Mark die amerikanische Verlagsgruppe Random House erworben und sie mit den schon früher gekauften Verlagen Bantam, Doubleday und Dell verschmolzen. Seitdem ist Bertelsmann der größte Buchverlag des *englischen* Sprachraums und der größte auf Erden überhaupt; auf der Bestsellerliste der *New York Times* belegen die Bertelsmann-Töchter meist 40 Prozent der Plätze. Europas größter Fernsehveranstalter ist Bertelsmann natürlich auch und durch die 74,9-Prozent-Tochter Gruner + Jahr Europas größtes Zeitschriftenhaus.

Der Wechsel von Wössner zu Middelhoff vollzog sich »in einer Orgie knallenden Selbstlobs« (wie die deutsche FINANCIAL TIMES später schrieb) vor 540 Bertelsmann-Managern aus 50 Nationen und 500 Ehrengästen, unter ihnen die Ministerpräsidenten Clement, Biedenkopf und Gerhard Schröder, dazu Ignatz Bubis, Hubert Burda und Franz Beckenbauer.

Wössner bedauerte, daß er nicht den bequemen Mercedes hinterlasse, wie er es angestrebt habe, sondern »leider« einen Ferrari: hohe Geschwindigkeit, Superstruktur, grandiose Reputation – »aber schwer zu fahren«. Sein Nachfolger sollte den Renner am besten erst mal vorsichtig ausprobieren, ehe er Vollgas gebe. An Bertelsmann pries Wössner die Innovationsfreude, den strategischen Weitblick, den »mitreißenden Management-Enthusiasmus«.

Reinhard Mohn erinnerte an 1947, als er zusammen mit wenigen Mitarbeitern den Schutt weggeräumt habe, rühmte das Engagement, das seit damals im gesamten Unternehmen herrsche, und bekräftigte, daß Gewinnmaximierung und Shareholder Value zwar Maßstäbe für Erfolg seien, aber keine Ziele. Ziel sei vielmehr ein gerechtes und menschliches Unternehmen, das einen Leistungsbeitrag für die Gesellschaft erbringe.

Thomas Middelhoff versprach, dafür zu arbeiten, daß Bertelsmann das führende globale Medienhaus werde, der Magnet »mit der stärksten Anziehungskraft auf Leser, Hörer, Seher und Surfer, die erste Adresse für die besten kreativen und unternehmerischen Talente«. Dazu gehöre: weiter internationalisieren; dezentral bleiben, aber innerhalb der 300 Profitcenter die Kooperation erhöhen (also nicht ganz so dezentral bleiben wie zuvor); und »neue Technologien frühzeitiger aufgreifen« (also nicht so spät wie bisher).

In einem Interview fügte Middelhoff hinzu, in den nächsten Jahren werde nicht Größe über den Rang eines Unternehmens entscheiden, sondern Schnelligkeit. Bertelsmann könne nur wachsen, wenn es das Tempo seiner Hauptkonkurrenten mithalte oder übertreffe: das der Telekommunikation, von Microsoft und den Internet Start-Ups. In allen wesentlichen Medien-Teilmärkten wolle Bertelsmann »weltweit die Nummer 1« werden. Für alle Tochterfirmen und Profitcenter gelte dabei »eine Art Ampelwertung: Rot für alle, die sich nicht planmäßig entwickeln, Gelb für die, bei denen es unklar ist, und Grün für alle, die in die richtige Richtung marschieren«, und das heißt: mindestens 10 Prozent Wachstum pro Jahr.

Die ZEIT rief im Dezember 1998 den »Unternehmer des Jahrhunderts« aus – nicht für Deutschland, für die Welt; und ihrem Gewährsmann zufolge, dem international renommierten Unternehmensberater Professor Hermann Simon, heißt er Reinhard Mohn. Nicht Henry Ford, denn dessen Leistung sei Geschichte; man sollte bei der Wahl aber nicht nur das schon Geschaffene, sondern auch das noch zu Erwartende berücksichtigen. Auch nicht Bill Gates – denn die Chancen, daß es Microsoft noch in 50 Jahren geben werde, lägen weit unter 50 Prozent.

Reinhard Mohn aber, fuhr Simon fort, habe erstens wahrhaft Erstaunliches geleistet – ausgerechnet aus Gütersloh zum Weltmarktführer in Sprach-, Kultur- und Wissensprodukten aufzusteigen, mit einer durchschnittlichen Wachstumsrate von 22 Prozent pro Jahr und heute dem schier unglaublichen Anteil von 8 Prozent an allen auf der Welt verkauften Büchern. Zum zweiten werde eben »das Geschäft mit dem Wissen« der beherrschende Trend des neuen Jahrhunderts sein. Und zum dritten sei gerade für diesen Trend kein anderes Unternehmen auf Erden so gut gerüstet wie Bertelsmann. Seine Zukunft sehe noch positiver aus als seine Vergangenheit.

Vor allem vier Eigenschaften Reinhard Mohns haben nach Simons Worten zu diesem Welterfolg beigetragen: seine Selbstbeschränkung – also die bei Unternehmern seltene Fähigkeit, im Alter nicht an sich selbst zu scheitern; sein Talent, hochkompetente Führungskräfte anzuziehen und zu halten – obwohl der Standort Gütersloh »nicht gerade ein Wettbewerbsvorteil im Kampf um die Besten ist«; seine soziale Verantwortung; schließlich seine Fähigkeit, zwischen Beruf und Entspannung die richtige Balance zu halten: »Ein Mohn nimmt sich Zeit, wenn er es für richtig hält.«

Am 1. Juli 1999, zwei Tage nach seinem 78. Geburtstag, verzichtete Reinhard Mohn, der mit 60 als Vorstandsvorsitzender und mit 70 als Vorsitzender des Aufsichtsrats zurückgetreten war, zudem auf sein alleiniges Stimmrecht. (Dieses Recht nahm er auch für die 10,74 Prozent der Anteile wahr, die der ZEIT-Stiftung als Erbin von Gerd Bucerius gehörten; von 1999 an kaufte Bertelsmann diese Anteile in drei Tranchen zurück, vermutlich für mehr als eine Milliarde.) »Die Hauptversammlung bin ich«, konnte Mohn sagen, und er sagte es mitunter.

Nun übertrug er das Stimmrecht einer Verwaltungsgesellschaft, die später sechs Gesellschafter haben soll: die Vorsitzenden von Vorstand und Aufsichtsrat, je ein weiteres Mitglied aus den beiden Gremien, einen Vertreter der Angestellten und einen der Familie Mohn.

Die Verwaltungsgesellschaft entscheidet mit Drei-Viertel-Mehrheit (also künftig mit 5:1 Stimmen) vor allem über die Zusammensetzung des Aufsichtsrats, Satzungsänderungen und die Verwendung des Gewinns. Doch hat Mohn da wiederum zwei Sicherungen eingebaut: Solange er lebt, besitzt er ein Vetorecht, und nach seinem Tod kann die Satzung fünf Jahre lang nicht geändert werden.

Die *FAZ* schrieb aus diesem Anlaß: »Mohn ist mit seiner Willensstärke und seinem Tatendrang ein Sinnbild der Aufbaugeneration nach dem Krieg. Seine missionarischen Züge sind zugleich so ausgeprägt, als solle damit auf die Ursprünge von Bertelsmann 1835 als Verleger von evangelischen Erbauungsschriften verwiesen werden.« Nach einer Umfrage des amerikanischen Wirtschaftsmagazins *Fortune* unter 5000 Top-Managern in drei Kontinenten über »World's Most Admired Companies« war Bertelsmann 1999, wie schon zwei Jahre zuvor, in Deutschland die Nummer 1, vor Mannesmann und der Lufthansa.

Der Mann, der sich auch das zugute schreiben kann, ist kein weißer Riese, kein flammender Redner, kein scharfzüngiger Advokat. Er trinkt keinen Champagner, falls Sekt greifbar ist, er trägt keine Maßanzüge und erholt sich auf dem Fahrrad. Mit höchster Disziplin hat er stets das Letzte aus sich herausgeholt – mit langem Atem, der großen Vision, einer glücklichen Hand bei der Auswahl seiner Manager und einem klaren Bewußtsein seiner Macht.

Die bekam im Mai 2000 Mark Wössner noch einmal zu spüren: Mohn drängte ihn nach 32 Jahren Bertelsmann hinaus. Daß Wössner seine Ämter »abgeben möchte«, wie es in der Verlautbarung aus Gütersloh hieß, glaubte keine Zeitung und kein Pressedienst: Von »Schock« und »Erdbeben« war die Rede, von einem Familiendrama zwischen zwei alten Herren, von zwei Elefanten in einer zu kleinen Manege. Aus dem operativen Geschäft verbannt, fühlte Wössner sich trotz seiner drei Ämter unterfordert (neben dem Vorsitz im Aufsichtsrat auch den der Bertelsmann-Stiftung und der Verwaltungsgesellschaft); für Mohn wiederum lag offenbar zu viel Macht in einer Hand.

Zum Vorsitzenden des Aufsichtsrats berief er Gerd Schulte-Hillen. Der soll, dem *Spiegel* zufolge, »dem jungen Heißsporn Thomas Middelhoff bei dessen digitaler Weltrevolution auf die Finger sehen«. Die beiden anderen Funktionen Wössners übernahm Mohn, kurz vor seinem 79. Geburtstag, wieder selbst. Zuviel Selbstbeschränkung liegt ihm eben nicht.

Chef-redakteure 12, 13, 14

1999

Der STERN war schon immer etwas schneller – aber das Tempo, das er im ersten Halbjahr 1999 vorlegte, fiel doch auf. Schade nur, daß die Aufregung mehr in der Redaktion als im Heft stattfand; das verkaufte sich schlecht. Am 28. Dezember 1998, dem Montag nach Weihnachten, stellte sich Dr. Michael Maier, der zwölfte Chefredakteur nach Henri Nannen, der Redaktion im vollbesetzten Konferenzsaal vor. Auf die stürmischen Fragen nach seinen Rezepten gegen den anhaltenden Auflagenschwund antwortete er mit dem Hinweis, dafür sei er noch nicht hinlänglich eingearbeitet. In einem Zeitungsinterview sagte Maier, er sei »extrem kollegial« aufgenommen worden. Das mußte nicht falsch sein: *Jeder* schien angenehmer als Werner Funk, »der bestgehaßte Mann der Branche«, wie Evelyn Roll 1997 in der *Süddeutschen Zeitung* geschrieben hatte; aus der *Spiegel*-Redaktion zitierte sie: »Mit wenigen Halbsätzen kann er einen Menschen töten.«

Nur: die Auflage. 1980 hatte der STERN 800000 Hefte mehr verkauft als der *Spiegel;* als Werner Funk 1994 antrat, waren es noch rund 200000 Exemplare, aber nur noch 45000, als er ging. Am 15. Februar eine Nachricht, die die meisten STERN-Redakteure aufbringt: Michael Maier beruft nicht ihren Favoriten Thomas Osterkorn zum stellvertretenden Chefredakteur, sondern den 36jährigen Oliver Hergesell, seinen Vertreter schon bei der BERLINER ZEITUNG, einen weiteren Österreicher.

Werner Funk, im Gerücht zwischendurch bei Springer angesiedelt, nimmt zum 1. März statt dessen das Angebot des Zeitschriftenchefs Rolf Wickmann an, als sein Berater zu Gruner +

Jahr zurückzukehren, zunächst für die Wirtschaftsmagazine in Köln. Die STERN-Auflage rutscht unterdessen weiter: im Januar 60 000 weniger als im Vorjahr, im Februar noch weniger als im Januar.

Und nun will Maier auch noch den langjährigen, mit Preisen überhäuften Art Director Wolfgang Behnken, 54, durch den siebzehn Jahre jüngeren Dirk Linke ersetzen, der für die *Woche* Preise eingefahren hat. (Behnken bekommt dann, wie Funk, einen Beratervertrag bei Rolf Wickmann.)

Was führt Maier noch im Schilde? Seine Editorials werden in der Konferenz von zwei alten Haudegen zerrissen: Arm an Gedanken, holprig geschrieben – eine Vorlage für Satireblätter! sagt Heiko Gebhardt, einer der Letzten aus Nannens großer Zeit, Chefredakteur der vielgelobten 50 Jubiläumshefte. Lassen Sie sich redigieren! ruft Jürgen Petschull Maier zu. Auch erregt es Mißfallen, daß Maier und Hergesell gern hinter verschlossener Tür entscheiden, und das Maier nachgesagte Talent, ein »Menschenfänger« zu sein, besitzt Hergesell offensichtlich nicht. Schon am 11. März bezeichnet das Fachblatt *Werben & Verkaufen* Maier als »wechselgefährdet«, und im STERN macht ein böses Wort die Runde: »We should fire Dr. Maier«.

Ja, es ist ein mörderischer Job, den er da angetreten hat. Anscheinend ergeht es ihm ähnlich, wie es der *Rheinische Merkur* über die letzten Monate des einstigen STERN-Chefredakteurs Rolf Winter schrieb: Er wurde »in der Löwengrube seiner Redaktion zerfleischt«. Ob sie nun Löwen oder Haie oder keins von beiden sind, die Redakteure – einen Chefredakteur, der weder Erfolg hat wie Henri Nannen noch einen eisernen Durchsetzungswillen wie Werner Funk, den verachten sie und behandeln ihn entsprechend.

Anfang April endlich Öl auf Maiers Wunden: Im ersten Quartal 1999 hat der STERN 288 Anzeigenseiten mehr als im selben Zeitraum des Vorjahrs – ein Zuwachs von 31 Prozent, gegenüber jeweils 10 Prozent bei *Focus* und beim *Spiegel*. (Kräftig zulegen konnten auch SCHÖNER WOHNEN und BRIGITTE.)

Mitte April, nach seinen ersten 100 Tagen, geht Maier in eine Informations-Offensive bei Fachblättern und Branchendiensten. Die Latte für sich und den STERN legt er hoch: Im politischen, zumal im investigativen Journalismus müsse der STERN die Nummer 1 sein, »die erste Adresse für alle erstklassigen Journalisten des Landes« müsse er werden, sinnlicher, leichter als der *Spiegel,* zugleich mit so viel Nutzwert wie *Focus* – und natürlich »das führende, neue, spritzige Medium für Leser der jüngeren Generation«.

Auf die wiederkehrende Frage nach der sinkenden Auflage antwortet Maier, schon seit 1980 zeige die Kurve nach unten. Da es aber rein statistisch kaum möglich sei, »daß an der STERN-Spitze seit rund zwanzig Jahren nur Deppen gearbeitet haben, muß hier ein strukturelles Problem vermutet werden«.

Und welche Rolle spielt für Sie der Mythos Henri Nannen? fragen die Interviewer. Hin zu ihm! sei die Devise, sagt der Chefredakteur. Nannens Genialität dürfe aber nicht dadurch in ihr Gegenteil verkehrt werden, daß man aus lauter Andacht nichts mehr verändere. »Nannen selbst war auch ein kreativer, ungestümer Anarchist, ein schräger Vogel, der von neuen, ausgefallenen Ideen nicht genug kriegen konnte ... Auch unsere Maxime ist ein Journalismus, der unberechenbar daherkommt.«

Gut gesprochen. Doch auf den Mythos Maier warten die Redakteure vergeblich und die Leser auch. Ende April hat der STERN mit seiner Titelgeschichte über den deutschen Schäferhund (»100 Jahre beißen und gehorchen«) die geringste Verkaufszahl seit Jahrzehnten. In der Redaktion tuscheln sich einige das »Peter-Prinzip« zu: Jeder steigt so lange auf, bis er den für ihn typischen Grad von Unfähigkeit erreicht hat (»Everybody rises to his level of incompetence«).

Am 25. Mai legt Maier der Redaktion seinen Entwurf für einen modernisierten STERN vor. Thomas Osterkorn merkt dazu an, er verstehe nicht, warum es für so wenig Substanz so lange Diskussionen gegeben habe. *text intern* vom 28. Mai fragt Rolf Wickmann: »Ist die Position von Maier in der Diskussion?« »Nein«, antwortet der. Ein neuer Chefredakteur provoziere häufig kontroverse Meinungen; der Verlag müsse ihm ein Experimentierfeld einräumen. Ein Dutzend STERN-Redakteure, die im Widerspruch zur Redaktionsmehrheit auf Maier setzen und dessen hartnäckige Gegner als »Stalinisten« schmähen, treffen sich am 5. Juni mit ihm in einem Hamburger Hotel, um gemeinsam an einem besseren STERN zu basteln.

Am 13. Juni kommt die schreckliche Nachricht aus dem Kosovo: Der STERN-Fotograf Volker Krämer und der STERN-Redakteur Gabriel Grüner, Absolvent der Henri-Nannen-Schule, sind von Partisanen erschossen worden. Zur Trauerfeier im Hamburger Curio-Haus strömen die Kollegen zu Hunderten.

Unter dem Eindruck dieser Tragödie hat der STERN-Redaktionsbeirat sein Vorhaben verschoben, sich bei Gerd Schulte-Hillen über die Amtsführung Maiers zu beschweren. Aber die Unruhe wächst. Am 24. Juni geht es laut zu in der Redaktionskonferenz: Als Jürgen Steinhoff, Redakteur seit achtzehn Jahren und schon Reporter im Prozeß über die »Hitler-Tagebücher«, sich nach einem vor Monaten abgelieferten Manuskript erkundigt, sagt Oliver Hergesell: »Ich kenne Sie nicht. Sie haben sich noch nicht bei mir vorgestellt.« Arrogant! Rüpelhaft! tönt es aus der Redaktion. Und überhaupt: Maier und Hergesell pflegten eine »Bunkermentalität«, und vom Zeitschriften-Journalismus hätten sie offensichtlich keine Ahnung.

Fünf Tage später, am 29. Juni, hat der Redaktionsbeirat seinen Termin bei Schulte-Hillen. Der Beirat äußert die Sorge, Maier und Hergesell könnten den STERN in den Untergang führen. Daß Maier Thomas Osterkorn, den Schulte-Hillen ihm als stellvertretenden Chefredakteur dringend empfohlen hat, nun entlassen will, bringt das Faß zum Überlaufen.

Am 30. Juni bestimmt der Aufsichtsrat von Gruner + Jahr Bernd Kundrun, seit 1997 Vorstandsmitglied für die Zeitungen, förmlich zum Nachfolger Schulte-Hillens am 1. November 2000. Am Abend zitiert der Vorstandsvorsitzende den STERN-Chefredakteur zu sich und kündigt ihm – fristlos, »wegen unterschiedlicher Auffassungen über die künftige Personalpolitik«. Am 1. Juli treten Schulte-Hillen und Wickmann vor die Redaktion und berichten. »Ich habe einen Fehler gemacht«, sagt der Vorstandsvorsitzende. Allein bei ihm liege die Verantwortung für die Einstellung wie für die Entlassung Maiers. Die Mehrzahl der Redakteure applaudiert.

Da ist was los am 2. Juli in der deutschen Presse. »Meuterei auf dem Flaggschiff« heißt die Schlagzeile im *Tagesspiegel,* »Kahlschlag an der STERN-Spitze« in der *Frankfurter Rundschau.* RTL nimmt die für den 5. Juli geplante Sendung »Der neue Lotse« (das sollte Maier sein) aus dem Programm. Schulte-Hillen wird mit Interview-Wünschen bedrängt. Über Maier sagt er: »Es hat sich gezeigt, daß er mit der robusten Diskussionskultur der STERN-Redaktion nicht zurechtgekommen ist. Wenn 50 bis 60 Leute in der Konferenz die Fetzen fliegen lassen, dann darf man nicht empfindlich sein, sondern muß das souverän wegstecken können.«

Und was müßte einen STERN-Chefredakteur auszeichnen? »Er muß feinfühlig und energisch zugleich sein. Er muß Feingeist und auch ein Stück vulgär sein. Der STERN erfordert das ganz große Spektrum.« Und wie findet man einen solchen Mann? »Für den STERN kommen vielleicht drei oder vier Leute in Frage«, sagt Schulte-Hillen. »Die sind aber meistens in festen Händen, und selbst bei denen gibt es immer noch Zweifel ... Den STERN zu machen, kann man vorher nicht üben.«

»Haben Sie Angst, durch falsche Personalentscheidungen als Totengräber in die Geschichte des STERN einzugehen?« fragt die *Süddeutsche Zeitung.* »Keinesfalls«, antwortet Schulte-Hillen. »Der STERN ist gesund. Er ist ein Magazin, das es sonst so nicht gibt, und im übrigen ein Blatt, das 400 Millionen Mark Umsatz im Jahr macht.«

Und wer soll den STERN nun machen? Michael Jürgs, Chefredakteur von 1986 bis 1990, inzwischen 54 Jahre alt? Er wird gefragt. Aber er sagt ab, als er hört, daß Werner Funk, vor gut einem halben Jahr als Chefredakteur abgelöst, nun plötzlich

Herausgeber werden soll – »ein triumphales Comeback«, schreibt der *Spiegel,* woraus man folgern müsse, daß Gerd Schulte-Hillen im vorigen Dezember nicht nur den Falschen geholt, sondern auch den Richtigen gefeuert habe. Mit dem Herausgeber muß sich die Chefredaktion bei Top-Personalien und in allen grundsätzlichen Fragen, die über das Tagesgeschäft hinausgehen, *beraten,* so die juristische Konstruktion.

Unterschrieben wird sie von einer neuen Doppelspitze: Thomas Osterkorn und, zur Überraschung der Branche, dem 44jährigen Andreas Petzold, seit 1997 Chefredakteur von *Hörzu,* zuvor Chefreporter der *Quick* sowie Erfinder und Chefredakteur von Springers Frauenzeitschrift *Allegra;* ein Absolvent der Deutschen Journalistenschule in München. Als Schulte-Hillen der STERN-Redaktion am 13. Juli die beiden Namen nennt, gibt es Beifall. Die neue Chefredaktion hat sogleich eine gute Presse, sogar der G + J-Vorstand, weil er die Krise rasch in den Griff bekommen habe.

Die *Süddeutsche Zeitung* macht dem STERN am 5. August das Kompliment: »Die Illustrierte leistet sich seit Maier keine Ausrutscher mehr.« Auf der Bilanzpressekonferenz vom 25. August sagt Schulte-Hillen: »Beim STERN herrscht Aufbruchstimmung.« Gruner + Jahr hat im abgelaufenen Geschäftsjahr 5,36 Milliarden umgesetzt; wegen der Investitionen in die Projekte NATIONAL GEOGRAPHIC und FINANCIAL TIMES ist der Jahresüberschuß auf 458 Millionen Mark gesunken.

»Ein halbes Jahr wurde sehr viel über den STERN geschrieben – leider nicht nur Gutes«, heißt es in einer Anzeige unter der Schlagzeile »Der STERN bewegt« im September. »Aber okay, wir sind auch keine Waisenknaben, und wer austeilt, muß auch einstecken können. Und schnell sein: Seit STERN 27/99« (also Anfang Juli) »liegt unsere verkaufte Auflage Heft für Heft wieder bei rund 1,2 Millionen.« Im dritten Quartal steigt sie gegenüber dem Vorjahr immerhin um 2,5 Prozent, dreimal so viel wie die von *Focus* und *Spiegel.* Im November allerdings ein Rückschlag: Heft 44 mit Steffi Graf, einem schwarzen Kind auf dem Arm und der Zeile: »Ich will helfen« verkauft 5000 Stück weniger als der schlechteste Maier-Titel.

Am 30. November entscheidet das Arbeitsgericht Hamburg: Für eine fristlose Kündigung Maiers gibt es keinen ausreichenden Grund. Gruner + Jahr geht in die Berufung.

Gescheitert ist 1999 eine STERN-Konkurrenz mit dem Arbeitstitel *Millennium,* angeblich von Springer und Burda gemeinsam geplant, was auf der Springer-Bilanzpressekonferenz im Juni jedoch bestritten wurde; und eine andere STERN-Konkurrenz, ausdrücklich für den Donnerstag vorgesehen: *Newsweek.* Dieses zweitgrößte amerikanische Nachrichtenmagazin in einer deutschen Version auf den Markt zu bringen, war eine Idee des Heinrich-Bauer-Verlags, offenbar als späte Rache für die *Ergo*-Pleite. *Newsweek* ging erfreut darauf ein, Bauer aber bekam wieder Angst und versuchte den *Spiegel* einzubinden – mit dem Hinweis, dann würde er nicht mehr über ein Drittel, sondern über zwei Viertel des Marktes der aktuellen Magazine verfügen; der *Spiegel* sagte nein.

Dabei macht es dem *Spiegel*-Verlag durchaus Sorge, daß er zu 73 Prozent allein vom *Spiegel* lebt; der Rest entfällt auf *Spiegel TV, Spiegel-Online, Spiegel*-Bücher und die Mehrheitsbeteiligung am *Manager-Magazin.* »Unser Ziel ist, unabhängiger vom *Spiegel* zu werden«, sagte der Verlagsgeschäftsführer Karl Dietrich Seikel im Interview; die Konzentration auf ein Objekt sei verlagspolitisch von Nachteil und führe außerdem »zu einer Verengung der Sichtweise – so, als gebe es nur eine Form des Journalismus«. Zur Umsatzrendite (1998: knapp 9 Prozent) sagte Seikel: »Die Zeiten, als wir 20 Prozent und mehr hatten, sind unwiederbringlich vorbei.« *Focus* habe aber nicht nur den Gewinn geschmälert, sondern auch »uns dabei geholfen, besser zu werden«.

Unter dem Eindruck von *Focus* und zugleich, um die Abhängigkeit des Verlags vom Mutterblatt zu vermindern, wurde 1995 der zuvor sporadisch erschienene Ableger *Spiegel Special* in ein Monatsobjekt verwandelt – zunächst monothematisch, mit mäßigem Erfolg; 1999 von Januar bis Mai unter einem neuen Chefredakteur mit einer breiteren Themenpalette; seit Juni dem *Spiegel*-Chef Stefan Aust direkt unterstellt, geleitet von Cordt Schnibben und Lothar Gorris. Im Oktober 1999 stellten sie das Monats-Objekt unter dem neuen Namen *Spiegel Reporter* vor, gedacht für »geballte journalistische und schreiberische Qualität«, und im März 2001 stellte Aust es ein.

Im selben Oktober kam es in der Hauptredaktion zum Krach über Augsteins Kommentier-Monopol, das seit einem halben Jahrhundert gilt und nur in der Ära Erich Böhme durchbrochen wurde, von ihm selber – und vor allem über die Art, wie der 75jährige sein Privileg nun nutzte, um über Außenminister Joschka Fischer herzufallen. »Hybris« sagte Augstein ihm nach, vom Pazifisten sei er »zum Bellizisten degeneriert«, die deutsche Außenpolitik werde von einem »grünen Hasardeur« bestimmt. Aust wollte solche Formulierungen mildern, Augstein soll ihm mit Rauswurf gedroht haben. »Mich redigiert niemand!« heißt sein Standardsatz.

Wem gaben hundert deutsche Journalisten, vom *Medium-Magazin* zur Wahl des »Journalisten des Jahrhunderts« aufgerufen, den ersten Platz? Rudolf Augstein – weil er eines der bedeutendsten Nachrichtenmagazine der Welt geschaffen, die Demokratie der Bundesrepublik mitgeprägt und seiner Vision vom kritischen Journalismus über fünf Jahrzehnte lang die Treue gehalten habe. Auf Platz 2 kam Egon Erwin Kisch; auf die Plätze 3 und 4 Woodward und Bernstein, die Reporter der *Washington Post,* die Richard Nixon aus dem Amt jagten; auf Platz 5 Henri Nannen, vor Kurt Tucholsky.

Die Einzelurteile in Ehren: Die Summe (für die natürlich kein Juror haftet) zeigt überraschend enge geographische und historische Grenzen auf. Von den ersten 15 Plätzen werden nicht weniger als 13 – alle außer Woodward und Bernstein – von deutschschreibenden Journalisten besetzt. Der deutsche Journalismus des 20. Jahrhunderts hätte also den aller anderen Kulturnationen *zusammen* fast um das Siebenfache überragt?

Mit genau einer Stimme ist Henry Luce vertreten, der Erfinder von *Time, Life* und *Fortune;* und wer ihn eher unter den

Verlegern sähe, der hätte auch Axel Springer nicht wählen dürfen, doch der steht auf Platz 10. Überdies ist Rudolf Augstein mindestens zur Hälfte ein Verleger – und dazu einer, der den *Spiegel* 1947 unter dem Eindruck und nach dem Muster eben von *Time* aus der Taufe hob, der Mutter aller Nachrichtenmagazine und bis heute dem größten auf Erden.

Auf zwei deutsche Stimmen hat es Walter Lippmann gebracht, der von 1931 bis in die sechziger Jahre der meistgelesene und einflußreichste Kolumnist der USA war, ein Stilist und Argumentierer von zwingender Klarheit, in 250 Zeitungen gedruckt und in aller Welt geachtet. Obendrein war Lippmann der erste große Theoretiker des Journalismus. Sein Buch von 1922 über die öffentliche Meinung enthält zeitlose Wahrheiten wie diese: Journalisten arbeiteten unter solchem Druck, daß sie sich abgestufte Urteile über komplizierte Fragen einfach nicht leisten könnten. Ohne Denkklischees, »ohne eine ziemlich rücksichtslose Vernachlässigung der Feinheiten stürbe der Redakteur bald an Aufregung«.

Am 29. September starb Johannes Gross, Nummer 8 auf der deutschen Liste der Jahrhundert-Journalisten, 67 Jahre alt – vier Monate, nachdem er die letzte seiner Kolumnen in CAPITAL geschrieben hatte. Er war Chefredakteur, Herausgeber, Vorstandsmitglied, Fernsehmoderator, Essayist, Gesprächspartner aller Bundeskanzler seit Adenauer, Großmeister der brillanten freien Rede, Spötter, Genießer – und ein Aphoristiker, der mit Lust den Zeitgeist züchtigte. »Schlimme Nachricht: Telefonieren wird noch billiger«, schrieb er; der »Verwechslung von Mief und Herzenswärme« sagte er den Kampf an; und als Michail Gorbatschow im Sommer 1989 in Bonn wie ein Triumphator bejubelt wurde, schrieb er eisig diesen einen Satz: »Woran man einen wahren Machthaber erkennt: daß die Deutschen sich vor ihm im Staube wälzen.«

Kannibalen in Aktion

1999

Oskar Lafontaine ausgerissen, Helmut Kohl abgetakelt; Johannes Rau, nach seiner Niederlage gegen Roman Herzog, nun als dessen Nachfolger zum Bundespräsidenten gewählt (im zweiten Wahlgang, mit 690 Stimmen gegen 572 für die ostdeutsche Professorin Dagmar Schipanski). Günter Grass bekam endlich seinen Nobelpreis, Steffi Graf erklärte ihren Rücktritt vom Tennissport, nachdem sie mit einem Sieg über Martina Hingis noch ihren 22. Grand-Slam-Titel erobert hatte.

Polen, Tschechien, Ungarn traten 1999 der NATO bei – drei Mitglieder des Warschauer Pakts. Wer das prophezeit hätte vor zehn Jahren! Die NATO bombardierte Serbien, um das Kosovo zu befreien, und wochenlang brachten die Serben daraufhin desto mehr Kosovo-Albaner um. Deutsche Soldaten kamen dabei zum erstenmal seit 54 Jahren zum Kampfeinsatz. Der Euro wurde am 1. Januar zunächst als bargeldloses Zahlungsmittel eingeführt, und die *Deutsche Presse-Agentur* feierte ihr 50jähriges Bestehen.

Als der Baukonzern Philipp Holzmann zusammenzubrechen drohte, eilte Gerhard Schröder zu Hilfe – und provozierte zwei schöne Überschriften: vorher »Mach et, Kanzler!« im Kölner *Express*, nachher »Holzmann saniert Schröder« in der *taz*. Eine radikal falsche Überschrift leistete sich die *Süddeutsche Zeitung:* »SPD behält absolute Mehrheit im Saarland« hieß ihre Schlagzeile vom 7. September – weil sie für ihre Fernausgabe der Prognose von 18 Uhr vertraut, ja sie zum Aufmacher erhoben hatte; die SPD verlor.

Die drei Hamburger Riesen – Springer, Bauer, Gruner + Jahr – erlebten 1999 allesamt ihre Turbulenzen. Bauer sah seine führende Rolle auf dem Markt der Programmzeitschriften bedroht; Gruner + Jahr hatte einigen Ärger über den STERN hinaus; bei Springer wurde im Herbst ein Machtkampf zwischen dem Vorstandsvorsitzenden Gus Fischer und seinem Stellvertreter Claus Larass ausgetragen, dem die Branche gespannt und belustigt zusah.

Bei der Bilanzpressekonferenz im Juni hatte Fischer einen Umsatz von 4,8 Milliarden Mark und einen Jahresüberschuß von 276 Millionen ausgewiesen; das Defizit der *Welt* hatte sich noch erhöht durch ehrgeizige Umstrukturierung und offensive Personalpolitik. Die Gesundung des Blattes werde einen langen Atem erfordern, sagte Fischer. Doch waren schon Erfolge sichtbar: steigende Auflage, respektvolles Echo in Berlin, »best designed newspaper« unter den Überregionalen nach dem Urteil einer Jury aus drei europäischen Fachblättern.

Am 20. September meldete der *Spiegel,* die Springer-Großaktionäre – Friede Springer und Leo Kirch – hätten sich geeinigt, den Vertrag von Fischer nicht über das Jahr 2000 hinaus zu verlängern; vermutlich schon vorher solle Larass sein Nachfolger werden. Tags darauf war im *Handelsblatt* das Gegenteil zu lesen: Friede Springer gebe Fischer Rückendeckung. Die Zeitungen vom 14. Dezember waren sich trotzdem einig: Larass wird Vorstandsvorsitzender.

Doch da irrten sie sich wiederum. Denn an diesem Tag beriet der Aufsichtsrat über die Nachfolge – irritiert, in der Presse etwas zu lesen, was er noch gar nicht beschlossen hatte, und verärgert über einen Brief vom 10. Dezember, in dem Larass, bis dahin in der Tat der Favorit, die weitreichenden Kompetenzen definiert hatte, die er als Vorstandsvorsitzender haben wolle. Nach siebenstündiger Debatte beschloß der Aufsichtsrat: Larass rückt nicht auf, der Vertrag von Gus Fischer wird bis zum 31. Dezember 2001 verlängert. Überraschung in der Branche, Unmut in den Springer-Redaktionen: Die hatten einen der Ihren an der Spitze sehen wollen. »Larass machte alle nur denkbaren Fehler gleich auf einmal«, schrieb Michael Jürgs in CAPITAL, »und das übt ja auch.«

Vier Wochen später das nächste Gerücht: Noch im alten Jahr hat der Aufsichtsrat seinen Beschluß wieder umgestoßen, Larass wird doch Vorstandsvorsitzender. Diese Version, wen wundert es, galt nur bis zum Mai 2000; dann hieß es im *Spiegel:* »Demütigung für Larass«, und in der *Süddeutschen:* »Larass hat keine Chance mehr.«

Gruner + Jahr machten gleich drei seiner Zeitungen Probleme. Bei der SÄCHSISCHEN ZEITUNG (60 Prozent G + J, 40 Prozent SPD) gliederte der Verlagsleiter Dr. Mario Frank zum 1. Dezember sechs der neunzehn Lokalausgaben aus und verwandelte sie in drei selbständige Unternehmen, an denen der Verlag nur noch mit 10 Prozent beteiligt ist; je 45 Prozent erwarben der Lokalchef und der örtliche Geschäftsführer, indem jeder 22 500 Mark in die GmbH einzahlte.

Für diese originelle Konstruktion nannte Frank zwei Gründe: Bei nachhaltig sinkenden Vertriebs- und Anzeigenerlösen müsse der Verlag Personalkosten sparen, wenn die Arbeitsplätze gesichert bleiben sollten; und zugleich biete dies die Chance, in den Angestellten Unternehmergeist zu wecken. Überschreitet der Jahresgewinn 60 000 Mark, so werden die Mitarbeiter am Überschuß zur Hälfte beteiligt.

Der Betriebsrat sprach von einer »Unterwanderung des Tarifvertrags«, protestierte beim Teilhaber SPD und schickte eine Delegation zum Berliner Parteitag. Die SPD hatte sich auf das Projekt unter der Bedingung eingelassen, daß es sich um einen Test handle. Am 30. November riefen der Deutsche Journalistenverband und die IG Medien den Streik aus. Von den 674 Angestellten des Dresdner Druck- und Verlagshauses waren 250 organisiert, 186 nahmen an der Urabstimmung teil, 156 stimmten dafür.

Am Streik beteiligten sich nach Mitteilung des Verlags 150, nach Auskunft der Gewerkschaften 300 Mitarbeiter, während nach Darstellung der *Süddeutschen Zeitung* gleichzeitig der Krankenstand ungewöhnlich hoch war: »Viele wollen offenbar den Streik unterstützen, es aber nachher möglicherweise doch lieber nicht gewesen sein.« Die SÄCHSISCHE ZEITUNG konnte weiter erscheinen, allerdings in geringerem Umfang und mit Unterstützung von fünf Journalisten, die sich die Redaktion bei der *Rhein-Zeitung* in Koblenz ausgeliehen hatte.

Nach dreiwöchigem Streik einigten sich die Parteien kurz vor Weihnachten: Es bleibt bei der Ausgliederung der sechs Lokalausgaben, jedoch zunächst als Test bis zum Ende des Jahres 2000. Für die 60 dort Beschäftigten gilt weiter der Haustarifvertrag, nicht aber für neu hinzukommende Mitarbeiter; bis Anfang 2001 wird der Verlag keine weiteren Lokalredaktionen verselbständigen.

Noch mehr Verdruß gab es bei der HAMBURGER MORGENPOST. Seit Oktober 1998 war Marion Horn ihre Chefredakteurin, vorher Chefin der Bauer-Zeitschrift *TV Hören und Sehen,* 32 Jahre alt und in der Branche für ihren Mut bewundert, sich an die Spitze dieses leidenden Blattes zu stellen; noch dazu mit der Vorgabe des Gruner + Jahr-Vorstands, daß die MORGENPOST das Jahr 2001 nur überleben werde, wenn sie bis dahin schwarze Zahlen schreibe. Das hieß: die Auflage steigern, aber gleichzeitig Kosten sparen, also Redakteure feuern.

»Was hat Ihnen den Kick gegeben, hier anzufangen?« fragte das Fachblatt *Medium Magazin* im August. Beherzt antwortete Marion Horn: »Es war gerade die Nicht-Schaffbarkeit, die mich gereizt hat. Wenn Männer mit hervorragendem Ruf und vielen Millionen im Säckel es nicht geschafft haben – was habe ich zu verlieren?« Die MORGENPOST könne es sich leisten, frecher zu sein als andere. »Wenn Kollegen sagen: Klasse, aber das kann man doch nicht machen – dann ist es eine Mopo-Geschichte.«

Am 16. September feierte die MORGENPOST mit fast 1500 Gästen ein rauschendes Fest zu ihrem 50jährigen Bestehen. Gerd Schulte-Hillen wünschte der Zeitung auch für die Zukunft eine helfende Hand. Kaum fünf Wochen später, am 19. Oktober, wurde die MORGENPOST zum 1. November an zwei Hamburger Geschäftsleute verkauft: Frank Otto, den

Sohn des Versandhaus-Gründers, und Hans Barlach, Kunstsammler und Immobilienhändler.

Der Betriebsrat sprach von »Wut, Enttäuschung, Trauer und Empörung in der Redaktion«. Die teilte ihren Lesern im Großdruck mit: »Nun haben sie uns also verkauft. 13 Jahre lang leitete Gruner + Jahr die Geschicke der MORGENPOST. Gestern das Ende... So mancher fühlt sich nicht nur verkauft. Sondern verraten und verkauft. An den Fakten können wir nichts ändern, also sollten wir uns bedanken. Für 13 Jahre Knowhow und Engagement eines Großverlags, aber auch für neun verschiedene Chefredakteure und ebenso viele unterschiedliche Konzepte... Gruner + Jahr wollte der Mopo-Belegschaft nicht zumuten, daß die Zeitung wegen roter Zahlen eines Tages eingestellt wird. Auch für diese Fürsorge möchten wir uns bedanken.« Die neuen Eigentümer hieß die Redaktion »herzlich willkommen«: Sie begreife das Engagement von Otto und Barlach als eine neue Chance und wünsche ihnen eine glückliche Hand.

»Bei der Morgenpost hat's reingeregnet!« schrieb die *Bildzeitung,* von einer »Bankrotterklärung« sprach das *Hamburger Abendblatt,* als »verkaufte Braut« bezeichnete sich Marion Horn. Etliche Zeitungen äußerten die Vermutung, der Verkauf entspringe dem Wunsch Gerd Schulte-Hillens, seinem Nachfolger Bernd Kundrun das Haus »besenrein« zu übergeben. Oder einem entsprechenden Wink aus Gütersloh?

»Unfug«, sagte der Vorstandsvorsitzende in einem Interview. »Das entscheide ich selbst. Ich habe die MORGENPOST gekauft, als Bertelsmann noch keine Zeitung wollte. Und ich habe sie jetzt verkauft, um ihr eine Zukunft zu sichern.« Überdies: Nicht Gruner + Jahr habe einen Käufer gesucht, sondern die Herren Otto und Barlach seien an Gruner + Jahr herangetreten, und da habe er »schweren Herzens« eingewilligt.

Die Verluste der MORGENPOST in ihren dreizehn Gruner-Jahren schätzte das *Handelsblatt* auf 135 Millionen Mark. Je nach Betrachtungsweise waren die eine Investition in die mehr oder weniger begründete Hoffnung, das Blatt werde einmal

Geld verdienen – oder in das Image von Gruner + Jahr, denn das liberale Hamburg hatte den Kauf von 1986 als große Tat gewürdigt – oder in ein Steckenpferd von Gerd Schulte-Hillen – oder alles zusammen; vor allem aber war die MORGENPOST die Basis dafür, daß Gruner + Jahr es 1990 riskierte, in großem Stil ins Zeitungsgeschäft einzusteigen. Daß das Haus dies ohne alle vorherige Zeitungserfahrung nicht gewagt haben würde, gilt als ausgemacht.

Im übrigen hatten und haben es *alle* Boulevardzeitungen schwer, seit das Privatfernsehen ihnen viele ihrer typischen Stoffe wegnimmt, während sich gleichzeitig die Abonnementszeitungen dem Boulevardstil erheblich angenähert haben mit ihren meist schon bunten Bildern. So verlor von 1998 auf 1999 (jeweils im zweiten Quartal) die *Bildzeitung* 4 Prozent ihrer Auflage, Springers *B.Z.* 6 Prozent, der Kölner *Express* 7 Prozent, die HAMBURGER MORGENPOST 9 Prozent.

Erst vier Wochen vor dem Verkauf der MORGENPOST war Gruner + Jahr aus einer anderen Zeitung ausgestiegen: der kostenlosen *Zeitung zum Sonntag,* 1997 von dem Freiburger Kleinverleger Michael Zäh gegründet und spätestens seit März 1998, als G + J sich daran mit 50 Prozent beteiligte, ein Ärgernis für die Verleger von Lokalblättern, für den Bundesverband deutscher Zeitungsverleger und für den bisherigen Inhaber des Sonntagsmonopols, den Axel-Springer-Verlag, mit der *BamS* und der *WamS.*

Was fanden sie an der *Zeitung zum Sonntag* so bedrohlich? Anzeigenblätter, also kostenlos verteilte Zeitungen, die sich *ausschließlich* aus Anzeigen finanzieren (und nicht zur Hälfte oder zu drei Vierteln wie in der etablierten Tagespresse üblich) – die gab es doch längst, als größte das BERLINER ABENDBLATT, von Gruner + Jahr wöchentlich jeweils 1,3 Millionen mal verteilt. Doch dreierlei trieb die Lokalverleger um:

Die *Zeitung zum Sonntag* war, erstens, nicht eine Anzeigenplantage mit ein paar Artikeln dazwischen wie so manche andere, sondern eine vollwertige, seriös aufgemachte Zeitung. Zweitens drängte nun das Milliarden-Unternehmen Gruner +

Jahr auf den Freiburger Markt. Und zum dritten sollte es ja nicht bei Freiburg bleiben: Seit April 1999 erschien die *Zeitung zum Sonntag* auch in Karlsruhe und Heilbronn.

Springer klagte und verlor. Warum zog sich Gruner + Jahr im September 1999 dann doch aus dem Projekt zurück? Weil die örtlichen Verleger, von G + J um Partnerschaften angegangen, sich verweigerten; zwei warfen stattdessen selber kostenlose Sonntagszeitungen auf den Markt. Eigenes qualifiziertes Personal für so viele Stadtzeitungen zu finden, war jedoch schwierig und eine zufriedenstellende Rendite unwahrscheinlich. »Das war ein Test«, sagte Bernd Kundrun im Interview, »wir haben unser selbstgestecktes Ziel nicht erreicht und ziehen deshalb die Konsequenzen.« Der *Kress-Report* resümierte: »Plumps! Da fällt er, der Stein vom Herzen der Lokalverleger.«

Ärger für sie gab es jedoch auch andernorts. In Köln hat Norwegens größter Medienkonzern, Schibsted, um die Jahrtausendwende demonstriert, was aus der Europäischen Union so alles folgen kann: In 500 blauen Boxen an U-Bahnhöfen und Straßenbahnhaltestellen stapelte er 150000 Exemplare der Gratiszeitung *20 Minuten Köln* – so genannt, weil man sie auf der Fahrt zur Arbeit konsumieren konnte.

Damit hatte Schibstedt eine Offensive gestartet, die Deutschlands Zeitungsverleger das Gruseln lehrte. Der lokale Monopolverlag DuMont Schauberg (*Kölner Stadt-Anzeiger, Kölnische Rundschau* und Deutschlands zweitgrößte Boulevardzeitung, *Express*) fühlte sich provoziert und warf eine verbilligte *Express Leseprobe* auf den Markt. Springer sah seine lokale *Bild*-Ausgabe bedroht und konterte mit dem Gratisblatt *Köln Extra* in 100000 Exemplaren – »*Focus* für Arme«, spottete die *FAZ*. Im Jahr darauf baute Springer in Hamburg eine Redaktion auf, die in Bereitschaft stand, alle deutschen Metropolen mit einer Gratiszeitung zu bedienen, falls Schibstedt seine Ankündigung wahr machen sollte, dies ebenfalls zu tun. Die entsprechenden Pläne verschob der Norweger daraufhin erst einmal auf das Jahr 2002.

Was regierte unterdessen auf dem Markt der Programmzeitschriften? *Kress* schrieb: »Wahnsinn, Geldvernichtung, Blutvergießen«, und er hatte recht. Helmut Markwort hatte 1983 mit *Die 2* zum erstenmal ein Billigblatt unter die »Klassiker« wie *Hörzu* gesetzt, Dirk Manthey 1991 mit *TV Spielfilm* den 14-Tage-Rhythmus vehement eröffnet, und schon 1997 drängten sich fünfzehn Fernsehmagazine auf einem Markt, auf dem sich obendrein 16 Millionen kostenlose TV-Beilagen breitmachten.

Doch nun, 1998/99, wurden noch einmal fünf Programmzeitschriften erfunden, alle mit »TV« im Namen, leicht zu verwechseln und ziemlich überflüssig. Im November 1998 aus Nürnberg eine jähe Bedrohung der Hamburger Verlage: Sebaldus, Verleger von *Gong,* startet *TV direkt,* das erste vierzehntägliche Billigblatt! *TV Movie, TV Spielfilm,* TV TODAY verlieren im Vergleich zum Vorjahr zwischen 5 und 10 Prozent der Auflage. Bauer kontert: noch im Dezember 1998 mit dem vierwöchentlichen *TV pur,* im Februar 1999 mit dem vierzehntäglichen *TV 14*, mehr als hundert Seiten Programm für 1,20 Mark.

Und da will auch noch der mittelständische Verleger Michael Hahn mitmischen, *nur-TV* heißt sein vierwöchentliches Magazin, das auf alle Zutaten zum Programm (den »Mantel«) verzichtet, und bald danach erschreckt Hahn die Branche mit dem vierzehntäglichen Ableger *TV light,* zwei Wochen Vollprogramm für 50 Pfennig, Startauflage 1,5 Millionen. Springer hat ein *TV plus* geplant – und verzichtet.

TV minus! Die neuen Blätter balgen sich um einen Markt, auf dem mehr als 20 bis 21 Millionen Käufer einfach nicht zu haben sind. Warum das alles? »Wenn Sie ein Konzept haben, das im Markt funktioniert«, sagte Georg Rateike, Bauers Verlagsleiter für *TV 14*, »dann müssen Sie es bringen, sonst macht es jemand anderes.« Noch 1999 wurde *TV 14* Auflagen-Millionär.

Gruner + Jahr machte sich seit Oktober 1999 mit dem bisher spektakulärsten Akt der »Selbstkannibalisierung« Konkurrenz im eigenen Haus: Es warf eine deutsche Ausgabe von NATIONAL GEOGRAPHIC auf den Markt, das doch einst Vorbild von GEO war, eine der größten und berühmtesten Zeitschriften der

Welt – zunächst für 5 Mark pro Heft, während GEO 11 Mark kostet. Zusammen mit dem spanischen Verlag RBA Editores hatte G + J die Lizenz für Deutschland, Frankreich und Polen erworben; im nächsten Jahr kam Holland hinzu.

Was für ein Konkurrent! Seit 111 Jahren ist *National Geographic* im Geschäft, die meisten aufregenden Expeditionen des Jahrhunderts hat es ganz oder teilweise finanziert, dabei 1953 das Wrack der »Bounty« und 1985 das der »Titanic« finden helfen – und 18 Jahre lang die weltberühmte Schimpansenforscherin Jane Goodall unterstützt. Die Geschichten in *National Geographic* sind meist monatelang recherchiert und dürfen schon mal 250 000 Dollar kosten.

Die deutsche Lizenzausgabe hatte einen fulminanten Start: vom ersten Heft 312 000 Stück verkauft, vom zweiten noch 10 000 mehr. Gruner + Jahr erhöhte daraufhin die den Inserenten garantierte Mindestauflage von 150 000 auf 250 000 und den Verkaufspreis ab Februar von 5 Mark auf 6,80. GEO verlor im zweiten Quartal des Wettbewerbs 46 000 Käufer. Dergleichen aber, sagt Rolf Wickmann, sei durchaus akzeptabel, »wenn per Saldo *pro Segment* der Marktanteil steigt«.

Am deutschen NATIONAL GEOGRAPHIC fällt auf, daß jedes Heft zu 80 Prozent aus den übersetzten Reportagen des amerikanischen Originals besteht, im selben Layout und meist mit demselben Titelbild. NATIONAL GEOGRAPHIC betreibt also genau das, woran GEO in den USA gescheitert ist und was den Erfolg von GEO France verzögerte. Aber vielleicht hat ja Klaus Liedtke recht, der Chefredakteur, mit seiner These: »Ein amerikanisches Heft in Deutschland tut sich leichter als umgekehrt.«

Gilbert Hovey Grosvenor, der prägende Chefredakteur von *National Geographic*, im Amt von 1903 bis 1954, hatte verfügt, das Magazin habe über Länder und Menschen »nur Freundliches« zu berichten und alle unangemessene Kritik zu vermeiden – aus Rio beispielsweise nur über Zuckerhut und Copacabana, nicht über die dreckigen Favelas. Von dieser »rosa Brille« sagte der derzeitige Chefredakteur William Allen, sie sei in den siebziger Jahren »in den Mülleimer geflogen«. Doch die *FAZ* schrieb in Ansehung des ersten deutschen Heftes: »Das Pittoreske herrscht vor. Die Welt bleibt schön.«

Peter-Matthias Gaede, Chefredakteur von GEO seit 1994, bezeichnete die Konkurrenz im eigenen Haus als »charmante Konstellation« und sportliche Herausforderung. Vor zwanzig Jahren würden die beiden Zeitschriften sich »stärker gebissen« haben, aber längst habe sich GEO ja wegentwickelt vom reinen Erdkunde-Magazin; es sei aktueller, aufrüttelnder geworden, und dabei pflege es weiterhin »die Reportage mit Tiefenschärfe statt des üblichen Info-Eintopfs für den schnellen Verzehr«.

In der Tat: Das Abbild der Erde ist im deutschen GEO längst umrahmt, ja überdeckt von Natur-, Sozial- und Geisteswissenschaften, von Medizin, Psychologie und Geschichte. Das Gedächtnis, das Blut, das Lügen waren Titelthemen und im Januar 2000 »Weltunternehmen Christentum: zwischen Mission und Marketing«. Die klassischen Reportagen über »Land und Leute«, wie die Redaktion sie heute fast abschätzig nennt – ein fernes Land, herrlich beschrieben ohne politische Hinterabsicht und doppelten Boden: Sie kommen nur noch am Rande vor.

Das hat zwei Gründe. Der eine: Die Erde ist begrenzt; es gibt kaum noch eine Weltgegend, in der nicht ein oder zwei GEO-Fähnchen stecken. Wichtiger (und zugleich schwieriger anschaulich zu machen) ist der andere Punkt: Wenn eine Zeitschrift sich nicht *im Erfolg verändert,* läßt der Mißerfolg nicht lange auf sich warten; das immer selbe *wollen* Leser nicht. Ein treuer GEO-Abonnent, der mit 200 grünen Heften fast zwei Regalmeter gefüllt hat, ist für eine Abwechslung reif. Hat er erst einmal gekündigt, weil ihn die dritte grandiose Bildstrecke über Feuerland nicht mehr faszinieren kann, so ist es schwer, ihn je zurückzugewinnen.

Wechsel also – auf einer Höhe des Erfolgs, die zum bloßen Weitermachen zu verführen droht. Unter 61 deutschen Zeitschriften hält GEO in der Image-Studie »Fame« die Spitze in fünf von sieben abgefragten Kategorien. Interessanterweise wurde diese Studie 1998 nicht von Gruner + Jahr in Auftrag gegeben, sondern von der Verlagsgruppe Milchstraße *(TV Spielfilm, Amica).*

Nach dem Urteil von insgesamt 6357 Lesern der jeweiligen Zeitschrift ist GEO

- die glaubwürdigste, vor *Bild der Wissenschaft* und der ZEIT
- die sympathischste Zeitschrift, vor *Motorrad* und P.M.
- die bestgestaltete, vor *Fit for Fun* und P.M.
- die mit dem höchsten Nutzwert auch noch, vor *Bild der Wissenschaft* und *PC Welt*
- und die einzigartige, unverwechselbare, vor *Das Beste* und dem *Playboy.*

Und eben dies – sympathisch, einzigartig – bleibt man nicht auf den immer selben Gleisen. Entwickeln muß man, ändern, mit Augenmaß natürlich, denn verprellen darf man den Leser nicht. Kein Heft soll ihn irritieren, aber ein bißchen wundern darf er sich, wenn er in einem zehn Jahre alten blättert. Das Problem ist nur: In welche Richtung soll der Wandel gehen? Am einfachsten scheint es, die Leser zu *fragen,* was sie anders, was sie besser, was sie übermorgen haben wollen.

Aber Leser wissen das nicht. Und Zeitschriftenmacher mit vieljährigem Erfolg waren immer nur solche, die *wußten,* daß die Leser es nicht wissen, und die daraus die richtigen Konsequenzen zogen: Man muß versuchen, ihnen das zu *bieten,* was sie in zwei, drei Jahren vermutlich wollen werden. Kein Leser hatte an Henri Nannen den Wunsch herangetragen, den STERN zu politisieren, keiner Rolf Gillhausen bedeutet, daß er GEO erfinden möge, keiner Helmut Markwort vorgeschlagen, den Markt mit *Focus* zu beschenken. Und wie war es mit der Weitsicht jenes Drittels der Bundesbürger bestellt, die 1955 auf die Allensbach-Umfrage, ob sie sich einen Fernsehapparat anschaffen wollten, die Antwort gaben: Ich? Nie!

So grübeln sie denn, die Zeitschriften-Chefredakteure, Witterung versuchen sie aufzunehmen, Erwartungen zu befriedigen, die noch keiner hegt, geschweige denn geäußert hat – ob Gaede für GEO oder Hans-Hermann Sprado für P.M. oder

Roger de Weck (Chefredakteur von 1997 bis 2000) für die ZEIT: indem er ihr 1999 statt des Magazins die opulente Beilage *Leben* verordnete, in Berlin produziert und nun doch fast tollkühn anders, als die ZEIT bis dahin gewesen war. Und wenn einer wüßte oder auch nur ahnte, worauf sich anno 2005 die STERN-Leser stürzen werden, die vorhandenen und die erhofften – dann wäre er ein gemachter Mann.

Die Ära Schulte-Hillen

2000

»Eine echte *Nachricht* ist, was irgend jemand irgendwo vertuschen will; alles andere ist Reklame.« Also sprach Alfred Viscount Northcliffe, der 1903 den *Daily Mirror* gründete und damit den Typus der Boulevardzeitung erfand. 97 Jahre später sagte Andrew Gowers, Chefredakteur der deutschen FINANCIAL TIMES, die am 21. Februar 2000 mit einem Paukenschlag auf den Markt sprang: »Wir wollen jeden Tag eine Nachricht drucken, die jemand lieber nicht im Blatt gesehen hätte.« Da handelte er sich zwar manches Dementi ein – aber: »Die Zahl der Scoops übertrifft bei weitem die der Dementis«, schrieb der *Kress-Report*, und zeitlos gültig bleibt ja das geflügelte Wort aus dem Bonner Pressecorps: »Ein Dementi ist der Versuch, die Zahnpasta in die Tube zurückzudrücken.«

Der Start der Hamburger FINANCIAL TIMES war der »größte deutsche Zeitungsscoop der vergangenen fünfzig Jahre«, schrieb sie selber in ihrer ersten Nummer, und sie hatte recht. Was war denn in Westdeutschland noch passiert nach dem Mai 1949, in dem die Besatzungsmächte auf ihr 1945 erlassenes Lizenzrecht für die Presse verzichteten? Die Lizenzträger hatten zumeist das Erbe der lokalen Monopole angetreten und sich flächendeckend etabliert – also, wie man damals häufig hörte, von den Siegern »die Erlaubnis zum Gelddrucken« bekommen.

In den 51 seither verstrichenen Jahren gab es nur drei erfolgreiche Versuche, ein überregionales Blatt noch in den Markt zu zwängen: schon 1949 die *Frankfurter Allgemeine,* 1952 dann die *Bildzeitung* und 1979 schließlich die *taz.* Die aber hat es über die Besetzung einer originellen Nische nie hinausgebracht; und wären *Bild* und die *FAZ* nach ein, zwei Jahren wieder eingegangen, so hätte kein Hahn danach gekräht, jedenfalls kein Verleger sich dem Hohn der Branche ausgesetzt.

Wie risikofreudig hat sich da Deutschlands größtes Pressehaus gezeigt, als es, nach mehr als einjährigem Trommelwirbel, mit dem Anspruch auftrat, das schnellste, beste deutsche Wirtschaftsblatt zu machen, im Frontalangriff auf den Platzhirsch, das *Handelsblatt* (Lizenz von 1946) und zudem in Konkurrenz zum opulenten Wirtschaftsteil der *FAZ!* Auf dem Zeitungsmarkt war das eine Kühnheit wie einst *Focus* bei den Magazinen – »sportlicher Wettkampf in seiner mörderischen Ausprägung«, schrieb der *Kress-Report;* eine Variante auf das Diktum des Gerd Bucerius von 1969: daß im Kampf der deutschen Großverlage »Mord die natürliche Lösung« sei.

FINANCIAL TIMES gegen *Handelsblatt* – das hieß ja zugleich: Gruner + Jahr gegen Holtzbrinck. Der Konkurrenz-Verlag (neben dem *Handelsblatt* vor allem die *Wirtschaftswoche*) hatte vor dem Donnerschlag vom Februar 2000 einen Anteil von 39 Prozent an der Auflage aller deutschen Wirtschaftstitel – Gruner + Jahr 37,4 Prozent (ohne den G + J-Anteil am *Manager-Magazin*). Und nun aus Hamburg eine Offensive auf breiter Front:

CAPITAL, mit 273 000 verkauften Exemplaren Deutschlands größtes Wirtschaftsperiodikum, stellte im Januar von monatlichem Erscheinen auf vierzehntägliches um, mit 15 zusätzlichen Redakteuren und nur noch 6 statt 9 Mark pro Heft – und legte gleich im ersten Quartal um 38 000 Verkäufe zu.

Die CAPITAL-Tochter BIZZ, 1998 versuchsweise gestartet und seit Januar 1999 ein Monatsblatt, verkaufte schon 167 000 Hefte, überwiegend an ehrgeizige, wohlhabende, lebenslustige Leute unter 40 mit einem Computer zu Hause – »multioptionale Leistungserotiker«, wie der Chefredakteur des Mutterblatts, Ralf-Dieter Brunowsky, sie definierte. Im Februar verbreitete BIZZ über fünfzehn Sender den Werbespot: »Hallo, mein Name ist Joschka!« sagt ein Fischer-Imitator. »Ich habe das Gymnasium abgebrochen, die Lehre geschmissen und bin bei Opel rausgeflogen. Jetzt bin ich Außenminister.« WDR und Hessischer Rundfunk lehnten die Ausstrahlung ab.

Zum größten Renner auf dem Markt der Wirtschaftspresse war inzwischen BÖRSE ONLINE geworden (entgegen dem modischen Wortklang ein Wochenblatt auf Papier): 1994 von Gruner + Jahr erworben, Auflage binnen fünf Jahren versechsfacht, fette Zuwächse beim Anzeigengeschäft und anno 2000 mit 362 000 verkauften Heften Deutschlands größtes Magazin für Geldanlage und der größte Wirtschaftstitel überhaupt, vor CAPITAL. »Unsere Leser machen Geld!« hieß dazu ein Werbespruch. Und Gruner + Jahr mit ihnen.

Gründungsfieber! Die Leute, sagt Helmut Markwort, finden Wirtschaft mittlerweile so spannend wie die Fußballbundesliga. Seit Januar 2000 die *Telebörse* von Holtzbrinck, *Net-Business* aus der Milchstraße, seit März *Focus Money* von Burda, »Nutzen, Nutzen, Nutzen« versprechend wie das Mutterblatt Fakten, Fakten, Fakten. Im April folgten bei Springer auf die erfolgreichen Titel *Euro am Sonntag* und *Finanzen* auch noch *Aktien-Research* mit dem Untertitel »Profianalysen für Privatanleger« und *Vogue-Business* von Condé Nast mit der Selbstanpreisung: »Dahinter steckt immer eine kluge Köpfin«; und bei Bauer erscheint die *Geldidee.*

Inmitten dieser Aufbruchstimmung nun auch noch das ehrgeizigste Projekt von allen, die FINANCIAL TIMES. Begonnen hatte das Abenteuer im Oktober 1997 bei einem Treffen der Vorstandsvorsitzenden von sechzehn europäischen Presseverlagen in einem Luxushotel in der Nähe von Athen. David Bell, Verlagsleiter der *Financial Times,* suchte einen deutschen Partner. »Lassen Sie uns reden«, sagte Gerd Schulte-Hillen. Holtzbrinck, Springer, Burda und der *Spiegel*-Verlag hatten abgewinkt. Ein halbes Jahr später, nach vielen Reisen zwischen Hamburg und London, einigten sich die Vorstandschefs auf das Konzept für ein Joint-venture. Nun brauchte man nur noch einen Chefredakteur, mehr als hundert Redakteure und die Marktlücke, in die man stoßen wollte.

Im September 1998 erklärte sich der 40jährige Andrew Gowers, stellvertretender Chefredakteur der britischen Ausgabe und perfekt in Deutsch, bereit, die deutsche Ausgabe zu übernehmen. Im Dezember siedelte er nach Hamburg über – und begann, seine künftigen Redakteure an- und abzuwerben. Er führte mehr als tausend Gespräche. Alsbald ging es in den deutschen Wirtschaftsredaktionen zu »wie auf dem Hamburger Hauptbahnhof«, schrieb der *Journalist.* »Journalisten kommen und gehen, als reisten sie mit einer Freikarte durch die deutsche Verlagslandschaft« – ein Gerangel um qualifiziertes Personal; und auch von denen, die blieben, wo sie waren, konnten viele eine runde Gehaltszulage einstreichen, als Prämie fürs Bleiben. Von »Freudenhauspreisen« sprach Stefan Baron, Chefredakteur der *Wirtschaftswoche.*

Im April 1999 unkte das *Manager-Magazin,* die Anlaufkosten der deutschen FINANCIAL TIMES würden wohl nicht, wie zwischen den Partnern vereinbart, bei 185 Millionen Mark liegen, sondern bei 300, wenn nicht 500 Millionen. »Da wird auch in Hamburg plötzlich vielen bang vor dem eigenen Mut«, schrieb das Blatt, und einen Holtzbrinck-Manager zitierte es mit der Prognose: Die Chance des Nichterscheinens liege bei »mindestens 50 Prozent«. (Doch das war wohl ein durchschaubarer Versuch, wechselwillige *Handelsblatt*-Redakteure abzuschrecken.)

Im Mai wurde in Hamburg ein erstes Dummy produziert. Im Juni hatte Gowers für seine 120 Planstellen 75 Redakteure unter Vertrag; und der Aufsichtsrat von Gruner + Jahr genehmigte die Investition. Unterdessen vergrößerten die *FAZ* und die *Süddeutsche Zeitung,* die *Welt* und die *Frankfurter Rundschau* vorsorglich ihren Wirtschaftsteil, die *FAZ* vereinbarte eine Kooperation mit der *International Herald Tribune,* und das *Handelsblatt* stellte 40 zusätzliche Redakteure ein, modernisierte sein Erscheinungsbild und schloß eine Allianz mit dem *Wall Street Journal.*

Im November 1999 begann die Rumpfredaktion der deutschen FINANCIAL TIMES, Nullnummern zu produzieren, erst *fast* täglich, dann jeden Tag. In der Branche sprach man von ungeduldigen Redakteuren und einem unsicheren Management. Im Dezember gestand Bernd Kundrun, der Zeitungsvorstand und designierte Nachfolger Schulte-Hillens, dem *Manager-Magazin:* »Meinen Anforderungen genügt die FTD heute noch nicht« (so das Kürzel für den inzwischen beschlossenen Titel: FINANCIAL TIMES DEUTSCHLAND). Das Blatt zitierte Kundrun mit dem Satz »Die Hoffnung ist der Feind des Kaufmanns« und lieferte dazu die Deutung: Kundrun sei bereit, nahezu jedes Wagnis einzugehen – solange die Erfolgschancen in einem vernünftigen Verhältnis zum Risiko stünden.

Als die FTD dann am 21. Februar 2000 endlich an den Kiosken hing, war ihr, von einer millionenschweren Werbekampagne unterstützt, ein Bekanntheitsgrad vorausgeeilt wie nur noch *Focus.* »Keine Seite zu viel, keine Zeile zu wenig: unser Verständnis von Ökonomie«, hieß es auf ganzen Seiten in den großen Zeitungen und auf Doppelseiten in *Spiegel, Focus* und STERN: »FTD. Die Farbe der Wirtschaft.« Lachsrosa nämlich, wie das Mutterblatt, und mit dem Anspruch, farbiger zu berichten, als deutsche Leser dies gewöhnt waren.

Gleich am ersten Tag viele Ausverkäufe; das Presseecho riesig und überwiegend positiv. Der *Tagesspiegel* lobte »schnelle Lektüre, auf den Punkt geschriebene Berichte«. *Kress* urteilte: »Nun ist die spannende Wirtschaft in schlanker Schreibe gelungen.« Für die *taz* waren die Kommentare frecher, die Informationen prägnanter als im *Handelsblatt;* das sei ja dafür berüchtigt gewesen, »so zu schreiben, als wäre die Firmen-PR direkt ins Blatt gefallen«. Die FTD solle offenbar die Zeitung »für genau die Info-Elite werden, die *Focus* gerne hätte«. Die *FAZ* glossierte das neue Blatt (»blaßlila Kopf mit linsendem Kanzler auf lachsrosa Papier«); die FTD gönnte sich zwei Wochen später die Überschrift: »Alte Tante FAZ traut sich nur zögerlich ins Web«.

Das Erstaunlichste, was die FINANCIAL TIMES sich traute,

war, den Redaktionsschluß für die drei aktuellen Seiten auf 22.30 Uhr festzulegen, die Zeit des Börsenschlusses in New York (wo es erst 16.30 Uhr ist) – zwanzig Minuten später anzudrucken in Augsburg, Mannheim, Hagen und Berlin – und frühmorgens pünktlich im Briefkasten und am Kiosk zu sein. Bis dahin galt für überregionale Blätter 18 Uhr als Limit, mit der bekannten Folge, daß am Montag nach jeder Wahl wohlgemut von der Wahl*beteiligung* berichtet, wenn nicht gar ein falsches Ergebnis verkündet wurde (wie auf Seite 373 dargestellt). Wenn die FINANCIAL TIMES es schaffe, die Zeit zwischen Andruck und Kiosk auf sieben Stunden zu verkürzen, müßten alle Vertriebsleiter Deutschlands zurücktreten, hatte der Zeitungsvorstand von Holtzbrinck gesagt; doch sie schaffte es, und die Vertriebsleiter blieben.

Nie war in der deutschen Presse mehr Unternehmungslust als bei G + J im Jahr des Wechsels an der Spitze. Für den 31. Oktober 2000 stand auf dem Programm: Gerd Schulte-Hillen wird Vorsitzender des Aufsichtsrats; den Vorstandsvorsitz gibt er nach 18 Jahren an Bernd Kundrun ab – dem Hausgesetz folgend: mit 60 nicht mehr an die Front.

»Natürlich hätte ich es mir leicht machen können, die Rendite pflegen, ein tolles Ergebnis vorlegen und etwaige Probleme meinem Nachfolger überlassen«, sagte Schulte-Hillen der *Welt am Sonntag.* »Aber ich bin Unternehmer. Diesen Geleitzug halte ich unter Dampf und übergebe bei voller Fahrt.« Und zu dem Fachblatt *Werben & Verkaufen:* »Ich denke gar nicht daran, im letzten Jahr keine Risiken mehr einzugehen ... Schlechtes Management ist, wenn man nichts mehr wagt.«

Gewagt hat er immer viel, 1983 ein tiefes Tal durchschreiten müssen, manches Scheitern hingenommen – und sich im Irrtum vielleicht mit Goethes Wort getröstet: »Ich habe bemerkt, daß man aus dem Irren sich wie erquickt wieder zu dem Wahren hin wende.« Für manchen Chefredakteur, den Schulte-Hillen nachträglich als »Irrtum« einstufte, war das kein rechter Trost; doch bleibt hinzuzufügen, daß den zehn STERN-Chefs, die er hat kommen und gehen lassen, auch Monumente der Dauer gegenüberstehen: seit 15 Jahren Norbert Hinze an der Spitze von ELTERN, 16 Jahre lang Anne Volk Chefredakteurin der BRIGITTE – und dazu zwei, die er vorfand, in ihren Ämtern seit 22 Jahren (Axel Hecht) und seit 29 Jahren (Angelika Jahr).

Über die Eigenschaften, die Gerd Schulte-Hillen kennzeichnen, ist man sich im Haus und in der Branche ziemlich einig, und der Autor kann nichts dafür, daß Negatives einfach nicht dabei sein will – außer, daß Schulte-Hillen über sein Talent hinaus, ein riesiges Geschwader mit Erfolg durch alle Klippen zu steuern, auch noch zweierlei hätte einfallen sollen: eine Rakete wie *Focus* und ein zuverlässiges Rezept für die nächsten zwanzig Jahre STERN. Als nervenstark, geradlinig, berechenbar wird er durchweg beschrieben, als weltoffen, unfähig zur Intrige, begeisterungsfähig und mit ansteckendem Enthusiasmus begabt – »ein Mensch, der sich freuen und ärgern konnte, der sich aufregte und empörte, einer mit Emotionen und Leidenschaften«. Es war Wolfgang Barthel, Vorsitzender des Gesamtbetriebsrats von Gruner + Jahr seit 1994, der dies im Dezember 1999 in einer Betriebsversammlung nicht ohne Wehmut sagte.

Erich Böhme kennzeichnete Schulte-Hillen in einem internen Jubiläumsheft als »spontan, umtriebig, optimistisch, missionarisch, manchmal ein bißchen Dampfwalze, manchmal ein Seelchen«. Im Gespräch sei er »natürlich immer der bessere Journalist, der bessere Arbeitgeberpräsident, der bessere Bundeskanzler – gottseidank blieb uns allen das ja bislang erspart. Er ist der bessere Verleger.«

Ins selbe Horn stieß Werner Funk: Schulte-Hillen sei einer, »der jedes Blatt seines Hauses erfolgreicher, aktueller, emotionaler, rationaler, aufreißerischer und nachdenklicher machen würde«, natürlich bei gleichzeitiger Senkung der Kosten und dramatischer Steigerung der Auflage. Und Funk erzählte die Geschichte, die er 1993 als Chefredakteur von GEO erlebte: Der Weltkonzern Unilever verhängte einen Anzeigenboykott gegen den STERN, weil er sich (in GEO nicht als Inserent vertreten) über die GEO-Geschichte »*Du darfst* – nicht alles glauben« ärgerte.

Viermal hatte der GEO-Autor den Namen Unilever genannt in seinem fürchterlichen Verriß der »Light-food«-Mode – der »grandiosen Erfindung, das Sattwerden teurer zu machen«. Da entstünden, durch Zusatz von Emulgatoren, Antioxidantien, Zellulose, Gelatine, Dickungsmitteln und Stärkekleister, Produkte wie jener fettarme Camembert, der nach gesalzenem Radiergummi schmecke – Triumph einer »Mampfkultur«, die den Sinn des Lebensmittels verfehle, nämlich Mittel zum Leben zu sein.

Als das Storno von Unilever eingegangen war, wurde Funk »zu einer Tasse Kaffee mit Elbblick« gebeten, und Schulte-Hillen fragte nur: »Stimmt die Geschichte?« Ja doch! Der Autor, Dr. Reiner Klingholz, ein bewährter Wissenschaftsredakteur und studierter Lebensmittelchemiker, und die Faktentreue von GEO überhaupt! Da, erzählte Funk, »trat etwas Ungewöhnliches ein: Der Vorsitzende amüsierte sich. Er blätterte die Geschichte noch einmal durch und brach dann in jenes helle, etwas meckernde und ungemein ansteckende Lachen aus, das ihn auszeichnet. ›Wenn wir uns solche Geschichten nicht mehr leisten können, dann macht das Geschäft keinen Spaß mehr.‹«

Das, erzählt Funk, sei für ihn ein Augenblick der Wahrheit gewesen. Keine Sekunde der Unsicherheit bei der Abwägung zwischen redaktioneller Unabhängigkeit und gefährdeten Millionen! Schulte-Hillen sagt dazu selbstbewußt: »Die Liberalität des Hauses hat was mit mir zu tun. Ich gebe den Chefredakteuren die Freiheit, die ich haben *möchte.*«

Unilever kam bald wieder – und Spaß muß sein. Nicht nur Spaß, natürlich: »Harmonie ist kein Selbstzweck«, schrieb Schulte-Hillen 1995 (ausgerechnet in einer Weihnachtsbotschaft). »Das Streben nach zu viel Eintracht kann zu Lasten der Dynamik gehen.« Richtig: »Der Mensch will Eintracht – aber die Natur weiß es besser, was für seine Gattung gut ist: Sie will Zwietracht.« Immanuel Kant hat das geschrieben in seiner »Idee zu einer allgemeinen Geschichte in weltbürgerlicher Absicht« (im Vorgriff auf die Globalisierung also). Der Mensch wolle »gemächlich und vergnügt leben; die Natur will aber: Er soll aus der Lässigkeit und untätigen Genügsamkeit hinaus sich in Arbeit und Mühseligkeiten stürzen.«

Wie die Natur, so Gerd Schulte-Hillen. In seine Ära fällt der Aufstieg von Gruner + Jahr zum größten Presseverlag Deutschlands, zum größten Zeitschriftenverlag Europas und zum internationalsten Pressehaus der Welt. Es steht in Deutschland auf Platz 3 bei den »Image-Profilen« des *Manager-Magazins,* hinter *FAZ* und Bertelsmann, vor ZDF, ARD, Springer und dem Süddeutschen Verlag, und G + J verlegt fünf Zeitschriften, die von mehr Meinungsführern gelesen werden als die *FAZ:* STERN, GEO, CAPITAL, GEO SPECIAL und BRIGITTE (siehe Seite 407).

Solcher Erfolg entsteht durch Tüchtigkeit – aber nicht nur durch die eines einzelnen und nicht durch Tüchtigkeit allein. »Wir brauchen unternehmerisch denkende Leute in den Führungspositionen«, sagte Schulte-Hillen 1998 beim Dritten Internationalen G + J-Management-Meeting. »Diese Personen müssen in einer Stimmungslage sein, daß sie unternehmerisch handeln *wollen.* Und zwar nicht nur aus Vernunft, sondern aus Überzeugung, aus Lust … Wir sind Menschen aus Fleisch und Blut. Über die reine Ratio können Sie viel erreichen – aber wenn die Menschen Lust haben und mit dem Herzen dabei sind, können sie Berge versetzen. Und wir wollen Berge versetzen.«

Und die Leser? »Wir wollen, daß unsere Leser glücklich sind, sich gern mit unseren Blättern unterhalten und durch sie informieren.« Und die Redakteure? »Gruner + Jahr ist nicht irgendein Unternehmen, wir sind ein journalistisches Haus. Das ist etwas ganz Besonderes. Unser Herz schlägt in den Redaktionen.«

Hat die Presse eine Zukunft?

2000

Hat das gedruckte Wort, das statische Bild – haben Zeitungen und Zeitschriften noch eine Chance gegen das Fernsehen und das Video, das Internet und die Computerspiele? Wird es die nun mehr als fünfzig Jahre alten Klassiker der deutschen Presse, den *Spiegel,* den STERN, die ZEIT, die *Süddeutsche Zeitung,* die *FAZ*, in nochmal fünfzig Jahren auch noch geben? In der Tat: Die Bedrohung wächst. Gerade hat *Life* sein Erscheinen eingestellt, zum zweitenmal und nun wohl endgültig. 1936 gegründet; in den vierziger und fünfziger Jahren *die* Illustrierte auf Erden, Maßstäbe setzend, Fotogeschichte schreibend; 1972 als Wochenblatt stillgelegt; 1978 als Monatsmagazin noch einmal belebt – und im Mai 2000 begraben.

In Deutschland, fast überall im Abendland schmilzt seit Jahren die Auflage der meisten Tageszeitungen, Wochenblätter und Magazine. Die Zeitschrift ELTERN *muß* schrumpfen, weil die Kinderzahlen sinken. Die Zeitungen *können* nur verlieren, seit der klassische Haushalt von zwei, vier, sechs Personen immer mehr vom Single verdrängt wird, und der abonniert nur selten die Lokalzeitung, die wie selbstverständlich zur Familie gehörte; er zieht den Gelegenheitskauf vor. Die beinharte Konkurrenz der drei großen Tageszeitungen von Berlin wird auf einem schrumpfenden Markt ausgetragen; Geld verdient nur die am wenigsten anspruchsvolle von ihnen, Springers *Berliner Morgenpost.*

Der Wettlauf um den Titel »die Hauptstadtzeitung« wird vor allem zwischen der BERLINER ZEITUNG von Gruner + Jahr und Holtzbrincks *Tagesspiegel* ausgetragen. Bei beiden steht ein Mann an der Spitze, der von der *Süddeutschen Zeitung* geprägt ist: im Osten Martin E. Süskind, langjähriger Leiter ihres Bonner Büros, dann Chefredakteur des *Kölner Stadt-Anzeigers;* im Westen Giovanni di Lorenzo, Ressortleiter der vielgerühmten Dritten Seite der *Süddeutschen,* mit 40 Jahren überraschend zum Chefredakteur des *Tagesspiegels* berufen, in der Presse als »Chef auf Samtpfoten« vorgestellt.

Die BERLINER ZEITUNG kann sich rühmen, im Fernsehen und in anderen Blättern häufiger als die *Süddeutsche* zitiert zu werden (auf Platz 3 hinter *Bild* und *FAZ*) – was sich durchaus als Indiz für einen gewissen Hauptstadt-Rang betrachten läßt; auch hat sie in Westberlin 40000 Käufer gewonnen, mehr als *Tagesspiegel, Berliner Morgenpost, Welt* und *FAZ* im Osten zusammen. Aber, predigt Süskind: »Es macht wenig Sinn, seine Herkunft zu verschweigen. Die alten Leser werden verärgert, und den neuen macht man was vor.«

Und nun hat sich auch noch die *Welt* (mit Sitz in Berlin) gemausert; und die *FAZ* bringt seit September 1999 täglich eine sechs- bis achtseitige Berlin-Beilage, pfiffig gemacht, mit großem Serviceteil und einem Jahrmarkt der Eitelkeit: einem Register aller in der jeweiligen Ausgabe erwähnten Personen; und der Bonner *General-Anzeiger* bedient die Umzügler aus der alten Hauptstadt mit einer Fernausgabe; und zwanzig private Radiostationen überbieten einander mit Lokalnachrichten.

»Wir träumen nicht von starken Auflagengewinnen bei der BERLINER ZEITUNG«, sagte Bernd Kundrun, noch als Zeitungsvorstand bei Gruner + Jahr. »Die Zeitung soll mit der Ausdauer eines Marathonläufers eine vernünftige Rentabilität erreichen ... Außer der Wirtschaftlichkeit ist aber auch ein Schuß Herzblut dabei.«

Herzblut! Das werden die Verleger brauchen, in Berlin und anderswo. In der gesamten westlichen Welt sinkt seit zwanzig Jahren die Zahl der Siebzehnjährigen, die schon mal ein Buch freiwillig zu Ende gelesen haben. Ja, es scheint, als wären die elektronischen Medien auf dem besten Wege, dem Gutenberg-Zeitalter den Garaus zu machen.

Doch es gibt auch Hoffnungsschimmer – und einen relativierenden Umstand. Der liegt darin, daß nicht etwa der Markt für das Gedruckte kleiner wird (im Gegenteil, in Deutschland wächst er noch); kleiner wird nur der Anteil der einzelnen Zeitschrift an ihm – weil die Neugründungen sich überschlagen und der Verdrängungswettbewerb inzwischen härter geworden ist als bei den Waschmitteln.

Und Hoffnung auch? Da ist zunächst das Phänomen, daß sich unter den zehn größten deutschen Magazinen nicht weniger als acht Programmzeitschriften befinden. Zwar demonstriert das zum einen, wie abhängig das Gedruckte vom Gesendeten geworden ist, zum anderen aber, daß die neuen Medien ihrerseits auf die alten offenbar um keinen Preis verzichten können. Ähnlich bei den Computer-Zeitschriften: Sie sind die dicksten überhaupt, und kein neuer Computer ist ohne ein fettes Benutzerhandbuch vorstellbar.

Ein bloßer Dienstleister für die elektronischen Medien sind die Magazine dabei keineswegs geworden. Das deutsche NATIONAL GEOGRAPHIC mit seinen langen Texten und seinen statischen Bildern hat seit 1999 einen Sensationserfolg – wie GEO ein Indiz dafür, daß das geruhsame Lesen gehaltvoller, süffig geschriebener Texte seinen Markt behalten hat. Auf einem engen Feld wie dem des SCHÖNER WOHNEN behauptet sich das Gruner + Jahr-Blatt seit nunmehr vierzig Jahren frisch wie am ersten Tag – Marktführer in Deutschland, Europas größte Wohnzeitschrift.

CAPITAL lebt weiter glänzend davon, daß es nicht Verlautbarungen nachbetet, sondern die Wirtschaft erzählt, durchleuchtet und begreifbar macht. Und bei den Tageszeitungen sind es die beiden mit dem größten Ruf, *FAZ* und *Süddeutsche,* deren Auflage blüht; auch die *Welt* legt zu. Qualität also behält ihre Freunde.

Natürlich haben die meisten größeren Verlagshäuser ihre Geschäfte inzwischen auf die elektronischen Medien ausgedehnt – auf Fernseh-Beteiligungen schon lange und nun auch auf eine neue Form des Journalismus: Angebote fürs Internet, auch Online-Dienste genannt; obwohl *on line* eigentlich nur »im Kabel« heißt und im Englischen seit 1844 gebräuchlich ist, als Samuel Morse das erste Telegramm von Washington nach Baltimore schickte: »What hath God wrought!« (In Anlehnung an 1. Kor. 12,6: »It is the same God which worketh all in all« – es ist ein Gott, der in allem wirkt.)

150 Jahre später, 1994, ging der *Spiegel* ins Kabel, mit ausgewählten Stücken aus dem Heft und einem Angebot aktueller Nachrichten. Im Januar 1995 kündigten Burda, der französische Großverlag Hachette und die britische Pearson-Gruppe, zu der die *Financial Times* gehört, die Gründung von *Europe Online* an, einer Firma mit Sitz in Luxemburg, die *America Online (AOL)* und *Microsoft* Konkurrenz machen solle. Hubert Burda sprach vom »Beginn des multimedialen Zeitalters« und trug den Spruch »Be fast or be last« auf den Lippen.

Im Mai 1995 hieß es, Springer werde dazustoßen; im November: wohl doch nicht, und Hachette stieg aus. Was am 15. Dezember ins Netz ging, war kein eigenständiger Dienst, wie angekündigt, sondern ein Anbieter mehr im Internet – der Versuch, »eine Ware zu verkaufen, die es anderswo besser und billiger gibt«, schrieb die *Süddeutsche Zeitung* im Rückblick. Bis April 1996 hatte Burda 40 Millionen Mark investiert, im Juli stoppte der Verlag die Zahlungen nach Luxemburg, im August meldete *Europe Online* Konkurs an, mit 70 Millionen Schulden.

Gruner + Jahr trat leiser auf und ersparte sich die Pleite. *TV Today Online* machte 1995 den Anfang, eine »digitale Infotainment-Maschine«, die eine Mischung aus Nachrichten, Service und Spaß anbietet. Im selben Jahr folgte der STERN, zunächst mit Auszügen aus dem Heft, seit 1998 zusätzlich mit fünfzehn verschiedenen Diensten, darunter einem Nachrichtenkanal, einem Finanzkanal und einer Spielzone (Gaming Zone).

Mit 22 Angeboten und fast 50 Millionen Seitenabrufen (page impressions) wurde G + J schon 1998 Deutschlands größter Internet-Anbieter; auch *Brigitte Infoline* ist dabei, *Geo Explorer, Geo Saison Traveller, Flora Gartenwelt* und dazu ein *Busi-*

ness Channel, dessen Erweiterung zu einem *Allfinanz-Portal* für den Herbst vorgesehen war.

Seit 1997 werden alle Gruner + Jahr-Internet-Angebote von der hundertprozentigen Tochter *Electronic Media Service* (EMS) zentral vermarktet. Sie bietet außer den Genannten die Suchmaschine *Fireball* an, von G + J zusammen mit der Technischen Universität Berlin entwickelt: ein öffentliches Register aller Internet-Dienste und schon bald das größte. »Was immer ihr im Netz verloren habt – Fireball spürt in 250 aktuellen Themenbereichen die gewünschten Adressen auf«, heißt es in der Werbung. Überdies ermöglicht *Fireball* den Zugang zu *Paperball,* einer Suchmaschine für den Inhalt deutschsprachiger Zeitungen vom Tage.

Und weiter geht es stürmisch voran im Jahr 2000. EMS startete den *Computer-Channel* mit Fach-Information und Kaufberatung. Gruner + Jahr beteiligte sich an Internet-Anbietern in Taiwan und Südkorea und gründete die Firma *Multimedia Ventures,* die erfolgversprechende Projekte unterstützen will.

TV TODAY legt seit April 2000 jeder zweiten Ausgabe einen *Web Scout* von 36 Seiten bei: einen Pfadfinder durchs Internet, der die wichtigsten Angebote (Web Sites) vorstellt, nach Themen gegliedert und zugleich bewertet, wie im Hauptheft die Kinofilme fürs Fernsehen. So beginnt sich auch das Internet seinen Magazin-Markt zu schaffen, wie zuvor das Fernsehen die Programmzeitschriften ins Leben rief.

Was wird der elektronische Markt mit seinen vorerst kleinen Umsätzen und raren Gewinnen, seinem rasenden Wachstum und seinen unabsehbaren Möglichkeiten übriglassen von der Zeitung und der Zeitschrift, wie wir sie kennen? Welche Leser werden sie noch finden – welche Verlage werden sich noch Tageszeitungen oder Magazine leisten können, da doch nicht nur die Auflagen gefährdet sind, sondern überdies die zum Überleben notwendigen Inserate in Scharen ins Netz abschwimmen?

Die Verlage setzen vor allem auf das Kapital, das in ihren Marken liegt: die großen Namen mit ihrem in Jahrzehnten aufgebauten Ruf, glaubwürdig und interessant zu sein. Die Markennamen bieten die doppelte Chance, sich im Papier zu behaupten und sich im Internet zu etablieren.

So sind auch etliche Zeitungsverlage dabei, ihre Blätter durch gleichzeitigen Auftritt im Netz abzusichern. Überwiegend begannen sie damit, einfach ihre Printversion zusätzlich elektronisch anzubieten; meist hat sich daraus inzwischen ein Nachrichten- und Service-Angebot rund um die Uhr entwickelt – so bei der *Süddeutschen Zeitung*, die eine fünfzehnköpfige Redaktion damit beschäftigt.

Die deutsche FINANCIAL TIMES macht es ausdrücklich anders: Von vornherein ist sie als *ein* Markenname und *eine* Redaktion für *zwei* Medien konzipiert. Alle Redakteure haben im Vertrag, daß sie für beide schreiben, nach dem Motto: »Unseren Nachrichten ist es egal, wie sie den Leser erreichen.« Die gedruckte Zeitung bietet Überblick, Hintergrund, Einordnung, Kommentar und manchmal Lesevergnügen, sie versteht sich als »Navigator im Datenmeer«. Im Internet regieren

die überlegene *Schnelligkeit:* permanente Aktualisierung, auch am Wochenende

die *Vollständigkeit:* Die Kurse von 200 000 Wertpapieren sind abrufbar, ebenso ein Porträt von 3000 Investmentfonds

die *Vernetzung:* Zu jeder aktuellen Information werden Aktienkurse, Unternehmensprofile, einschlägige Gesetze, zusätzliche Grafiken angeboten.

Die *Welt* sah es schon unter ihrem Chefredakteur Mathias Döpfner genauso: Sein Blatt sei eine Marke für Qualitätsjournalismus, der auf zwei Vertriebswegen zum Leser komme; alle Redakteure würden in Zukunft beide Sparten beliefern. Auch Siegfried Weischenberg, Kommunikationswissenschaftler und seit 1999 Vorsitzender des Deutschen Journalistenverbands, prophezeit eine »medienneutrale Produktion« zur Nutzung in Presse, Radio, Fernsehen und Internet.

So ist es aber nicht, daß das Papier nicht mehrere klare Vorzüge behielte – mindestens vier an der Zahl. Papier bleibt das weit angenehmere Lesemedium für die Augen, bei allen längeren Texten ohne Konkurrenz. Es läßt sich benutzen ohne Kabelanschluß, Strom und technisches Gerät, ist also unschlagbar im Flugzeug und am Strand. Es läßt sich greifen, zurücklegen, archivieren, was zu seiner überlegenen Glaubwürdigkeit beiträgt. Und die Bilder haben in Zeitschriften wie GEO, NATIONAL GEOGRAPHIC oder STERN eine Schärfe, die von keinem anderen Medium erreicht, und eine Leuchtkraft, die allenfalls von der Großbildleinwand des Kinos übertroffen wird.

Das sinnliche Erlebnis des schön bedruckten Papiers wird gerade den anspruchsvollen Magazinen ihren Spielraum lassen; und was die Redaktion dem Blätterer als überraschende Abfolge von Bildern und Themen anbietet, das kann kein Stöbern im Netz zustande bringen. So werden auch die ganz- oder doppelseitigen Inserate der Markenartikler kaum aus der Zeitschrift verschwinden.

Mit den Rubriken-Anzeigen, die in den Tageszeitungen dominieren, sieht es da anders aus: Prächtig aussehen müssen sie nicht, und sie im Internet zu nutzen ist ungleich praktischer, weil der Interessent seine Kriterien eingeben kann, ohne sich durch viele Seiten Kleingedrucktes wühlen zu müssen. Auch vom Lesestoff her macht das Internet der Zeitung viel härtere Konkurrenz als den Magazinen: Wer Informationen sucht, wird schneller bedient, und Leselust ist für den Zeitungsleser zumeist nicht die Hauptsache.

Diesen Schwächen der Zeitung im Vergleich zum Netz steht eine Stärke gegenüber: Von jeher als das glaubwürdigste Medium angesehen, sticht die Zeitung nun vom Internet viel stärker ab als von den bisherigen Schlußlichtern der Verläßlichkeit, der Yellow Press, den Boulevardzeitungen und dem Privatfernsehen. Das Internet erschlägt ja seinen Nutzer mit einer kaum sortierten Überfülle von Text, unter Einschluß von Schwachsinn, Jux und Manipulation, von Pornographie, unverlangter Selbstentblößung und Anleitungen zum Bombenbasteln.

Doch die Tageszeitungen wären gut beraten, wenn sie es weder bei ihrem noch wachsenden Vorsprung an Glaubwürdigkeit bewenden ließen noch an den Versuchen ihrer Verleger, einen Fuß ins Internet zu stellen. Es wäre nicht zu früh, wenn die Redaktionen mindestens zwei Schritte unternähmen, deren Unterlassung, schon bisher fast grotesk, über kurz oder lang existenzbedrohend werden könnte.

Der eine Schritt: endlich auch auf der ersten Seite auf die Erfindung des Fernsehens zu reagieren. Die Sportreporter haben es sich schon vor vierzig Jahren abgewöhnt, über die Fußballspiele vom Vortag noch in einer Form zu berichten, als hätten sie etwas Neues mitzuteilen: In der realistischen Einschätzung, daß 95 Prozent ihrer Leser die Ergebnisse längst aus Radio oder Fernsehen kennen, liefern sie nicht mehr die Nachricht, sondern nur noch Reportage, Analyse, Bewertung.

Bis zur Seite 1 unserer meisten großen Zeitungen aber hat sich diese Einsicht in vierzig Jahren nicht vorarbeiten können. Hartnäckig nehmen sie an mindestens vier von sechs Erscheinungstagen als Schlagzeile das, was am Vorabend im Mittelpunkt der Fernsehnachrichten stand (bei *FAZ* und *Süddeutscher Zeitung* kann der Autor das für die letzten vierzig Jahre beeiden). »Schröder zum Bundeskanzler gewählt« liest man da, obwohl der Kenntnisgrad gewiß 95 Prozent, der Überraschungsgrad sogar 0 war, oder »Fusion von Deutscher und Dresdner Bank gescheitert« als Aufmacher der *FAZ* vom 6. April 2000, obwohl am Vorabend kein Fernsehteilnehmer diesem Thema hatte entrinnen können.

Aber was soll die Zeitung denn tun – die Wahl zum Bundeskanzler etwa *nicht* aufmachen? Natürlich nicht! Die Nachricht ein- oder zweispaltig – für die wenigen, die es noch nicht wußten, und für die vielen, die ein paar Einzelheiten nachlesen wollen. Und als Aufmacher? Ein Thema, das man sich seit Wochen, mindestens seit Tagen hätte überlegen können, so, wie es sich der *Spiegel* oder die ZEIT natürlich überlegt haben: eine Analyse der Ära Kohl oder eine Prognose für die Ära Schröder oder eine Reportage über die Hintergründe des Wahlvorgangs.

Aber das machen wir doch alles! bekommt man da zu hören. Ja: auf Seite 3, auf Seite 4. Was eigentlich spricht dagegen, zunächst und vor allem die Seite 1 attraktiv zu machen – so, daß man den Drang verspürt, nach dem Blatt zu greifen – so, wie *Le Monde* oder die *International Herald Tribune* es ganz selbstverständlich tun, mit mehr Analysen und Reportagen als Nachrichten auf der ersten Seite?

Einen klassischen Tiefpunkt ihrer Technik erreichte die *Süddeutsche Zeitung* vom 7. November 1996 (und nichts ist seither besser geworden). Aufmacher: »Klarer Sieg über Bob Dole: Bill Clinton bleibt Präsident der USA«. (Stunde um Stunde hatte es das Fernsehen am Abend zuvor gezeigt.) Auf Seite 3 aber eine brillante Reportage des Washingtoner Korrespondenten mit der Überschrift »Das Unternehmen Zuckerguß – Ganz ergriffen von der eigenen Größe feiert der Präsident seinen Sieg« (was für eine Schlagzeile, was für ein »Hingucker« für Seite 1!). Und auf Seite 4, im Leitartikel, sogar ein Widerspruch zu der Vorzeile »Klarer Sieg« von Seite 1: Clinton erzielte »die niedrigste Zustimmungsrate für einen wiedergewählten Präsidenten seit dem Ersten Weltkrieg«. Wieviel glänzender Journalismus ist da gepaart mit dem Willen, ihn zu verstecken!

Jahrzehntelang hatte ja auch die ZEIT Wert darauf gelegt, ihre erste Seite von ihren besten Texten freizuhalten. Im April 2000 verjüngte sie ihr Herausgeber-Gremium: der 69jährige Theo Sommer wurde durch den 56jährigen Josef Joffe von der *Süddeutschen Zeitung* ersetzt; Herausgeber neben Joffe blieben Helmut Schmidt (81) und Gräfin Dönhoff (90).

Von einem halben Jahrhundert der Unbedrohtheit in den Schlaf gewiegt, werden unsere großen Zeitungen unter dem Würgegriff des Internet nun vielleicht erwachen. Natürlich genügt es nicht, die Schauseite endlich zu modernisieren – Zeitungen, die überleben wollen, werden sich darüber hinaus den Arbeitsstil und die unterschwellig rumorende Existenzangst zu eigen machen müssen, die in den *Zeitschriften* von jeher regieren.

Zeitschriften sind entbehrliche Produkte; sind sie langweilig, gehen sie ein. Die Redakteure wissen oder ahnen das, sind bereit, um Leser zu werben, und haben gelernt, wie man das macht: die interessantesten Stoffe in der attraktivsten Form präsentieren. Da in den meisten *Zeitungen* dergleichen nicht zum Überleben nötig war, hatte die Routine leichtes Spiel, und wo trotzdem Höchstleistungen entstanden, dann nur da, wo ein Club von engagierten Redakteuren sie auch ohne Not erbringen wollte – oft von einer schönen Tradition begünstigt wie in der *Süddeutschen* im »Streiflicht« und auf der Seite 3.

Nur wo sich solcher Ehrgeiz durchsetzt – ob aus Lust oder aus der Einsicht, daß sonst der Untergang droht: Nur da wird die Presse überleben. Den Zeitschriften wird das leichter fallen, weil das Gefühl der Gefährdung von jeher ihre Existenzgrundlage ist; leichter auch, weil sie so angenehm in der Hand liegen, auf Pflichtübungen verzichten können und ein bißchen von einer Wundertüte an sich haben, immer noch.

Gemeinsam aber stehen Zeitungen und Zeitschriften vor einer Aufgabe, ja vor einer Chance wie noch nie: aus dem Dschungel der Informationen, aus dem Schrott der dreihundert Fernsehkanäle, aus dem Chaos der Millionen Internet-Auftritte das herauszufiltern, was uns bereichert oder erfreut, was die Welt etwas übersichtlicher, was uns urteils- und entscheidungsfähig macht.

Anhang

Die größten deutschen Print-Verlage 1999

Umsatz in Milliarden DM

1.	Gruner + Jahr	5,8
2.	Axel Springer	5,6
3.	Georg von Holtzbrinck	4,5
4.	WAZ-Gruppe	4,0
5.	Heinrich Bauer	3,1
6.	Hubert Burda	2,2
7.	Medien-Union (Ludwigshafen)	2,0
8.	FAZ-Gruppe	1,5
9.	Süddeutscher Verlag	1,4
10.	DuMont Schauberg (Köln)	1,2

Die deutschen Medien-Unternehmen mit dem besten Ruf

Umfrage des *Manager-Magazins* über »Image-Profile« unter 2500 deutschen Managern, Januar 2000

1. FAZ-Gruppe
2. Bertelsmann
3. Gruner + Jahr
4. ZDF
5. ARD
6. n-tv
7. Axel-Springer-Verlag
8. Süddeutscher Verlag
9. Burda
10. Pro Sieben
11. RTL
12. Holtzbrinck-Gruppe

Die größten Zeitschriften

Verkaufte Auflagen

Stand: April 2001		I/2001	gegen I/2000
1. TV Movie	Bauer	2 566 000	– 60 000
2. TV Spielfilm	Milchstraße	2 331 000	– 85 000
3. Hörzu	Springer	2 063 000	– 77 000
4. Auf einen Blick	Bauer	1 946 000	– 91 000
5. TV 14	Bauer	1 942 000	+ 398 000
6. TV Hören & Sehen	Bauer	1 542 000	– 36 000
7. Neue Post	Bauer	1 263 000	– 17 000
8. Funkuhr	Springer	1 135 000	– 62 000
9. Freizeit-Revue	Burda	1 099 000	+ 39 000
10. STERN	G + J	1 078 000	+ 4 000
11. Das Beste		1 058 000	– 46 000
12. Spiegel		1 050 000	– 2 000
13. Das Neue Blatt	Bauer	1 029 000	– 12 000
14. TV TODAY	G + J	1 016 000	– 215 000
15. Fernsehwoche	Bauer	1 004 000	– 64 000

Was lesen die »Entscheider«?

Allensbach-Umfrage von 1999 unter den 10 Prozent der Deutschen, die nach Ausbildung, Beruf, Einkommen und Lebensstil »first class« sind. Wieviel Prozent dieser Entscheidungsträger lesen die genannten Objekte?

1. Spiegel	22,6	7. TV Spielfilm	12,2
2. STERN	19,8	8. GEO SPECIAL	11,8
3. Focus	19,1	9. ZEIT	10,0
4. Hörzu	17,2	10. BRIGITTE	8,7
5. GEO	16,6	11. Welt am Sonntag	7,9
6. CAPITAL	13,0	12. FAZ	7,8

Deutschlands größte Tageszeitungen

Verkaufte Auflagen

	1/2000	gegen 1/1999
1. Bild	4248000	– 197000
2. Westdeutsche Allgemeine	700000*	–
3. Süddeutsche Zeitung	427000	+ 3000
4. Freie Presse (Chemnitz)	426000	– 9000
5. Rheinische Post	420000	+ 23000
6. Frankfurter Allgemeine	407000	– 9000
7. Mitteldeutsche Zeitung (Halle)	370000	– 13000
8. Sächsische Zeitung	358000	– 15000
9. Hamburger Abendblatt	304000	– 8000
10. Kölner Stadt-Anzeiger	280000*	–
11. Volksstimme (Magdeburg)	275000	– 6000
12. B.Z. (Berlin)	267000	– 16000

* Zahl geschätzt. Die Verlage nennen nur die Auflage des Anzeigenverbunds, zu dem die Zeitung gehört.

»Die besten Zeitungen der Welt«

Umfrage der *Internationalen Medienhilfe* unter je 20 Meinungsführern aus 50 Nationen, Juli 1999

1. Financial Times (London)
2. New York Times
3. *Frankfurter Allgemeine*
4. Wall Street Jornal
5. *Neue Zürcher Zeitung*
6. Le Monde (Paris)
7. International Herald Tribune
8. El País (Madrid)
9. Washington Post
10. Times (London)

Umfrage von *John C. Merrill*, Professor für Journalismus, Universität Missouri-Columbia, Februar 2000

1. New York Times
2. *Neue Zürcher Zeitung*
3. Washington Post
4. Independent (London)
5. *Süddeutsche Zeitung*
6. Le Monde (Paris)
7. Asahi Shimbun (Tokio)
8. Los Angeles Times
9. *Frankfurter Allgemeine*
10. El País (Madrid)

Die deutschsprachigen Zeitungen sind *kursiv* gesetzt.

Die Chefredakteure der deutschen Gruner + Jahr-Publikationen

AMADEO	seit 1998	Emanuel Eckardt
ART	seit 1979	Axel Hecht
BERLINER KURIER	1990–96	Wieland Sandmann
	1996–2000	Adolf K. Schwaner
	seit 2001	Caroline Methner
BERLINER ZEITUNG	1989–95	Hans Eggert
	1996–98	Dr. Michael Maier
	seit 1999	Martin E. Süskind
BIZZ	1998	Ralf-Dieter Brunowsky
	seit 1999	Rolf Antrecht
BRIGITTE	1957–84	Peter Brasch
	1984/85	Wolfhart Berg
	1985–2001	Anne Volk
	seit 2001	Beatrix Kruse
BÖRSE ONLINE	1989–2000	Hans G. Linder
	seit 2000	Johannes Scherer
CAPITAL	1962–71	Adolf Theobald
	1972–74	Ferdinand Simoneit
	1974–80	Johannes Gross
	1980–86	Ludolf Herrmann
	1987/88	Dr. Dieter Piel
	1988–91	Rolf Prudent
	seit 1991	Ralf-Dieter Brunowsky
ELTERN	1966–68	Friedrich Carl Piepenburg
	1968–70	Peter Bachér
	1970–86	Otto Schuster
	seit 1986	Norbert Hinze
ELTERN FOR FAMILY	seit 1996	Norbert Hinze
ESSEN & TRINKEN	1972–91	Angelika Jahr
	seit 1991	Peter Ploog
FINANCIAL TIMES Deutschland	seit 2000	Andrew Gowers
FLORA	1985–98	Johannes Haller
	seit 1998	Holger Radloff

FRAU IM SPIEGEL	1985–87	Heinz-Jürgen Spors
	1987/88	Barbara Nölle
	1988–2000	Klaus Freikamp
	seit 2001	Inka Gottschalck
GALA	1994	Klaus Freikamp
	1995/96	Stefan Lewerenz
	1996/97	Marco Schenz
	1997/98	Edgar Fuchs
	seit 1998	Jörg Walberer
GEO	1976–78	Rolf Gillhausen/ Rolf Winter
	1978	Klaus Harpprecht/ Robert Lebeck
	1978–84	Rolf Winter
	1985–87	Adolf Theobald
	1987–92	Hermann Schreiber
	1992–94	Dr. Werner Funk
	seit 1994	Peter-Matthias Gaede
GEO SAISON	1989–91	Emanuel Eckardt
	1992–94	Felix Perelsztein
	seit 1994	Christiane Breustedt
HÄUSER	1979–86	Josef Kremerskothen
	1987/88	Holger Schnitgerhans
	1988–98	Angelika Jahr
	seit 1999	Wolfgang Nagel
IMPULSE	1980–83	Wolfram Baentsch/ Rolf Düser/ Egon F. Freiheit
	1984–93	Rolf Düser
	1993–95	Roland Tichy
	1996/97	Wolfram Baentsch
	seit 1998	Thomas Voigt
LIFE & STYLE	seit 1999	Jörg Walberer
LIVING AT HOME	seit 2000	Angelika Jahr/ Lars Nielsen
MARIE CLAIRE	1990/91	Charlotte Seeling
	1991–95	Stefan Lewerenz
	1995–99	Barbara Kraus
	seit 1999	Ulrike Fischer

MORGENPOST FÜR SACHSEN	1990–96	Wieland Sandmann
	1997–99	Adolf K. Schwaner
	seit 1999	Adolf K. Schwaner/ Peter Rzepus
NATIONAL GEOGRAPHIC	seit 1999	Klaus Liedtke
NEUES WOHNEN	1990/91	Monika Grams
	1992–94	Cornelia Schreier
	1994–96	Bernd Störtebek
	1996–98	Sven Rohde
	seit 1999	Thomas Eichhorn
ONLINE TODAY	1996–98	Andreas Schmidt
	seit 1998	Kornelius Fürst
P.M.	1978–94	Peter Moosleitner
	seit 1994	Hans-Hermann Sprado
PRIMA	1985–97	Jutta Fritsch
	seit 1997	Peter Viktor Kulig
SÄCHSISCHE ZEITUNG	1989–93	Edith Gierth
	1993–98	Wolfgang Schütze
	1998	Hans Eggert
	seit 1999	Peter Christ
SCHÖNER ESSEN	seit 1986	Angelika Jahr
SCHÖNER WOHNEN	1964–69	Ursula Rink
	1969	Ursula Sudeck
	1969–86	Josef Kremerskothen
	1987/88	Holger Schnitgerhans
	seit 1988	Angelika Jahr
SCHÖNER WOHNEN DECORATION	seit 1989	Angelika Jahr
STERN	1949–80	Henri Nannen
	1981–84	Rolf Gillhausen
	1981–83	Peter Koch/ Felix Schmidt
	1983/84	Dr. Peter Scholl-Latour
	1984–86	Rolf Winter
	1986–88	Heiner Bremer/ Michael Jürgs/ Klaus Liedtke

noch STERN	1989	Michael Jürgs/ Rolf Schmidt-Holtz
	1989	Michael Jürgs/ Herbert Riehl-Heyse
	1989	Michael Jürgs
	1989–90	Michael Jürgs/ Rolf Schmidt-Holtz
	1990–94	Rolf Schmidt-Holtz
	1994–98	Dr. Werner Funk
	1999	Dr. Michael Maier
	seit 1999	Thomas Osterkorn/ Andreas Petzold
TV TODAY	1994–97	Andreas Schmidt
	1998/99	Michael Lohmann
	seit 1999	Karsten Flohr
YOUNG MISS	1991–94	Anne Volk
	1994–99	Ulrike Fischer
	seit 1999	Anne Coppenrath

Die Vorstandsmitglieder von Gruner + Jahr

Ernst Naumann	
Vorsitzender	Nov. 1972 bis Dez. 1973
John Jahr jr.	
Handel	Nov. 1972 bis Nov. 2000
Henri Nannen	
Chefredakteur, dann Herausgeber STERN	Nov. 1972 bis Dez. 1983
Rolf Poppe	
Zeitschriften	Nov. 1972 bis Juni 1977
Adolf Theobald	
Neuentwicklungen	Nov. 1972 bis Jan. 1974
Dr. Manfred Fischer	
stellv. Vorsitzender	Juli bis Dez. 1973
Vorsitzender	Jan. 1974 bis Juni 1981
Gerd Schulte-Hillen	
Druckereien	Sept. 1973 bis Juni 1981
Vorsitzender	Juli 1981 bis Okt. 2000

Zeitschriften	1984–1991
Zeitungen	1986–1991
Dr. Adrian Schickler	
Zentralbereich	Jan. 1975 bis Sept. 1978
Dr. Jan Hensmann	
Zeitschriften	Sept. 1977 bis Nov. 1983
Peter Kühsel	
Zentralbereich	Febr. 1981 bis März 1994
Dr. Jochen Frangen	
Druckereien	Aug. 1981 bis Juni 1998
Johannes Gross	
Herausgeber Wirtschaftspresse	Mai 1983 bis Juni 1994
Dr. Peter Scholl-Latour	
Herausgeber STERN	Mai 1983 bis Juni 1988
Rolf Wickmann	
Zeitschriften Deutschland	seit Jan. 1985
Rolf Schmidt-Holtz	
Herausgeber und Chefredakteur STERN	Jan. 1990 bis Juni 1994
Dr. Hansjörg Frühwald	
Zeitungen	Juli 1990 bis Mai 1991
Martin Stahel	
Zeitungen, danach Unternehmensstrategie	seit Mai 1991
Axel Ganz	
Zeitschriften International	seit Juni 1991
Dr. Martin Schuster	
Zentralbereich	seit April 1994
Dr. Bernd Kundrun	
Zeitungen	seit Aug. 1997
Vorsitzender	seit Nov. 2000
Dr. Edelbert Schwarze	
Druckereien	seit Okt. 1999
Angelika Jahr	seit Nov. 2000

Namen- und Sachregister

Kursive Seitenzahlen beziehen sich auf die Bildseiten.

RIVER BEND

CONSERVANCY

083 966 8331 • 082 882 2088

RB

Bildnachweis

S. 1: Ernst Grossar/STERN ■ S. 2: AP/Hilmar Pabel ■ S. 3: Rolf Gillhausen/STERN ■ S. 4a: STERN-Archiv ■ S. 4b: teutopress ■ S. 4c: teutopress ■ S. 4d: Volker Hinz/STERN ■ S. 5: Bildarchiv Preussischer Kulturbesitz/Ernst Grossar ■ S. 6a: Sven Simon ■ S. 6b: Rolf Ambor ■ S. 6c: Sven Simon ■ S. 7: Fred Ihrt/STERN ■ S. 8: Thomas Höpker/Magnum/Agentur Focus ■ S. 9: STERN ■ S. 10a: Cornelius Meffert/STERN ■ S. 10b: Sven Simon ■ S. 10c: STERN ■ S. 10d: amw/Interfoto ■ S. 11: Stefan Moses/STERN ■ S. 12a: Cornelius Meffert/STERN ■ S. 12b: STERN ■ S. 12c: Harald Schmitt/STERN ■ S. 12d: Fotograf unbekannt ■ S. 13: Gordian Troeller ■ S. 14: STERN ■ S. 15: Werner Bokelberg ■ S. 16a: Dr. Jürgen Gebhardt/STERN ■ S. 16b: Heinz Kirchner/Gruner + Jahr ■ S. 16c: Peter Thomann/STERN ■ S. 16d: Walter Korth ■ S. 17: Volker Krämer/STERN ■ S. 18a: Dr. Jürgen Gebhardt/STERN ■ S. 18b: dpa ■ S. 18c: action press/Krug ■ S. 19: Volker Krämer/STERN ■ S. 20a: Ingo Röhrbein ■ S. 20b: Mihaly Moldvay/STERN ■ S. 20c: Siegfried Himmer ■ S. 20d: Jay Ullal/STERN ■ S. 21: Kurt Will/STERN ■ S. 22: Max Scheler/STERN ■ S. 23: Eberhard Seeliger/STERN ■ S. 24a: Robert Lebeck/STERN ■ S. 24b: Axel Carp/STERN ■ S. 24c: Robert Lebeck/STERN ■ S. 24d: Richard Stradtmann ■ S. 25: Fred Ihrt/STERN ■ S. 26a: CAMERA 4 ■ S. 26b: Harald Schmitt/STERN ■ S. 26c: Bert Bostelmann/argum ■ S. 26d: Andreas Taubert/Bilderberg ■ S. 27: Jay Ullal/STERN ■ S. 28a: Martin Brinckmann ■ S. 28b: Martin Brinckmann ■ S. 28c: Martin Brinckmann ■ S. 28d: Cornelius Meffert/STERN ■ S. 29: Robert Lebeck/STERN ■ S. 30a: action press/Meyer ■ S. 30b: action press/Krug ■ S. 30c: privat ■ S. 30d: Dr. Jürgen Gebhardt/STERN ■ S. 31: Karin Rocholl/STERN ■ S. 32a: Falk Heller/argum ■ S. 32b: Joachim Gern/STERN ■ S. 32c: STERN ■ S. 32d: Ricky Wong

Bücher von Wolf Schneider

ÜBERALL IST BABYLON – Weltgeschichte der Städte (Econ 1960). Deutsche Auflage 225 000, elf Übersetzungen

ESSEN – Geschichte des Ruhrgebiets und seiner Metropole (Econ 1963, 5. Auflage 1991)

SOLDATEN – Weltgeschichte und Psychologie einer umstrittenen Gestalt (Econ 1964, Das moderne Sachbuch 1966). Übersetzungen in Holland und Mexiko

WÖRTER MACHEN LEUTE – Magie und Macht der Sprache (Piper 1976, Rowohlt-TB 1979, Serie Piper 1986, 11. Auflage 2000)

DEUTSCH FÜR PROFIS – Handbuch der Journalistensprache (STERN-Buch 1982, 7. Auflage 1986, Goldmann-TB 1985, Mosaik-TB 1999, 14. Auflage 2000, Gesamtauflage 255 000)

DIE ALPEN/Wildnis/Almrausch – Rummelplatz (GEO-Buch 1984, 3. Auflage 1989)

UNSERE TÄGLICHE DESINFORMATION – Wie die Massenmedien uns in die Irre führen (STERN-Buch 1984, 5. Auflage 1992), zusammen mit fünf Absolventen der Journalistenschule

MYTHOS TITANIC – Drei Stunden, die die Welt erschütterten (STERN-Buch 1986, 5. Auflage 1991)

DEUTSCH FÜR KENNER – Die neue Stilkunde (STERN-Buch 1987, 7. Auflage 1994, Serie Piper 1996, 13. Auflage 2001)

DIE SIEGER – Wodurch Genies, Phantasten und Verbrecher berühmt geworden sind (STERN-Buch 1992, 5. Auflage 1995, Serie Piper 1996, 8. Auflage 2001)

DIE ÜBERSCHRIFT – Sachzwänge, Fallstricke, Versuchungen, Rezepte (List Journ. Praxis 1993, 2. Auflage 1998), zusammen mit Detlef Esslinger

DEUTSCH FÜRS LEBEN – Was die Schule zu lehren vergaß (Rowohlt-TB 1994, 10. Auflage 2001)

HANDBUCH DES JOURNALISMUS (Rowohlt 1996, Rowohlt-TB 1998, 4. Auflage 2000), zusammen mit Paul-Josef Raue

AM PULS DES PLANETEN – Expeditionen-Zeitreisen-Kulturgeschichten. 18 GEO-Reportagen, 1980 bis 1999 (Hoffmann und Campe 1999, Serie Piper 2001)

Jürgen Roth

Absturz

Das Ende unseres Wohlstands. Mit einem Nachwort zur Taschenbuchausgabe. 279 Seiten SP 2617

Deutschland ist immer noch ein reiches Land. Aber immer mehr Menschen fallen aus dieser reichen Gesellschaft heraus. Handwerker, qualifizierte Angestellte, Akademiker: Niemand ist mehr sicher vor dem Absturz. Wer jetzt arbeitslos wird, wird es lange bleiben – und dabei arm werden. Immer mehr Deutschen, die sich bisher sicher wähnten, droht der Absturz. Jürgen Roth beschreibt diese Entwicklung zu einer Zweidrittelgesellschaft, an deren Anfang wir stehen, und erklärt, wie es zum Abbau des demokratischen Staates kommt, wer davon profitiert und auf wessen Kosten er geht.

»Jürgen Roths ›Absturz‹ genießt traurige Aktualität.«
Die Welt

Kurt Sontheimer, Wilhelm Bleek

Grundzüge des politischen Systems der Bundesrepublik Deutschland

Aktualisierte Neuausgabe. 440 Seiten. SP 1200

Im Mittelpunkt dieser aktualisierten Neuausgabe des anerkannten Standardwerkes zur politischen Bildung steht die Frage nach der Kontinuität und dem Wandel des politischen Systems der Bundesrepublik Deutschland. Aus historischer Sicht wird herausgearbeitet, wie sich die demokratischen Institutionen der alten Bundesrepublik in vier Jahrzehnten weitgehend bewährt haben und 1990 im Prozeß der deutschen Vereinigung auf die neuen Bundesländer übertragen worden sind. Gleichzeitig wird aus der aktuellen Perspektive deutlich, daß unser Staat durch die Vereinigung und die europäische Integration, die Veränderungen der Weltpolitik und die wirtschaftlichen Strukturkrisen der Industriegesellschaften vor neue Herausforderungen gestellt wird.

Hans-Jochen Vogel

Nachsichten

Meine Bonner und Berliner Jahre.
544 Seiten SP 2469

Hans-Jochen Vogel, bis 1991 SPD-Vorsitzender und einer der maßgeblichen Politiker der Nachkriegszeit, erinnert sich an seine Zeit in Bonn und Berlin.
»Der Weg in die Bundespolitik und damit nach Bonn war mir keineswegs vorgezeichnet.« Damit beginnt Hans-Jochen Vogel, einer der wichtigsten deutschen Politiker nach dem Zweiten Weltkrieg, seinen Rückblick auf die zweiundzwanzig politischen Jahre nach seiner Ära als Münchens Oberbürgermeister. In diesen »Nachsichten« erinnert er sich an die Zeit zwischen 1972 und 1994, in der er als Bau- und Justizminister in Bonn, als Regierender Bürgermeister in Berlin, als Kanzlerkandidat, als Fraktionsvorsitzender der SPD, als Oppositionsführer und in Nachfolge Willy Brandts als SPD-Vorsitzender die politischen Geschicke dieser Republik mitlenkte. Er schildert dramatische Ereignisse und umstrittene Entscheidungen, sagt, warum er bestimmte Dinge getan oder gelassen hat, erzählt von den Menschen, die ihm wichtig waren, und beurteilt den Zustand und die Zukunft Deutschlands und seiner Partei.

»Ein wichtiges Buch eines der bedeutendsten Politiker unserer Republik, der noch einmal versucht, unphilosophisch und pragmatisch über Grundlagen unseres Gemeinwesens, der SPD und von Politik insgesamt nachzudenken.«
Jost Dülffer, Handelsblatt

SERIE PIPER

Wolf Schneider

Die Sieger

Wodurch Genies, Phantasten und Verbrecher berühmt geworden sind. 590 Seiten. SP 2217

Die Vorläufer des Geniekults reichen bis in die Renaissance zurück; in der Aufklärung erlebte er seinen ersten Höhepunkt. Aber wer definiert den Begriff des Genies, wer setzt die Maßstäbe zur Beurteilung? Wie wurden sie zu Siegern? Welche Talente und Charaktereigenschaften mußten zusammentreffen, und wo bleiben in dieser Aufzählung die Frauen? Und warum waren so viele, die Großes geschaffen haben, besessene oder widerwärtige oder tiefleidende Menschen? Von den Siegern im Wettlauf nach dem Ruhm handelt dieses Buch: von Genies wie Mozart, von Verbrechern wie Hitler, von Glücksrittern wie Kolumbus, von Phantasten wie Marx. Ein Panorama der faszinierendsten Persönlichkeiten der Geschichte, ein Handbuch der Verblüffungen.

Wörter machen Leute

Magie und Macht der Sprache. 432 Seiten. SP 479

»Schneiders Report über den Dschungel unserer Sprache, von den Wurzeln bis zu den Auswüchsen, liest sich spannend wie ein Abenteuerroman.«

Capital

Deutsch für Kenner

Die neue Stilkunde. 397 Seiten. SP 2216

In Wolf Schneider, dem journalistischen Profi schlechthin, begegnet man einem Lehrmeister der Spitzenklasse. Sein Katalog der Verfehlungen ist schier grenzenlos, sein Katalog der Hilfsmaßnahmen praktisch und einleuchtend. Am ausführlichsten widmet er sich dem obersten Gebot der Verständlichkeit – ein weites Feld! Mit »Deutsch für Kenner« gelang ihm wiederum ein überaus nützlicher Führer durch die deutsche Sprache, eine Fundgrube für jeden, der die deutsche Sprache liebt.

SERIE PIPER

Gustave Flaubert

Das Wörterbuch der Gemeinplätze

Nachwort von Julian Barnes. Zwischenblätter von Volker Kriegel. Aus dem Französischen von Gisberth Haefs, Irene Riesen, Thomas Bodmer und Gerd Haffmans. 158 Seiten. SP 3016

In diesem boshaften Wörterbuch hat Gustave Flaubert Klischees, Platitüden und Halbwissen versammelt, mit denen man nicht nur in der besseren Gesellschaft seiner Zeit, sondern auch heute noch Eindruck schinden kann. Beim Stichwort »Autor« heißt es: »Man muß dies und das gelesen haben; von wem, ist nicht so wichtig.« So empfiehlt uns Flaubert etwa auch den Gebrauch von Wörtern wie fulminant (»prima Wort«) und Giraffe (»höfliches Wort, wenn man eine Frau nicht ›Kamel‹ nennen will«) und verrät uns, worüber man sich im Smalltalk entrüsten und worüber man sich lustig machen sollte. Hintergründig entlarvt er seine Zeitgenossen und hält der Gesellschaft den Spiegel vor.

Das Streiflichtbuch

Handreichungen und Fingerzeige aus der Süddeutschen Zeitung. Herausgegeben von Axel Hacke, Claus Heinrich Meyer, Herbert Riehl-Heyse, Rainer Stephan und Hermann Unterstöger. 319 Seiten mit Zeichnungen von F. W. Bernstein. SP 2993

Wer kennt sie nicht, die geistreichen »Streiflichter« der Süddeutschen Zeitung? Seite eins, links oben und das jeden Tag! Endlich sind sie auch in einem Taschenbuch versammelt, natürlich nur die absoluten Highlights, die über die Tagesaktualität hinausgehen: ironisch-amüsante Betrachtungen zu Alltagsphänomenen, handfeste politisch-gesellschaftliche Satiren, bissige Beobachtungen über Personen des öffentlichen Lebens. Auch erfahren wir alles Wesentliche über Außerirdische und Sternzeichen, Nachtigallen und Lemminge, über die deutsche Einheit und die deutsche Vergangenheit, über den schiefen Turm von Uelzen und das Sommerloch. Außerdem lüften die Herausgeber das wohlgehütete Geheimnis, wie das tägliche Streiflicht eigentlich zustande kommt.«

SERIE PIPER

Sven Ortoli
Nicolas Witkowski

Die Badewanne des Archimedes

Berühmte Legenden aus der Wissenschaft. Aus dem Französischen von Juliane Gräbener-Müller. 192 Seiten mit 25 Abbildungen. SP 2745

Wußten Sie, daß Archimedes nicht nur in der Badewanne nachdachte, sondern auch in Waffengeschäfte verwickelt war? Und stimmt die Geschichte von dem Schmetterling und dem Wirbelsturm wirklich? Die berühmtesten Legenden aus der Wissenschaft werden in diesem vergnüglichen Buch zugleich entlarvt und ernst genommen.
Wer glaubt, Archimedes habe das hydrostatische Prinzip in der Badewanne entdeckt, Newton das Gravitationsgesetz durch den berühmten Apfel erkannt und Kekulé die Benzolformel geträumt, der kann sich hier eines Besseren belehren lassen. Die beiden französischen Journalisten Sven Ortoli und Nicolas Witkowski gehen die berühmten Legenden der Wissenschaft ganz respektlos an: Sie haben eine Vielzahl von Geschichten und Mythen aus dem Poesiealbum der Forschung unter die Lupe genommen und auf ihren Wahrheitsgehalt untersucht. Ausgestattet mit feiner Ironie, totaler Skepsis gegenüber gängigen Klischees und mit viel Sinn fürs Paradoxe, zeigen sie, daß zwischen Wissenschaft und ihren Mythen kein Widerspruch bestehen muß.

»Die französischen Physiker und Journalisten Sven Ortoli und Nicolas Witkowski haben ein Schatzkästchen solcher Erzählungen zusammengetragen, ein Kompendium von Legenden, von denen die meisten auch das Menschliche im Rationalen dekuvrieren. In ihrer anekdotischen Form bewahren diese Geschichten von Sternstunden der Wissenschaft den Sinn für das Scheitern der Vernunft. Denn sie alle zeigen, daß der Mythos sein vermeintliches Gegenteil durchkreuzt. Auch heute gibt es kein Verstehen ohne Mythen.«
Frankfurter Allgemeine Zeitung

Ernst Peter Fischer

Aristoteles, Einstein & Co.

Eine kleine Geschichte der Wissenschaft in Porträts. 447 Seiten. SP 3045

Wer sind die Menschen, die in die Geschichte der Wissenschaft eingingen? Was wissen wir über ihr Leben, ihr Werk, ihre privaten Vorlieben und Gewohnheiten? Ernst Peter Fischer weckt in diesem Buch die Neugier auf die Wissenschaft und ihrer »stillen Stars«. In sechsundzwanzig leicht und vergnüglich zu lesenden Porträts stellt er die Großen der Wissenschaft von der Antike über das mittelalterliche und moderne Europa bis in unser Jahrhundert vor. Er erzählt unter anderem von Bacon, Galilei, Kepler und Descartes, den vier Wissenschaftlern, die vor vierhundert Jahren die Wende zur Moderne möglich machten, und von Newton, Marie Curie und Albert Einstein. Ernst Peter Fischer zeigt, wie spannend die Geschichte der Wissenschaft und ihrer Protagonisten ist, wenn sie mit biographischer Neugier erzählt wird.

Einstein & Co.

Eine kleine Geschichte der Wissenschaft der letzten hundert Jahre in Porträts. 230 Seiten mit 13 Abbildungen. SP 2491

Wissenschaft wird zwar von Menschen gemacht, aber aus unerfindlichen Gründen weiß kaum jemand wirklich über sie Bescheid. Wir scheinen uns nicht besonders für die menschlichen, privaten Seiten der großen Naturwisenschaftler zu interessieren. Dabei kann man soviel aus ihrem Leben lernen – und Überraschungen erleben und Spaß haben! Ernst Peter Fischer porträtiert hier dreizehn großer Forscher der Moderne. Von James Clerk Maxwell, dem viktorianischen Genie, über die großen Physiker Hermann von Helmholtz und Ludwig Boltzmann und die herausragenden Frauen – Lise Meitner und die Nobelpreisträgerinnen Marie Curie und Barbara McClintock – bis zu den Giganten der modernen Physik.